군무원·공무원·공기업
전자회로 기출문제

- 단원별 기출문제 수록하였음
- 최신 과년도 기출문제 수록하였음
- 실전모의고사 수록하였음

박동일 저

명인북스
Myungin Books

머리말

본 도서를 집필한 필자는 직업군인, 공무원, 공기업 생활을 하였고. 그래서 군무원 전자회로 시험준비를 하는 수험생 여러분들의 고충을 많이 알고 있기에 수험생 여러분들에게 도움을 드리고자 본서를 준비하였습니다.

그러나 많은 부분이 부족하리라 생각됩니다

앞으로 수험생 여러분들을 위해 좀 더 보완하고 노력하겠습니다.

군무원 전자직은 전자장비에 대한 정비를 담당하는 군무원으로 군부대 내에서

전자기기의 조작과 운용, 기기 관리 및 수리업무와 전자 관련된 행정업무를 수행합니다. 그 외 부대의 전자장치 조작이나 유지 보수 수리 업무를 담당하게 됩니다. 학습 방법은 전자공학을 필수적으로 공부해야 하며, 전기회로에서 저항, 전압, 전류, 논리회로, 디지털회로, 아날로그 회로, 아날로그-디지털변환회로 및 저주파, 고주파 회로의 기본 동작 및 특성을 이해해야 합니다. 다이오드 기초이론, 응용회로설계, 트랜지스터의 이해 및 회로 설계, 전력증폭기의 이해와 설계 등에 관하여 학습해야 합니다. 25문제가 출제되며 시험시간은 25분입니다.

본 도서로 공부하시고 합격의 영광과 기쁨을 누리시길 빕니다.

저자 **박 동 일**

CONTENTS

1편 단원별 기출문제 ······ 7

제1장 반도체 이론 ······ 9

제2장 전원 회로 ······ 19

제3장 트랜지스터 증폭회로 ······ 28

제4장 전계효과 트랜지스터 ······ 43

제5장 궤환증폭회로 ······ 46

제6장 연산증폭기 ······ 53

제7장 전력증폭회로 ······ 70

제8장 발진회로 ······ 75

제9장 디지털 논리회로 ······ 85

제10장 변·복조 기타증폭회루 ······ 134

제11장 펄스회로 파형정형회로 ······ 145

2편 과년도 기출문제 ······ 163

과년도 기출문제 ······ 165

디지털 부분 문제 ······ 179

3편 전자회로 실전 모의고사 ····· 187

1회 ····· 189

2회 ····· 196

3회 ····· 202

4회 ····· 208

5회 ····· 214

6회 ····· 220

7회 ····· 226

8회 ····· 233

9회 ····· 239

10회 ····· 244

11회 ····· 250

12회 ····· 256

13회 ····· 263

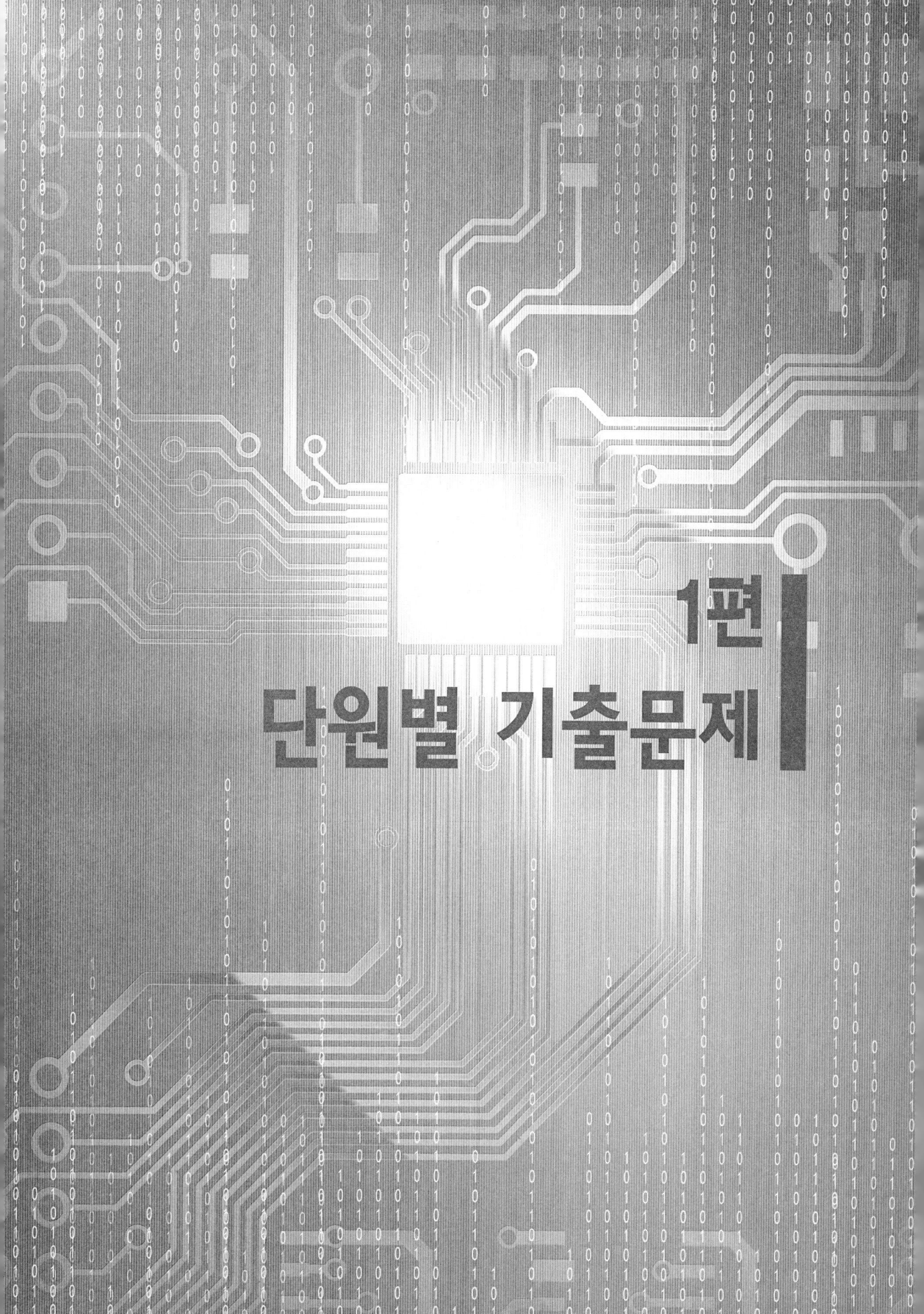

제1장 반도체 이론

제1절 　반도체

01 진성반도체에서 페르미 준위는 온도와 어떠한 관계가 있는가?

① 온도가 상승하면 전도대 쪽으로 접근한다.
② 온도가 하강하면 가전자대 쪽으로 접근한다.
③ 온도가 상승하면 도우너 준위에 접근한다.
④ 온도에 변화 없이 금지대 중앙에 위치한다.

해설 반도체 분류
(1) 진성반도체
　순수반도체 : 불순물 원자의 영향 무시 / 페르미 준위가 온도에 상관없이 금지대의 중앙에 위치
(2) 불순물반도체
　① N형 반도체 : (5가 : 비소, 안티몬, 인) 정공<자유전자
　② P형 반도체 : (3가 : 인듐, 갈륨, 붕소, 알루미늄) 정공>자유전자

02 진성반도체에 속하는 물질의 구조를 바르게 설명한 것은?

① 4족에 속하는 원소와 3족에 속하는 원소가 혼합되어 있는 물질
② 4족에 속하는 원소와 5족에 원소가 포함된 물질
③ 같은 4족에 속하는 원소만으로 결정격자를 이루고 있는 물질
④ 3족과 5족의 원소가 결합되어 있는 물질

해설 불순물 반도체
(1) n형 반도체 : Ge 및 Si 결정에 5족의 원소 비소(As), 인(P), 안티몬(Sb)을 첨가한 반도체이다.
(2) p형 반도체 : Ge 및 Si 결정에 3족의 원소 보론(B), 알루미늄(Al), 갈륨(Ga) 및 인듐(In)등을 첨가한 반도체이다.

- 진성반도체 : 제 4족 원소인 Ge 및 Si 순수 결정을 말한다.

03 진성반도체는 절대온도 0°K에서 어떤 작용을 하는가?

① 절연체로 작용한다.
② 도체로 작용한다.
③ 전자의 수가 증가한다.
④ 정공의 수가 증가한다.

해설 진성 반도체는 불순물이 전혀 섞여있지 않은 순수한 반도체로서 절대온도 0°K에서는 절연체로 작용한다.

04 반도체 내부에 잉여전자를 가지고 있는 불순물 반도체는?

① 4족의 원소만으로 구성되어 있는 반도체
② 3족 및 5족의 불순물들로 구성되어 있는 반도체
③ 진성반도체 내에 3족의 불순물을 침투시킨 반도체
④ 진성반도체 내에 5족의 불순물을 침투시킨 반도체

해설 n형 반도체는 5가 불순물 원자 AS, Sb 또는 P등으로 도핑되어 잉여 전자가 있다.

05 Bohr의 가설에서 전자가 에너지 준위 W_2의 궤도에서 그보다 낮은 에너지 준위 W_1의 궤도로 옮겨질 때 잃는 에너지에 의하여 광자가 방출 되는데 이것이 전자파[빛]가 되어 방출된다. 이때 방사에너지의 주파수 $f[Hz]$는? (단, W_1, W_2의 단위는 Joule이며 h는 Planck의 상수이다.)

정답 제1절　01.④　02.③　03.①　04.④

① $f = \dfrac{W_2 + W_1}{h}$ [Hz]

② $f = \dfrac{W_2 - W_1}{h}$ [Hz]

③ $f = \dfrac{W_2}{W_1} \times h$ [Hz]

④ $f = (W_2 - W_1) \times h$ [Hz]

해설 $\Delta E = h \cdot f$ ∴ $f = \dfrac{\Delta E}{h}$

06 진성반도체에 있어서 전도대의 전자밀도 n은 에너지 갭 E_g의 크기에 따라 변한다. 맞는 것은?

① n은 E_g의 증가에 따라 지수 함수적으로 증가한다.
② n은 E_g의 증가에 따라 지수 함수적으로 감소한다.
③ n은 E_g에 비례한다.
④ n은 E_g에 반비례한다.

07 전자볼트(Electron Volt)의 설명으로 적합하지 않은 것은?

① 전자의 전하량×1[V]이다.
② 1[eV]=1.6×10^{-19}[J]이다.
③ 일(Work) 혹은 에너지(Energy)의 단위이다.
④ 전자의 가속도 크기이다.

해설 1[eV]는 전자에 1[V]의 전위차를 가하였을 때 전자에 주어진 에너지로 정의 되며, 1.602×10^{-19}[J]이다.

08 진공관의 음극(Cathode)에서는 다음 중 어느 방식에 의하여 전자가 방출된다고 생각하는가?

① 열전자 방출　　② 강전계 방출
③ 2차 전자방출　　④ 광전자 방출

해설 열전자의 방출
진공에서 금속을 가열하면 금속내의 전자의 운동에너지가 증가되어 그 일부가 금속의 전위장벽보다 커져 금속 밖으로 이탈되는 현상이다.

09 빛의 속도로 운동하고 있는 전자의 질량은 얼마가 되는가?

① 무한대
② 0
③ 정지상태의 질량과 같다.
④ 정지상태의 질량보다 작다.

해설 전자가 빛의 속도로 운동시 전자의 질량을
$m = m_0 / \sqrt{1 - (\dfrac{v}{c})^2}$ 의 식에서
v=c이면 m=∞가 된다.

10 반도체에 관한 내용으로 옳지 않은 것은?

① 반도체에는 진성 반도체와 불순물 반도체가 있다.
② 진성 반도체는 성질에 따라 P형 반도체와 N형 반도체가 있다.
③ N형 반도체를 만들기 위하여 첨가하는 불순물을 도너라 한다.
④ P형 반도체를 만들기 위하여 첨가하는 불순물을 억셉터라 한다.

해설 반도체의 분류
(1) 진성 반도체 : 불순물을 전혀 섞지 않는 반도체
(2) N(Negative)형 반도체 : 비소(As), 안티몬(Sb), 인(P)과 같은 5가 불순물을 섞어 만든 반도체
(3) P(Positive)형 반도체 : 알루미늄(Al), 인듐(In), 갈륨(Ga), 붕소(B)와 같은 3가 불순물을 섞어 만든 반도체

11 진성 반도체의 설명 중 옳지 않은 것은?

① 진성 반도체의 페르미 준위는 전도 대역과 가전자 대역의 중간에 위치한다.
② 진성 반도체에 전압을 인가하면 전자는 (+)극으로 흐르고, 정공은 (−)극으로 흐른다.
③ 진성 반도체의 에너지 갭은 온도가 증가함에 따라 직선적으로 감소한다.
④ 진성 반도체에 도우너 불순물을 넣으면 페르미 준위는 가전자 대역쪽으로 치우친다.

정답 05.② 06.② 07.④ 08.① 09.① 10.② 11.④

해설 (1) 진성 반도체에서 도우너(Donor: 5가 원소) 불순물을 도우핑하면 페르미 준위는 전도대 밑에 존재한다.
(2) 진성 반도체에서 억셉터(Acceptor: 3가 원소) 불순물을 도우핑하면 페르미 준위는 가전자대위에 존재한다.

12 고체의 대역 이론으로 옳지 않은 것은?

① 양도체에서는 전도대와 가전자 대역이 중첩되어 부분적으로 채워진 대역이 형성된다.
② 절연체에서는 대구조가 특성화 된다.
③ 반도체는 금속과 절연체의 중간적인 전도성을 갖으나 절연체에 가깝다.
④ 전자가 전도대를 점유하면 자동적으로 가전자대에 정공을 남기는 것은 반도체와 금속과 같다.

해설 반도체는 절연체와 도체의 중간적인 전도성을 갖으나, 절대온도 0[°K]에서는 절연체이며, 상온에서 저항률은 10^{-4}~$10^7[\Omega \cdot m]$이다. 불순물 농도를 증가시키면 (=불순물 반도체) 전기의 전도성이 높아서 도체와 같이 동작한다.

제 2 절 다이오드

01 다이오드를 사용하여 그림과 같은 회로를 구성하고 입력전압(Vi)을 −6[V]에서 6[V]까지 변화시킬 때 출력전압(Vo)의 변화는? (단, 다이오드의 Cutin 전압은 0.6[V]이다.)

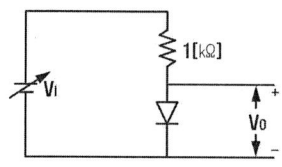

① 0.6[V] ~ 6[V]
② −6[V] ~ 6[V]
③ −6[V] ~ 0[V]
④ −6[V] ~ 0.6[V]

해설 다이오드(Diode)
(1) 다이오드는 순방향 바이어스(forward bias)된 경우에는 ON 되어 전류가 잘 흐르고, 항복전압보다 낮은 전압으로 역방향 바이어스(reverse bias)된 경우에는 OFF 되어 전류가 흐르지 않는 switch 역할을 한다.

(2) 입력전압(V_{in})이 −6[V]~+6[V]가 가해지는 경우
① −6[V]≤V_{in}<0.6[V]인 경우
Diode는 역방향 바이어스이므로 Diode는 OFF되어 입력전압이 Diode 양단에 걸린다.
즉, $V_o = V_{in}$
② 0.6[V]<V_{in}≤6[V]인 경우
Diode는 순방향 바이어스이므로 ON 되어 $V_o = 0.6[V]$

02 PN 접합에서 전류가 0일 때의 설명으로 가장 적합한 것은?

① 접합면을 지나는 다수 반송자(Carrier)가 없다.
② 접합면을 지나는 소수 반송자가 없다.
③ 접합면을 지나는 반송자의 농도가 적다.
④ 접합면을 지나는 소수 반송자와 다수 반송자가 같다.

해설 Id = Drift전류 + Diffusion전류 (열평형시 위 두 전류가 평형이 되어 반도체내 전류는 0이 된다.)

03 전위장벽(potential barrier)에 대한 설명 중 옳은 것은?

① PN 접합 사이의 전위차의 값
② 다이오드에 인가할 수 있는 최대 전압
③ 다이오드에 인가할 수 있는 최소 전압
④ 다이오드 파괴 전압

해설 전위장벽
PN 접합시 공간전하영역이 나타나서 전위차가 생긴다.

04 다이오드(diode)의 전류에 관한 설명으로 옳은 것은?

① 온도가 증가하면 역방향 전류가 증가한다.
② 애버런치(avalanche) 효과가 생기면 역방향 전류는 거의 일정하게 흐른다.
③ 역방향 전류는 소수 캐리어의 흐름에 기인하므로 전압에는 전혀 관계 없이 일정하다.
④ 순방향 전류는 전압의 증가에 따라 증가하며 온

정답 12.③ 제2절 01.④ 02.④ 03.① 04.①

도에는 전혀 무관하다.

해설 역포화 전류는 온도 10℃ 증가할 때 마다 크기가 거의 2배씩 증가한다.

05 반도체내에서의 전류 흐름을 올바르게 표현한 것은?

① 불순물내에 존재하는 hole과 전자의 이동으로 인해 전류가 흐른다.
② 반도체가 일종의 저항 성분을 가지고 있기 때문에 전류가 흐른다.
③ 반도체가 일종의 도체이므로 옴(ohm)의 법칙이 적용된다.
④ 반도체내에서 발생되는 이온이 전리되어 전류가 흐른다.

해설 금속내의 전류는 전자의 흐름에만 의존하지만, 반도체내의 전류는 전자(electron)와 홀(hall)의 이동으로 이루어진다.

06 다이오드를 사용한 정류회로에서 여러 다이오드를 직렬로 연결하여 사용할 때 맞게 설명된 것은?

① AC 전원으로부터 많은 전력을 공급받을 수 있다.
② 부하 출력의 맥동률을 감소시킬 수 있다.
③ 과전압으로부터 보호할 수 있다.
④ 과전류로부터 보호할 수 있다.

해설 과전류에 의해 다이오드가 손상될 우려가 있는 경우에는 다이오드를 병렬로 추가해주며, 과전압으로부터 다이오드를 보호하기 위해서는 여러 개의 다이오드를 직렬로 연결해 준다.

07 그림의 회로에서 실리콘 다이오드 양단간의 전압 V_D는?

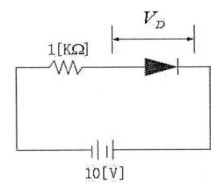

① 0[V] ② 0.7[V]
③ 1.0[V] ④ 10[V]

해설 다이오드에 역방향 전압이 가해지므로 가해진 전압 10[V]가 걸리게 된다.

08 그림(a)와 같은 회로를 써서 그림(b)에 보인 전류-전압 관계를 얻고자 한다. 다이오드는 이상적인 것으로 가정하면 R의 값은 얼마면 되겠는가?

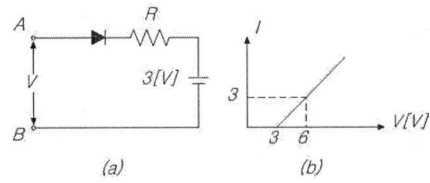

① 1[Ω] ② 1/2[Ω]
③ 2[Ω] ④ 3[Ω]

해설 $R = \dfrac{V}{I} = \dfrac{6-3}{3} = 1[\Omega]$

09 회로에서 다이오드 D_1, D_2의 전류-전압의 특성이 다음과 같을 때 D_1, D_2의 병렬 특성을 나타낸 것은?

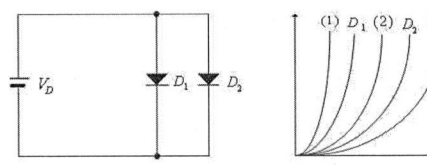

① (3)의 특성이다. ② D_1의 특성과 같다.
③ (2)의 특성이다. ④ (1)의 특성이다.

해설 Diode D_1, D_2가 병렬로 연결되어 있으므로 전류는 D_1, D_2에 흐르는 전류의 합이 되므로 (1)번 특성이 된다.

10 다음 중 바이어스 전압에 따라 공간 전하용량이 달라지는 다이오드는?

① 제너 다이오드(Zener Diode)
② 액정 다이오드(LCD)
③ 터널 다이오드(Tunnel Diode)

정답 05.① 06.③ 07.④ 08.① 09.④ 10.④

④ 바랙터 다이오드(Varactor Diode)

해설 바랙터 다이오드는 Bias 전압에 따라 전하용량이 달라진다.
∴ $C_D = \dfrac{K}{\sqrt{V_R}}$

11 접합의 공간 전하 영역이 폭은 전위 장벽의 높이와 어떤 관계를 갖는가?

① 비례한다.
② 반비례한다.
③ 1/2승에 비례한다.
④ -1/3승에 비례한다.

12 PN 접합에서 순바이어스를 걸어주면?

① 전위장벽이 낮아진다.
② 공간전하 영역의 폭이 넓어진다.
③ 전장이 강해진다.
④ 확산용량이 줄어든다.

해설 PN 접합에 순바이어스 인가시
(1) 전위장벽이 낮아진다.
(2) 공간전하영역의 폭이 좁아진다.
(3) 전장이 약해진다.

13 다음 반도체 중 부성 저항의 특성을 나타내는 것은?

① V.V.C diode   ② Tunnel diode
③ FET   ④ LED

해설 부성저항소자
(1) 터널 다이오드(TD, tunnel diode)
(2) IMPATT 다이오드
(3) gun 다이오드
(4) SCR(silicon controlled rectifier)
(5) SCS(silicon controlled switch)
(6) TRIAC
(7) UJT(uni-junction transistor)

14 다음 그림은 Tunnel Diode의 전류전압 특성곡선이다. 발진이 일어날 수 있는 영역은?

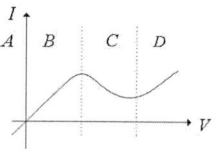

① A   ② B
③ C   ④ D

15 광다이오드는 어떤 효과를 이용한 것인가?

① 광전자 방출효과   ② 기전력 효과
③ 광기전 효과   ④ 제백 효과

해설 광기전 효과
P형이나 N형의 반도체에 빛을 쪼이면 도전성이 증가하는 효과

16 그림과 같이 2[kΩ]의 저항과 실리콘(Si) 다이오드의 직렬 회로에서 다이오드 양단의 전압은 얼마인가?

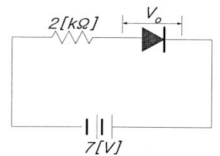

① 0[V]   ② 1[V]
③ 5[V]   ④ 7[V]

해설 그림의 회로에서 다이오드는 역방향으로 바이어스 되어 있다.

17 반도체 다이오드와 트랜지스터가 부성온도계수를 가지는 이유는?

① 온도상승에 따라 반도체의 체적이 팽창하므로
② 온도상승에 따라 인가전압이 증가되는 현상이 있으므로
③ 온도상승에 따라 반도체 내부의 결정격자 사이의 자유전자 운동이 활발해지므로

정답 11.③ 12.④ 13.② 14.③ 15.③ 16.④ 17.③

④ 반도체 내부의 저항온도계수가 변화하므로

18 상온에서 PN접합 다이오드에 인가 전압을 0.1[V]이상 가했을 때 순방향 전류 특성은?

① 인가전압에 비례한다.
② 인가전압의 제곱에 비례한다.
③ 인가전압의 $\frac{3}{2}$ 제곱에 비례한다.
④ 인가전압의 지수함수에 비례한다.

해설 이상적인 PN Diode의 특성 $I = I_o(e^{\frac{eV}{KT}} - 1)$

19 다이오드의 기능 또는 특성 관계가 되지 않는 것은?

① 터널(Tunnel) 다이오드-증폭 작용
② 임패트(impatt) 다이오드-정류 작용
③ 제너(zener) 다이오드-정전압 특성
④ 바렉터(varactor) 다이오드-FM 변조 사용

20 바리스터(Varistor)에 관한 가장 적합한 설명은?

① 반도체의 저항율이 온도에 따라 변화하는 성질을 이용한 것이다.
② 3개 이상의 PN 접합으로 구성된다.
③ 특정 온도에서 저항이 갑자기 변하는 것을 이용한 소자이다.
④ 낮은 전압에서 큰 저항을, 높은 전압에서 작은 저항을 나타낸다.

해설 바리스터 (Varistor)는 비직선적인 전압 특성을 가진 소자로서 낮은 전압에서 큰 저항을 나타낸다.

21 접합중의 한면이 금, 은 또는 백금 등과 같은 금속으로 구성되고, 다른 한 면에 불순물이 도우핑된 반도체(보통 n형 반도체)로 구성된 반도체는?

① 포토(Photo) 다이오드
② 바랙터(Varactor) 다이오드
③ 쇼트키(Shottky) 다이오드
④ 계단 응답(Step response) 다이오드

해설 반도체와 금속사이의 정류성 접촉을 사용한 다이오드를 금속 반도체 결합 다이오드 또는 쇼트키 다이오드라고 한다. 일반 다이오드에 비해 고속으로 스위칭 동작을 할 수 있다.

22 바랙터 다이오드(varactor diode)의 용량을 가변시키는 것은?

① 역방향 전압
② 확산 전압
③ 순방향 전류
④ 최저 역방향 전압이 걸릴 때 흐르는 전류

해설 바렉터의 정전용량: 역바이어스 전압을 증가시키면 공핍층의 폭이 넓어져 정전용량은 감소한다.

$$C_T = \frac{k}{\sqrt{V_T + V_r}} = 수[pF] \, 수백[pF]$$

여기서, k : 상수
V_T : 무릎전압
V_r : 바렉터 다이오의 역바이어스 전압

23 Thyristor의 설명으로 옳지 못한 것은?

① 통전상태에서 전압 강하가 1.5~2[V]로 수은 정류기에 비하여 대단히 적다.
② 점호를 위한 신호를 넣어서 ON 전류가 흐르기 시작하기까지의 시간은 수 μsec이고, 소자자신의 직병렬이 가능하다.
③ 히터가 없기 때문에 즉시 가동이 가능하다.
④ 과전압 과전류 내량이 크고 또한 회복 기능이 있다.

24 포토 커플러(Photo coupler)란?

① 빛을 전기로 변화하는 장치이다.
② 전기를 빛으로 변환하는 장치이다.

정답 18.④ 19.② 20.④ 21.③ 22.① 23.④ 24.③

③ 발광소자와 수광소자를 하나로 조합한 장치이다.
④ 태양전자의 일종이다.

25 다이오드를 사용하여 그림과 같은 회로를 구성하고 입력 전압(V_{in})을 $-6[V]$에서 $+6[V]$까지 변화시킬 때 출력 전압(Volt)의 변화는? (단, 이 다이오드의 커트-인 전압(cut-in voltage)은 $0.6[V]$이다.)

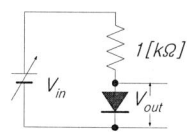

① $+0.6[V]$에서 $+6[V]$까지
② $-6[V]$에서 $+6[V]$까지
③ $-6[V]$에서 $0[V]$까지
④ $-6[V]$에서 $+0.6[V]$까지

26 그림과 같은 회로에서 $V_1=V_2=20[V]$이면 $V_0[V]$는? (단, 각 다이오드는 이상적인 특성을 갖는다.)

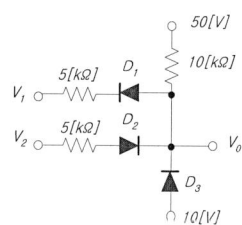

① $50[V]$
② $40[V]$
③ $30[V]$
④ $20[V]$

해설 회로에서 D_1은 ON상태, D_2와 D_3는 OFF상태이다. 중첩의 정리에 의해 V_o를 구한다.

$$V_o = (20)\frac{10}{5+10} + (50)\frac{5}{5+10} = 30[V]$$

제 3 절 IC 및 특수반도체

01 다음 중 실리콘 제어 정류기(SCR)의 동작에 관해서 틀리게 설명한 것은 어느 것인가?

① 게이트 신호로는 펄스가 쓰인다.
② 일단 전류가 흐르기 시작하면 역방향으로도 계속 흐른다.
③ 전류가 어느 한도 이하로 줄어지면 저절로 끊어진다.
④ 순방향 전압의 상승이 빠르면 저절로 통하게(Turn-On)된다.

해설 SCR은 Gate의 전류에 의해 전압을 제어하는 소자로서 전류가 어느 한도 이하로 줄면 저절로 끊어진다. SCR은 단방향 정류소자이다.

02 다음 중 SCR의 Transistor 등가회로 중 옳은 것은?

①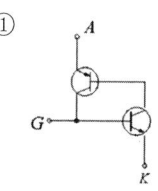
②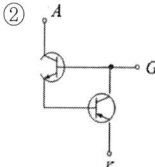
③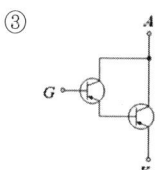
④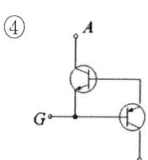

03 트라이액(TRIAC)에 대한 다음의 설명 중에서 옳지 않은 것은 어느 것인가?

① 교류의 제어에 적합하다.
② 역병렬로 연결하는 SCR 2개와 등가이다.
③ 게이트에 정(+)의 신호를 Trigger로 가해야만 통전 시킬 수 있다.

정답 25.④ 26.③ 제3절 01.② 02.① 03.③

④ 트라이액의 Trun-Off는 주전극간의 극성을 역전시키면 된다.

04 그림의 회로에서 저항 R_1의 값을 조정할 경우에 변화되어지는 회로의 요소는?

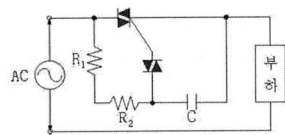

① 회로의 열적 안정도
② 부하전압의 파형
③ 부하전압의 주파수
④ 부하의 저항 값

05 대부분의 반도체 집적회로의 재료로서 실리콘을 사용하는 이유가 될 수 없는 것은?

① 순수한 단결성이 쉽게 형성된다.
② 우수한 열 전도체이다.
③ 원자번호가 작은 원소이다.
④ 질량밀도가 크기 때문에 안정하다.

06 그림과 같은 회로에서 출력측에 정전압을 유지할 수 있는 입력전압(V_i)의 범위는 몇 V 인가? (단, 제너 다이오드는 20V 용이고, 최대전류는 50mA)

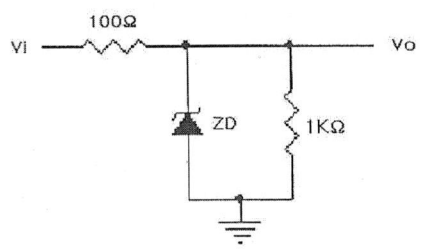

① 15~20 ② 22~27
③ 28~32 ④ 35~40

해설 정전압 회로
I_z를 Zener diode에 흐르는 전류라 하면

$$I_z = \frac{V_z}{R_z} = \frac{V_i - 20}{100} = 50 \text{ [mA]에서 [V]}$$

07 실리콘 제어 정류소자(SCR)의 전류 - 전압 특성곡선은 어느 것인가?

① 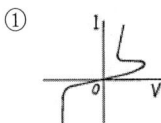 ②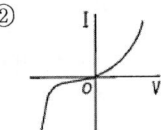

③ 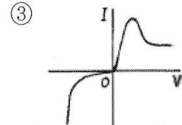 ④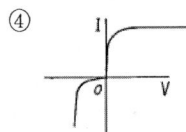

해설 실리콘 제어 정류기(SCR ; Silicon Controlled Rectifier)
(1) Anode가 Cathode보다 전위가 높을 때에만 도통상태가 되며, 도통이 된 후에는 anode 전압을 (-) 또는 "0"으로 해야만 전류가 차단된다.
(2) 단방향 소자이다.

08 정전압 회로에서 주로 사용되는 다이오드는?

① 터널 다이오드
② 제너 다이오드
③ 발광 다이오드
④ 바렉터 다이오드

해설 제너다이오드(Zener Diode)
(1) 역방향 전압을 크게 해도 전류가 급격히 증가하는 제너현상과 전자 눈사태 현상을 이용하여 다이오드에 역방향 전류를 흘려 보내 사용하고 그 양단에서 일정한 전압을 얻는다.
(2) 제너 다이오드는 전압 변동이 극히 작은 것을 필요로 하는 전원 안전화 회로에 사용한다.

09 그림의 정전압회로에서 V가 25~28[V]의 범위에서 변동한다. zener diode 전류ID의 변화는? (단, R_L=1[kΩ], V=28[V], V_L=20[V]이다.)

정답 04.② 05.② 06.② 07.① 08.②

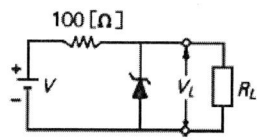

① 30~50[mA]　② 30~60[mA]
③ 10~50[mA]　④ 10~60[mA]

해설 (1) V=28[V]인 경우, 저항 100[Ω]에 흐르는 전류를 I_R이라고 하면

$$I_R = \frac{V_i - V_L}{R} = \frac{28-20}{100} = 80\,[\text{mA}]\,[\text{mA}]$$

Zener Diode 양단 전압 20[V]가 저항 1000[Ω]에 나타나므로 부하 전류 I_L은

$$I_L = \frac{V_Z}{R_L} = \frac{20}{1000} = 20\,[\text{mA}]\,[\text{mA}]\text{이다.}$$

따라서 제너 다이오드에 흐르는 전류 I_L는
$I_D = I_R - I_L = 80 - 20 = 60$ [mA]이다.

(2) V=25[V]인 경우는 $I_D = I_R - I_L = 50 - 20 = 30$ [mA]이다.

10 그림에서 D_1, D_2는 5[V] 제너(zener) 다이오드이다. 부하전압 V_L은 다음 어느 범위에 있겠는가? (단, V_S=10sin(wt+θ)[V]이다.)

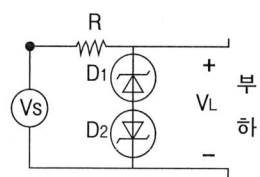

① $V_L \leq 5[V]$
② $V_L \geq 5[V]$
③ $-5[V] \leq V_L \leq 5[V]$
④ $V_L \leq -5[V]$ 또는 $V_L \geq 5[V]$

해설 제너 다이오드 D_{Z1}, D_{Z2}의 2개를 사용된 슬라이스 회로로서, 제너전압 V_{Z1}, V_{Z2}보다 높은 입력전압의 시간동안에는 출력이 단락되어 출력파형이 잘리게 된다.

11 그림과 같은 회로에서 Zenner 다이오드의 파괴전압은 50[V]이며, 그 전류 범위는 5.40[mA]이다. 부하저항 R_L에 흐르는 전류 I_L의 최대값은 얼마인가?

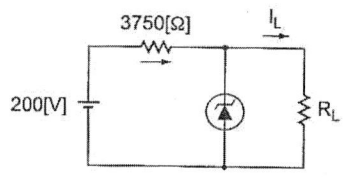

① 45[mA]　② 35[mA]
③ 25[mA]　④ 15[mA]

해설 간단히 제너 전압 조절기
(1) Zener 다이오드는 부하저항 RL 및 조절되지 않는 전압 $V_S < V_Z$의 변동에 관계없이 일정한 출력전압 $V_o = V_Z$을 유지하는 데 사용한다. 여기서 V_S는 전원전압이며, V_Z은 항복전압이다.

(2) Zener Diode에 흐르는 전류를 I_Z라 하면

$$I_Z = I - I_L = \frac{V_s - V_Z}{R_S} - \frac{V_Z}{R_L}$$

부하의 변화에 따라 I_Z는 변하지만, 출력전압은 V_Z로 일정하게 유지된다. 또한 I_Z의 범위는 높은 전류 및 낮은 전류값 두 가지 모두에서 제한받는다.

12 다음과 같은 diode 회로에서 전달특성은? (단, Vz는 D_1과 D_2의 항복전압이다.)

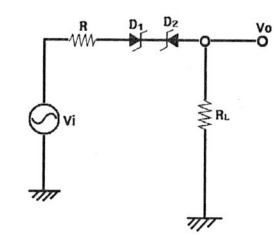

① 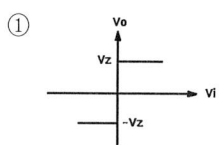　②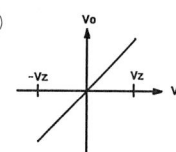

③ 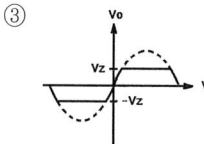　④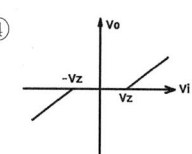

정답　09.②　10.③　11.②　12.①

13 바이어스 전압에 따라 공간 전하용량이 달라지는 다이오드는?

① Zener Diode   ② LCD
③ Tunnel Diode ④ Varactor Diode

해설 가변용량 다이오드(배리캡 또는 버렉터 : varastor)
전압을 역방향으로 가했을 경우에 다이오드가 가지고 있는 콘덴서 용량(접합용량)이 변화하는 것을 이용하여, 전압의 변화에 따라 발진주파수를 변화시키는 등의 용도에 사용한다. 역방향의 전압을 높이면 접합용량은 작아진다.

14 제너 다이오드의 제너 전압 Vz=10[V]/0.5[W]인 경우 최대 전류의 크기는?

① 0.5[A]   ② 0.05[A]
③ 0.5[mA]   ④ 0.05[mA]

해설 제너 다이오드
(1) PN접합의 항복(breakdown) 영역에서 동작특성이 나타나도록 제작된 다이오드로 주로 정전압용으로 사용된다. PN반도체의 도핑레벨(dopping level)을 변화시켜 2~200[V]의 항복 범위를 갖도록 해당 전압별로 제작된다.
(2) 제너다이오드의 특성에서 항복전압 V_Z에 도달하기까지 역방향 전류를 무시할 수 있다. V_Z에서는 급경사적으로 나타나므로 전류는 거의 수직적으로 나타난다. 대부분의 항복영역구간에 걸쳐 출력전압은 V_Z와 같게 된다.
(3) 제너 다이오드 소비전력 P_Z는 $P_Z=V_ZI_Z$로 표현되는데 이 값이 최대치(Data Sheet 상에 표시)이하인 경우는 제너다이오드가 파손되지 않고 원상복귀된다.

$$\therefore I_z = \frac{0.5\,[W]}{10\,[V]}$$

15 제너 다이오드를 주로 사용하는 회로는?

① 증폭회로   ② 검파회로
③ 전압안정회로   ④ 저주파발진회로

해설 제너다이오드는 역방향 전류가 비교적 크고 제너 파괴 전압이 일정한 다이오드로서 전압 안정 회로에 주로 사용된다.

16 다음 회로의 제너 다이오드에 흐르는 전류 I_Z[mA]는? (단, 제너 다이오드의 제너 전압은 10[V]이다.)

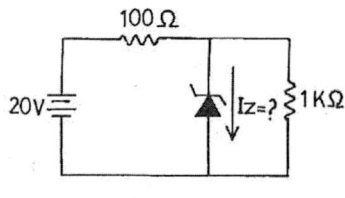

① 60   ② 70
③ 80   ④ 90

해설 좌측 loop에 KVL을 적용하면 20=100I+10이며 전류 I는 0.1[A]이다.
따라서 부하(K)에 걸리는 전압 V_L을 고려하면
10[V]\1000·I_L

정답 13.④ 14.② 15.③ 16.④

제2장 전원 회로

제1절 반도체

01 다음 중 직류전원회로의 구성 순서로 옳은 것은?

① 정류회로→변압회로→평활회로→정전압회로
② 변압회로→정류회로→평활회로→정전압회로
③ 변압회로→평활회로→정류회로→정전압회로
④ 변압회로→정류회로→정전압회로→평활회로

02 정류 회로의 블록도를 보고 (a) 및 (b)의 파형으로 적합한 것은?

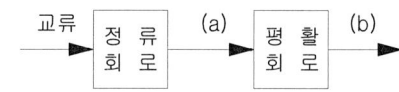

①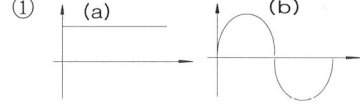

②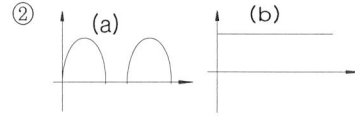

③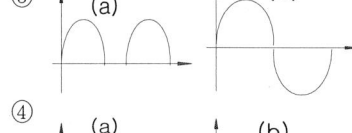

④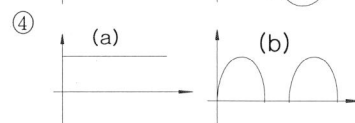

03 다음 중 평활 회로와 밀접한 관계가 있는 것은?

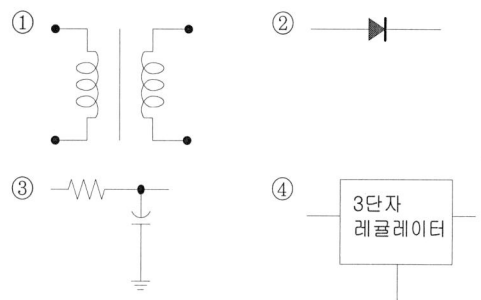

04 다음 정류회로에 출력 전류가 흐르지 않은 범위는? (단, $v_i = V_m \cos wt$이다.)

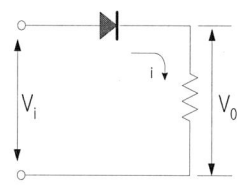

① $0 < wt < \pi$
② $\dfrac{\pi}{2} < wt < \dfrac{3\pi}{2}$
③ $0 < wt < \dfrac{\pi}{2}$
④ $\dfrac{\pi}{2} < wt < 2\pi$

[해설] 입력 $v_i = V_m \cos wt$이므로 $\dfrac{\pi}{2} < wt < \dfrac{3\pi}{2}$ 구간에는 출력이 나타나지 않는다.

05 전원 회로에서 무부하시 600[V], 부하시 500[V] 였다면 전압변동률은 얼마인가?

① 20%   ② 30%
③ 35%   ④ 45%

06 다음 정류회로 중 맥동률이 가장 적은 회로방식은?

정답 제1절 01.② 02.② 03.③ 04.② 05.①

전자회로 기출문제

① 3상 전파정류회로
② 3상 반파정류회로
③ 단상 전파정류회로
④ 단상 반파정류회로

07 주된 맥동전압 주파수가 전원주파수의 6배가 되는 정류 방식은?

① 단상 전파 정류
② 단상 브리지 정류
③ 3상 반파 정류
④ 3상 전파 정류

해설 전원 주파수가 f_1일 때 출력측의 맥동 주파수는 다음과 같다.
 (1) 단상 반파 정류 : $f_r = f_1$
 (2) 단상 전파 정류 : $f_r = 2f_1$
 (3) 3상 반파 정류 : $f_r = 3f_1$
 (4) 3상 전파 정류 : $f_r = 6f_1$

08 그림에 나타난 회로는 무슨 회로인가?

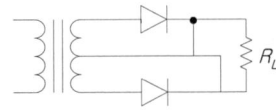

① 반파 정류회로
② 전파 정류회로
③ 배전압 회로
④ 필터 회로

09 브리지 교류회로에서 교류 220[V]를 정류시킬 때 최대 전압은 몇 [V]인가?

① 140   ② 311
③ 432   ④ 100

해설 $V_s = \dfrac{V_m}{\sqrt{2}} \to V_m = \sqrt{2} V_s = \sqrt{2} \times 220 \simeq 311[V]$

10 권선비가 1:3인 전원 변압기를 통하여 실효치 200[V]의 교류입력이 전파 정류되면 평균치는 얼마인가?

① $\dfrac{2}{\pi} \times 600$ ② $\dfrac{2\sqrt{2}}{\pi} \times 600$
③ $\dfrac{\pi}{\sqrt{2}} \times 600$ ④ $\dfrac{\pi}{2\sqrt{2}} \times 600$

11 브리지 정류기의 출력전압의 실효치가 20[V]이다. 각 다이오드 양단의 최대 역전압은 몇 [V]인가?

① 20   ② 28.28
③ 40   ④ 46.5

해설 최대 역전압
$PIV = V_m = \sqrt{2}\, V_e = \sqrt{2} \times 20 = 28.28[V]$

12 그림과 같은 회로에서 입력전압 $V_i = 100\sin wt$ [V]일 때 출력전압 V_o는 얼마인가?

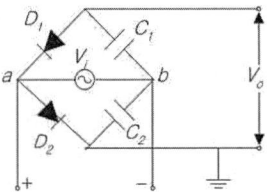

① 100[V]   ② 141[V]
③ 200[V]   ④ 282[V]

해설 콘덴서는 입력전압의 최대치까지 충전 C_1, C_2 각각 100[V] 이므로 $V_o = 200[V]$이다.

13 그림과 같은 전파 정류회로의 각 다이오드에 걸리는 최대 역전압의 크기는 얼마인가?(단, $n_1 = n_2$이다.)

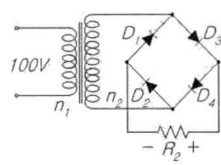

정답 06.① 07.④ 08.② 09.② 10.② 11.③ 12.②

① 100[V] ② 141[V]
③ 230[V] ④ 282[V]

해설 전파정류 $PIV=V_m$이므로 $V_m = \sqrt{2} \cdot V = 141[V]$

14 그림과 같은 단상 반파 정류 회로에서 출력전력은? (단, $V_i=V_m\sin wt$)

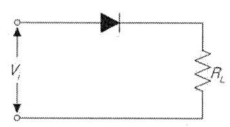

① 부하저항에 반비례한다.
② 입력전압에 비례한다.
③ 부하임피던스와 관계없다.
④ 입력전압의 자승에 비례한다.

해설 반파 정류 회로의 출력(P_o)

$$P_o = V_{dc}I_{dc} = \frac{V_m^2 R_r}{\pi^2(R_L + R_f^2)}$$

인가된 전압의 최대 진폭 V_m의 자승에 비례한다.

15 전원 전압 6[V], 내부저항 2[Ω]인 전원회로에서 부하저항 RL=8[Ω]일 때 전원전압 변동률은?

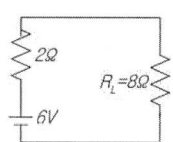

① 20 ② 25
③ 50 ④ 80

해설 $V_o = 6[V]$ $V_L = I \times R_L = 0.6 \times 8[V]$

$$V = \frac{V_o - V_L}{V_L} \times 100[\%] = \frac{6-4.8}{4.8} \times 100[\%] = 25[\%]$$

16 정류회로에서 맥동율을 나타내는 수식으로 올바른 것은?

① 맥동률 = $\frac{맥동신호의 실효전압}{출력신호의 실효전압} \times 100[\%]$

② 맥동률 = $\frac{맥동신호의 평균전압}{출력신호의 평균전압} \times 100[\%]$

③ 맥동률 = $\frac{맥동신호의 평균전압}{출력신호의 실효전압} \times 100[\%]$

④ 맥동률 = $\frac{맥동신호의 실효전압}{출력신호의 평균전압} \times 100[\%]$

17 그림에서 $u_i = V_m\sin wt$일 때 부하저항 RL양단에 나타나는 직류출력 전압은 얼마인가?

(단, $I_m = \frac{V_m}{R_f + R_L}$이고 R_f는 다이오드의 순방향 저항이다)

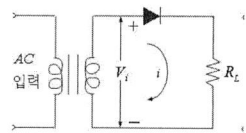

① $\frac{I_m R}{\sqrt{2}}$ ② $I_m R_L$

③ $\frac{2I_m R_L}{\pi}$ ④ $\frac{I_m R_L}{\pi}$

18 다음 그림과 같이 용량 평활회로를 가진 반파 정류회로에서 다이오드에 걸리는 최대 역전압은 얼마인가?

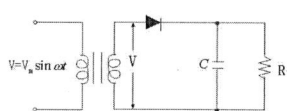

① V_m/π ② $V_m/\sqrt{2}$
③ V_m ④ $2V_m$

19 그림과 같은 이상 변압기에 반파 정류회로를 구성하여 스위치 S를 개방하였다면 이때 C의 양단 AB에 충전된 전압은 얼마인가? (단, 다이오드의 순방향 저항은 무시한다.)

① 약 45[V] ② 약 52[V]
③ 60[V] ④ 74[V]

해설 $V_{AB} = (110 \times \frac{1}{3})\sqrt{2} \fallingdotseq 52[V]$

정답 13.② 14.④ 15.② 16.④ 17.④ 18.③ 19.②

20 아래 그림과 같은 반파 정류회로에 스위치 S를 사용하여 부하저항을 충전한 경우 콘덴서 C에 충전된 AB간의 전압은? (단, 다이오드와 변압기는 이상적인 경우이다.)

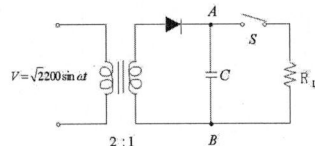

① $100 \times \frac{1}{\sqrt{2}}[V]$　　② $100 \times \pi[V]$
③ $100 \times \sqrt{2}[V]$　　④ $100 \times 2\pi[V]$

해설 콘덴서에는 트랜스 2차측 전압의 최대치가 충전된다.

21 그림의 단상 반파 정류회로에서 직류전압 평균치 E_{dv}와 직류전류 평균치 I_{dv}는 얼마인가?
(단, $e = \sqrt{2} \cdot 100 sin 50 \times 2\pi t[V]$, R=10[Ω], R=10[Ω], 정류 소자의 전압 강하는 무시)

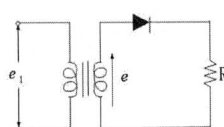

① E_{dv}=25[V], I_{dv}=1.5[A]
② E_{dv}=35[V], I_{dv}=3.5[A]
③ E_{dv}=45[V], I_{dv}=4.5[A]
④ E_{dv}=55[V], I_{dv}=6.5[A]

해설 단상 반파 정류회로의 해석
(1) 직류전압의 평균치 :
$E_{dv} = E_m/\pi = \sqrt{2} \cdot 100/3.14 = 45[V]$
(2) 직류전류의 평균치 : $I_{dv} = E_{dv}/R = 4.5[A]$

22 그림과 같은 반파 정류 회로의 동작 설명과 관련이 없는 것은?

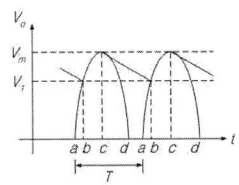

① 평활콘덴서에 충전전류가 흐르는 기간은 파형의 bc기간 동안이다.
② 리플전압의 피크투피크(p-p) 값은 $V_m - V_1$이다.
③ 입력교류 주기는 T이며, 리플주기와 같다.
④ 출력직류 전압의 평균값은 V_1이 되며, 이 값은 부하에 비례한다.

23 그림과 같은 정류회로에서 다이오드의 저항을 r, 부하저항을 R_L, 부하 전류를 i_L이라 한다. i_L의 평균치 및 실효치를 각각 I_L 및 I라 하면 정류 능률은 어떻게 되는가?

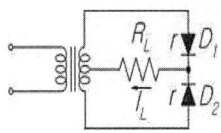

① $\frac{I_d^2 R_L}{I^2(R_L+r)}$　　② $I^2(R_L+r) - I_d^2 R_L$
③ $I_d^2 R_L - I^2 r$　　④ $\frac{I^2(R+r)}{I_d^2 R_L}$

해설 정류효율 = 직류출력 $\frac{전력평균치}{교류입력전력실효치} \times 100\%$

24 전파 정류회로에서 정류 효율은 다음 중 어느 것인가? (단, 다이오드 저항은 부하 R_L에 비해서 극히 작다고 한다.)

① 41.5[%]　② 67.3[%]
③ 78.5[%]　④ 81.2[%]

해설 정류효율
$\eta = \frac{P_o}{P_i} \times 100[\%] = \frac{(\frac{2I_m}{\pi})^2 R_L}{(\frac{I_m}{\sqrt{2}})^2 (r_f + R_L)} \times 100[\%]$
$= \frac{81.2}{1 + \frac{r_f}{R_L}}[\%]$

25 그림과 같은 브리지 정류회로에 관한 설명 중 틀린 것은?

정답 20.③　21.③　22.④　23.①　24.④

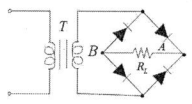

① R_L에는 A에서 B쪽으로 전류가 흐른다.
② R_L에서 흐르는 전류는 전파 정류된 파형이다.
③ 다이오드에 걸리는 역방향 전압의 최대치는 T의 2차 전압의 최대치의 2배에 가깝다.
④ R_L에 걸리는 전압의 최대치는 T의 2차 전압의 최대치에 가깝다.

26 그림과 같은 브리지형 정류회로에서 직류 출력 전압이 10[V], 부하가 5[Ω]이라고 하면 각 정류소자에 흐르는 첨두전류값은 얼마인가?

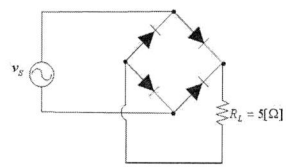

① 6.28[A] ② 3.14[A]
③ 1/3.14[A] ④ 3.14/2[A]

해설 $V_m = \frac{\pi}{2} V_{dc} = \frac{\pi}{2} \times 10 = 5\pi$
첨두 전류값 $I_m = V_m/R_L = 5\pi/5 = \pi = 3.14[A]$ 이다.

27 그림의 정류회로에서 부하저항 R_L의 소비전력 W_{RL}은? (단, 2차측 중간의 탭(tap)은 권선의 1/2되는 지점이며 다이오드 순방향 저항은 0[Ω]이다.)

① 0.52[W] ② 1.74[W]
③ 3.04[W] ④ 9.55[W]

해설 2차측 전압은 권선비가 2:1이므로 $60\sqrt{2}$이나 접지된 중간 tap이 있으므로 $60\sqrt{2}/2 = 30\sqrt{2}$가 각각 걸리게 된다.
$V_{dc} = \frac{2}{\pi} V_m = 0.636 V_m = 0.636 \times 30\sqrt{2} = 27$
$P_{dc} = V_{dc}^2/R_L = (27)^2/240 = 3.04[W]$

28 그림의 정류회로에서 트랜스 2차측전압의 최대값이 25[V]이며 사용된 다이오드들은 순방향 전압이 1[V]일 때 순방향 전류가 1.5[A]이다. 트랜스 2차측 권선저항이 0.8[Ω]일 때 서지전류(Surge Current)는 몇[A]인가? (단, 사용된 다이오드는 실리콘 다이오드이며 임계전압은 0.7[V]이다.)

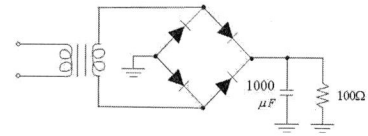

① 11.7 ② 17
③ 20.8 ④ 25

해설 다이오드 저항 r은 $r = \frac{1[V] - 0.7[V]}{1.5[A]} = 0.2[\Omega]$
다이오드 2개에 대한 다이오드 저항은 0.2×2=0.4[Ω]이므로 서지 전류 I는 $I = \frac{25[V]}{2 \times 0.2 + 0.8} \approx 20.8[A]$

29 그림(a)회로에 그림(b)와 같은 전압을 입력측에 인가할 때 정상상태에서의 출력 전압 V_o는?

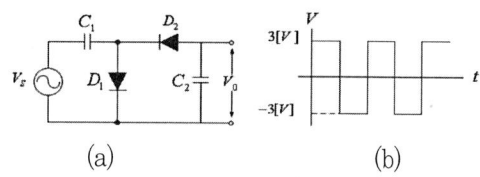

(a)   (b)

① 3[V]의 진폭을 갖는 부(負)의 펄스
② 3[V]의 진폭을 갖는 정(正)의 펄스
③ -6[V]의 직류전압
④ +3[V]의 직류전압

30 다음과 같은 정류 회로에서 C_1, C_2 양단의 최대 전압과 D_1, D_2의 최대 역전압을 구하면?(단, 입력 전압의 최대치는 V_m이다.)

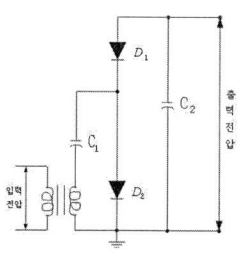

정답 25.③ 26.② 27.③ 28.③ 29.③

① V_m, $2V_m$, $2V_m$, $2V_m$
② $2V_m$, V_m, V_m, $2V_m$
③ V_m, V_m, $2V_m$, $2V_m$
④ $2V_m$, V_m, V_m, V_m

31 다음 회로에서 V는 실효치가 100[V]인 교류전압이다. R_L에 걸리는 전압은 얼마인가?

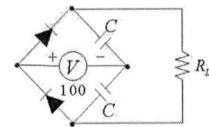

① 71[V] ② 141[V]
③ 200[V] ④ 283[V]

해설 R_L양단에는 $2V_m$이 걸린다.
∴ $2V_m = 2\sqrt{2} \cdot 100 = 283[V]$

32 아래 회로는 정류회로이다. 단자 간에 가장 높은 전압이 나오는 단자는 어느 것인가?

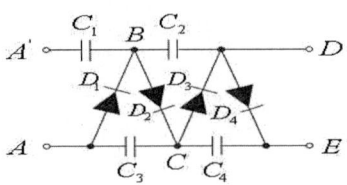

① AB ② CE
③ BD ④ AE

제 2 절 정전압회로

01 다음 그림에서 제너다이오드전압 V_Z일 때 다이오드 근사방법에 의한 제너전압 V_Z의 변화($\varDelta V_Z$)를 계산하면?

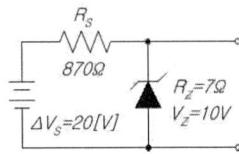

① $\varDelta V_Z$=0.107[V] ② $\varDelta V_Z$=0.171[V]
③ $\varDelta V_Z$=20[V] ④ $\varDelta V_Z$=40[V]

02 그림과 같은 회로에서 C의 용량이 ∞라면 R 양단에 어떤 전류가 나타나는가?

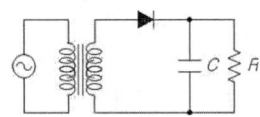

① 직류 ② 저주파
③ 고조파 ④ 고주파

해설 반파 평활회로 (콘덴서 입력형)
$r = \dfrac{1}{\sqrt{2}\sqrt{3}fCR} = \dfrac{T}{\sqrt{2}\sqrt{3}CR}$ 의 관계에서
C→∞ 이면 r=0이 되므로 거의 Ripple이 0이 되므로 출력은 직류에 가깝게 된다.

03 캐패시터로 필터링된 전파 정류기의 부하저항이 적게 된다면 리플 전압은?

① 감소한다.
② 증가한다.
③ 영향이 없다.
④ 다른 주파수를 갖는다.

04 직류 출력 전압(무부하)이 가장 적은 평활 회로는?

① L형 평활 회로 ② L입력형 평활 회로
③ C형 평활 회로 ④ π형 평활 회로

05 정전압회로에서 주로 사용되는 다이오드는?

① 터널 다이오드 ② 제너 다이오드
③ 발광 다이오드 ④ 바렉터 다이오드

06 제너 다이오드를 사용하는 회로는?

① 증폭회로 ② 검파회로
③ 전압안정회로 ④ 저주파발진회로

정답 30.① 31.④ 32.④ 제2절 01.② 02.① 03.② 04.① 05.② 06.②

07 제너 다이오드의 제너 전압 $V_Z=10[V]$ / $P_Z=0.5[W]$인 경우 최대 전류의 크기는?

① 0.5[A]　　② 0.05[A]
③ 0.5[mA]　④ 0.05[mA]

해설 $I_{zmax} = P_z/V_z = 0.5/10 = 0.05[A]$다.

08 다음 그림에서 정전압 회로의 출력 전압은?

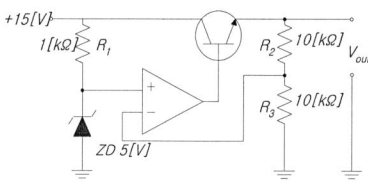

① 5[V]　　② 7.5[V]
③ 10[V]　④ 12[V]

해설 $V_0 = (1+\dfrac{R_2}{R_3})V_{ref} = (1+\dfrac{10[k\Omega]}{10[k\Omega]})5[V] = 10[V]$

09 다음 회로의 제너(zener) 다이오드에 흐르는 전류는? (단, 제너다이오드의 파괴 전압은 10[V]이다.)

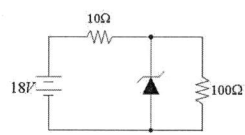

① 0.5[A]　　② 0.7[A]
③ 1.0[A]　　④ 1.7[A]

해설 VZ = 10[V] 8[V] = 10 · I ∴ I = 0.8[A]
∴ 전류분배공식 : $V_L = 10[V] = 100 \cdot x$ ∴ $I_L = 0.1$
$I_Z = 0.8 - 0.1 = 0.7[A]$

10 그림과 같은 회로에서 Zener 다이오드의 파괴 전압은 50[V]이며, 그 전류 범위는 5~40[mA]이다. 부하저항 R_L에 흐르는 전류 I_L의 최대값은 얼마인가?

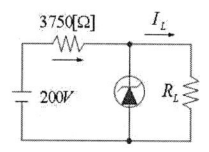

① 45[mA]　② 35[mA]
③ 25[mA]　④ 15[mA]

11 그림과 같은 회로에서 출력측에 정전압을 유지할 수 있는 출력 전압의 범위는? (단, 제너 다이오드는 20[V]용이고, 제너 다이오드의 최대 전류는 50[mA]이다.)

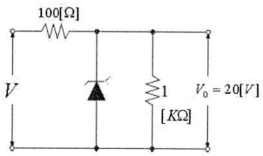

① 15~20[V]　② 22~27[V]
③ 23~32[V]　④ 35~40[V]

해설 (1) 부하 1kΩ에 흐르는 전류 $I_L = \dfrac{20}{1K} = 20mA$
(2) 100Ω 양단에 흐르는 전류 $I = I_Z + I_L = 70mA$ 이므로
(3) 100Ω 양단에는 7V의 전압강하발생
(4) 따라서 입력전압 27V까지 입력시 정전압 유지가능

12 그림의 정전압 회로에서 V가 25~28[V]의 범위에서 변동한다. zener diode 전류 I_D의 변화는? (단, $R_L=1[k\Omega]$, $V=28[V]$, $V_L=20[V]$이다.)

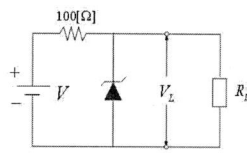

① 30~50[mA]
② 30~60[mA]
③ 10~50[mA]
④ 10~60[mA]

정답　07.②　08.③　09.②　10.②　11.②　12.②

13 전원의 평활회로에서 쵸크코일입력형에 비해 콘덴서입력형의 장점은?

① 출력직류전압이 크다.
② 첨두역전압이 높다.
③ 대전류에 적합하다.
④ 전압변동률이 양호하다.

해설 콘덴서 입력형은 대전압용, 쵸크입력형은 대전류에 적합

14 스위칭 정전압 제어기에서 제어 트랜지스터가 도통되는 시간은?

① 입력전압이 정해진 제한을 넘어설 때만
② 항상
③ 과부하가 걸렸을 때만
④ 일정부분의 시간에서만

해설 (1) 스위칭 정전압회로는 정류된 진류를 트랜지스터의 스위칭 작용에 의해서 수십 KHz의 교류로 변환하며 이것을 정류해서 직류로 다시 바꾸어 출력한다. 이 출력에 의해서 펄스폭 제어회로를 구동하며 스위칭회로의 펄스폭을 제어해 출력의 안정화를 행하고 제어요소가 스위칭 되므로 전력효율이 클 뿐만 아니라 높은 출력전력을 얻을 수 있다.
(2) 정전압회로의 부하변동에 대응하는 펄스유지기간 동안만 입력전압을 스위칭한다.

15 전압안정화 회로의 특성으로 가장 알맞은 것은?

① 온도가 변할 때 출력전압은 일정하다.
② 출력전압이 변할 때 부하전류는 일정하다.
③ 입력전압이 변할 때 출력전압은 일정하다.
④ 부하가 변할 때 출력전압은 일정하다.

해설 정전압 전원회로 (직류 안정화 전원회로)
(1) 정전압 전원회로는 출력전압을 일정하게 하는 작용을 한다.
(2) 정전압 전원회로는 일반적으로 정류회로 뒤에 위치한다.

16 전원회로의 특성과 관계가 없는 것은?
① 리플포함률   ② 부하특성
③ 전원전압 변동율   ④ 전압 맥동율

17 전원회로에서 무부하시 600[V], 부하시 500[V]였다면, 전압변동률은 얼마인가?

① 20%   ② 30%
③ 35%   ④ 45%

해설 전압변동률
부하전류에 대한 직류 출력 전압의 변화 정도를 표시한다.
∴ 전압변동률
$= \dfrac{\text{무부하시출력전압} - \text{부하시출력전압}}{\text{부하시출력전압}} \times 100 [\%]$
$= \dfrac{600 - 500}{500} \times 100 [\%]$
$= 20 [\%]$

18 전원의 평활회로에서 초크코일 입력형에 비해 콘덴서입력형의 장점은?

① 출력직류전압이 크다.
② 첨두역전압이 높다.
③ 대전류에 적합하다.
④ 전압변동율이 양호하다.

해설 콘덴서 입력형 평활회로와 쵸크 입력형 평활회로를 비교하면 다음과 같다.

구분 항목	콘덴서 입력형	쵸크 입력형
맥동율	적다	크다
출력 직류전압	크다	작다
전압 변동률	크다	작다
역전압	높다 (이것이 장점은 아님)	낮다
가격	싸다	비싸다

19 다음 중 프리엠퍼시스(pre-emphasis) 회로와 관련이 있는 것은?

정답 13.③ 14.④ 15.③ 16.② 17.① 18.①

① 저역통과필터　　② 고역통과필터
③ 대역통과필터　　④ 대역저지필터

해설 (1) FM방식은 변조지수가 신호파 주파수에 반비례하여 작아지므로 송신기에서 프리엠퍼시스(pre-emphasis)회로를 사용하여 고음(고주파수 성분)을 강조해 주고 수신측에서는 디엠퍼시스(de-emphasis)로 고음을 송신측에서 높인 만큼 억제시켜 고음에서의 신호대잡음비(S/N) 저하를 막고있다.
(2) pre-emphasis 및 de-emphasis 회로의 사용은 FM에서 S/N을 개선시켜 준다.
(3) pre-emphasis 회로는 고역통과 필터의 역할을 하며, de-emphasis 회로는 저역통과 필터의 역할을 한다.

20 다음 중 RC 필터 회로에서 리플 함유율을 작게 하려면?

① R을 작게 한다.
② C를 작게 한다.
③ R, C를 모두 작게 한다.
④ R과 C를 크게 한다.

해설 *RC* 필터회로
(1) ripple이란 직류 성분을 중심으로 변화하는 파형이다.
(2) 충전과 방전으로 인한 출력 전압의 변동을 ripple이라 한다.
(3) ripple이 적으면 적을수록 필터 작용이 더 효율적이다.
∴ *RC*회로의 시정수, τ=*RC*가 커지면 커패시터 방전은 훨씬 적어질 것이므로, 리플 함유율이 작아진다.

21 그림과 같은 RC 필터회로에 관한 설명 중 틀린 것은?

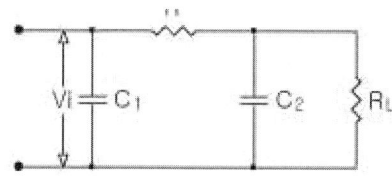

① RC 필터를 첨가함으로써 직류출력 전압이 다소 감소된다.
② 부하에 나타나는 리플을 크게 감소시킬 수 있다.
③ C_1에 나타나는 전압 중 직류성분이 필터에 의해 차단되고 부하에는 교류전압만 나타난다.
④ 리플의 교류성분을 감소시키기 위한 회로이다.

제 3 장 트랜지스터 증폭회로

제 1 절 트랜지스터

01 TR이 EB접합과 CB접합 모두 순방향 바이어스 시 TR의 동작영역은?

① 포화영역 ② 활성영역
③ 차단영역 ④ 역활성영역

해설 트랜지스터의 동작상태
(1) 포화영역: EB 접합 순바이어스, CB 접합 순바이어스
(2) 활성영역: EB 접합 순바이어스, CB 접합 역바이어스
(3) 차단영역: EB 접합 역바이어스, CB 접합 역바이어스
(4) 역활성영역: EB 접합 역바이어스, CB 접합 순바이어스

02 다음은 트랜지스터의 접지 방법에 따른 특성을 설명한 것이다. 설명 중 옳지 않은 것은?

① CE 접지방법은 전력 증폭에 가장 좋다.
② CC 접지방법은 출력 임피던스가 가장 작다.
③ CB의 전류 이득은 1보다 크다.
④ 다알링톤접속의 둘째단 트랜지스터는 CC 접지이다.

해설

구분	특 징
CC	① A_i는 높다. ② $A_v \simeq 1$ ③ R_i는 가장 높다. ④ R_o는 가장 낮다. ⑤ 고임피던스 전원과 저임피던스 부하시의 완충단으로 사용
CE	① 전류이득 및 전압이득이 모두 10이상이다. ② R_i, R_o는 R_L, R_S에 따라 그다지 변동하지 않는다. ③ R_i, R_o의 값은 CC 및 CB 접속의 중간에 있다.
CB	① $A_i \simeq 1$ ② A_v는 높다. ③ R_i는 가장 낮다. ④ R_o는 가장 높다.

03 역방향 포화 전류의 설명으로 맞는 것은?

① 소수 반송자에 의한 전류이다.
② 다수 반송자에 의한 전류이다.
③ 온도의 영향을 비교적 적게 받는다.
④ 온도의 영향을 전혀 받지 않는다.

해설 역방향 포화 전류는 주로 소수 반송자에 의해서 형성되며 온도가 10[℃] 증가할 때마다 2배로 된다.

04 트랜지스터 증폭회로에서 콜렉터 회로의 바이어스 설명중 적당한 것은 어느 것인가?

① 항상 순방향으로 공급한다.
② 항상 역방향으로 공급한다.
③ PNP는 역방향, NPN은 순방향으로 공급한다.
④ PNP는 순방향, NPN은 역방향으로 공급한다.

05 다음 중 트랜지스터 특성과 관계없는 것은 어떤 것인가?

① 콜렉터에 흐르는 전류는 콜렉터 저항값과 인가 전압에 따라 제한된다.
② 콜렉터 전류는 베이스전류 증가에 따라 계속 직선적으로 증가된다.
③ 전류증폭률 β값은 콜렉터전류가 증가되면 감소된다.
④ 베이스전압이 베이스-에미터간 전압 이하에서는 콜렉터전류는 흐르지 않는다.

06 다음 중 트랜지스터의 h정수 등가회로에 나타나지 않는 것은?

정답 제1절 01.① 02.① 03.① 04.② 05.④

① 전류등가원　　② 전압등가원
③ 직류 바이어스 전압　④ 입출력 공통단자

해설 *h* 정수에 의한 등가회로
독립변수로 i_1과 v_2를 택하면 다음 기본식을 얻는다.
$$v_1 = h_{11}i_1 + h_{12}v_2$$
$$i_2 = h_{21}i_1 + h_{22}v_2$$
이 *h* 정수는 일반적으로 동작점에 따라 달라진다.
⟨*h* 정수의 의미⟩
$h_{11} = \dfrac{v_1}{i_1}$, $v_2 = 0$(출력단락) : 입력 임피던스 → h_i

$h_{12} = \dfrac{v_1}{v_2}$, $i_1 = 0$(입력개방) : 역방향 전압비
　　　　　　　　　　　　(전압궤환율) → h_r

$h_{21} = \dfrac{i_2}{i_1}$, $v_2 = 0$(출력단락) : 순방향 전류비
　　　　　　　　　　　　(전류증폭율) → h_f

$h_{22} = \dfrac{i_2}{v_2}$, $i_1 = 0$(입력개방) : 출력어드미턴스 → h_o

07 트랜지스터 직류증폭에 있어서 드리프트(Drift)를 초래하는 주된 원인이 아닌 것은 어느 것인가?

① h_{fe} 온도변화　　② h_{re} 온도변화
③ V_{BB} 온도변화　　④ L_{CO} 온도변화

해설 동작점의 변화(드리프트의 원인)
컬렉터 차단전류 L_{CO}의 온도에 의한 변화
베이스, 에미터 전압 V_{BB}의 온도에 의한 변화
직류 전류 증폭율 β(h_{fe})의 온도 특성

08 트랜지스터 증폭회로에서 콜렉터 회로의 바이어스 설명중 적당한 것은 어느 것인가?

① 항상 순방향으로 공급한다.
② 항상 역방향으로 공급한다.
③ PNP는 역방향, NPN은 순방향으로 공급한다.
④ PNP는 순방향, NPN은 역방향으로 공급한다.

09 그림은 에미터 접지 트랜지스터 회로의 V_{CE}-I_C 정특성 곡선이다. 포화영역에 해당하는 것은?

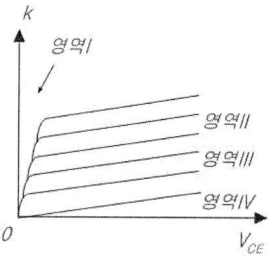

① 영역 I　　② 영역 II
③ 영역 III　④ 영역 IV

해설 I : 포화 영역, II : 활성 영역, III : 활성 영역, IV : 차단 영역

10 에미터 접지 트랜지스터 스위칭 회로에서 베이스와 에미터를 단락시키면 출력 상태는?

① 즉시 파괴된다.
② ON 상태가 된다.
③ OFF 상태가 된다.
④ ON 상태도 OFF 상태도 아니다.

11 트랜지스터가 차단과 포화에서 동작될 때 무엇처럼 동작하는가?

① 스위치　　　② 선형증폭기
③ 가변용량　　④ 가변저항

12 다음 중 h 파라미터는 소신호모델로 옳은 것은?

① 입력측에 테브난의 정리를 출력측에 노톤의 정리를 적용한다.
② 입력측에 노톤의 정리를 출력측에 테브난의 정리를 적용한다.
③ 입력측과 출력측에 테브난의 정리를 적용한다.
④ 입력측과 출력측에 노톤의 정리를 적용한다.

해설 하이브리드 등가회로는 입력측은 전압원의 Thevenin 등가를 출력측은 전류원의 Norton 등가회로로 나타낸다.

정답 06.③　07.②　08.②　09.①　10.③　11.①　12.①

13 다음 중 포화상태의 개념을 가진다고 분석되는 것은?

① 활성상태와 역활성상태가 중첩된 동작상태
② 포화상태와 차단상태가 중첩된 동작상태
③ 활성상태와 차단상태가 중첩된 동작상태
④ 역활성상태와 차단상태가 중첩된 동작상태

해설 pnp 트랜지스터에서 베이스 영역내의 소수 캐리어 농도는 그림에서 포화상태는 활성상태와 역활성 상태가 중첩된다.

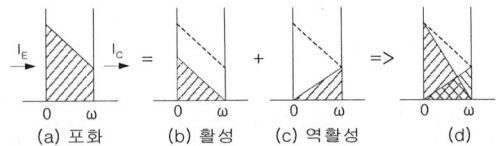

(a) 포화   (b) 활성   (c) 역활성   (d)

<그림> pnp TR에서 base 영역내의 소수 캐리어 농도

14 트랜지스터의 베이스 전류 I_B, 에미터 전류 I_E, 콜렉터 전류 I_C의 관계식으로 적합한 것은?

① $I_C > I_E + I_B$ ② $I_B \geq I_E + I_C$
③ $I_C = I_E + I_B$ ④ $I_E = I_B + I_C$

해설
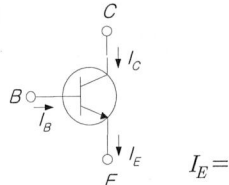
$I_E = I_B + I_C$

제 2 절   트랜지스터 증폭 회로의 기초

01 RC결합 저주파 증폭회로의 이득이 높은 주파수에서 감소되는 이유는?

① 부성저항이 생기기 때문
② 증폭기 소자의 특성이 변하기 때문
③ 결합 캐패시턴스의 영향 때문에
④ 출력회로의 병렬 캐패시턴스 때문에

해설 (1) 저주파 증폭기에서 주파수 특성은 증폭시의 입력에 같은 레벨의 여러 가지 전압을 가하여 출력측에 나타나는 전압을 측정해 그 이득의 균등성을 관찰하는 것이다.
(2) 저주파 증폭기의 주파수 특성 곡선을 보면 주파수가 높은 부분과 낮은 부분에서 이득이 떨어진다.
(3) RC 결합 증폭기의 이득이 높은 주파수에서 감소하는 이유는 출력회로 내에 병렬 용량이 있기 때문이다.
(cf)RC결합 증폭기에서 낮은 주파수에서 이득이 감소하는 이유는 결합 콘덴서의 영향 때문이다.

02 완충증폭기(buffer amp)에 관한 설명에서 가장 관계가 먼 것은?

① 발진기 출력과 부하 사이에 접속한다.
② 주로 A급 증폭기를 이용한다.
③ 부하의 변동이 발진회로에 영향을 미치지 않도록 한다.
④ 회로 구성은 이미터 접지 증폭회로로 되어있다.

해설 완충 증폭기(Buffer amplifier)
(1) 부하의 변동이 발진회로에 영향을 끼치지 않도록 발진기와 부하 사이에 넣어주는 증폭기이다.
(2) 송신기의 완충 증폭기는 A급을 사용한다.

03 이미터(emitter) 접지 회로에서 트랜지스터(transister)의 h_{fe}=50, h_{ie}=1[kΩ] 부하저항=0.5[kΩ]이면, 전압이득은 대략 얼마가 되겠는가?

① −125   ② −100
③ −50   ④ −25

해설 common-emitter circuit

(1) 전압이득(A_v) $= -\dfrac{h_{fe}}{h_{ie}} R_L$

$= -\dfrac{50}{1[K]} 0.5[K] = -25$

(2) 전류이득 $= \dfrac{-h_{fe}}{1+h_{oe}R_L} \fallingdotseq -h_{fe}$

04 입력 임피던스를 높이기 위한 회로방식에 해당하지 않는 것은?

정답   13.①   14.④   제2절   01.④   02.④   03.④

① 부우트스트랩(bootstrap)접속
② 다아링톤(darlington)접속
③ CC(컬렉터접지)접속
④ 캐스코오드(cascode)접속

해설 캐스코드회로
(1) 캐스코드회로는 증폭기의 동작 주파수를 훨씬 높게 할 목적으로 사용된다.
(2) 캐스코드 증폭기는 고주파 증폭에 유리하다.

05 다음 TR의 접속방식 중 틀린 것은?
① 전압, 전류이득이 모두 1보다 큰 것은 CE접속 방식이다.
② CB접속방식은 전압이득이 거의 1이다.
③ CC접속방식은 입력저항이 크고 출력저항이 작다.
④ CB접속방식은 입력저항이 작고 출력저항이 크다.

해설 CB 회로의 특징
(1) 전류 증폭도는 약 1이다.
(2) 전압 증폭도는 높다.
(3) 입력 저항은 수[Ω]~수십[Ω]으로 작다.
(4) 출력 저항은 수십[kΩ]이상으로 크다.
(5) 전력 증폭도는 낮다.
(6) 입, 출력 위상은 동상이다.
(7) CB 회로는 전압 증폭용으로 사용된다.

06 에미터 접지 트랜지스터 증폭회로에서 에미터에 접속된 저항과 병렬로 연결된 콘덴서를 제거 했을 때 증폭기의 상태는 어떻게 되겠는가?
① 변화가 없다.
② 과전류가 흘러 트랜지스터가 파괴된다.
③ 부궤환이 걸려 이득이 작아진다.
④ 정궤환이 걸려 발진한다.

해설 By-pass 콘덴서를 갖는 에미터 접지회로
(1) 에미터 접지회로에서 에미터 저항(R_e)에 병렬로 연결된 콘덴서(C_e)는 by-pass 콘덴서이다.
(2) R_e에 의하여 이득의 감소를 가져오지만 C_e를 병렬로 접속하여 교류성분을 통과시켜 이득의 저하를 막는다.
(3) 베이스와 에미터사이의 직류전압을 온도상승에 따라 적당히 감소하도록 동작시키면 안정화를 기할 수 있다.

07 저 임피던스 부하에서 고전류 이득을 얻으려할 때 사용되는 증폭 방식은?
① 베이스 접지
② 에미터 팔로워
③ 에미터 접지
④ 캐스코우드 증폭기

해설 에미터 폴로어(C-C) 회로
(1) 입력 임피던스는 높다.
(2) 출력 임피던스는 낮다.
(3) 전류 이득은 부하 저항(R_L)에 무관하다.
$$A_i = 1 + h_{fe}$$
(4) 전압 이득은 부하 저항( )에 무관하다.
$$A_v = 1 - \frac{h_{ie}}{R_i}$$
(5) 전압 이득은 작으며 약 1이다.
(6) 전류 이득은 크다.

08 다음의 회로는 Ic를 안정하게 하기 위한 회로이다. 무슨 보상방법인가?

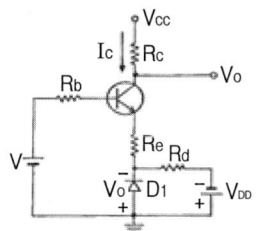

① 전류보상법
② 온도보상법
③ 전압보상법
④ 궤환보상법

해설 (1) 다이오드를 이용한 온도보상회로이다.
(2) V_{BE}의 온도변화에 따른 영향이 다이오드에 의해 감소하므로 결국 출력전류 I_c를 일정하게 유지시켜서 안정화시킨다.

09 트랜지스터에서 베이스폭 변조(Base width modulation)에 관한 설명으로 가장 적합한 것은?

정답 04.④ 05.② 06.③ 07.② 08.②

① 트랜지스터를 제조할 때 베이스 두께를 조정해 주는 것을 말한다.
② 트랜지스터의 베이스에 변조전압을 걸어서 동작시키는 것을 말한다.
③ 트랜지스터의 접합에 가해지는 바이어스에 의해 베이스 두께가 변하는 것을 이용한 변조를 말한다.
④ 트랜지스터의 포장에 의해 베이스가 영향을 받는 것을 말한다.

해설 베이스폭 변조(Base width modulation)효과
pn 접합의 역방향에 인가되는 전압이 증가하면 공핍층의 폭이 넓어진다. 따라서 트랜지스터의 컬렉터 접합에서는 컬렉터 전압의 증가에 따라 공핍층도 커지며, 그 결과 베이스폭이 좁아지는 현상을 말한다.

10 에미터 저항을 가진 CE 증폭기의 특징에 관한 설명 중 옳지 않은 것은?

① 전류이득의 변화가 거의 없다.
② 입력저항이 증대된다.
③ 출력저항이 증대된다.
④ 전압이득이 크게 된다.

해설 에미터 저항을 가진 CE 증폭기 특징
(1) 전류이득(A_i)은 거의 변하지 않는다.
(2) 입력저항(R_i)은 크게 증가한다.
(3) 출력저항(R_o)은 거의 변하지 않는다.
(4) 전압이득(A_v)은 감소한다.

11 이미터 폴로워(emitter follower)의 특징을 설명한 것 중 옳지 않은 것은?

① 전압이득은 1에 가깝다.
② 전류이득은 1보다 크다.
③ 전력증폭에 적합하다.
④ 입력임피던스가 크고 출력임피던스는 작다.

해설 Emitter follower(CC 회로)
(1) 전류이득은 매우 크다.
(2) 전압이득은 거의 1에 가깝다.
(3) 입력 임피던스는 매우 크다.
(4) 출력 임피던스는 매우 적다.
(5) CE 증폭회로는 1보다 큰 전압, 전류이득을 가지므로 전력증폭에 적합하며, CC증폭회로는 고 임피던스 신호원과 저 임피던스 부하 사이에 사용되는 버퍼(buffer)증폭기로 응용된다.

12 다음 회로에 대한 설명으로 옳지 않은 것은?

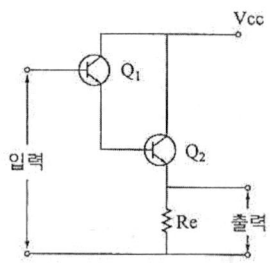

① Q_1과 Q_2는 Darlington 접속이다.
② 이 회로는 emitter follower 이다.
③ Q_1과 Q_2의 조합은 등가적으로 NPN 트랜지스터이다.
④ Vcc의 전원은 부(-)이어야 한다.

해설 적은 부하저항을 이용해서 큰 입력저항을 얻고자 고안된 회로가 달링톤(Darlington)회로이며, 다음과 같은 특징을 갖는다.
(1) 전류이득이 높아진다.
(2) 입력저항이 높아진다.
(3) 출력저항이 낮아진다.
(4) Q_1과 Q_2는 등가적으로 NPN이다.

13 전류이득은 약 1이고, 전압이득과 출력 임피던스가 높은 증폭기는?

① 에미터 접지 증폭기
② 콜렉터 접지 증폭기
③ 베이스 접지 증폭기
④ 모든 트랜지스터 증폭기

해설 베이스접지(CB)회로의 특징
(1) 입력 임피던스는 작으면, 출력 임피던스는 크다.
(2) 전류 증폭도는 약 1이다.
(3) 전압 증폭도는 크며, 전력 증폭도는 낮다.
(4) 전압 증폭용으로 사용된다.

정답 09.③ 10.④ 11.③ 12.④ 13.③

14 그림과 같은 증폭회로에서 캐패시터 C의 주된 역할은?

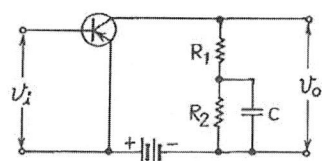

① 기생진동 방지용
② 발진방지용
③ 정전용량 중화용
④ 저주파 특성 개선용

해설 그림은 일반적인 바이어스 회로의 저항을 두 개로 나누어서 그 중간을 콘덴서 C로 접지한 것이다.

15 다음 회로에서 Q_1의 역할은? (단, Q_1과 Q_2의 전기적 특성은 같다.)

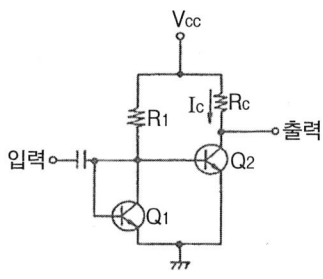

① 발진 작용
② 온도보상 작용
③ 높은 주파수의 신호를 제거시킴
④ 입력신호 증폭작용

해설 다이오드 대신 트랜지스터를 이용한 온도 보상 회로이다. 넓은 온도 범위에서 안정하게 동작을 할 수 있다.

16 그림과 같은 다아링톤(Darlington) 접속 회로에서 전류 이득 I_o/I_d는 얼마인가? (단, Q_1과 Q_2의 h_{fe}는 50이다.)

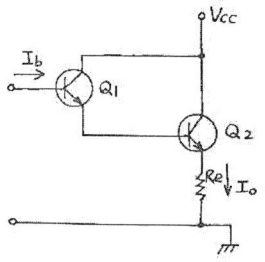

① 2301
② 2401
③ 2501
④ 2601

해설 Darlington 접속회로
(1) 트랜지스터 Q_1, Q_2의 전류증폭률을 각각 H_{fe1}, H_{fe2}라면,

$$I_E = (1 + H_{fe1})(1 + H_{fe2})I_B$$

(2) 전류이득

$$I_E/I_B = (1 + H_{fe1})(1 + H_{fe2})$$
$$= 1 + H_{fe1} + H_{fe2} + H_{fe1}H_{fe2} = 2601$$

17 회로에서 C에 해당하는 커패시터를 제거할 경우 이에 대한 설명으로 옳은 것은? (단, TR은 NPN형)

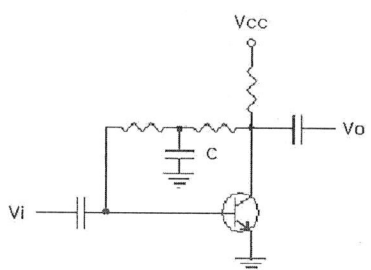

① 이득이 증가한다.
② 이득이 감소한다.
③ 이득의 변동은 없다.
④ 회로가 발진한다.

해설 전압 궤환 바이어스 회로
(1) 그림은 일반적인 전압 궤환 바이어스 회로의 R_b를 두 개로 나누어서 그 중간을 콘덴서 C로 접지한 것이다. (여기서 C는 임피던스가 무시될 수 있을 정도로 큰 것이라 한다.)
(2) 만약 C가 없다면 : R_b로 인한 "신호의 부궤환"때문에 이득이 많이 떨어진다.

정답 14.④ 15.② 16.④ 17.②

(3) 만약 C가 있다면: 부궤환이 없어지므로 이득이 감소하지 않을 것이다.

18 다음 중 저 임피던스 부하에서 고전류 이득을 얻으려 할 때 사용되는 증폭 방식으로 가장 적합한 것은?

① 베이스 접지　② 컬렉터 접지
③ 이미터 접지　④ C급 증폭

해설 에미터 폴로어(C-C) 회로
(1) 입력 임피던스는 높다.
(2) 출력 임피던스는 낮다.
(3) 전류 이득은 부하 저항(R_L)에 무관하다.
$$A_i = 1 + h_{fe}$$
(4) 전압 이득은 부하 저항(R_L)에 무관하다.
$$A_v = 1 - \frac{h_{ie}}{R_i}$$
(5) 전압 이득은 작으며 약 1이다.
(6) 전류 이득은 크다.

19 에미터 접지 트랜지스터 스위칭 회로에서 베이스와 에미터를 단락시키면 출력상태는?

① 즉시 파괴된다.
② ON 상태가 된다.
③ OFF 상태가 된다.
④ ON 상태도 OFF 상태도 아니다.

해설 트랜지스터 스위칭회로
(1) 트랜지스터를 스위치 회로로 사용하고자 할 때, 트랜지스터를 차단 및 포화영역에서 동작시켜야 한다.
　① 포화영역 : EB 접합(순바이어스), CB 접합(순바이어스)
　② 차단영역 : EB 접합(역바이어스), CB 접합(역바이어스)
(2) Switching 작용
　① I_B가 흐르지 않을 때는 I_C도 흐르지 않으므로 이때를 OFF 상태라 한다.
　② I_B를 극히 적게 흘려보내므로 I_C를 많이 흐를 수 있고 이때를 ON 상태라 한다.

20 그림과 같은 에미터 저항을 가진 CE 증폭기에서 에미터 저항 RE 의 가장 중요한 역할은 무엇인가?

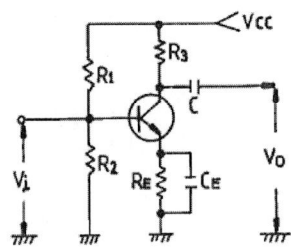

① S(안정계수)를 감소시켜 동작점이 안정된다.
② 주파수 대역을 증가시킨다.
③ 바이어스 전압을 감소시킨다.
④ 증폭회로의 출력을 증가시킨다.

해설 온도가 증가하여 컬렉터 전류 I_C가 증가할 때 R_E와 I_C에 의한 전압강하로 베이스 전류 I_B를 제한하여 동작점을 안정화시킨다.

21 이미터 접지일 때 전류증폭율이 각각 h_{FE1}, h_{FE2}인 두개의 트랜지스터 Q_1과 Q_2를 그림과 같이 접속하였을 때의 콜렉터 전류 Ic의 크기는?

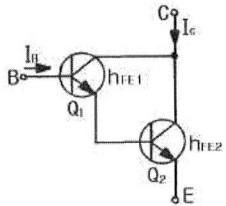

① $h_{FE1} \cdot h_{FE2} \cdot I_B$
② $(h_{FE1} \cdot h_{FE2}) \cdot I_B$
③ $h_{FE2}(h_{FE1} + 1) \cdot I_B$
④ $h_{FE1} \cdot I_B + h_{FE2}(h_{FE1} + 1) \cdot I_B$

해설 Darlington 접속회로
(1) 특성이 동일한 2개의 트랜지스터를 직렬로 연결한 회로이다.
(2) 전류증폭률
$$H_{FE1} = \beta_1 = \frac{I_{C1}}{I_{B1}} \text{에서 } I_{C1} = H_{FE1} \cdot I_{B1}$$

정답 18.② 19.③ 20.① 21.④

$$H_{FE2} = \beta_2 = \frac{I_{C2}}{I_{B2}} \text{ 에서}$$

$$I_{C2} = H_{FE2} \cdot I_{B2} = H_{FE2} \cdot I_{B1}(1 + H_{FE1})$$

22 트랜지스터의 활성영역에서 베이스 접지시 전류증폭율 α가 0.98, 역포화 전류 Ico가 100[μA], 베이스 전류가 I_B=10[mA]일 때, 콜렉터 전류 I_C는?

① 495[mA] ② 49.5[mA]
③ 4.9[μA] ④ 0.5[μA]

해설 공통 이미터 접지회로의 특성
(1) 전류이득(β)
$$\beta = \frac{a}{1-a} = \frac{0.98}{1-0.98} = 49$$
(2) 컬렉터 전류(I_C)
$$I_C = \beta I_B + (1+\beta)I_{CO}$$
$$= 49 \times 10[mA] + (1+49) \times 100[\mu A]$$
$$= 495[mA]$$

23 아래에 열거한 항목 중에서 트랜지스터 CE(공통 이미터)증폭기의 입력전압, 입력전류, 출력전압, 출력전류를 올바르게 표시한 항은?

① ① 입력전압 : V_{BC}, ② 입력전류 : I_B,
　③ 출력전압 : V_{EC}, ④ 출력전류 : I_C
② ① 입력전압 : V_{BE}, ② 입력전류 : I_E,
　③ 출력전압 : V_{CB}, ④ 출력전류 : I_C
③ ① 입력전압 : V_{BE}, ② 입력전류 : I_B,
　③ 출력전압 : V_{BC}, ④ 출력전류 : I_C
④ ① 입력전압 : V_{BE}, ② 입력전류 : I_B,
　③ 출력전압 : V_{CE}, ④ 출력전류: I_C

해설 CE 증폭기(Common Emitter 증폭기)란 이미터를 접지시킨 증폭기를 말한다.

아래 그림은 가장 간단한 CE 증폭기로 입력전압은 V_{BE}, 입력전류는 I_B, 출력전압은 V_{CE}, 출력전류는 I_C가 된다.

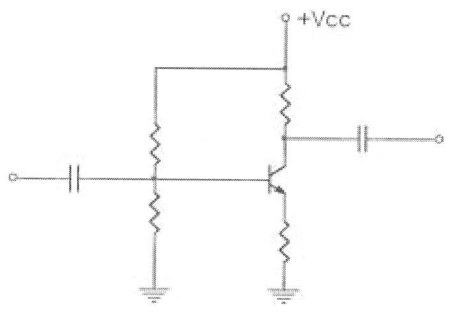

24 접합 트랜지스터의 스위칭 속도를 빠르게 하기 위한 방법으로 적당한 것은?

① 베이스 회로에 직열로 저항을 접속한다.
② 베이스 회로에 인덕턴스를 접속한다.
③ 베이스 회로에 저항과 콘덴서를 병열 접속하여 연결한다.
④ 베이스 회로에 제너 다이오드를 접속한다.

해설 (1) 트랜지스터가 포화되면 스위칭 속도가 떨어지는데, I_B를 작게하거나, Speed-up 콘덴서를 사용하여 switching 속도를 높힌다.
(2) 즉, 베이스 저항 R_B에 병렬로 콘덴서 C를 접속한다.

25 트랜지스터의 베이스접지 전류증폭률을 α라 하면 이미터 접지의 전류증폭률 β는 어떻게 표시되는가?

① $\beta = \dfrac{\alpha}{\alpha+1}$ ② $\beta = \dfrac{\alpha}{1-\alpha}$
③ $\beta = \dfrac{\alpha-1}{\alpha}$ ④ $\beta = \dfrac{\alpha+1}{\alpha}$

해설 이미터 접지 전류 증폭률 $\beta = \dfrac{a}{1-a}$

베이스 접지 전류 증폭률 $a = \dfrac{\beta}{1+\beta}$

26 그림의 증폭 회로에서 S를 단락 시켰을 경우에도 그 값의 변화가 거의 없는 것은 어느 것인가?
(단, $R_e + R_1 \ll \dfrac{1}{h_{oe}}$)

정답 22.① 23.④ 24.③ 25.②

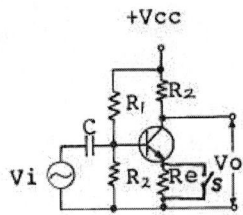

① 증폭기의 입력 저항
② 증폭기의 안정도
③ 증폭기의 전류 이득
④ 증폭기의 전압 이득

해설 문제의 그림은 전류 궤환 바이어스를 사용한 CE 증폭기로 입력저항, 안정도, 전류이득, 전압이득의 근사적인 값은 다음과 같다.

(1) 입력저항 $R_i = h_{ie} + (1+h_{fe})R_E$

(2) 안정도 $S = \dfrac{1+\beta}{1+\beta\dfrac{R_E}{R_B+R_E}}$ ($R_B = \dfrac{R_1 \cdot R_2}{R_1+R_2}$ 이다.)

(3) 전류이득 $A_i = -h_{fe}$

(4) 전압이득 $A_V = -h_{fe}\dfrac{R_o}{h_{ie}+(1+h_{fe})R_E}$

(i는 부하저항)

따라서 S를 단락시켜 R_E가 없어지더라도 증폭기의 전류이득은 변화가 거의 없다.

27 트랜지스터의 스위칭 동작에서 turn-off 시간은?

① 지연시간(t_d)
② 지연시간(t_d) + 상승시간(t_r)
③ 축적시간(t_s)
④ 축적시간(t_s) + 하강시간(t_f)

해설 트랜지스터의 스위칭 동작에서 Turn-on time은 "지연시간+상승시간"이고 Turn-off time이란 "축적시간+하강시간"을 말한다.
지연시간이란 동작준비시간의 개념이고, 축적시간은 절단 준비 시간의 개념이다.

28 트랜지스터가 차단과 포화에서 동작될 때 무엇처럼 동작 하는가?

① 스위치
② 선형증폭기
③ 가변용량
④ 가변저항

해설 트랜지스터의 바이어스
트랜지스터에 전원을 연결하는 방법은 이미터 접합과 컬렉터 접합에 각각 순방향이나 역방향을 인가할 수 있다.

종류	이미터 접합	컬렉터 접합
활성상태	순바이어스	역바이어스
역활성 상태	역바이어스	순바이어스
포화 상태	순바이어스	순바이어스
차단 상태	역바이어스	역바이어스

(1) 활성 상태(active) : 증폭 회로에서 사용한다.
(2) 포화(saturation), 차단(cut off)상태: 스위치 회로에서 사용한다.
(3) 포화영역에서 소수 캐리어의 축적 효과가 일어난다.

29 다음은 에미터 폴로워(emitter follower)의 임피던스 특성이다. 옳은 것은?

① 입력임피던스와 출력임피던스 모두 작다.
② 입력임피던스와 출력임피던스 모두 크다.
③ 입력임피던스는 크고 출력임피던스는 작다.
④ 입력임피던스는 작고 출력임피던스는 크다.

해설 이미터 폴로어(C-C) 회로
(1) 입력 임피던스는 높다.
(2) 출력 임피던스는 낮다.
(3) 전류 이득은 부하 저항(R_L)에 무관하다.
$$A_i = 1 + h_{fe}$$
(4) 전압 이득은 부하 저항()에 무관하다.
$$A_v = 1 - \dfrac{h_{ie}}{R_i}$$
(5) 전압 이득은 작으며 약 1이다.
(6) 전류 이득은 크다.

30 다알링톤(Darlington) 회로의 설명으로 틀리는 것은?

정답 26.③ 27.④ 28.① 29.③

① 전압 이득이 작다.
② 전류 이득이 크다.
③ 입력저항이 작다.
④ 출력저항이 작다.

해설 달링턴 접속회로의 특징
(1) 전압 이득은 1에 가까워진다.
(2) 전류 이득이 높아진다.
(3) 입력 저항이 높아진다.
(4) 출력 저항은 낮아진다.

31 트랜지스터를 증폭작용에 이용할 경우의 동작 상태는?

① 포화상태   ② 활성상태
③ 차단상태   ④ 역활성상태

해설 트랜지스터의 바이어스
(1) 활성 상태(active): 증폭 회로에서 사용한다.
(2) 포화(saturation), 차단(cut off)상태: 스위치 회로에서 사용한다.

종류	이미터 접합	컬렉터 접합
활성상태	순바이어스	역바이어스
역활성 상태	역바이어스	순바이어스
포화 상태	순바이어스	순바이어스
차단 상태	역바이어스	역바이어스

32 PNP 접합 TR 증폭회로에서 콜렉터의 전위는 베이스 전위를 기준으로 했을 때 어떤 전위를 걸어 주어야 하는가?

① 정 전위   ② 부 전위
③ 같은 전위   ④ 0 전위

해설 (1) PNP 트랜지스터의 베이스 전극은 N형 반도체이다.
(2) 전기 전도의 다수 반송자는 전자이다.
(3) 콜렉터와 베이스 사이에는 역방향 전압을 가한다.
(4) 이미터와 베이스 사이에는 순방향 전압을 가한다.

33 전원의 출력단에 가장 적합한 증폭기 회로의 형태는?

① 공통 에미터(C-E) 증폭기
② 캐스코드(Cascode) 증폭기
③ 공통 베이스(C-B) 증폭기
④ 공통 컬렉터(C-C) 증폭기

해설 C-C 회로(Emitter Follower)
(1) emitter follower 증폭회로는 전압증폭도는 항상 1보다 작으므로 전압은 증폭되지 않지만 전력 증폭은 된다.
(2) 이미터 플로어회로의 장점은 입력 쪽에서 본 교류저항, 즉 임피던스는 높고 반대로 출력임피던스는 낮기 때문에 임피던스 변환회로로서도, 또 낮은 임피던스의 부하에도 큰 전력을 공급할 수 있다는 점이다. 또한 입력 신호의 이상과 출력신호의 위상은 같고 이용할 수 있는 주파수대역은 넓다.

34 트랜지스터의 베이스 접지에서 전류 증폭율이 0.99이다. 이것을 에미터 접지에서의 전류 증폭률로 구하면 얼마인가?

① 96   ② 97
③ 98   ④ 99

해설 베이스 접지 증폭회로에서 전류증폭률(α)와 이미터 접지 증폭회로에서 전류 증폭률(β)과의 관계는 다음과 같다.

$$\beta = \frac{a}{1-a}, \ a = \frac{\beta}{1+\beta}$$

$$\beta = \frac{a}{1-a} = \frac{0.90}{1-0.99} = 99$$

35 다음 회로에서 Re의 값과 관계가 없는 사항은? (단, 출력전압 및 전류는 콜렉터측임)

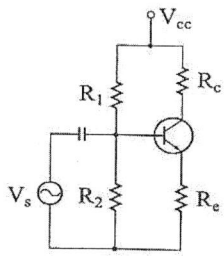

① Re가 크면 클수록 입력 임피던스는 커진다.
② Re가 크면 클수록 안정계수 S는 적어진다.
③ Re가 크면 클수록 증폭된 콜렉터 전류는 적어진다.

정답 30.③ 31.② 32.② 33.④ 34.④ 35.④

④ Re가 크면 클수록 전압증폭도는 커진다.

해설 (1) R_e가 클수록 입력 임피던스(R_i)가 커진다.
(2) R_e가 클수록 안정계수(S)가 1에 가까워진다.
(3) R_e가 클수록 전압이득(A_v)은 감소한다.
(4) R_e가 클수록 전류이득(A_i)은 그다지 변하지 않는다.

36 그림과 같은 회로에서 입력임피던스의 근사값은? (단, 입력임피던스는 TR의 베이스와 접지간을 의미하며, TR의 h_e= 1[kΩ], h_{fe}= 50이다.)

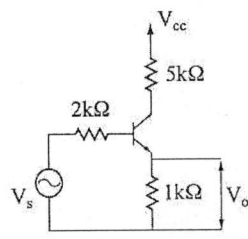

① 52[kΩ]　　② 62[kΩ]
③ 82[kΩ]　　④ 100[kΩ]

해설 $R_i = h_{ie} + (1 + h_{fe})R_e$
$= 1K + (1 + 50)1K = 52[K\Omega]$

37 다음 중 에미터 폴로워(emitter follower)의 특징이 아닌 것은?

① 입출력 임피던스가 대단히 높다.
② 부하 저항이 변화해도 전류, 전압 이득은 일정하게 유지된다.
③ 전압이득은 1에 가깝다.
④ 전류이득이 크다.

해설 에미터 폴로어(C-C) 회로
(1) 입력 임피던스는 높다.
(2) 출력 임피던스는 낮다.
(3) 전압 이득은 작으며 약 1이다.
(4) 전류 이득은 크다.
(5) 전류 이득은 부하 저항(R_L)에 무관하다.
$A_i = 1 + h_{fe}$
(6) 전압 이득은 부하 저항(R_L)에 무관하다.

$A_v = 1 - \dfrac{h_{ie}}{Ri}$

38 에미터 접지 트랜지스터에서 동작점의 안정화를 위한 대책을 가장 적절하게 설명한 것은?

① 동작점의 베이스전류 I_B만 일정하게 한다.
② 전류 이득 β가 일정하게 한다.
③ 동작점의 I_C의 V_{CE}의 값을 일정하게 한다.
④ 역포화 전류 I_{CO}가 일정한 값을 갖도록 한다.

해설 (1) "동작점의 안정"이란 다른 말로 하면 "바이어스의 안정"과 같다. 즉, 트랜지스터가 평소에 동작하고 있는 지점은 평소에는 바이어스를 중심으로 동작하기 때문이다. 바이어스를 안정시키기 위한 최종적인 목적은 트랜지스터의 최종적인 I_C를 안정화하는 것이며, 이 전류가 안정되면 자동으로 V_{CE}가 안정된다.
(2) 동작점의 변동 원인
트랜지스터의 불균일, I_{CO}의 온도 변화, V_{BE}의 온도 변화

39 이미터접지 증폭회로에서 컬렉터 전류 I_C는?

① $I_C = \beta I_B + (1 + \beta)I_{CO}$
② $I_C = \beta I_E + (1 + \beta)I_{CO}$
③ $I_C = \alpha I_B + (1 - \beta)I_{CO}$
④ $I_C = \alpha I_B + (1 - \beta)I_{CO}$

해설 입력을 이미터로 한 경우의 콜렉터전류 I_C
$I_C = \alpha I_E + I_{CO} = \beta I_B + (1 + \beta)I_{CO}$

40 이미터 전류를 1mA 변화시켰더니 컬렉터 전류의 변화는 0.96mA였다. 이 트랜지스터의 β는 얼마인가?

① 0.96　　② 1.04
③ 24　　④ 48

해설 트랜지스터의 정특성
(1) 베이스 접지시 전류 증폭률
$\alpha = \dfrac{\Delta I_C}{\Delta I_E} = \dfrac{0.96[mA]}{1[mA]} = 0.96$

정답 36.① 37.① 38.③ 39.① 40.③

(2) 베이스 접지시 전류 증폭률(α)과 이미터 접지시 전류 증폭률(β) 관계

$$\beta = \frac{\alpha}{1-\alpha} = \frac{0.96}{a-0.96} = 24$$

41 전류이득이 h_{fe1}, h_{fe2}인 TR_1, TR_2가 그림과 같이 다링톤(darlington) 연결되어 있다. 이 회로의 전체 전류이득 h_{fe}는 얼마인가?

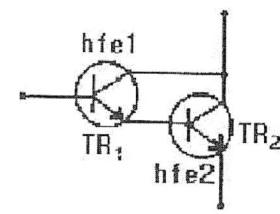

① $h_{fe1} \cdot h_{fe2} + h_{fe1} + h_{fe2} + 1$
② $h_{fe1} \cdot h_{fe2} + h_{fe1} + h_{fe2}$
③ $h_{fe1} \cdot h_{fe2} + h_{fe1}$
④ $h_{fe1} \cdot h_{fe2} + h_{fe2}$

해설 Darlington circuit
(1) 높은 입력 임피던스와 높은 증폭이득을 갖는 증폭기이다.
(2) TR_1과 TR_2의 전류증폭률을 각각 h_{fe1}, h_{fe2}라면 출력전류 I_C

$I_c = h_{fe1}I_b + h_{fe2}I_{b2} = \{h_{fe1} + (1+h_{fe1})h_{fe2}\}I_b$

여기서 전체전류이득 H_{fe}는

∴ $H_{fe} = \{h_{fe1} + (1+h_{fe1})h_{fe2}\} = h_{fe1} + h_{fe2} + h_{fe1}h_{fe2}$

42 다음 중 이미터 플로어(Emitter follower) 증폭기의 특징이 아닌 것은?

① 부하에 병렬로 존재하는 정전용량의 영향이 적으므로 주파수 특성이 좋아진다.
② 전압 증폭도는 항상 1보다 크다.
③ 임피던스 정합에 많이 이용된다.
④ 출력 파형의 찌그러짐이 적다.

해설 Emitter follower
(1) 컬렉터 접지(CC) 증폭기를 말하며, 입력은 결합 콘덴서를 통하여 가해지고, 이미터 단자에서 출력을 얻으므로 컬렉터 저항은 없다. 때 이미터의 출력 전압이 입력 전압을 그대로 쫓아가므로 이미터 플로어라 한다.
(2) Emitter follower
① 전류 이득은 매우 크다.
② 전압이득(증폭도)은 1 이하이다.($A_v \leq 1$)
③ 입력 임피던스는 매우 크다.
④ 출력 임피던스는 매우 낮다.
⑤ 전력 증폭기로 사용된다.
⑥ 높은 임피던스를 가진 신호원과 낮은 임피던스를 가진 부하 사이의 완충 증폭단(buffer stage) 으로 널리 사용된다.

43 트랜지스터를 증폭작용에 이용할 경우의 동작상태는?

① 포화상태 ② 활성상태
③ 차단상태 ④ 역 활성상태

해설 트랜지스터의 동작영역
(1) 포화영역(saturation region) : 입력전압을 아주 높게 해도 I_C가 증가하지 않는 영역
(2) 활성영역(active region) : 입력전압의 크기에 따라 I_C가 비례적으로 증가하는 영역
(3) 차단영역(cutoff region) : 입력전압을 낮게 해서 I_C가 흐르지 않게 한 영역

V_{BE}	V_{CB}	상 태	응용
순방향	역방향	활성(Active) 상태	증폭 작용
역방향	역방향	차단(Cutoff) 상태	스위칭 작용
순방향	순방향	포화(Saturation) 상태	스위칭 작용

44 이미터 접지일 때 전류증폭율이 각각 h_{FE1}, h_{FE2}인 두개의 트랜지스터 Q_1과 Q_2를 그림과 같이 접속하였을 때의 컬렉터 전류 I_C는?

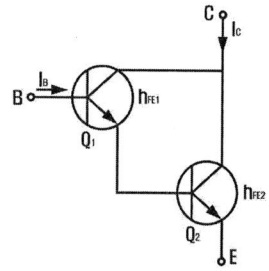

정답 41.② 42.② 43.②

① $I_C = h_{FE1} \cdot h_{FE2} \cdot I_B$
② $I_C = (h_{FE1}/h_{FE2}) \cdot I_B$
③ $I_C = h_{FE2}(h_{FE2}+1)I_B$
④ $I_C = h_{FE1} \cdot I_B + h_{FE2}(h_{FE2}+1) \cdot I_B$

해설 Darlington 접속회로
(1) 특성이 동일한 2개의 트랜지스터를 직렬로 연결한 회로이다.
(2) 전류증폭률

$H_{FE1} = \beta_1 = \dfrac{I_{C1}}{I_{B1}}$ 에서 $I_{C1} = H_{FE1} \cdot I_{B1}$

$H_{FE2} = \beta_2 = \dfrac{I_{C2}}{I_{B2}}$ 에서

$I_{C2} = H_{FE2} \cdot I_{B2} = H_{FE2} \cdot I_{B1}(1 + H_{FE1})$

45 다음 회로에서 저항 r_E의 역할로 옳은 것은?

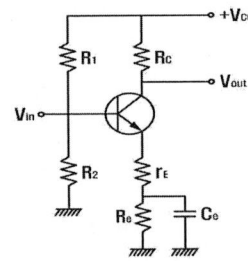

① 전압이득과 왜율을 모두 감소시킨다.
② 전압이득을 증가시킨다.
③ 전압이득은 증가시키고 왜율은 감소시킨다.
④ 전압이득은 감소시키고 왜율은 증가시킨다.

해설 스왐핑된 증폭기(Swamped amplifier)
(1) 이미터에 직렬저항 r_E를 삽입하면, r_E를 통해서 흐르는 이미터 교류전류가 이미터에서 교류전압을 나타내기 때문에 이미터는 더 이상 교류접지가 아니다.
(2) 교류 이미터 전류(i_e)와 전압이득(A)

$i_e = \dfrac{V_{in}}{r_E + r_e'}$, $A = -\dfrac{R_e}{r_E + r_e'}$

∴ 스왐핑 저항(r_E)은 전압이득을 감소시킨다.
(3) 또한 스왐핑된 이미터 다이오드는 스왐핑 저항 양단에 대부분의 교류신호가 나타나기 때문에 이미터 다이오드에 의해서 발생되어지는 왜곡을 크게 감소시킬 수 있다.

46 트랜지스터의 베이스 전류 I_B, 에미터 전류 I_E, 콜렉터 전류 I_C의 관계식으로 적합한 것은?

① $I_C > I_E + I_B$
② $I_B \geq I_E + I_C$
③ $I_C = I_E + I_B$
④ $I_E = I_B + I_C$

해설 공통 에미터 증폭기(CE)의 특성
(1) $I_E = I_B + I_C$
(2) 전류이득$(\beta) = \dfrac{I_C}{I_E}$
(3) 콜렉터 전류$(I_C) = \beta I_B + (1+\beta)I_{CO}$

제 3 절 안정화회로

01 그림과 같은 RC결합 CC증폭기 회로에서 전압이득은 약 얼마인가? (단, 입력저항 Ri=205[kΩ], hie=1.1[kΩ])

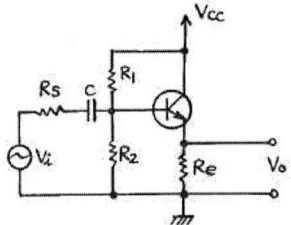

① 51
② 1.3
③ 0.995
④ 0.699

해설 CC(Common Collector 즉 emitter follower) 증폭기 회로의 전압이득은 다음과 같다.

$A_v = 1 - \dfrac{h_{ie}}{R_i} = 1 - \dfrac{1.1 \times 10^3}{205 \times 10^3}$

$= 1 - 0.0053365 = 0.9946 ≒ 0.005$

02 다음의 자기 바이어스회로(self-bias)에서 Ic의 Ico에 대한 안정계수 S의 이론적 최소치는 어느 때인가? (단, $1+\beta \gg R_B/R_E$, $R_B = R_1 // R_2$이다)

정답 44.④ 45.① 46.④ 제3절 01.③ 02.②

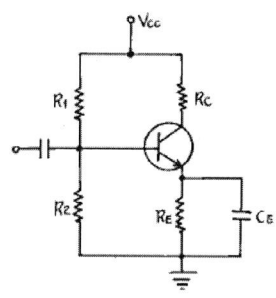

① $R_B/R_E \to 100$일 때
② $R_B/R_E \to 0$일 때
③ $R_B/R_E \to \infty$일 때
④ $R_B/R_E \to 1+\beta$일 때

해설 안정도 S는

$$S = \frac{1+\beta}{1+\frac{\beta R_E}{R_B+R_E}} = \frac{(R_B+R_E)(1+\beta)}{R_B+R_E\beta R_E}$$

분모 분자를 R_E로 나누면

$$S = \frac{\left(\frac{R_B}{R_E}+1\right)(1+\beta)}{\frac{R_B}{R_E}+1+\beta}$$

따라서 $\frac{R_B}{R_E}$가 0에 가까우면

$S = \frac{1(1+\beta)}{1+\beta} = 1$ 이 되어 안정계수 S가 이론적으로 1이 됨으로써 가장 안정해진다.

03 아래의 그림과 같은 전압분할 바이어스의 CE 증폭기에서 동작점에서의 전류 I_{CQ}와 C-E간 전압 V_{CEQ}의 값을 구하면? (단, TR의 $V_{BE}(ON)=0.7[V]$, $I_C=I_E$로 간주한다)

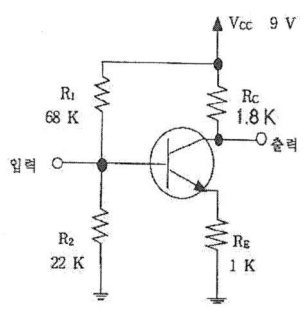

① $I_{CQ}=1.0[mA]$, $V_{CEQ}=4.5[V]$
② $I_{CQ}=1.5[mA]$, $V_{CEQ}=4.8[V]$
③ $I_{CQ}=1.8[mA]$, $V_{CEQ}=4.2[V]$
④ $I_{CQ}=2.0[mA]$, $V_{CEQ}=5.0[V]$

해설 $V_B = \frac{22K}{68K+22K} \times 9[V] = 2.2[V]$

한편 $V_{BE}=0.7[V]$이므로

$V_B - V_{BE} = 2.2 - 0.7 = 1.5[V]$

가 되며 [mA] $I_E = \frac{V_E}{R_E} = \frac{1.5[V]}{1[K\Omega]} = 1.5[mA]$

따라서 $I_E = I_C = I_{CQ}$(동작점에서의)

$I_C = 1.5[mA]$가 된다.

한편,
$V_{CE} = V_{CC} - I_C \cdot R_C - I_E \cdot R_E$
$= 9 - 1.5 \times 10^{-3}(1.8 \times 10^3 + 1,000)$
$= 9 - 2.7 - 1.5 = 4.8[V]$

따라서 $V_{CE} = V_{CEQ}$(동작점에서의)가
$V_{CE} = 4.8[V]$된다.

04 다음 회로의 출력전류 Ic의 안정에 대한 설명 중 옳지 않은 것은?

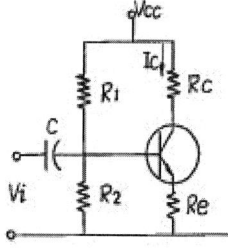

① Ie를 크게 해치지 않는 범위 내에서 Re가 크면 클수록 좋다.
② 출력파형이 크게 일그러지지 않는 범위 내에서 β가 크면 클수록 좋다.
③ 게르마늄 트랜지스터에서 Ico가 Ic의 안정에 가장 큰 영향을 준다.
④ Rc는 Ic의 안정에 큰 영향을 준다.

정답 03.② 04.③

05 트랜지스터 증폭기에서 바이어스(bias)에 대한 설명 중 가장 적합한 것은?

① 희망하는 동작모드를 만들기 위해 트랜지스터 또는 소자에 직류전압을 인가하는 것을 말한다.
② 전류 캐리어로 자유전자와 정공에 의해 특성화 되는 것을 말한다.
③ 베이스와 컬렉터 사이의 전류이득을 말한다.
④ 트랜지스터가 도통되지 않았을 때의 상태를 말한다.

해설 Bias(바이어스)
(1) 진공관이나 트랜지스터 등을 동작시킬 때 목적한 동작 상태로 하기 위해 전압 또는 전류를 가하는데 이것을 바이어스를 건다고 하며, 또한 이들 전압이나 전류를 바이어스 전압 또는 바이어스 전류라고 한다.
(2) 일반적으로 바이어스는 직류이다.

06 다음 중 트랜지스터 접지 방식에서 전류 이득과 전압 이득이 모두 큰 것은?

① 이미터 접지   ② 베이스 접지
③ 컬렉터 접지   ④ 이미터 플로워

07 그림과 같은 트랜지스터 바이어스 회로에서 Re 의 값이 매우 커서 Rb/Re 값이 0에 접근할 때 안정도 S는 어떤 값에 가까워 지는가?

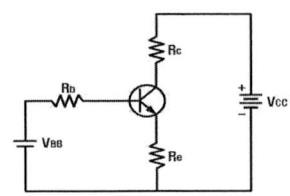

① 0   ② 1
③ β   ④ ∞

08 다음 중 그 값이 작을수록 좋은 것은?
① 증폭기 바이어스 회로의 안정계수
② 차동 증폭기의 동상신호 제거비(CMRR)
③ 증폭기의 신호대 잡음비
④ 정류기의 정류효율

해설 바이어스 회로의 안정 계수
(1) $\Delta I_C = \dfrac{aI_C}{aI_{CO}}\Delta I_{CO} + \dfrac{aI_C}{aV_{BE}}\Delta V_{BE} + \dfrac{aI_C}{a\beta}\Delta\beta$
   $= S\Delta I_{CO} + S'\Delta V_{BE} + S''\Delta\beta$
(2) S, S', S"를 안정계수라 하며, 이 값이 크면 그만큼 회로가 불안정해진다.
   ∴ S의 값은 작을수록 좋다.

09 트랜지스터 회로의 바이어스 안정도(S)가 가장 좋은 것은?

① S=1   ② S=π
③ S=50   ④ S=∞

10 트랜지스터의 콜렉터 누설전류가 주위온도의 변화로 15[μA]에서 150[μA]로 증가되었을 때 콜렉터 전류는 9[mA]에서 9.5[mA]로 변하였다. 이 트랜지스터의 안정계수 S는 약 얼마인가?

① 0.037   ② 3.7
③ 27   ④ 270

해설 I_{CO}에 의한 안정 계수
$S = \dfrac{\Delta I_C}{\Delta I_{CO}}$
$= \dfrac{(9.5-9)\times 10^{-3}}{(15.-15)\times 10^{-6}}$
$= 3.7$

정답 05.① 06.① 07.② 08.① 09.① 10.②

제 4 장 전계효과 트랜지스터

제 1 절 전계효과 트랜지스터

01 드레인 접지형 FET증폭기의 특성을 설명한 것 중 옳지 않은 것은? (단, FET의 파라미터 gm은 상호 전도도이다.)

① 출력저항은 약 1/gm이다.
② 전압이득은 약 1이다.
③ 입력신호 전압과 출력전압은 동상이다.
④ 입력저항은 매우 낮다.

02 드레인 전압이 30[V]인 접합형 FET에서 게이트 전압을 0.5[V] 변화시켰더니 드레인 전류가 2[mA] 변화하였다. 이 FET의 상호 콘덕턴스는 얼마인가?

① 0.1[m℧]   ② 1[m℧]
③ 4[m℧]   ④ 6[m℧]

03 다음 중 FET와 TR의 차이점이 틀린 것은?

① FET는 TR보다 입력저항이 크다.
② TR은 양극성 소자이고, FET는 단극성 소자이다.
③ TR는 FET보다 이득대역폭전(gain-bandwidth product)이 작다.
④ FET는 TR보다 잡음이 적다.

해설

Transistor	FET
① 전류제어소자	① 전압 제어소자
② 전력 소비가 작다.	② 전력 소비가 작다.
③ 입력 임피던스가 낮다.	③ 입력 임피던스가 높다.
④ 잡음이 크다.	④ 잡음이 적다.
⑤ 이득-대역폭적이 크다	⑤ 이득-대역폭이 작다.

04 다음 FET에 대한 설명 중 옳지 않은 것은?

① 트랜지스터보다 속도가 느리며 이득, 대역폭(GB)적이 적다.
② FET 자체가 저항 작용을 하므로 MOS 소자만으로 디지털 시스템 구성이 가능하다.
③ P채널소자의 ON 저항이 n채널소자 보다 적다.
④ n채널 MOS소자의 스위칭 시간이 P채널보다 작다.

해설 전장효과 트렌지스터(FET)
(1) FET는 게이트와 소스 사이에 역방향 바이어스(V_{GS})를 가하여 드레인 전류를 제어하는 전압 제어형 트랜지스터이다.
(2) FET는 단극성 트랜지스터이며 입력 임피던스가 대단히 높으며 이득 대역폭이 매우 적다.
(3) p-ch MOSFET의 ON저항은 n-ch MOSFET의 그것에 거의 3배나 된다.
(4) n-ch MOSFET의 더울 높은 패킹밀도는 접합면적을 더욱 작게하기 때문에 더욱 빠른 스위칭 응용에 쓰이도록 한다.

05 다음의 FET에 대한 설명 중 틀린 것은?

① 입력임피던스가 크다.
② 다수캐리어에 의해서만 동작한다.
③ 게이트의 전류에 의해서 드레인 전류가 제어된다.
④ 접합트랜지스터보다 잡음이 적다.

해설 FET(Field Effect Transistor)
(1) FET는 gate와 source사이에 역방향 바이어스(V_{GS})를 가하여 드레인 전류를 제어하는 전압 제어형 트랜지스터다.
(2) FET는 unipolar 소자이며 전류는 다수 캐리어에 의해서 운반된다.

정답 제1절   01.①   02.④   03.④   04.③   05.③

06 FET(Field Effect Transistor)의 특성으로 옳은 것은?

① 쌍극성 소자이다.
② BJT보다 저입력 임피던스를 갖는다.
③ 입력신호 전압을 게이트에 인가해서 채널(channel) 전류를 제어한다.
④ P채널 FET에 흐르는 전류는 전자의 확산현상에 의해 발생한다.

제 2 절　FET 증폭기의 해석

01 회로의 출력 임피던스는 약 얼마인가? (단, 드레인 저항 rd=10[kΩ], μ=50이라고 함)

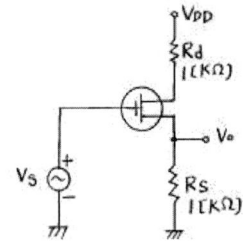

① 370 [Ω]　　② 216 [Ω]
③ 75 [Ω]　　④ 50 [Ω]

02 양의 VGS로 된 n채널 공핍형 MOSFET의 동작은?

① 공핍형 모드에서 동작한다.
② 증가형 모드에서 동작한다.
③ 차단에서 동작한다.
④ 포화에서 동작한다.

해설 공핍형 MOSFET
  (1) 구조적으로 처음부터 채널이 존재하면서 드레인과 소스 사이의 전압에 의해 전류가 흐른다.
  (2) 게이트와 소스 사이에 양의 전압이 걸리면 채널이 넓어지면서 많은 채널 전류가 흐를 수 있게 된다.

03 FET에 대한 3정수 관계가 옳은 것은?

① $\mu = \dfrac{r_d}{g_m}$　　② $\mu = g_m r_d$
③ $r_d = \dfrac{g_m}{\mu}$　　④ $\mu = g_d r_d$

해설 FET의 3정수
  (1) 증폭정수(μ), 전달 콘덕턴스(gm), 드레인저항(r_d)
  (2) FET 3정수들의 관계 : $\mu = g_m r_d$

04 드레인 전압이 20[V]인 접합형 FET에서 게이트 전압을 0.5[V] 변화시켰더니 드레인 전류가 2[mA] 변화하였다. 이 FET의 상호콘덕턴스 [m℧]는 얼마인가?

① 0.1　　② 1
③ 4　　④ 6

05 드레인 전압이 30V인 접합형 FET에서 게이트 전압을 0.5V 변화시켰더니 드레인 전류가 2mA 변화하였다. 이 FET의 상호컨덕턴스는 몇 m℧인가?

① 0.1　　② 1
③ 4　　④ 6

해설 $g_m = \dfrac{\Delta I_D}{\Delta V_{GS}}\bigg|_{V_{DS}=일정} = \dfrac{2 \times 10^{-3}}{0.5} = 4[m℧]$

(cf) 드레인저항(r_d) = $\dfrac{\Delta V_{DS}}{\Delta I_D}$

증폭정수(μ) = $g_m \cdot r_d$

06 FET에서 $V_{GS}=0.7[V]$로 일정히 유지하고 V_{DS}를 6[V]에서 10[V]로 변화시켰을 때 I_D가 10[mA]에서 12[mA]로 변하였다. 드레인 저항(r_d)은 얼마인가?

① 0.5[kΩ]　　② 0.5[MΩ]
③ 2[kΩ]　　④ 8[kΩ]

해설 드레인 저항(r_d)

$r_d = \dfrac{\partial V_{DS}}{\partial i_D} = \dfrac{dv_{DS}}{di_D}\bigg|_{V_{GS}=일정}$

$= \dfrac{(10-6)}{(12-10)[mA]} = \dfrac{4}{2 \times 10^{-3}} = 2[k\Omega]$

정답　06.③　　제2절　01.②　02.②　03.②　04.①　05.③　06.③

07 FET를 사용한 이상(phase shift) CR발진기에서 발진을 지속하기 위해 FET의 증폭도는 최소 얼마 이상이어야 하는가?

① 10　　　　② 29
③ 100　　　 ④ 156

해설 발진조건으로서 $h_{FE} \geq 29.1/h_o > R > h_i$

08 그림 증폭회로의 전압이득 Av는 약 얼마인가? (단, g_m=10[m℧], R_S=2[kΩ]이다.)

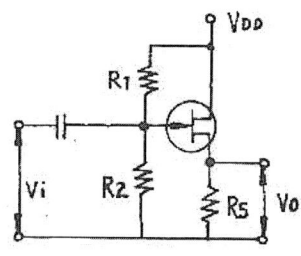

① 1　　　　② 5
③ 12　　　 ④ 20

해설 Source Follower
(1) Source follower 접지회로, 즉 Drain 접지 증폭기이다.
(2) 전압이득(A_V)

$$A_V = \frac{g_m R_s}{1 + g_m R_S}$$

$$= \frac{10 \times 10^{-3} \times 2 \times 10^3}{1 + (10 \times 10^{-3} \times 2 \times 10^3)} \fallingdotseq 0.952$$

정답　07.②　08.①

제 5 장 　 궤환증폭회로

01 다음의 내용 중에서 궤환형 발진기의 특징과 관계가 없는 항은?

① 궤환형 발진기에서는 입력신호가 필요하지 않다.
② 궤환형 발진기에서는 출력의 일부가 입력으로 정궤환 된다.
③ 궤환형 발진기에서 종합 루프이득은 1이다.
④ 궤환형 발진기에서 귀환회로에 반드시 인덕터(L)를 사용해야 한다.

해설 발진회로
(1) 발진회로란 증폭된 출력의 일부를 입력측에 되돌려(feedback) 출력측에서 여러 파형을 연속적으로 발생하는 것이다.
(2) 발진을 시키기 위해서는 증폭기의 출력신호를 입력측에 궤환시키면 발진하게 되며 전기회로에서는 L과 C의 조합으로 전기진동이 일어난다.

02 직렬전압 부궤환을 이용한 증폭회로에서 주파수가 높으면 부궤환량이 증가되는 회로는?

① AGC　　② AVC
③ AFC　　④ ATC

해설 AGC(Automatic Gain Control)
AFC(Automatic Frequency Control)
AVC(Automatic Voltage Control)

03 부궤환 증폭회로를 사용하여 이득이 1/2배로 줄어들면 대역폭은?

① 2배로 넓어진다.
② $\sqrt{2}$배로 넓어진다.
③ 변함이 없다.
④ $1/\sqrt{2}$배로 좁아진다.

04 부궤환 증폭회로에서 대역폭이 3배로 넓어지면 이득은 어떻게 되는가?

① $\frac{1}{3}$로 줄어든다.
② $\sqrt{3}$배로 늘어난다.
③ 3배로 늘어난다.
④ $\frac{1}{\sqrt{3}}$로 줄어든다.

해설 이득-대역폭 적(Gain-bandwidth product)
(1) 증폭기의 기본적인 파라미터인 이득-대역폭 적은 [G · B]로 표시하며 접속 방식에 관계없이 일정하다.
∴ [G · B] = 일정(constant)
(2) 대역폭을 3배로 하려면 이득은 $\frac{1}{3}$로 감소시켜야 한다.

05 어떤 발진기에서 전압이득이 50이다. 궤환 회로의 감쇠는 얼마여야 하는가?

① 1　　② 0.01
③ 10　　④ 0.02

06 그림에서의 전달 함수 $\frac{X}{X_S}$는?

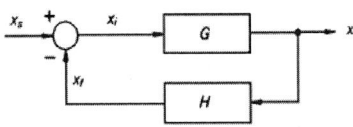

① $\frac{G}{1+GH}$　　② $\frac{H}{1-GH}$
③ $\frac{G}{G+H}$　　④ $\frac{GH}{1+H}$

해설 부궤환 증폭기(Negative Feedback Amplifier)
(1) 일반적으로 부궤환은 증폭회로에 쓰이며 정궤환은 발

정답 01.④　02.③　03.①　04.①　05.④　06.①

진회로에 사용된다.

(2) 부궤환증폭기의 전압증폭도

$$A_v = \frac{X}{X_s} = \frac{G}{1+GH}$$

"출력=패스 출력값-궤환값"이므로

$X = X_s \cdot G - G \cdot H \cdot X$가 되어 정리하면

$\frac{X}{X_s} = \frac{G}{1+GH}$가 바로 얻어진다.

07 다음은 부궤환 증폭기의 회로이다. 이 회로에 대한 설명 중 옳지 않은 것은?

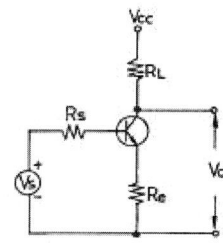

① 이 회로는 출력전류가 안정한 회로이다.
② 이 회로는 Current-series feedback이라 한다.
③ 이 회로는 Voltage-series feedback이라 한다.
④ 입력 임피던스와 출력 임피던스 둘 다 증가한다.

08 이득이 40[dB]인 저주파 증폭기가 10[%]의 왜율을 가지고 있을 때 이것을 1[%]로 개선하기 위해서는 대략 얼마의 전압 부궤환을 걸어 주어야 하는가?

① 60[dB]
② 40[dB]
③ 30[dB]
④ 20[dB]

해설 부궤환을 걸어주면 이득이 감소하므로 출력이 작아진다.

$$\therefore K_f = \frac{K}{1+\beta A_v}$$

K : 궤환을 걸지 않았을 때 일그러짐률
K_f : 궤환을 걸었을 때의 일그러짐률

$$1 = \frac{10}{1+\beta A_v}$$

따라서 궤환율(β)
$1 + 100\beta = 10$에서 $100\beta = 9$

$$\therefore \beta = \frac{9}{100} = 0.09$$

09 출력 4[V]를 얻는데 궤환이 없을 때는 0.2[V]의 입력이 필요하고 부궤환이 있을 때는 2[V]의 입력이 필요하다고 한다. 궤환율 β는 얼마인가?

① 0.25
② 0.30
③ 0.40
④ 0.45

해설 궤환량(β)

(1) 전압이득

$$A_v = \frac{출력전압}{입력전압} = \frac{4}{0.2} = 20$$

$$A_{vf} = \frac{4}{2} = 2$$

(2) 궤환증폭기의 전압이득

$$A_{vf} = \frac{A_v}{1+\beta A_v}$$

$$\therefore 2 = \frac{20}{1+\beta 20} \quad \therefore \beta = 0.45$$

10 그림과 같은 궤환 증폭기에 관한 설명 중 틀린 것은?

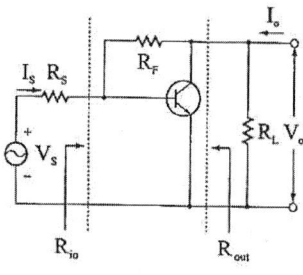

① 궤환으로 인하여 입력임피던스 Rin은 감소한다.
② 궤환으로 인하여 출력임피던스 Rout는 감소한다.
③ 궤환으로 인하여 전류이득 Io/Is는 감소된다.
④ Rf가 작을수록 Vo는 커진다.

해설 병렬 전압 궤환 증폭 회로
(1) 병렬 궤환 접속은 입력 저항을 감소시킨다.
(2) 전압 궤환은 출력 저항을 감소시킨다.
(3) CE 증폭기의 출력쪽과 입력쪽을 저항 R_f로 접속한 회로이다.
(4) 동작점 Q를 안정화시킨다.
(5) 병렬전압 궤환회로의 궤환비

정답 07.③ 08.③ 09.④ 10.④

$$\beta = \frac{I_{fb}}{V_o} = \frac{1}{R_f}$$

∴ R_f의 V_o는 비례한다. 즉 R_f가 작을수록 V_o는 작아진다.

11 궤환증폭기의 특성 중 옳게 기술한 것은?

① 전압직렬 궤환회로에서는 입력저항은 궤환회로가 없을 때의 입력저항보다 크다.
② 전류직렬 궤환회로에서는 입력저항은 궤환회로가 없을 때의 입력저항보다 적다.
③ 전류병렬 궤환회로에서는 입력저항은 궤환회로가 없을 때의 입력저항보다 크다.
④ 전압병렬 궤환회로에서는 입력저항과 궤환회로가 없을 때의 입력저항과 같다.

해설 (1) 직렬 궤환 접속은 입력 임피던스를 증가시킨다.
(2) 병렬 궤환 접속은 입력 임피던스를 감소시킨다.
(3) 전압 궤환은 출력 임피던스를 감소시킨다.
(4) 전류 궤환은 출력 임피던스를 증가시킨다.

12 이득 60[dB]의 저주파 전압증폭기가 10[%]의 왜율을 가지고 있을 때 이것을 0.1[%] 이내로 하는 방식 중 옳은 것은?

① 궤환율이 약 20[dB]의 부궤환을 걸어준다.
② 궤환율이 약 20[dB]의 정궤환을 걸어준다.
③ 증폭도를 10[dB] 낮게 한다.
④ 전압변동율을 1/10로 낮게 한다.

해설 부궤환 증폭기
(1) 부궤환을 걸어주면 이득이 감소하므로 출력이 작아진다.

(2) $kf = \dfrac{K}{1-\beta A}$ 이고, 60[dB]=1000(배)

$0.1 = \dfrac{10}{1-\beta(1000)}$

여기서 kf : 궤환을 걸었을 때 일그러짐률
60[dB]=1000배

∴ $\beta = \dfrac{9.9}{100} = -0.1$

∴ $20\log_{10}\beta = -20\,[\text{dB}]$

∴ 약 20[dB]의 부궤환을 걸어준다.

13 일반적인 부궤환(negative feedback) 증폭기의 특성을 설명한 것으로 틀린 것은?

① 전달이득(Transfer gain)이 감소된다.
② 잡음이 감쇠된다.
③ 비직선 일그러짐이 감소된다.
④ 입력저항(R_{if})이 항상 증대된다.

해설 부궤환 증폭기의 특성
(1) 주파수 특성이 개선된다.
(2) 비직선 일그러짐이 감소된다.
(3) 잡음이 감소한다.
(4) 이득이 감소한다.
(5) 대역폭이 증대된다.
(6) 입력 및 출력 저항이 변환한다.
(7) 주파수 특성이 개선된다.

구분 \ 구성형태	직류전류	직렬전압	병렬전류	병렬전압
입력 저항	증가	증가	감소	감소
출력 저항	증가	감소	증가	감소

14 부궤환 증폭회로의 장점이 아닌 것은?

① 이득(Gain) 안정
② 주파수 대역폭의 개선
③ 비직선 일그러짐의 감소
④ 입력신호가 필요 없음

15 그림과 같은 증폭회로의 이미터와 접지사이에 저항 Re를 삽입할 경우 이에 대한 설명으로 옳은 것은? (단, TR은 NPN형)

정답 11.① 12.① 13.④ 14.④

① 출력임피던스는 감소한다.
② 이득이 증가하고 일그러짐이 커진다.
③ 입력임피던스와 이득이 모두 감소한다.
④ 입력임피던스와 출력임피던스가 모두 커진다.

해설 이미터 저항(R_e)를 가진 CE 증폭기
  (1) 일반적으로 온도와 동작점의 변화 등은 이득의 변화를 초래하지만 R_e를 넣은 증폭기의 이득은 이러한 변화에 상관없이 안정함을 나타낸다.
  (2) 특징
    ① 전류 이득은 그다지 변하지 않는다.
    ② 입력 임피던스가 증가한다.
    ③ 출력 임피던스가 증가한다.
    ④ 전압 이득은 감소하지만 안정도가 증가한다.

16 그림과 같은 기본 발진회로에서 증폭기 A의 전압이득이 50 일 때, 귀환회로 β의 크기는 얼마인가?

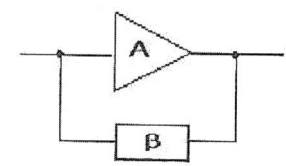

① 0.01 ② 0.02
③ 0.05 ④ 0.1

해설 궤환(feedback)회로
  (1) 궤환 회로의 전달 함수
  $$A_f = \frac{A}{1+\beta A} = \frac{1}{\frac{1}{A}+\beta} \fallingdotseq \frac{1}{\beta}$$

  (2) 궤환비, β
  $$\beta = \frac{1}{A_f} = \frac{1}{50} = 0.02$$

17 출력전압이 40[V]인 증폭기가 $2-j2\sqrt{3}$ [V]를 궤환시켰다면 궤환율 β는?

① $\frac{2}{5}\angle -30°$ ② $\frac{1}{5}\angle -30°$
③ $\frac{1}{10}\angle -60°$ ④ $\frac{2}{5}\angle -60°$

해설 $|\beta| = \frac{\sqrt{2^2+(2\sqrt{3})^2}}{40} = \frac{1}{10}$
$\angle \beta = \tan^{-1}\frac{-2\sqrt{3}}{2} = -\tan^{-1}\sqrt{3} = -60°$

18 증폭기의 입력 임피던스를 증가시키고 출력 임피던스를 감소시키기 위해서는 어떤 방법의 부궤환이 적합한가?

① 출력 전압을 샘플링해서 입력 신호와 직렬로 가한다.
② 출력 전류를 샘플링해서 입력 신호와 직렬로 가한다.
③ 출력 전압을 샘플링해서 입력 신호와 병렬로 가한다.
④ 출력 전류를 샘플링해서 입력 신호와 병렬로 가한다.

19 전압 이득이 60[dB]인 저주파 전압 증폭기가 10[%]의 왜율을 가지고 있을 때 이것을 0.1[%] 정도로 개선하는 방법은?

① 궤환율이 약 20[dB]인 부궤환을 걸어준다.
② 궤환율이 약 20[dB]인 정궤환을 걸어준다.
③ 증폭도를 10[dB] 낮게 한다.
④ 전압 변동율을 1/10로 낮게 한다.

20 직렬전압 궤환증폭기의 입력 임피던스는 궤환이 없을 때와 비교하면 어떠한가?

정답 15.④ 16.② 17.③ 18.① 19.①

① 감소한다.
② 증가한다.
③ 변함없다.
④ 증가하다 감소한다.

21 다음 회로에서 점선안의 회로를 부착해서 얻어지는 효과로 적합하지 않은 것은?

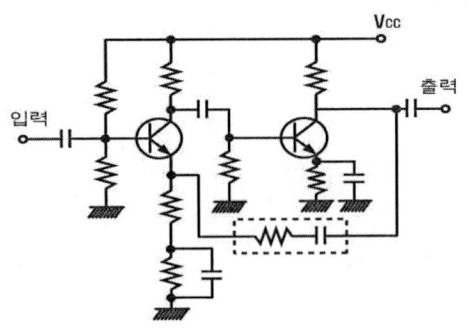

① 증폭기의 대역폭을 넓힌다.
② 전압이득이 감소된다.
③ 비직선 왜곡이 감소된다.
④ 출력 임피던스가 증가한다.

해설 직렬 전압 부궤환 회로이다.
  (1) 직렬 궤환 접속 : 입력 임피던스를 증가시킨다.
  (2) 직렬 궤환 접속 : 출력 임피던스를 감소시킨다.

22 그림의 궤환 증폭기에서 C를 제거하면 어떤 현상이 일어나는가?

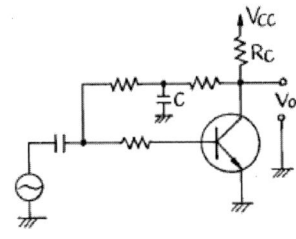

① 이득이 감소한다.
② 이득이 증가한다.
③ 발진이 일어난다.
④ 안정도가 향상된다.

해설 압궤환 바이어스 회로
  (1) C가 없다면 출력 전압에 비례하는 전압이 입력측으로 부궤환 되므로 이득이 감소한다.
  (2) C가 있다면 부궤환이 없어지므로 이득이 감소하지 않을 것이다.

23 트랜지스터 증폭회로에서 저항 R_1의 역할은?

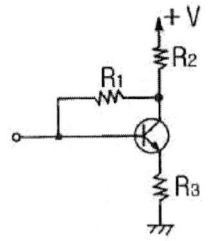

① 입력임피던스 조절
② 바이어스 안정화
③ 부궤환 작용
④ 부하저항

해설 전압병렬 궤환증폭회로
  (1) 궤환 신호는 출력회로에 연결된 R_1에 흐르는 전류 I_1이므로 궤환율 $(\beta) = \dfrac{I_1}{V_o}$이다.
  (2) R_1은 부궤환 작용을 한다.

24 다음 궤환 증폭기의 특성에 관한 설명 중 틀리는 것은?

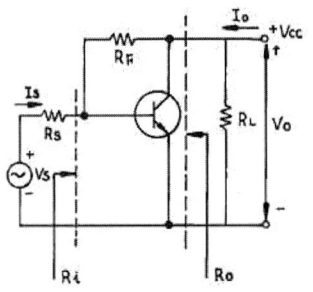

① 궤환으로 입력 임피던스 R_i는 감소한다.
② 궤환으로 출력 임피던스 R_o는 감소한다.
③ 궤환으로 전류이득 I_0/I_S는 감소한다.

정답 20.① 21.④ 22.① 23.③ 24.④

④ R_F가 작을수록 출력전압 V_0는 커진다.

해설 병렬 전압 부궤환 회로
(1) 입출력 임피던스가 감소되어 전류이득은 적어지며 R_i는 감소한다.
(2) R_f가 작을수록 궤환율은 커지고 출력전압 V_0는 작아진다.

25 증폭이득이 60[dB]인 증폭기에서 20[%]의 찌그러짐이 발생했다. 이것을 2[%] 이내로 개선하기 위해서 걸어야 할 부궤환은?

① 10[dB] ② 20[dB]
③ 30[dB] ④ 40[dB]

해설 부궤환 증폭기
(1) 부궤환을 걸어주면 이득이 감소하므로 출력이 작아진다.
(2) $k_f = \dfrac{K}{1-\beta A}$ 에서

$0.1 = \dfrac{10}{1-\beta(1000)}$

여기서 : 궤환을 걸었을 때 일그러짐율

$\therefore \beta = \dfrac{9.9}{100} = 0.1$

$\therefore 20\log_{10}\beta = -20\,[\text{dB}]$

$\therefore$ 약 20[dB]의 부궤환을 걸어준다.

26 이득 100인 저주파 증폭기가 10[%]의 왜율을 가지고 있을때 이것을 1[%]로 개선하기 위해서는 얼마의 전압 부궤환을 걸어 주어야 하는가?

① 1 ② 0.9
③ 0.09 ④ 0.009

해설 부궤환을 걸어주면 이득이 감소하므로 출력이 작아진다.

$\therefore K_f = \dfrac{K}{1+\beta A_v}$

K : 궤환을 걸지 않았을 때 일그러짐률
K_f : 궤환을 걸었을 때의 일그러짐률

$1 = \dfrac{10}{1+\beta A_v}$

따라서 궤환율(β)

$1 + 100\beta = 10$ 에서 $100\beta = 9$

$\therefore \beta = \dfrac{9}{100} = 0.09$ 에서

27 가청주파수 증폭기에서 부궤환 회로를 사용하는 목적을 설명한 것 중 적합하지 않은 것은?

① 왜곡(distortion)을 개선하기 위하여
② 잡음을 감소시키기 위하여
③ 이득을 크게 하기 위하여
④ 주파수특성을 좋게 하기 위하여

해설 부궤환 증폭 회로의 사용목적
(1) 이득의 감소
(2) 주파수 특성 개선
(3) 비직선 일그러짐의 감소
(4) 잡음 감소
(5) 안정도 향상
(6) 입출력 임피던스의 변화

28 다음 중 그림의 회로에서 궤환비(β)는?

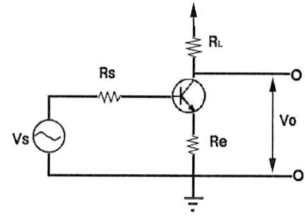

① $-R_L$ ② $-(R_e + R_L)$
③ $-(R_e R_L)$ ④ $-R_e$

해설 출력 전류 I_0가 궤환전압 $V_{fb}(=I_0 R_e)$에 비례하므로 전류궤환이며, 궤환회로가 출력 부하 회로와 직렬이므로 직렬 궤환이다.

궤환비 : $\beta = \dfrac{V_{fb}}{I_0} = -\dfrac{I_0 R_e}{I_0} = -R_e$

29 전압이득이 50인 저주파 증폭기가 약10[%] 정도의 왜율을 가지고 있다. 이를 2[%] 정도로 개선하기 위하여 걸어 주어야하는 부궤환율 β은 얼마이어야 하는가?

정답 25.④ 26.③ 27.③ 28.④

① 10 ② 4
③ 0.02 ④ 0.08

해설 $K_f = \dfrac{K}{1-\beta A}$ 에서

$2 = \dfrac{10}{1-\beta \cdot 50}$ 이므로 $\beta = 0.08$

30 다음 중 부궤환 증폭회로의 특징이 아닌 것은?
① 이득 증가
② 비선형 일그러짐 감소
③ 잡음 감소
④ 고주파 특성의 개선

해설 부궤한 증폭기의 특성
(1) 증폭기의 출력의 일부를 입력측으로 되돌려 보내는 것을 궤환(feedback)이라고 하며 입력을 상쇄하는 방향으로 궤환하는 것을 부궤환이라 한다.
(2) 부궤환 증폭기의 특성
① 이득은 저하하지만 이득 안정도의 향상
② 주파수 일그러짐과 위상 일그러짐의 감소
③ 비직선 일그러짐의 감소
④ 잡음의 감소
⑤ 입출력 임피던스의 변화

31 전류직렬 부궤환회로에서 부궤환을 걸지 않았을 때보다 증가되지 않는 것은?
① 출력임피던스 ② 입력임피던스
③ 비직선 왜곡 ④ 대역폭

정답 29.④ 30.① 31.③

제 6 장 연산증폭기

제 1 절 차동 증폭기

01 차동 증폭기의 동상제거비(common mode rejection ratio)의 설명 중 틀린 것은?

① 동상입력의 이득에 대한 이상입력의 이득의 비를 말한다.
② 이 값이 클수록 차동 증폭기의 성능이 좋다.
③ 차동 증폭기의 동상 입력에 대한 오차를 알 수 있는 매개수가 된다.
④ 회로의 안정도면에서는 이 값이 작을수록 유리하다.

해설 차동 증폭기의 동위상 제거비(CMRR)
CMRR(Common Mode Rejection Ratio)는 동위상 이득에 대한 차동 이득의 비를 말한다.

$$\therefore CMRR = \frac{차동이득}{동위상\ 이득}$$

CMRR이 ∞이어야, 즉 차신호만을 증폭시켜야 이상적이다.

02 다음 차동증폭기의 차신호의 전압이득 Av=100이다. 출력전압 Vo는? (단, 동상신호는 무시한다.)

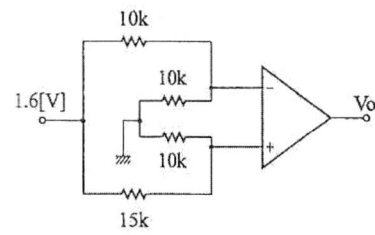

① 15[V] ② 16[V]
③ 17[V] ④ 18[V]

해설 차동증폭기의 출력전압은 2개의 입력의 전압차()에 의해서 제어된다.

03 차동증폭기의 동상제거비(Common Mode Rejection Ratio)를 향상시키기 위한 방법으로 적합하지 않은 것은?

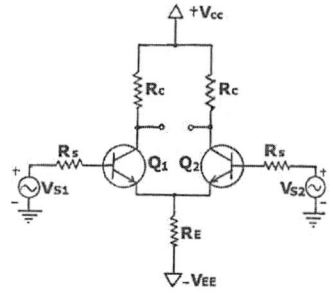

① hfe가 큰 트랜지스터를 선정한다.
② Emitter 저항 R의 값을 높은 값으로 선정한다.
③ 입력 임피던스를 높이기 위해 Rs를 크게 선정한다.
④ Q, Q는 전기적 특성이 동일한 트랜지스터를 선정한다.

해설 CMRR은 ∞일수록 오차가 0으로 접근하여 바람직하다.
차동증폭기의 두 입력단자에서 증폭기 쪽으로 본 저항을 입력저항이라고 한다.
입력저항은 앞단 구동회로의 부하효과(loading effect)를 막기 위해 매우 커야 한다.

$$R_i = 2h_{ie} = 2\beta r_e$$

04 차동증폭기에서 차동신호에 대한 전압이득은 Ad이고 동상신호에 대한 전압이득은 Ac이다. 이때 동상신호 제거비(CMRR)를 옳게 나타낸 것은?

정답 제1절 01.④ 02.② 03.③

① $\dfrac{Ac+Ad}{2}$ ② $\dfrac{Ad}{Ac}$

③ $\dfrac{Ac}{Ad}$ ④ $\dfrac{Ac-Ad}{2}$

해설 동상 성분 제거비
(CMRR ; Common Mode Rejection Ratio)
(1) 연산 증폭기는 차동 증폭기이다. 이것은 연산 증폭기의 두 입력 단자에 인가된 전압의 차이만을 증폭한다는 의미이다. 차의 전압을 구분해 내는 능력은 연산 증폭기의 종류에 따라서 달라지는데, 즉 인가된 두 전압의 차이를 구분해 낸 후, 이를 증폭할 수 있는 능력의 정도를 가늠하게 해 주는 척도가 곧 CMRR이다. 이상적인 연산 증폭기의 동상성분 제거비는 무한대이다.
(2) 동상 성분 제거비 CMRR은 다음과 같다.

$$\therefore CMRR = \dfrac{\text{차동신호의 전압이득}}{\text{동상신호의 전압이득}} = \dfrac{A_d}{A_c}$$

05 다음 중 이상적인 차동증폭기에서 동상모드의 이득은?

① 0 ② 1
③ 180 ④ 무한대

해설 차동증폭기(Differential Amplifier)
(1) 차동증폭기는 2개로 된 반전 및 비반전 입력 단자로 들어간 입력 신호의 차를 증폭하여 출력하는 회로이다.
(2) 차동 입력위상이 서로 다른 두 개의 입력 신호를 각각의 입력 단자에 인가하는 경우를 차동입력이라고 부른다.
(3) 동상 이득(Common-Mode gain)
  ① 이상적인 차동증폭기는 차동 모드에 대한 이득은 매우 높으며, 동상 모드의 이득은 0이다.
  ② 실제의 차동증폭기는 동상 이득(보통 1보다 매우 적음)은 매우 적으나 차동 모드 이득(보통 수천)은 대단히 높다.

제 2 절 연산 증폭기

01 아래 반전증폭회로의 출력전압은 얼마인가?(단, 연산증폭기의 개방이득을 ∞라고 본다)

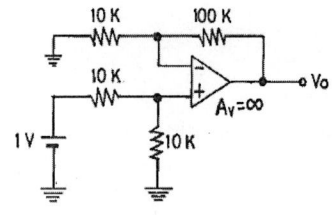

① 5.5[V] ② 10.5[V]
③ 11[V] ④ 21[V]

해설 $V_o = \dfrac{R_4}{R_1} \cdot \dfrac{R_1+R_2}{R_3+R_4} V_2 - \dfrac{R_2}{R_1} V_1$

$= \dfrac{R_4}{R_1} \cdot \dfrac{R_1+R_2}{R_3+R_4} V_2$

$= \dfrac{R_1+R_2}{R_3+R_4} V_2 = \dfrac{110K}{20K} \cdot 1[V] = 5.5[V]$

02 다음과 같은 이상적인 연산증폭기에서 Vi/i는?

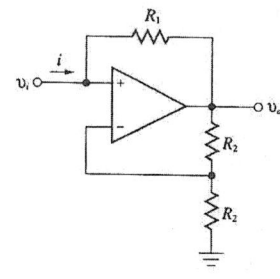

① $-R_1$ ② $-R_2$
③ R_1+R_2 ④ $-(R_1-R_2)$

03 그림의 회로에서 V_0을 옳게 표현한 것은?(단, K=R_2/R_1=R_b/R_a)

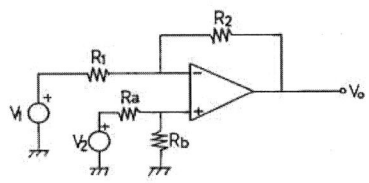

① K(V_1+V_2) ② $-$K(V_1+V_2)
③ K(V_1-V_2) ④ $-$K(V_1-V_2)

해설

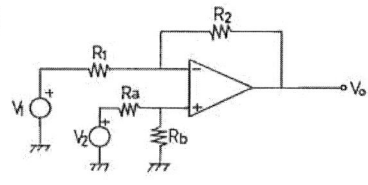

위 회로에서

$$\frac{V_1 - V_c}{R_1} = \frac{V_c - V_o}{R_2}, \quad V_d = \frac{R_b}{R_a + R_b} \cdot V_2$$

가 성립하며 $V_c = V_d$ 일 때 V_c와 V_d를 소거하여 출력전압을 구하면

$\left(\frac{R_2}{R_1} = \frac{R_b}{R_a} \text{일 경우}\right)$ $V_o = \frac{R_2}{R_1}(V_2 - V_1)$

이므로 $V_o = -\frac{R_2}{R_1}(V_1 - V_2) = -K(V_1 - V_2)$

이 된다.

04 그림과 같은 op증폭기의 출력전압 V_0를 구하시오. (단, $\frac{Ra}{Rb} = \frac{R_1}{R_2}$ 임)

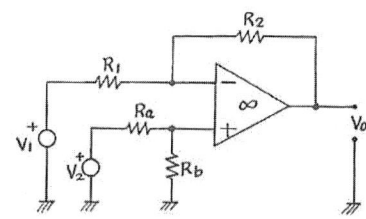

① $V_O = \frac{R_1}{R_2}(V_1 + V_2)$

② $V_O = \frac{R_1}{R_2}(V_1 - V_2)$

③ $V_O = \frac{R_1}{R_2}(V_2 + V_1)$

④ $V_O = R_1 R_2 (V_2 - V_1)$

해설 $V_o = \left(\frac{R_4}{R_1} \cdot \frac{R_1 + R_2}{R_3 + R_4} V_2 - \frac{R_2}{R_1} V_1\right)$

$= \left(\frac{R_2}{R_1} \cdot \frac{R_1 + R_2}{R_1 + R_2} V_2 - \frac{R_2}{R_1} V_1\right)$

$= \frac{R_2}{R_1}(V_2 - V_1)$

05 다음 연산증폭 회로에서 출력 V_0는?

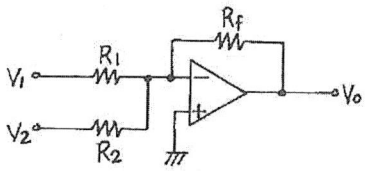

① $V_O = \frac{R_f}{R_1 + R_2}(V_1 + V_2)$

② $V_O = -\frac{R_f}{R_1}V_1 - \frac{R_f}{R_2}V_2$

③ $V_O = -\frac{R_1}{R_f}V_1 - \frac{R_2}{R_f}V_2$

④ $V_O = \frac{R_f}{R_1}V_1 + \frac{R_f}{R_2}V_2$

해설 덧셈연산 증폭기(가산기 : Adder)

$I_1 = \frac{V_1}{R_1}, \quad I_2 = \frac{V_2}{R_2}, \quad \frac{V_1}{R_1} + \frac{V_2}{R_2} = -\frac{V_o}{R_f}$

$\therefore V_o = -\left(\frac{R_f}{R_1}V_1 + \frac{R_f}{R_2}V_2\right)$

06 그림의 회로에서 $R_1=150k\Omega$, $R_f=900k\Omega$, $V_1=3V$일 때, 출력전압 V_0는?

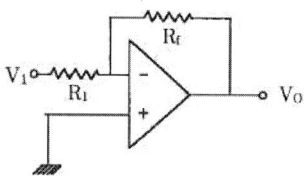

① $-12\,[V]$ ② $-15\,[V]$
③ $-18\,[V]$ ④ $-20\,[V]$

해설 반전 연산 증폭기

$V_o = -\frac{R_f}{R_1} V_i$

$= -\frac{900K}{150K} \times 3 = -18\,[V]$

07 연산증폭기의 이상 조건을 설명한 것이 아닌 것은?

정답 04.③ 05.② 06.③

① 입력 임피던스가 크고 여기에 흐르는 전류는 입력 전류에 비해 무시될 수 있어야 한다.
② 부하변동이 OP-Amp의 특성에 영향을 주지 않을 정도로 출력임피던스 값이 작아야 한다.
③ 응답시간의 벗어남이 전혀 없어야 한다.
④ 입력전압은 출력전압에 비하여 충분히 커야 한다.

해설 이상적인 연산증폭기의 특성
(1) 입력저항 $R_i = \infty$
(2) 출력저항 $R_o = 0$
(3) 전압이득 $A_V = \infty$
(4) 대역폭 $BW = \infty$
(5) off-set 전압은 0
(6) 온도의 drift가 없어야 한다.
전압이득(출력전압/입력전압)이 무한대가 되기 위해서는 출력전압이 입력전압에 비해 충분히 커야 한다.

08 다음 회로의 출력전압을 구하면?

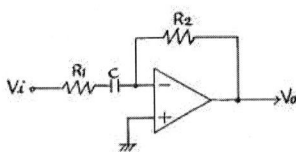

① $Vo = -R_1 C \dfrac{dVi}{dt}$

② $Vo = -\dfrac{R_2}{R_1} \cdot C \cdot \int Vi\, dt$

③ $Vo = -\dfrac{jWCR_2 Vi}{(1+jWCR_1)}$

④ $Vo = -\dfrac{jWCR_1 Vi}{(1+jWCR_2)}$

해설 반전 연산증폭기

$V_o = -\dfrac{R_2}{R_1 + \dfrac{1}{j\omega C}} V_i = -\dfrac{j\omega CR_2}{1+j\omega CR_1} V_i$

09 다음 연산증폭회로에서 출력전압 Vo는?

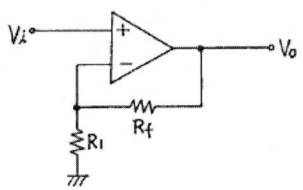

① $Vo = \dfrac{R_f}{R_1} Vi$ ② $Vo = -\dfrac{R_f}{R_1} Vi$

③ $Vo = -\left(1+\dfrac{R_f}{R_1}\right) Vi$ ④ $Vo = \left(1+\dfrac{R_f}{R_1}\right) Vi$

해설 비반전 연산 증폭기이다.
전압이득(A_v)

$A_v = \dfrac{V_O}{V_i} = \dfrac{R_1+R_f}{R_1} = \left(1+\dfrac{R_f}{R_1}\right)$

$\therefore V_o = \left(1+\dfrac{R_f}{R_1}\right) V_i$

10 이상적인 연산증폭기의 조건으로서 옳지 않은 것은?

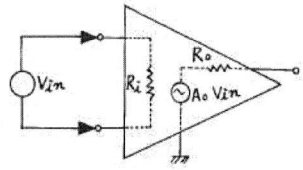

① 전압증폭도가 무한대
② 입력 임피이던스가 무한대
③ 출력 임피이던스가 무한대
④ 주파수 대역폭이 무한대

해설 이상적인 연산증폭기의 특성
(1) 높은 입력 임피던스 $R_i = \infty$
(2) 낮은 출력 임피던스 $R_0 = \infty$
(3) 낮은 전력 소비
(4) 높은 전압이득 $R_v = \infty$
(5) 높은 CMRR
(6) 대역폭이 무한대($BW = \infty$)이고, 지연 응답(response delay)은 0이다.

11 이상적인 연산증폭기의 조건 중 옳지 못한 것은?

정답 07.③ 08.③ 09.④ 10.③

① 전압이득이 무한대
② 입력저항이 무한대
③ 출력저항이 무한대
④ 밴드폭이 무한대

12 다음 OP Amp 회로의 전압증폭도 Av 값은?

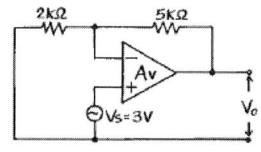

① 2.5 ② 3.5
③ 1.4 ④ 10.5

해설 전압이득(A_v)
$$A_v = \frac{V_O}{V_S} = \frac{R+R'}{R} = \left(1+\frac{R'}{R}\right) = \left(1+\frac{5K}{2K}\right) = 3.5$$

13 OP-Amp를 이용한 미분기에서 출력은 무엇에 비례하는가?

① 시정수 ② offset 전압
③ offset 전류 ④ $\frac{1}{\text{시정수}}$

14 아래의 연산 증폭회로에서 입출력 관계가 옳은 것은?

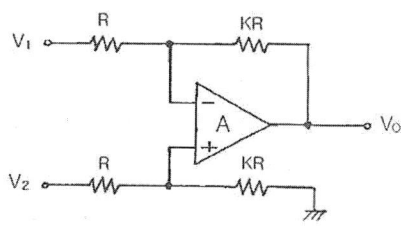

① $V_0 = K(V_2 - V_1)$
② $V_0 = KV_2 - (K+1)V_1$
③ $V_0 = (K+1)V_2 - KV_1$
④ $V_0 = (K+1)(V_2 - V_1)$

해설 차동증폭기(감산기)
(1) V_1과 V_2의 차에 의하여 동작하므로 차동증폭기이다.

(2) $V_o = \frac{KR}{R}(V_2 - V_1)$

15 그림의 회로에서 V_1=3V, R_f=450kΩ, R_1=150kΩ일 때, 출력전압 V_0는?

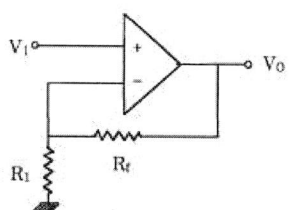

① 1[V] ② 12[V]
③ 15[V] ④ 18[V]

해설 $V_o = \left(\frac{R_1+R_f}{R_1}\right)V_1 = \frac{600K}{150K} \times 3\,[V]$

16 이상적인 연산 증폭기의 특성(조건)으로 틀린 것은?

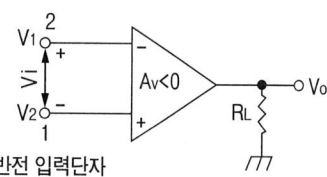

① 입력 임피던스 $R_i=\infty$
② 출력 임피던스 $R_0=0$
③ 전압이득 $A_V=-\infty$ (개방회로 전압이득)
④ 온도에 의한 드리프트 현상이 있음

해설 이상적인 연산 증폭기의 특징
(1) 전압 이득 가 무한대이다.($A_v=\infty$)
(2) 입력 저항 가 무한대이다.($R_i=\infty$)
(3) 출력 저항 가 0이다.($R_o=\infty$)
(4) 대역폭이 무한대이다.($BW=\infty$)
(5) 지연 응답(delay response)은 0이다.
(6) 오프셋(offset)이 0이다.
(7) 특성의 변동, 잡음이 없다.
(8) 드리프트 현상이 없다.

정답 11.③ 12.② 13.① 14.① 15.② 16.④

17 그림과 같은 가산 증폭회로의 출력 전압 Vo 는? (단, R_f=360kΩ, R_1=120kΩ, R_2=180kΩ, R_3=360kΩ, V_1=-6V, V_2=4V, V_3=2V임)

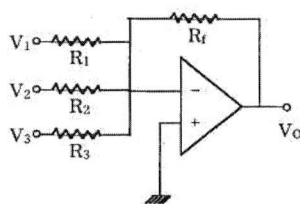

① 4[V]　　② 8[V]
③ 10[V]　　④ 12[V]

해설 (1) 4[V]
(2) 8[V]
(3) 10[V]
(4) 12[V]

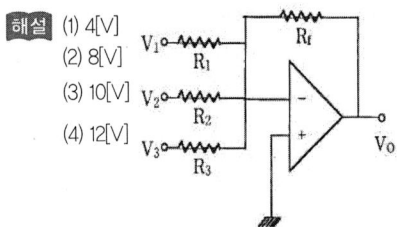

덧셈연산증폭기(가산기 : Adder)
$$v_o = -iR_f$$
$$= -\left(\frac{R_f}{R_1}\right)v_1 - \left(\frac{R_f}{R_2}\right)v_2 - \left(\frac{R_f}{R_3}\right)v_3$$
$$= -\left(\frac{360K}{120K}\right)(-6) - \left(\frac{360K}{180K}\right)(4) - \left(\frac{360K}{360K}\right)(2)$$
$$= 8[V]$$

18 연산증폭기의 특성을 규정하는 파라메타가 아닌 것은?

① 동상 신호 제거율(CMRR)
② 이득 · 대역적(Gain · Bandwidth Product)
③ 팬 아웃(Fan out)
④ 입력 옵셋 전압(Input offset voltage)

19 저항이 2MΩ이고 콘덴서가 1μF 인 다음 회로에서 출력전압 Vo에 대한 식으로 맞는 것은?

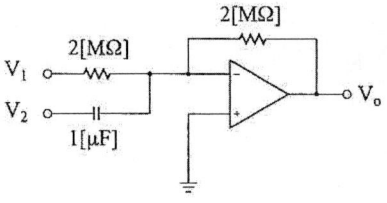

① $Vo = -(V_1 + 2\int_0^t V_2 dt)$
② $Vo = -(2V_1 + \frac{dV_2}{dt})$
③ $Vo = -(\frac{1}{2}V_1 - \frac{dV_2}{dt})$
④ $Vo = -(V_1 + 2\frac{dV_2}{dt})$

해설 연산증폭기
반전 연산 증폭기와 미분 연산기가 연결되어 있는 상태이다.

- 반전 연산 증폭기 : $V_{01} = -\frac{R_f}{R_1}V_1$
- 미분 연산기 : $V_{02} = -RC\frac{dV_i}{dt}$

∴ $V_o = V_{01} + V_{02} = -\left(V_1 + 2\frac{dV_2}{dt}\right)$

20 다음 이상적인 연산증폭 회로의 출력전압 e_0는?

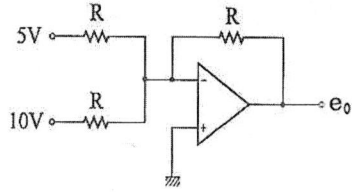

① 5[V]　　② 10[V]
③ -15[V]　　④ -20[V]

해설 가산회로(Adder)
$$V_o = -\left(\frac{R_f}{R_1}V_1 + \frac{R_f}{R_2}V_2\right) = -\left(\frac{R}{R}5 + \frac{R}{R}10\right) = -15[V]$$

21 그림의 연산증폭기 회로에서 R_4 저항의 사용 목적은?

정답 17.② 18.③ 19.④ 20.③

제6장 연산증폭기

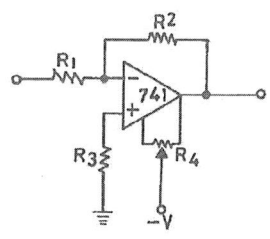

① 입력 바이어스 전류보상
② 부궤환
③ 입력 오프셋 전압보상
④ 위상 지연보상

해설 입력오프셋 전압
출력전압을 0으로 하기 위하여 두 입력단에 걸어주어야 하는 전압의 차이를 말한다.

22 다음 그림과 같은 비반전 연산 증폭기 회로에서 부하 R에 흐르는 전류는?(단, $R_1=1k\Omega$, $R_2=2k\Omega$, $R_3=3k\Omega$, $V_1=2V$)

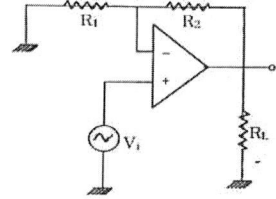

① 1mA ② 2mA
③ 3mA ④ 4mA

해설 $V_o = \left(1 + \dfrac{R_2}{R_1}\right)V_i = 6\,[V]$

$I_L = \dfrac{V_o}{R_L} = 2\,[mA]$

23 다음과 같은 회로의 출력은?

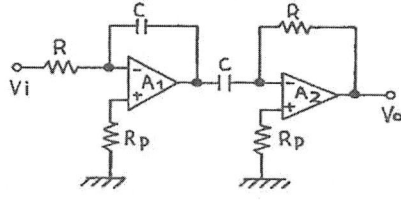

① 0
② $Vi - \dfrac{1}{CR}\int Vidt - CR\dfrac{dVi}{dt}$
③ V_i
④ $-\dfrac{1}{CR}\int Vidt - CR\dfrac{dVi}{dt}$

해설 (1) 적분 연산기와 미분 연산기가 종속 접속되어 있는 경우이다.
(2) 적분 연산기의 출력이 미분 연산기의 입력으로 들어간다.

$\therefore v_0 = -CR\dfrac{d}{dt} - \dfrac{1}{CR}\int v_i dt = v_i$

24 그림과 같은 회로의 입력으로 스텝 전압을 인가할 때 출력 전압 V_0의 파형은? (단, A는 이상적인 연산 증폭기이다.)

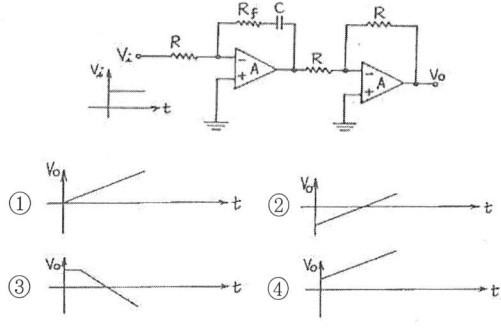

해설 (1) 적분연산기와 반전증폭기가 직렬로 연결되어 있다.
(2) 입력(v_i)이 step 입력이므로, 즉 앞단의 적분기에서 반전된 ramp 파형이 나오고 이것이 다음단의 반전 연산 증폭기에서 다시 반전되므로 올라가는 형태의 ramp 파형이 나오게 된다.

25 이상적인 연상 증폭기의 R_2에 흐르는 전류 I는? (단, $R_1=2[k\Omega]$, $R_2=3[k\Omega]$, $V_i=4[V]$이다.)

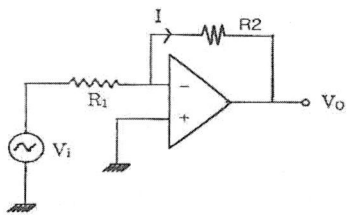

정답 21.③ 22.② 23.③ 24.④

① 0.2[mA]　② 0.5[mA]
③ 2[mA]　④ 5[mA]

해설 반전증폭기(신호 변환기)
(1) 입력신호가 저항 R_1을 통해 반전 입력단자에 공급되는 증폭기이다.
(2) 저항 R_1을 통해 흐르는 전류를 I_1이라 하면
$$I_1 = I = \frac{V_i}{R_1} = \frac{4}{2 \times 10^3} = 2[mA]$$

26 이상적인 연산 증폭기의 구비 조건이 아닌 것은?

① 입력임피던스가 무한대이어야 한다.
② 출력임피던스가 0이어야 한다.
③ CMRR = 1이어야 한다.
④ 전압이득이 무한대이어야 한다.

해설 (1) 연산증폭기는 아날로그량의 가감산, 적분, 미분 등의 입력과 출력사이에 일정한 함수 관계를 가지는 연산을 행할 수 있도록 한 것으로 OP 엠프라고도 한다.
(2) 이산적인 연산증폭기가 가져야할 특성
　① 전압 이득, AV가 무한대이다.(AV=∞)
　② 입력 저항 Ri이 무한대이다.(Ri=∞)
　③ 출력저항 R0가 0이다.(R0=0)
　④ 대역폭이 무한대이고 (BW=∞) 지연응답(delay response)은 0이다.
　⑤ 오프셋(offset)이 0이다.
　⑥ 높은 CMRR을 갖는다.
　⑦ 드리프트 현상이 없다.

27 그림과 같은 연산 증폭기의 증폭도는?(단, R_1=∞, A_V=∞)

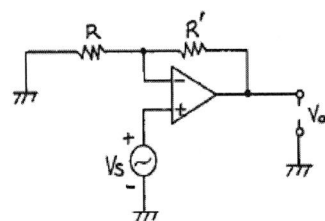

① −R/R'　② −R'/R
③ (R + R')/R　④ R/(R + R')

해설 비반전 연산 증폭기이다.
전압이득(A_V)
$$A_V = \frac{V_O}{V_S} = \frac{R+R'}{R} = (1 + \frac{R'}{R})$$

28 다음 그림의 회로는 무슨 회로인가?

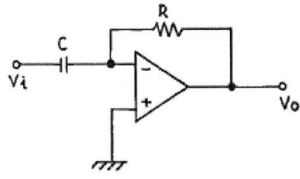

① 미분기　② 적분기
③ 가산기　④ 증폭기

해설 (1) 주파수가 높아질수록 콘덴서 C의 리액턴스$\left(\frac{1}{2\pi f_c}\right)$는 매우 작아지므로 고주파 대역에서는 전압이득이 점점 커진다.
(2) 미분기의 출력은 고주파 잡음에 대해서 매우 민감하다.
$$\therefore V_o = -RC\frac{d}{dt}V_i$$

29 다음 연산 증폭기에서 출력 전압의 크기는?

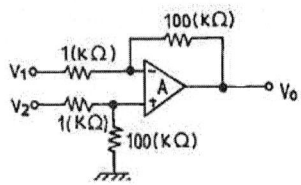

① $V_O = 100(V_2 - V_1)$　② $V_O = V_2 + V_1$
③ $V_O = 99(V_1 - V_2)$　④ $V_O = V_2 - V_1$

해설 감산기
V_1과 V_2의 차에 의하여 동작하므로 차동증폭기(감산기)이다.
$$V_o = \frac{R_2}{R_1}(V_2 - V_1)$$
$$= \frac{100K}{1K}(V_2 - V_1) = 100(V_2 - V_1)$$

30 다음 연산 증폭기에서 입출력 전압 관계식은?

정답 25.③　26.③　27.③　28.①　29.①

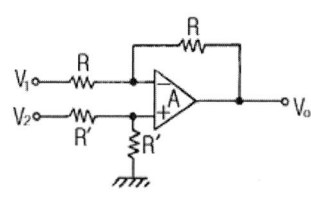

① $Vo = V_2 - V_1$ ② $Vo = V_1 + V_2$
③ $Vo = \dfrac{R'}{R}(V_1 - V_2)$ ④ $Vo = \dfrac{R}{R'}(V_1 - V_2)$

해설 동증폭기(감산기)
$$V_O = \dfrac{R}{R}(V_2 - V_1) = V_2 - V_1$$

31 그림에서 입력 전압 V_1 및 V_2와 출력전압 V_0의 관계는?

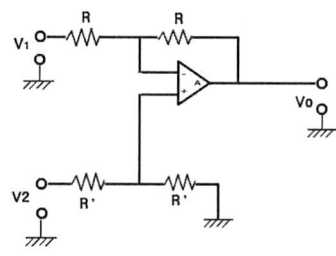

① $V_O = V_2 - V_1$ ② $V_O = V_1 - V_2$
③ $V_O = \dfrac{R}{R'}(V_2 - V_1)$ ④ $V_O = \dfrac{R}{R'}(V_2 - V_1)$

해설 감산기
$$V_o = \dfrac{R}{R}(V_2 - V_1) = V_2 - V_1$$

32 다음 중 연산 증폭기의 특성과 관련 없는 것은?
① 높은 이득   ② 낮은 CMRR
③ 높은 입력 임피던스 ④ 낮은 출력 임피던스

해설 연산증폭기의 특성
(1) 전압이득이 무한대이다.
(2) 입력 임피던스가 무한대이다.
(3) 출력 임피던스가 0이다.
(4) 대역폭이 무한대이다.
(5) 오프셋(offset)이 0이다.
(6) 특성의 변동, 잡음이 없다.

33 그림의 적분기에 STEP 전압을 입력시켰을 때의 출력 파형은?

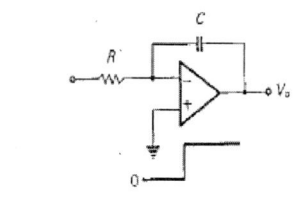

해설 분연산기
R-C 적분회로에 단위 계단함수를 입력하면, R을 통하여 콘덴서 C에 서서히 충전되는 파형이 출력된다. 즉 ramp파형(기울기를 갖는 파형)이 출력되는데 입력이 반전단자에 들어와 위상반전이 되어 나타나므로 ②처럼 된다.

34 그림과 같은 이상적인 연산 증폭기에서 Vs/Is 는?

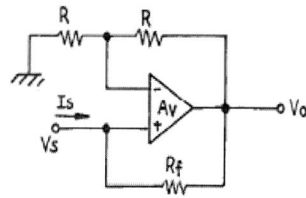

① $-R_f$ ② $R + R_f$
③ $-R$ ④ $R - R_f$

해설 $V_s = V_0/2$ 이다.
$$I_s = \dfrac{V_s - V_0}{R_f} = \dfrac{V_s - 2V_s}{R_f} = \dfrac{-V_s}{R_f}$$
$$\therefore \dfrac{V_s}{I_s} = \dfrac{I_s R_f}{I_s} = -R_f$$

35 다음 연산증폭회로에서 출력전압 e_0를 구하는 식은? (단, R1=R3, R2=R4 이다.)

전자회로 기출문제

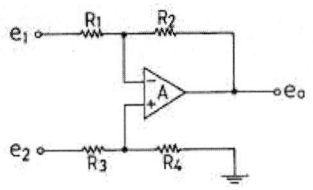

① $e_0 = e_2 - e_1$
② $e_0 = \dfrac{R_2}{R_1}(e_2 - e_1)$
③ $e_0 = \dfrac{R_3}{R_4}(e_1 - e_2)$
④ $e_0 = \dfrac{R_4}{R_2}(e_1 + e_2)$

해설 감산기
(1) 상단의 저항을 좌측부터 R_1, R_2라 하고 하단의 저항을 좌측부터 R_3, R_4라면
$$e_o = (\dfrac{R_1 + R_2}{R_1})(\dfrac{R_4}{R_3 + R_4})e_2 - \dfrac{R_2}{R_1}e_1$$
(2) $R_1 = R_3, R_2 = R_4$라면
$$e_o = \dfrac{R_2}{R_1}(e_2 - e_1)$$

36 연산증폭기에 대한 설명이다. 틀린 것은?
① 고이득 차동 증폭기가 주축을 이룬다.
② IC화된 연산 증폭기는 고신뢰도, 고안정도, 회로의 소형화 등 장점이 있다.
③ 이상적 연산증폭기인 경우 입력저항은 zero, 출력저항은 ∞를 갖는다.
④ 가상접지는 물리적인 구성을 표시하는 것이 아니고, 전압증폭도를 구하는데 유용하다.

해설 이상적인 연산 증폭기는 입력 저항이 무한대(∞)이고, 출력 저항은 0이다.

37 다음과 같은 연산 증폭회로에서 Z에 흐르는 전류 i의 값은 얼마인가?

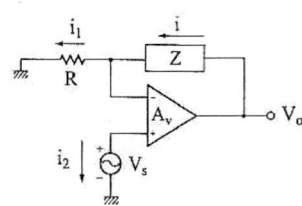

① 0
② i_1
③ $(Z/R)i_1$
④ $i_1 + i_2$

해설 비반전 연산증폭기
연산증폭기의 입력임피던스는 ∞이므로 전류 i_1은 연산증폭기 쪽으로 흐르지 못하고 Z방향으로 흐른다.
$i = i_1$이 된다.

38 이상적인 연산 증폭기의 특징으로 적당치 않은 것은?
① 무한대의 입력 임피던스
② 무한대의 출력 임피던스
③ 무한대의 전압 이득
④ 무한대의 대역폭

39 연산 증폭기(OP Amp)의 특징으로서 맞는 것은?
① 전압 이득이 적다.
② 입력 임피던스가 낮다.
③ 출력 임피던스가 높다.
④ 주파수대역이 크다.

40 다음 회로의 출력전압은 얼마인가?

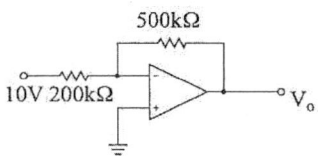

① $-5[V]$
② $-10[V]$
③ $-15[V]$
④ $-25[V]$

해설 $\dfrac{V_o}{V_s} = -\dfrac{R_f}{R}$ 에서
$V_o = -\dfrac{R_f}{R} = -\dfrac{500}{200}10 = -25[V]$

41 다음 회로에서 $R_1 = 1[MΩ]$, $R_2 = 4[MΩ]$일 때 전압증폭도 A는 얼마나 되는가?(단, 연산증폭기는 이상적이다.)

정답 35.② 36.③ 37.② 38.② 39.④ 40.④

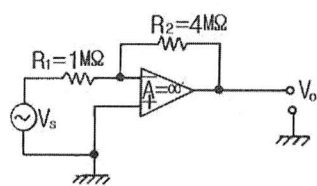

① -1   ② -2
③ -3   ④ -4

해설 반전 연산 증폭기

출력 전압 $V_o = -\dfrac{R_2}{R_1} V_s$ 이므로 전압 증폭도는

$A_v = \dfrac{V_o}{V_s} = -\dfrac{R_2}{R_1} = -\dfrac{4M}{1M} = -4$

42 다음의 연산회로는 어느 회로인가?

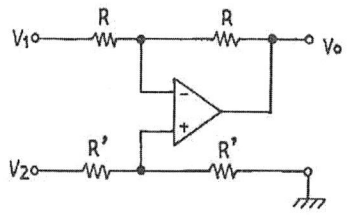

① 부호변환회로   ② 미분회로
③ 적분회로   ④ 감산회로

해설 $V_o = \left(\dfrac{R_4}{R_1} \cdot \dfrac{R_1+R_2}{R_3+R_4} V_2 - \dfrac{R_2}{R_1} V_1\right)$

$= \left(\dfrac{R_2}{R_1} \cdot \dfrac{R_1+R_2}{R_1+R_2} V_2 - \dfrac{R_2}{R_1} V_1\right) = \dfrac{R_2}{R_1}(V_2 - V_1)$

∴ $R_1 = R_2$이며 감산 연산을 수행한다.

43 다음 회로에서 $Z_1=10[k\Omega]$, $Z_2=100[k\Omega]$일 때 전압 증폭도(V_o/V_i)는? (단, 연산 증폭기는 이상적인 것이다)

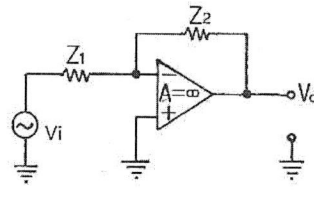

① -0.1   ② -1
③ -5   ④ -10

해설 반전 연산증폭기

(1) 출력 전압 $V_o = -\dfrac{Z_2}{Z_1} V + i$

(2) 전압 증폭도

$A_v = \dfrac{V_o}{V_i} = -\dfrac{Z_2}{Z_1} = -\dfrac{100[K\Omega]}{10[K\Omega]} = -10$

44 그림과 같은 연산 증폭기에서 $V_1 = 0.1[V]$, $V_2=0.2[V]$, $V_3=0.3[V]$일 때 출력전압 Vo[V]는?

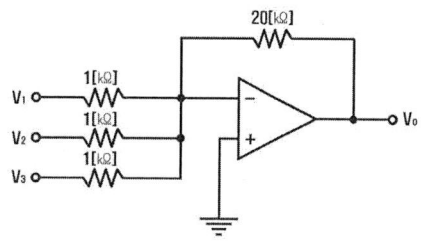

① -2   ② -6
③ -12   ④ -18

해설 덧셈연산증폭기(가산기, Adder)
출력전압은 입력전압의 합으로 표시된다.

$V_o = -\left(\dfrac{R_t}{R_1} V_1 + \dfrac{R_f}{R_2} V_2 + \dfrac{R_t}{R_3} V_3\right)$

여기서 $R = R_1 = R_2 = R_3$이면

$V_o = -\dfrac{R_f}{R}(V_1 + V_2 + V_3)$

$= -\dfrac{20[k\Omega]}{1[k\Omega]}(0.1+0.2+0.3) = -12[V]$

제 3 절   연산 증폭기의 응용

01 연산 증폭기(Op-Amp)의 응용 회로가 아닌 것은?

① 적분기
② 디지털 반가산 증폭기
③ 미분기
④ 아날로그 가산 증폭기

정답 41.④ 42.④ 43.④ 44.③   제3절 01.②

전자회로 기출문제

해설 연산증폭기의 응용회로
  (1) 부호변환기(Inverter)
  (2) 배수기(Multiplier)
  (3) 가산기(summing amplifier)
  (4) 감산기(subtracter)
  (5) 미분기(differentiator)
  (6) 적분기(integrator)
  (7) 대수 증폭기(Logarithm amp)
  (8) 전압-전류 변환기(Voltage-to-current converter) 등

02 그림의 회로에서 입력전압 Vi와 출력전압 Vo의 관계곡선은?

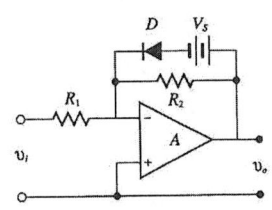

① 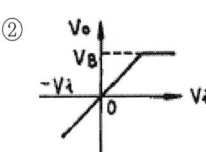 ②

③ 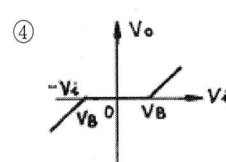 ④

03 다음 연산증폭기 회로에서 입출력 특성은? (단, 연산증폭기 A_1, A_2와 다이오드 D_1, D_2는 이상적이다.)

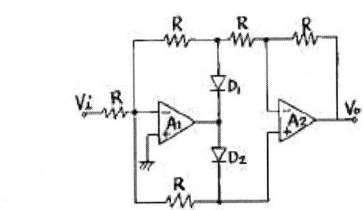

① 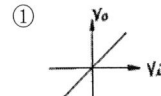 ②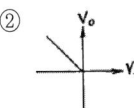

③ 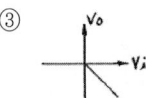 ④

해설 전파 정류 회로
  (1) $V_i > 0$인 경우 D_1(ON), D_2(OFF)이므로
  $$v_0 = \frac{R}{R}v_i$$
  (2) $V_i > 0$인 경우 D_1(OFF), D_2(ON)이므로
  $$v_0 = -\frac{R}{R}v_i$$

04 차동증폭기에서 차동신호에 대한 전압이득은 Ad이고 동상신호에 대한 전압이득은 Ac이다. 이때 동상신호 제거비(CMRR)를 옳게 나타낸 식은?

① $\dfrac{Ac+Ad}{2}$ ② $\dfrac{Ad}{Ac}$

③ $\dfrac{Ac}{Ad}$ ④ $\dfrac{Ac-Ad}{2}$

해설 동상신호 제거비 CMRR은 다음과 같다.
$$\therefore CMRR = \frac{\text{차동신호의 전압이득}}{\text{동상신호의 전압이득}} = \frac{A_d}{A_c}$$

05 다음과 같은 회로에 구형파 입력 Vi를 인가하였을 때 출력파형으로서 타당한 것은? (단, A는 이상적인 연산증폭기임)

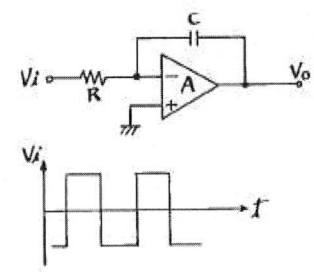

①  ②

③ 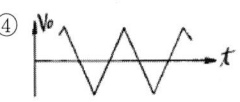 ④

정답 02.④ 03.④ 04.② 05.④

해설 적분 연산기

(1) R에 흐르는 전류를 I_1이라면 $I_1 = \dfrac{V_i}{R}$

(2) C에 흐르는 전류를 I_2라면 $V_o = -\dfrac{1}{C}\int I_2 dt$

$\therefore I_2 = -C\dfrac{d}{dt}Vdt$

(3) $I_1 = I_2$이므로 $V_o = -\dfrac{1}{RC}\int V_i dt$

① 직류 전압을 가하면 원하는 "램프(ramp)전압"을 얻을 수 있다.
② 구형파를 가하면 삼각파를 얻을 수 있다.

06 연산증폭기를 사용한 아날로그 계산기에서 미분기 대신 적분기를 사용하는 가장 큰 이유는?

① 적분기의 회로가 간단하다.
② 적분기는 비선형이다.
③ 적분기의 계산속도가 빠르기 때문이다.
④ 적분기의 잡음특성이 좋기 때문이다.

해설 연산증폭기를 사용하는 아날로그 컴퓨터에서 미분기 대신 적분기를 사용하는 이유는 잡음특성이 좋고 발진이 일어나기 쉽기 때문이다.

07 그림과 같은 회로의 입력으로 스텝 전압을 인가할 때, 출력전압 파형은? (단, A는 이상적인 연산 증폭기이다.)

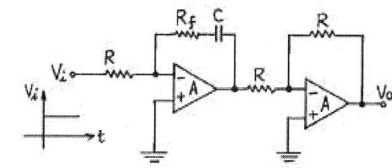

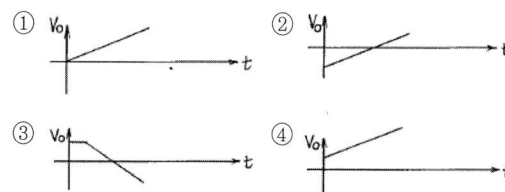

해설 연산증폭기의 연결
(1) 주어진 회로는 적분 연산 증폭기와 반전연산 증폭기가 직렬로 연결되어 있다.

(2) 입력(V_i)이 step function 이므로 즉 앞단의 적분기에서 반전된 ramp 파형이 나오고 이것이 다음단의 반전 연산증폭기에서 다시 반전되므로 올라가는 형태의 ramp 파형이 나오게 된다.

08 그림은 무슨 회로인가?

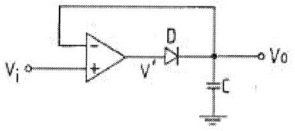

① Voltage follower   ② Differentiator
③ Peak detector   ④ Integrator

해설 첨두치 검출회로
그림과 같이 회로를 연결하면 첨두치 검출회로 (Peak Detector)가 된다.
회로의 C는 기산 t'까지 가해지는 입력 파형 중에서 가장 큰 양(+)의 전압을 충전하고, t'에서 출력 전압은 충전된 값을 그대로 유지한다.

09 다음 연산회로에서 전압이득($\dfrac{V_o}{V_s}$)은?

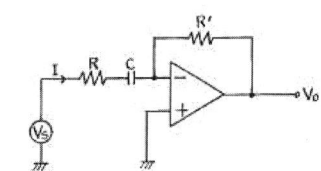

① $-\dfrac{1}{RCS}$ ② $\dfrac{1}{RCS}$

③ $-\dfrac{R'}{R}\dfrac{S}{S+1/RC}$ ④ $\dfrac{R'}{R}\dfrac{S}{S+1/RC}$

해설 $R + \dfrac{1}{CS} = \dfrac{1+RCS}{CS}$

$\dfrac{V_o}{V_s} = -R'/((1+RCS)/CS)$

$= -R'\dfrac{CS}{(1+RCS)}$

$= -\dfrac{R'}{R}\left(\dfrac{S}{S+\dfrac{1}{RC}}\right)$

정답 06.④ 07.④ 08.③ 09.③

10 대수증폭기의 동작은 무엇에 기인하는가?

① 연산증폭기의 비선형 동작
② pn 접합의 대수 특성
③ pn 접합의 역방향 브레이크다운 특성
④ RC 회로의 대수적인 충방전

해설 (1) 광전변환 소자등이 신호를 넓은 다이내믹 측정 영역이 존재하기 때문에 이를 압축 또는 확대하기 위한 대수 증폭이 필요하다.
(2) 대수 증폭기는 pn접합 다이오드의 순방향 전압/전류 특성은 지수함수적으로 양변에 대수를 취하면 다이오드 전압은 전류의 대수에 비례하는 값이 얻어진다.

11 로가리즘 앰프(logarithm amp)는 어느 것인가?(단, OP amp는 이상적으로 간주한다.)

① 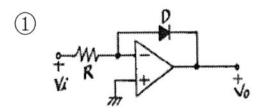   ②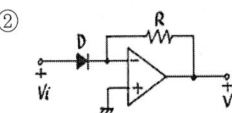

③ 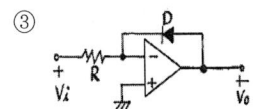   ④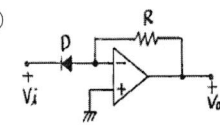

해설 Logarithm amplifier는 넓은 범위로 변화하는 양을 표현하며 신호레벨 단위로는[dBm]을 사용하며, 이득이나 감쇠량의 단위로 [dB]를 사용한다.

12 다음 회로에서 그림과 같은 입력파에 대해 출력 파형은? (단, 다이오드 D1, D2와 연산증폭기는 이상적이다.)

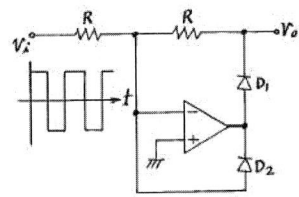

① 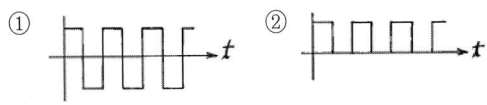   ②

③ 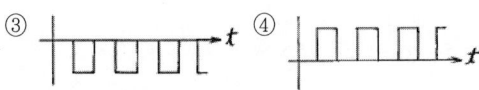   ④

해설 반파 정류 회로(half-wave rectifier)
(1) $V_i < 0$인 경우, D_1(ON), D_2(OFF)이므로
$$V_o = -\frac{R}{R} V_i$$
(2) $V_i < 0$인 경우, D_1(OFF), D_2(ON)이므로 $V_o = 0$
∴ 반파정류 역할을 수행한다.

13 연산증폭기를 이용한 아날로그 컴퓨터(analog computer)의 구성요소로서 부적당한 것은?

① 적분기(integrator)
② 미분기(differentiator)
③ 합산기(summing amplifier)
④ 비반전증폭기(non-inverting amplifier)

해설 (1) 아날로그 컴퓨터에서는 "미분기"를 사용하지 않는다.
(2) 적분기는 대역폭이 제한되기 때문에 미분기에 비해 잡음전압에 덜 민감하다.
(3) 입력파형이 급격히 변화하면 미분기의 증폭기는 과부하 상태로 될 수 있다.

14 그림과 같은 연산증폭기의 -3[dB] 저역 하한 주파수는? (단, 주파수대역은 중역(midband)에 속한다)

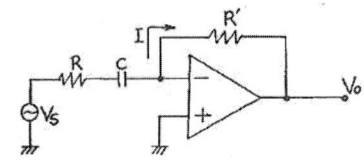

① $1/2\pi RC$ ② $1/2\pi R'C$
③ $1/2\pi(R+R')C$ ④ $1/2\pi RR'C$

해설 $\dfrac{V_o}{V_s} = -\dfrac{R'}{R} \dfrac{s}{s + \dfrac{1}{RC}}$

15 다음 회로의 용도로 옳은 것은?

정답 10.② 11.① 12.④ 13.② 14.①

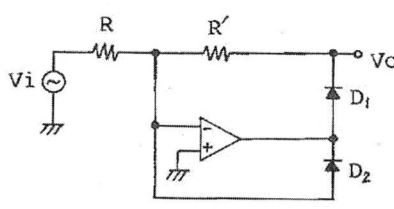

① 반파 정류기　　② 전파 정류기
③ Log 증폭기　　④ Anti-log 증폭기

해설 반파정류회로(Harf-wave rectifier)
(1) 다이오드에 의한 정류회로는 순방향전압이 낮기 때문에 낮은 레벨의 신호는 정류되지 않고 또한 비직선 왜곡을 발생한다.
(2) OP-amp 회로에서 정류회로는 교류전압 또는 전류의 측정이나 제어에 사용되므로 다이오드를 귀한루프에 넣음으로써 순방향 전압과 비직선의 영상을 무시할수 있는 "이상다이오드"가 가능하다.
(3) 동작 설명
① $V_i < 0$인 경우 → D_1(ON), D_2(OFF)이므로
$$\therefore V_0 = \frac{R'}{R} V_i$$
② $V_i < 0$인 경우 → D_1(OFF), D_2(ON)이므로
$$\therefore V_0 = 0$$
∴ 반파 정류 역할을 수행한다.

16 다음 이상적인 연산증폭 회로의 출력전압은?

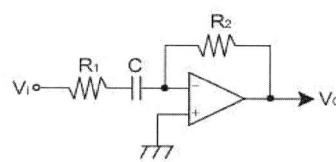

① $V_O = -R_1 C \dfrac{dV_i}{dt}$　　② $V_O = -\dfrac{R_2}{R_1} C \int V_i dt$

③ $V_O = \dfrac{-j\omega CR_2 V_i}{1+j\omega CR_1}$　　④ $V_O = \dfrac{-j\omega CR_1 V_i}{1+j\omega CR_2}$

해설 고주파 이득을 줄이기 위해서 입력측에 있는 콘덴서(C)와 직렬로 저항 R_1을 연결하면 고주파 이득은 R_2/R_1으로 줄어든다.
$Z = R_1 + \dfrac{1}{j\omega C}$ 이라면 출력 전압. V_0

$$V_0 = -\frac{R_2}{Z} V_i = -\frac{R_2}{\left(R_1 + \dfrac{1}{j\omega C}\right)} V_i = \frac{-j\omega CR_2}{1+j\omega CR_1} V_i$$

17 그림과 같은 회로의 입력에 계단전압(step voltage)을 인가할 때 출력에는 어떤 파형의 전압이 나타나는가? (단, A는 이상적인 연산증폭기이다.)

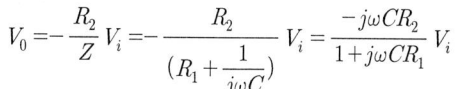

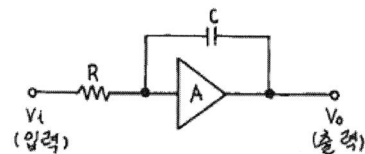

해설 적분 연산기
(1) 출력전압(V_0)
$$V_O = -\frac{1}{RC} \int V_i dt$$
(2) 적분 연산기 입력에 스텝전압을 인가할 때 출력에는 크기가 직선적으로 증가하는 전압을 얻는다.
(3) 적분 연산기 입력에 구형파를 인가하면 삼각파를 얻는다.

18 그림과 같은 연산증폭기의 출력 전압 Vo는?

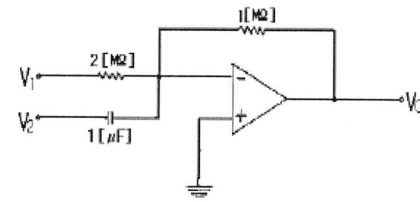

① $V_0 = -\left(\dfrac{1}{2} V_1 + \displaystyle\int_0^t V_2 dt\right)$

② $V_0 = \left(-2V_1 + \dfrac{dV_2}{dt}\right)$

정답　15.①　16.③　17.②　18.③

③ $V_0 = -(\frac{1}{2}V_1 + \frac{dV_2}{dt})$

④ $V_0 = -(\frac{1}{2}V_1 - \frac{dV_2}{dt})$

해설 문제의 연산 증폭기는

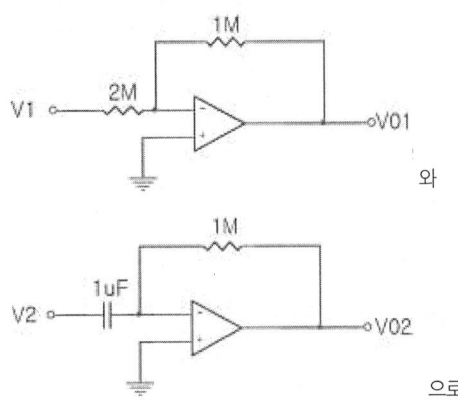

와

나눌 수 있으며 첫 번째 회로(가산 증폭기)에서 출력은

$V_{01} = -\frac{1[M\Omega]}{2[M\Omega]} \times V_1 = -\frac{V_1}{2}$ 이고

두 번째 회로(미분회로)에서 출력은

$V_{02} = -CR\frac{dV_2}{dt}$

$= -1 \times 10^{-6} \times 1 \times 10^6 \frac{dV_2}{dt} = -\frac{dV_2}{dt}$

따라서 출력은

$V_0 = V_{01} + V_{02} = -\frac{V_1}{2} - \frac{dV_2}{dt} = -(\frac{V_1}{2} + \frac{dV_2}{dt})$

19 다음 회로의 출력 V0를 계산하면?

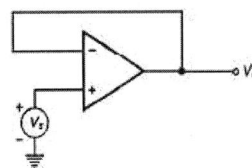

① $V_0 = V_S$ ② $V_0 = -V_S$

③ $V_0 = 0$ ④ $V_0 = \frac{V_S}{2}$

해설 문제의 그림은 완충증폭기이다.
완충 증폭기는 비반전 증폭기의 일종으로 비반전 증폭기의 전압 이득 A는 $A = \frac{V_o}{V_s} = 1 + \frac{R_2}{R_1}$ 이며 문제의 경

우는 $R_1 = \infty$(개방이므로), $R_2 = 0$이므로

$A = 1 + \frac{0}{\infty} = 1$

∴ $A = \frac{V_o}{V_s} = 1$에 의거 $V_0 = V_i$가 된다.

20 다음 회로 중 미분 회로는 어느 것인가?

① 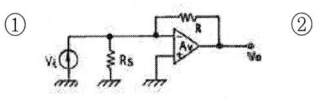   ②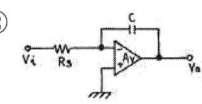

③ 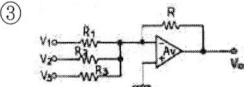   ④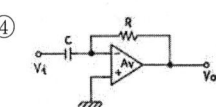

해설 ① 전류-전압 변환기(current-to-voltage converter)
② 적분 연산기
③ 덧셈 연산기(가산기 : adder)
④ 미분 연산 회로

21 그림의 회로에서 R_f가 5[%] 증가하고, R_i가 5[%] 감소되었다면 전압 증폭율은 대략 몇 [%] 변동되는가?

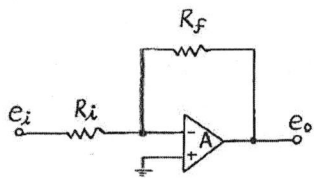

① 30[%]   ② 25[%]
③ 20[%]   ④ 10[%]

해설 $A_V = \frac{e_n}{e_i} = -\frac{R_f}{R_i}$

22 그림의 연산증폭기 회로에서 Rf 대신 콘덴서 C로 바꿀 경우 그 역할로 옳은 것은?

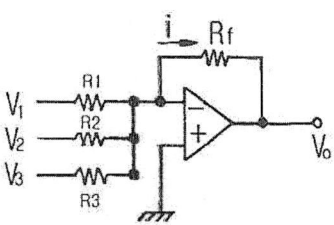

정답 19.① 20.④ 21.④

① 이상기(phase shifter)
② 계수기
③ 적분 연산기
④ 부호 변환기

해설 적분 연산회로
(1) 원래의 회로는 가산기(adder)이다.
(2) R_f 대신 C로 바꾸면 적분 연산회로가 된다.

$$V_o = -\frac{1}{RC}\int V dt$$

① 직류 전압을 가하면 원하는 "램프(ramp) 전압"을 얻을 수 있다.
② 구형파를 가하면 삼각파를 얻을 수 있다.

정답 22.③

제7장 전력증폭회로

01 어떤 출력증폭회로의 입력과 출력파형이다. 이 증폭회로의 설명으로 맞는 것은?

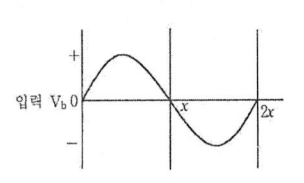 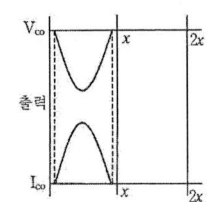

① C급 증폭으로 고주파 대출력에 적합하다.
② B급 증폭으로 중대역 대출력에 적합하다.
③ A급 증폭으로 소신호 전압증폭에 적합하다.
④ AB급 증폭으로 저주파 전류증폭에 적합하다.

해설 C급 전력 증폭기
(1) 고전력을 부하에 전달하기 위해서 C급을 사용한다.
(2) 신호의 반주기의 시간보다 더 짧은 시간만 전류가 흐르므로 출력파형은 큰 왜곡을 동반하고 효율이 높다.
  * 일그러짐이 매우 크며 효율은 75% 이상이다.
(3) 고주파 전력 증폭에 널리 사용한다.

02 FM 증폭방식으로 사용하고 저주파 증폭기에는 사용되지 않는 방식은?

① AB급
② C급 푸쉬풀(push pull)
③ B급
④ A급 푸쉬풀(push pull)

해설 C급 증폭은 증폭기의 효율이 좋기 때문에 FM 증폭기에서 사용되는 이유이다.
(1) A급 증폭기: 50%의 효율
(2) B급 증폭기: 78.5%의 효율
(3) C급 증폭기: 78.5% 이상의 효율

03 다음 중 푸시풀(push-pull) 증폭기의 설명으로 옳은 것은?

① A급으로 동작을 시키면 크로스 오버(Cross over) 왜곡이 감소한다.
② C급으로 동작시키면 출력도 크고 왜곡도 매우 감소한다.
③ 짝수 고조파가 소멸되므로 왜곡이 감소한다.
④ B급으로 동작시키면 입력이 없을 때 콜렉터 손실이 크다.

해설 (1) 트랜지스터의 비직선 특선에서 오는 일그러짐은 푸시풀 회로를 사용함으로써 대폭 감소시킬 수 있다.
(2) 푸시풀 증폭기는 2개의 트랜지스터를 이용한 것으로 출력 전류식에서 우수 고조파가 제거되고 기수 고조파만 발생한다.
(3) 푸시풀 증폭기는 효율이 78.5[%] 이상으로 우수하게 되며 일반적으로 B급 증폭회로를 이용한다.
  ∴ 출력 파형에는 우수차 고조파가 상쇄되어 일그러짐이 감소한다.

04 B급 SEPP 출력회로에서 10[W]의 출력으로 16[Ω]의 스피커를 동작시키고자 한다. 여기에 같은 전원을 2개 사용코자 할 때, 각 1개의 전원 전압은 얼마로 하여야 하는가? (단, 출력의 여유는 25[%]가 있어야 한다)

① 10[V]
② 20[V]
③ 40[V]
④ 60[V]

해설 출력 10[W]는 25[%]의 여유가 있어야 하므로 최대 12.5[W]가 되어야 한다. 따라서 $P = \dfrac{V_{cc}^2}{2R_s}$ 에 의거

$12.5 \dfrac{V_{cc}^2}{2 \times 16}$ ∴ $V_{cc}^2 = 400$ 으로부터

$V_{cc} = 20\,[\text{V}]$ 가 된다.

정답 01.① 02.② 03.③ 04.②

SEPP(Single Ended Push Pull)회로는 부하에 대해서는 병렬로, 전원에 대해서는 직렬로 동작하는 푸시풀 회로이다. SEPP 회로를 사용하면 트랜지스터 출력을 변압기를 사용하지 않고 직접 스피커의 voice coil에 접속할 수 있다. SEPP회로는 OTL(Output Transformer Less)회로라고도 하며 2개의 전원을 사용하는 2전원 방식과 1개의 전원을 사용하는 1전원방식이 있다.

05 전력 증폭기의 종류가 아닌 것은?

① A급 증폭기 ② B급 증폭기
③ AB급 증폭기 ④ AC급 증폭기

해설 전력 증폭회로
(1) 증폭회로는 신호의 입력으로서 전력을 필요로 하므로 부하에 큰 신호전력을 공급하는 목적으로 하는 증폭기를 전력증폭기라 한다.
(2) 전력증폭회로는 동작점에 따라 A급, B급, C급, AB급 전력 증폭회로로 구분한다.

06 트랜지스터 B급 증폭회로에서 실효부하저항이 RL'이고 전원전압이 Vcc이면 최대출력(Pomax)은?

① $\dfrac{Vcc^2}{R_L'}$ ② $\dfrac{Vcc}{R_L'}$

③ $\dfrac{Vcc^2}{2R_L'}$ ④ $\dfrac{Vcc}{2R_L'}$

해설 B급 푸시풀 회로는 낮은 왜곡, 큰 부하 전력 및 높은 전력효율을 얻을 수 있다.
입력 신호가 정현파일 때 최대 출력 신호 전력(P_0)

$$P_o = \dfrac{V_{cc}^2}{2R_L'}$$

여기서 P_L' : 실효부하 저항, V_{cc} : 전원 전압

07 푸쉬-풀(push-pull) 증폭회로에서 바이어스를 완전 B급으로 하지 않는 주된 이유는?

① 출력을 크게 하기 위해서
② cross over의 일그러짐을 줄이기 위해서
③ 능률을 높이기 위해서
④ 안정된 동작을 위해서

08 그림과 같은 회로의 동작설명 중 옳지 않은 것은?

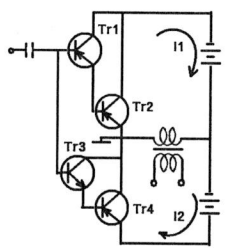

① Tr_1과 Tr_2는 등가 pnp형 트랜지스터이다.
② 입력신호가 +이면 i_1이 흐른다.
③ 콤프리멘타리 다링톤 회로이다.
④ 입력신호에 따라 i_1과 i_2가 교대로 흐른다.

해설 (1) TR_1과 TR_2는 모두 같은 h정수를 갖는다고 가정한다.
(2) 입력신호에 따라 I_1과 I_2가 교대로 흐른다.

09 증폭기 중에서 트랜지스터가 오직 반주기 동안만 활성영역에 있고 나머지 반주기 동안은 차단영역에 있는 증폭기는?

① A급 증폭기 ② B급 증폭기
③ AB급 증폭기 ④ C급 증폭기

해설 B급 증폭회로의 특징
(1) 대표적인 증폭회로로는 Push-Pullwjsfur 증폭회로가 있다
(2) 효율은 78.5[%]이다.

10 다음 중 B급 푸시풀(push-pull) 증폭기의 특성과 가장 밀접한 것은?

① 하울링(howling)
② 험(hum)
③ 크로스오버(crossover) 왜곡
④ 기생진동(parasitic oscillation)

해설 B급 push-pull 회로
(1) 특징
　① B급 동작이므로 직류 바이어스 전류가 매우 작아도 된다.

정답 05.④　06.③　07.②　08.②　09.②　10.③

② 입력이 없을 때 컬렉터 손실이 작으며 큰 출력을 낼 수 있다.
③ 짝수 고조파 성분은 서로 상쇄되어 일그러짐 없는 출력단에 적합하다.
④ B급 증폭기 특유의 crossover 일그러짐이 있다.

(2) 비직선 일그러짐을 crossover 일그러짐이라 하며, 이 일그러짐을 최소로 하려면, cut-in 전압 근처에 바이어스 전압을 걸어 무신호 상태에서도 약간의 base-bias 전류가 흐르도록 할 필요가 있다.

11 저주파 전력 증폭기의 출력측 기본파 전압이 50[V]이고 제2 및 제3 고조파 전압이 각각 6[V]와 8[V]일 때 전체 왜율은?

① 5[%] ② 10[%]
③ 20[%] ④ 25[%]

해설 증폭기의 전달 측성이 비직선적인데서 일어나는 일그러짐이며, 진폭 일그러짐이라고도 한다.
왜율(일그러짐률)

$$K = \frac{\text{고조파 실효값}}{\text{기본파 실효값}} = \frac{\sqrt{V_2^2 + V_3^2 + \cdots}}{V_1} \times 100$$

$$= \frac{\sqrt{6^2 + 8^2}}{50} \times 100 = 20[\%]$$

12 C급 증폭기의 효율에 관한 설명 중 옳지 못한 설명은?

① 유통각을 적게 하면 효율이 높아진다.
② 유통각과 효율과는 관계가 없다.
③ 유통각이 θ=π인 경우 B급 동작에 해당한다.
④ θ=0일 때 효율은 100[%]이다.

해설 C급 증폭회로
(1) C급은 반 사이클의 시간보다 더 짧은 시간만 전류가 흐르므로 출력파형은 큰 왜곡을 동반하고 효율이 높아 보통 고주파 전력 증폭에 널리 사용된다.
(2) 효율이란 출력의 압력에 대한 비를 백분율로 나타낸 것으로, 유통각과 관계가 있다.

13 그림과 같은 상보대칭 푸시풀 회로에 관한 설명 중 관계가 없는 것은?

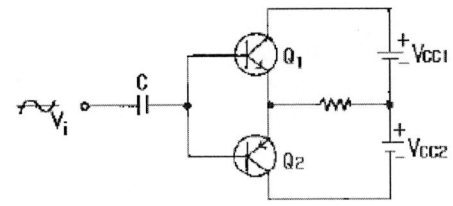

① 입력신호의 서로 다른 반주기동안 Q1과 Q2가 각각 동작한다.
② 출력신호에 크로스오버(CROSS OVER)일그러짐이 없다.
③ 이미터 플로워 증폭기이므로 낮은 부하저항과 임피던스가 정합되어 효율적이다.
④ 온도보상에 의해 안정도를 향상시키려면 이미터에 저항을 넣는다.

해설 상보대칭 푸시풀 회로
(1) Q_1은 입력신호 (+)반주기 동안 ON 상태하에서 반파전류 i_{c1}이 흐르며 (-)반주기 동안 i_{c2}가 흐른다.
(2) 2개의 트랜지스터가 부하에 대해서는 병렬로, 전원에 대해서는 직렬로 동작하는 푸시풀 증폭기이다.
(3) 낮은 임피던스 부하에 출력을 연결하는 데 적합하다.
(4) crossover 일그러짐이 있다.
푸시풀(push-pull) 증폭기에서 베이스 바이어스가 적당하지 못하기 때문에 크로스오버(crossover) 일그러짐이 발생한다.

14 PNP와 NPN 트랜지스터를 조합하여 이루어진 Push-Pull 증폭회로를 무슨 회로라고 하는가?

① OTL ② OCL
③ 위상반전 회로 ④ 콤프리멘타리 회로

해설 상보 대칭(Complmentary symmetry) 회로
(1) NPN과 PNP Tr의 조합으로 구성된 푸시풀 회로를 상보 대칭 회로라 한다.
(2) 상보 대칭 회로는 위상 변환기를 쓰지 않아도 푸시풀 동작이 가능하다.

15 B급 증폭기의 최대 효율을 백분율로 표시하면?

① 25(%) ② 48.5(%)
③ 78.5(%) ④ 98.5(%)

정답 11.③ 12.② 13.② 14.④ 15.③

해설 (1) A급 전력 증폭기의 최대 효율 : 50[%]
(2) B급 전력 증폭기의 최대 효율 : 78.5[%]
(3) C급 전력 증폭기의 최대 효율 : 78.5[%] 이상

16 B급 푸시풀 전력 증폭기는 다음 어느 것을 제거하는가?

① 기본파
② 우수 고조파
③ 기수 고조파
④ 모든 고조파

해설 B급 push-pull 회로의 특징
(1) B급 동작이므로 직류 바이어스 전류가 매우 작아도 된다.
(2) 입력이 없을 때 컬렉터 손실이 작으며 큰 출력을 낼 수 있다.
(3) 짝수(우수) 고조파 성분은 서로 상쇄되어 일그러짐 없는 출력단에 적합하다.
(4) B급 증폭기 특유의 crossover 일그러짐이 있다.

17 다음 중 B급 푸시풀 전력증폭기(push-pull power amp)에서 제거되는 것은?

① 기본파
② 제2고조파
③ 제3고조파
④ 제5고조파

해설 B급 푸시풀(Push-pull)증폭기
(1) 푸시풀 증폭기는 2개의 트랜지스터를 이용한 것으로 출력 전류식에서 우수 조고파가 제거되고 기수고조파만 발생된다.
∴ 우수차의 고조파는 서로 상쇄되어 출력에 나타나지 않으므로 비직선 일그러지이 적다.
(2) 푸시풀 증폭기는 효율이 78.5[%] 이상으로 우수하며 일반적으로 B급 증폭회로를 이용한다.

18 C급 증폭기의 특징이 아닌 것은?

① 효율이 높다.
② 출력단에 공진회로가 필요하다.
③ 직선성이 좋다.
④ 고출력용으로 많이 사용된다.

해설 C급 증폭회로
(1) C급은 반 사이클의 시간보다 더 짧은 시간만 전류가 흐르므로 출력파형은 큰 왜곡을 동반하고 효율이 높아 보통 고주파 전력 증폭에 널리 사용된다.
(2) C급 증폭기의 특징
① C급 증폭 회로는 반주기 동안에만 동작하며, 동작점은 역활성 영역이다.
② 일그러짐이 매우 크다.
③ 효율은 78.5% 이상이다.
④ 무선 송신기의 출력단에서 주로 사용한다.

19 전력증폭기에서 B급 push-pull로 동작 시켰을 때 장점은?

① 출력 효율이 높고, 일그러짐이 적다.
② 높은 주파수를 증폭하는데 적당하다.
③ 전압 이득을 크게 할 수 있다.
④ 전도 지연 특성이 개선된다.

해설 B급 Push-Pull 증폭 회로
(1) 우수 고조파 성분이 서로 상쇄되어 비직선 일그러짐이 적다.
(2) 푸시풀 증폭기는 효율이 78.5[%] 이상으로 우수하게 되며 일반적으로 B급 증폭회로를 이용한다.

20 푸시풀 트랜지스터 전력 증폭기에서 바이어스를 완전 B급으로 하지 않는 이유는?

① 효율을 높이기 위해
② 출력을 크게 하기 위해
③ 안정된 동작을 위해
④ crossover 왜곡을 줄이기 위해

해설 B급 푸시풀 증폭기는 한 쌍의 상보형 트랜지스터(npn형과 pnp형)로 되어 있고 각각은 차단점에 바이어스 되어 (다시 말해서, 콜렉터 전류가 흐르지 않음) 있다. 결과적으로 각 트랜지스터에 콜렉터 전류는 입력신호의 교번 반주기에만 흐른다.
두 트랜지스터가 차단점에 바이어스 되어 있으므로 입력신호는 입력파형의 반주기 동안에만 각 트랜지스터가 순방향 바이어스되게 한다. 그러므로 교차 왜곡(crossover distortion)이 발생한다.
교착왜곡을 방지하기 위해 두 트랜지스터는 Q점의 상태가 약간 순방향 바이어스 되어 각 트랜지스터가 실질적으로 약간 차단점 전에 바이어스되는데 이 때 발생되는 소

정답 16.② 17.② 18.③ 19.① 20.④

량의 전류를 티클 전류(tickle current)라 부른다. 실제로 A급이나 B급 동작이 아닌 AB급 동작이지만 이러한 상황을 나타내기 위해 B급이라는 용어가 자주 사용된다.

21 BTL-AMP(Balamced transformer less Amplifier)와 관계가 있는 것은?

① SEPP
② 부궤환 증폭기
③ DEPP
④ 고입력 저항회로

해설 SEPP(single-ended push-pull) 회로
(1) 부하에 대해서는 병렬로, 전원에 대해서는 직렬로 동작하는 푸시풀회로이다.
(2) SEPP 회로를 사용하면 트랜지스터의 출력에 출력 변압기를 사용하지 않고 직접 스피커(speaker)의 음성코일에 접속할 수 있다.

22 완충 증폭기로 A급 증폭기를 많이 사용하는 이유는?

① 능률이 좋다.
② 조정이 쉽다.
③ 기생진동이 없다.
④ 안정한 증폭이 있다.

해설 A급 증폭기
(1) A급 증폭기는 부하선의 거의 중앙에 바이어스점을 선택한 증폭기이다.
(2) 부하에 큰 전력을 공급하고, 효율이 좋으며 일그러짐이 최소가 되도록 부하에 임피던스를 결정한다.
(3) 동작점은 활성영역이며, 완충증폭기(buffer amplifier)로도 사용된다.

정답 21.① 22.④

제8장 발진회로

제1절 발진 원리 및 종류

01 다음 발진회로에 대한 설명 중 틀린 것은?

① CR 발진기는 낮은 주파수에 적합하다.
② Dynatron 특성을 이용한 것은 4극 진공관이다.
③ 부궤환시키면 발진 주파수가 증가한다.
④ 발진 조건은 βA=1이다.

해설 발진조건
(1) 발진조건은 $\beta A=1$로서 정궤환을 해야 한다.
(2) 발진을 지속하려면 진동 전류 진폭이 일정하도록 출력 신호의 일부를 정궤환시키는 과정이 필요하다.
(3) 발진기에서는 정궤환이며, 부궤환은 증폭기의 특징을 개선시키기 위해 이용된다.

02 자려발진기의 주파수안정도에 미치는 영향과 대책에 대해 잘못 설명된 것은?

① 발진회로의 저항의 크기는 실효 Q에 영향을 주어 주파수가 변하므로 저항을 최소화 한다.
② 발진회로에 접속된 부하의 변동은 실효임피던스가 변하므로 그 접속을 소결한다.
③ 발진기의 전원전압이 변하면 FET 및 트랜지스터의 동작점이 변하여 주파수가 불안정할 수 있다.
④ 발진회로의 주의온도가 공진회로의 L, C값의 변화를 초래하므로 주파수 변동을 일으킨다.

해설 자려발진기란 커패시터 및 코일로 구성되는 진동성 회로의 각 소자의 수치에 따라 발진주파수가 결정되는 부궤환 발진기이다. 하틀리발진기, 콜피츠발진기 등이 있다.

03 모든 디지털 시스템에 클럭이 거의 필요한데 클럭의 요구조건 중 거리가 먼 것은?

① High 및 Low 레벨 전압이 안정할 것
② 상승 및 지연 시간이 장시간일 것
③ 주파수가 안정할 것
④ 수정발진기는 클럭의 요구조건을 잘 만족할 것

해설 클럭(clock)
(1) 회로 및 장치 상호간의 동작에 시작적 기준점을 주었을 때 동기를 취하기 위하여 주기적으로 발생하는 신호 또는 신호원이다.
(2) 클럭의 요구조건
① 주파수가 안정할 것
② 상승시간 및 하강시간이 짧을 것
③ 레벨 전압이 안정할 것 등

04 바크하우젠의 발진조건에서 증폭기의 증폭도 A=100이고, 귀환회로의 귀환비율을 β라고 할 때 귀환비율 β값은?

① 10   ② 1
③ 0.1   ④ 0.01

해설 바크하우젠(Barkhausen) 발진조건
(1) 바크하우젠의 자력 발진조건 : $A\beta=1$
   여기서 A : 증폭기의 증폭도, β : 궤환율
(2) A=100인 경우 $\beta=\frac{1}{A}$ 0.01

05 발진이 생성될 수 있는 기본조건은?

① 회로의 증폭률이 최소 5 이상 필요하다.
② 증폭기에 부궤환 회로를 부가한다.
③ 공진결합회로가 필요하다.
④ 증폭기에 정궤환회로를 부가한다.

해설 발진조건
(1) 발진을 지속하려면 진동 전류의 폭이 일정하도록 출력

정답 제1절 01.③ 02.① 03.② 04.④ 05.④

신호의 일부를 정궤환(발진조건 : $A\beta=1$)시켜야 한다.
(2) 발진기에서는 정궤환이며, 부궤환은 증폭기의 특성을 개선시키기 위해 이용된다.

06 그림과 같은 발진회로의 적합한 발진조건과 회로명은?

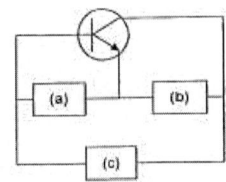

① (a)유도성 (b)용량성 (c)용량성, 회로명 : 콜피츠 발진회로
② (a)용량성 (b)유도성 (c)용량성, 회로명 : 콜피츠 발진회로
③ (a)유도성 (b)용량성 (c)유도성, 회로명 : 하틀리 발진회로
④ (a)유도성 (b)유도성 (c)용량성, 회로명 : 하틀리 발진회로

해설 발진기
(1) 3리액턴스 일반형
  ① 발진 조건은 Z_1과 Z_2는 동종의 리액턴스이고, Z_3는 이종의 리액턴스이어야 한다.
  ② 발진 주파수는 $Z_1+Z_2+Z_3=0$으로부터 구한다.
(2) 하틀리 발진기: 일반적인 3소자 발진기에서 소자 Z_1과 Z_2가 인덕터이며 나머지 Z_3가 커패시터인 발진기를 말한다.
(3) 콜피츠 발진기
  ① 일반적인 3소자 발진기에서 소자 Z_1, Z_2가 커패시터 이며 나머지 Z_3가 인ㄷ거터인 발진기이다.
  ② 하틀리 발진기와 비교하면 L과 C의 위치가 바뀌어져 있다.
(4) 발진기 형태

발진기 형태	리액턴스 소자		
발진기 형태	Z_1	Z_2	Z_3
하틀리 발진기	L	L	C
콜피츠 발진기	C	C	L
동조형 발진기	LC	LC	-

(5) 수정 발진기
  ① 수정은 C_1과 C_2를 가지고 동작하는 인덕터와 같이 동작하며 발진 주파수는 직렬과 병렬 공진값의 사이에 존재한다.
  ② Z_3는 유도성으로 동작하므로 Z_1과 Z_2는 용량성이 되어야 한다.

07 회로에서 Barkhausen의 발진조건이 만족되는 조건은?

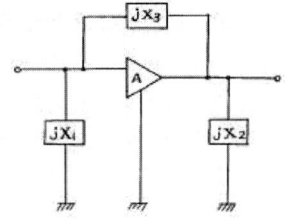

① $X_1<0,\ X_2>0,\ X_3>0$
② $X_1<0,\ X_2<0,\ X_3<0$
③ $X_1>0,\ X_2<0,\ X_3>0$
④ $X_1<0,\ X_2<0,\ X_3>0$

해설 발진 회로가 되는 조건
(1) $X_1<0,\ X_2<0,\ X_3>0$
(2) $X_1>0,\ X_2>0,\ X_3<0$

∴ 발진 회로 조건은 입출력 임피던스는 동성, 궤환 임피던스는 이성이어야 한다.

제 2 절 RC 발진기

01 다음과 같은 RC발진회로에서 발진주파수 f_o는?

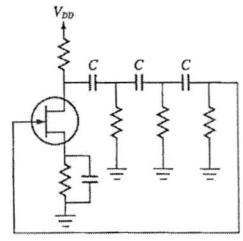

정답 06.④ 07.④

① $f_a = \dfrac{1}{\sqrt{2\pi RC}}$ ② $f_a = \dfrac{1}{2\pi RC}$

③ $f_a = \dfrac{1}{2\pi \sqrt{RC}}$ ④ $f_a = \dfrac{1}{2\pi RC\sqrt{6}}$

02 그림과 같은 위인 브리지 발진회로의 발진주파수를 구하는 식은?

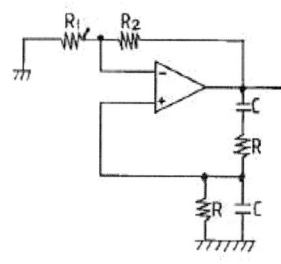

① $\dfrac{1}{2\pi R_1 C}$ ② $\dfrac{1}{RC}$

③ $\dfrac{1}{2\pi RC}$ ④ $\dfrac{1}{2\pi R_2 C}$

해설 Wien–bridge 발진회로
(1) Wien–bridge 형 CR발진기는 터먼(Terman)발진회로라고도 하며, 브리지의 평형을 이용한 것이다.
(2) Wien–bridge 발진회로의 특징
  ① 발진주파수가 안정하다.
  ② 출력파형이 양호하다.
  ③ 주파수 변경이 용이하다.
  ④ 발진주파수 : $f = \dfrac{1}{2\pi \sqrt{C_1 C_2 R_1 R_2}}$

여기서, $R_1 = R_2 = R$, $C_1 = C_2 = C$이므로
$f = \dfrac{1}{2\pi RC}$ 이다.

03 그림과 같이 연산증폭기를 사용한 위인(Wien) 브리지에서 이 발진회로의 발진주파수 f는?

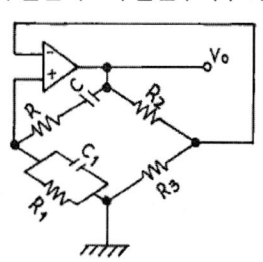

① $f = \dfrac{1}{2\pi \sqrt{C \cdot R}}$

② $f = \dfrac{1}{2\pi \sqrt{C \cdot R \cdot C_1 \cdot R_1}}$

③ $f = \dfrac{1}{2\pi C \cdot R}$

④ $f = \dfrac{1}{2\pi \cdot R \cdot C_1 \cdot R_1}$

해설 (1) 빈 브리지(Wien–bridge)
  ① 발진주파수가 안정하다.
  ② 출력파형이 양호하다.
  ③ 주파수 변경이 용이하다.
(2) 발진 주파수 : $f = \dfrac{1}{2\pi \sqrt{CC_1 RR_1}}$

만일 $R=R_1$, $C=C_1$ 이면 $f = \dfrac{1}{2\pi RC}$ [Hz]이다.

04 그림과 같은 발진회로의 발진 주파수는?

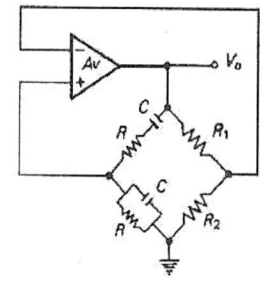

① $\dfrac{1}{2\pi \sqrt{R_1 C}}$ ② $\dfrac{1}{2\pi \sqrt{RC}}$

③ $\dfrac{1}{2\pi R_1 R_2 C}$ ④ $\dfrac{1}{2\pi RC}$

해설 브리지형 RC 발진회로의 발진주파수
$f = \dfrac{1}{2\pi RC}$ [Hz]

05 CR 발진기의 설명으로 가장 적합한 것은?
① 부성저항을 이용한 발진기이다.
② 압전기 효과를 이용한 발진기이다.
③ R, L 및 C의 부궤환에 의하여 발진한다.
④ C와 R의 정궤환에 의하여 발진한다.

정답 제2절 01.④ 02.③ 03.② 04.④ 05.④

해설 (1) CR 발진기에는 C 및 R로서 정궤환이 일어나도록 하여 R과 C의 시정수에 의해 발진이 일어난다.
(2) CR 발진기는 낮은 주파수(주파수 1[MHz]정도)에서의 발진기이며 콘덴서와 저항만으로 궤환 회로를 구성한다.
(3) CR발진기의 종류
① 이상형 발진기: 하나의 증폭단으로 구성되며 CR 회로로서 출력의 위상을 반전시켜 입력쪽에 궤환시킨다.
② 브리지형 발진기: 2단 증폭단을 사용하여 C, R로 구성된 브리즈를 궤환 회로로 한 발진기이다.

06 CR 발진기의 설명으로 옳은 것은?
① 부성저항 특성을 이용한 발진기이다.
② C 및 R로써 정궤환에 의한 발진기이다.
③ 압전효과에 의한 발진기이다.
④ 부궤환에 의한 비정현파 발진기이다.

해설 CR 발진회로
(1) 저항(R)과 콘덴서(C)의 조합으로 위상을 이동시켜 정(+) 궤환 회로를 구성하는 발진회로를 CR발진회로라 한다.
(2) CR 발진회로에는 이상(phase shift)형과 빈브리지(Wein bridge)형이 있다.
(3) 발진주파수는 RC의 시정수에 의해 결정되며, $10^{-2} \sim 10^6$[Hz]의 가변 주파구로 가능하다.

07 그림과 같이 1[kΩ]의 저항과 실리콘(Si)다이오드의 직렬 회로에서 다이오드 양단의 전압은 얼마인가?

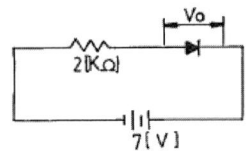

① 0[V] ② 1[V]
③ 5[V] ④ 7[V]

해설 (1) 다이오드는 순방향 바이어스된 경우에는 전류가 잘 흐르고 역 방향 바이어스된 경우에는 전류가 흐르지 않는 switch 역할을 한다.
(2) 문제의 회로는, 역방향 바이어스이므로 다이오드off 상태가 되므로, 회로에 인가되는 전압은 모두 다이오드 양단에 걸리게 된다.

08 다음과 같은 회로에서 발진기로 동작하기 위해서는 Rf는 몇[kΩ]인가? (단, R1=6[kΩ], C=0.005[μF], R=15[kΩ]이다.)

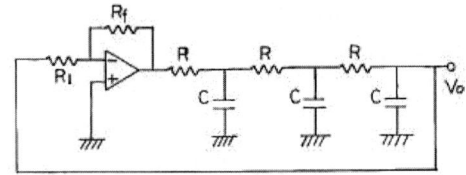

① 174 ② 29
③ 87   ④ 18

해설 CR 발진기가 발진기로 동작하기 위해서는 트랜지스터(현재 PO AMP가 있는 자리에 트랜지스터가 있다고 가정)의 h_{fe}가 29 이상이 되어야 한다. 따라서 OP AMP의 증폭도는 $-\dfrac{R_f}{R_1} = 29$ 가 되어야 하므로

$R_f = 29 \times 6[k\Omega] = 174[k\Omega]$이 된다.
여기서 (-)는 위상반전을 의미한다.

09 다음은 CR 발진기를 설명한 것이다. 거리가 먼 것은?
① 낮은 주파수 범위에서 쓰이는 발진기이다.
② 이상형과 브리지형 발진기로 나뉜다.
③ LC 발진기에 비해 주파수 범위가 좁으며 대체로 1[MHz] 이하이다.
④ 대개 C급으로 동작시켜 효율을 높인다.

해설 CR 발진기
(1) 낮은 주파수의 발진기로는 C와 R만으로 정궤환을 구성한 CR 발진기를 사용한다.
(2) 일그러짐을 적게 하기 위해 A급으로 동작시킨다.
(3) 이상형 발진기는 3개의 RC 회로를 통한 입출력 위상차가 180°일 때 발진이 일어난다.
(4) LC 발진기에 비해 주파수 안정도가 좋고 주파수를 가변하기가 용이하다.

정답 06.② 07.④ 08.① 09.④

10 R과 C에 의하여 발진주파수가 결정되는 발진회로에서 RC 시정수를 작게 하면 발진파형은 어떤 변화가 생기는가?

① 발진주파수가 낮아진다.
② 발진주파수가 높아진다.
③ 아무런 변화가 없다.
④ 펄스의 점유율(duty ratio)이 많이 커진다.

해설 RC 발진 회로
  (1) 저항 R과 콘덴서 C로 되는 회로의 주파수 선택을 이용한 회로이다.
  (2) R-C 발진회로에는 이상형, 브리지형, 플레이트 동조형이 있다.
  (3) 발진주파수는 R-C값에 의해서 결정된다.
  (4) $\tau = RC = 1/f$ 이다. 즉, 시정수와 발진주파수는 반비례한다.

11 그림의 회로에서 R_3, R_4의 역할은 무엇인가?

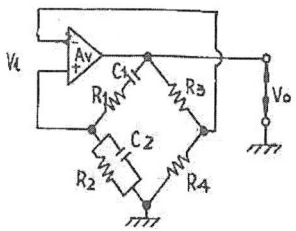

① 발진주파수를 결정한다.
② 증폭기의 이득을 안정시킨다.
③ 발진파형을 톱니파로 만든다.
④ 증폭기의 이득을 크게 한다.

해설 Wien Bridge 발진회로
  (1) Wien Bridge 발진회로이며 궤환회로는 R_1, C_1, R_2, C_2와 더불어 R_3, R_4로 구성되어 있다.
  (2) 발진에 관계하는 것은 R_1, C_1, R_2뿐이며 R_3, R_4는 발진과는 반대작용 즉, 부궤환 효과를 나타내며 증폭기의 이득을 안정시키는 역할을 하고 있다.

12 다음 중 입력신호가 없어도 신호파를 발생시키는 회로는?

① 적분기　　② 미분기
③ 이상 발진기　　④ 시미트 트리거

해설 발진기(Oscillator)
  (1) 발진이란 외부로부터의 입력신호가 없어도 회로 자신이 연속적으로 교류신호를 발생하는 것을 말한다.
  (2) 발진기는 직류전원으로부터 전력을 공급받아 교류 출력신호를 지속적으로 발생시키는 전자회로인 신호 발생기로 라디오 텔레비전 수신기와 송신기 같은 분야에서 다양하게 사용된다.
  (3) 발진기는 일반적으로 회로 내에 사용되는 소자들이 결정하는 주파수를 기초로 해서 LC발진기, 수정발진기, RC 발진기와 같은 3가지 기본적인 그룹으로 분류되어진다.

발진기			
	정현파 발진기	LC 발진기	동조형 발진기
			하틀리 발진기
			콜피츠 발진기
		수정 발진기	피어스 BE형 발진기
			피어스 CB형 발진기
		RC 발진기	이상형 발진기
			비인 브리지
	비정현파 발진기		멀티바이브레이터
			블로킹 발전기
			톱니파 발전기

13 CR 발진기의 설명으로 가장 적합한 것은?

① C 및 R을 사용하여, 정궤환에 의하여 발진한다.
② 부성저항을 이용한 발진기이다.
③ C 및 R로서 부궤환에 의하여 발진한다.
④ 압전기 효과를 이용한 발진기이다.

정답　10.②　11.②　12.③　13.①

제 3 절 LC 발진기

01 그림과 같은 교류적 등가회로로 표시되는 발진 회로의 발진 주파수는?

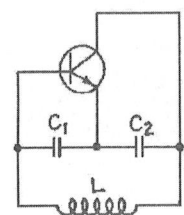

① $\dfrac{1}{2\pi}\sqrt{L\left(\dfrac{1}{C_1}+\dfrac{1}{C_2}\right)}$ ② $\dfrac{1}{2\pi}\sqrt{\dfrac{1}{L}(C_1+C_2)}$

③ $\dfrac{1}{2\pi}\sqrt{L(C_1 C_2)}$ ④ $\dfrac{1}{2\pi}\sqrt{\dfrac{1}{L}\left(\dfrac{1}{C_1}+\dfrac{1}{C_2}\right)}$

해설 콜피츠(colpittz)발진회로로서 하틀리 발진회로보다 높은 주파수를 얻을 수 있으므로 VHF, UHF대에서 사용한다. C_1과 C_2의 직렬 합성과 L로 구성되므로 발진 주파수는 다음과 같다.

$$\therefore f=\dfrac{1}{2\pi}\sqrt{\dfrac{C_1+C_2}{L\cdot C_1\cdot C_2}}=\dfrac{1}{2\pi\sqrt{L\left(\dfrac{C_1 C_2}{C_1+C_2}\right)}}[Hz]$$

02 그림의 발진회로에서 발진이 시작될 때 회로에서 필요한 전압이득 Av는 얼마인가?

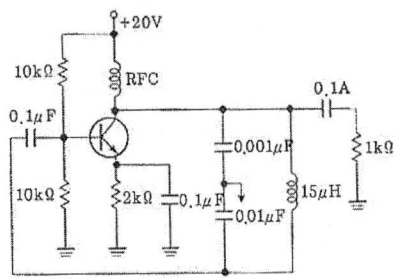

① Av > 10 ② Av > 29
③ Av > 30 ④ Av > 100

해설 콜피츠(clopitts)발진회로
발진기가 자기시동을 하려면 증폭기 전압이득 (A_V)는 다음 관계를 가져야 한다.

$$A_V > \dfrac{C_2}{C_1}$$

$$\therefore A_V > \dfrac{0.01\times 10^{-6}}{0.001\times 10^{-6}}=10$$

발진주파수 $(f)=\dfrac{1}{2\pi\sqrt{L\left(\dfrac{C_1 C_2}{C_1+C_2}\right)}}[Hz]$

03 다음의 발진회로에서 L=10[mH], $C_1=C_2$=800[pF]일 때 공진주파수는 약 몇 [kHz]인가?

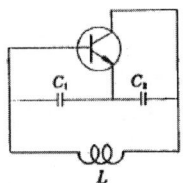

① 10[kHz] ② 20[kHz]
③ 40[kHz] ④ 80[kHz]

해설 콜피츠 발진회로

$$f_o=\dfrac{1}{2\pi\sqrt{L\left(\dfrac{C_1 C_2}{C_1+C_2}\right)}}[Hz]$$

$$=\dfrac{1}{2\pi\sqrt{(10\times 10^{-3})\dfrac{(800\times 10^{-12})\times(800\times 10^{-12})}{(800\times 10^{-12})+(800\times 10^{-12})}}}$$

$$\fallingdotseq 80[kHz]z$$

04 하틀레이 발진기에서 궤환 요소는?
① 용량 ② 저항
③ 코일 ④ 능동소자

해설 하틀레이 발진 회로(Hartley Oscillator)
(1) 동조 회로의 L_1과 L_2 사이에는 상호 인덕턴스(M)가 작용하므로 발진 주파수(f)

$$f=\dfrac{1}{2\pi\sqrt{(L_1+L_2+2M)C}}[Hz]$$

(2) 발진을 지속하기 위한 트랜지스터의 최소 전류 증폭률 (h_{fe})

$$h_{fe}\geq \dfrac{L_1+M}{L_2+M}\fallingdotseq \dfrac{L_1}{L_2}$$

정답 제3절 01.④ 02.① 03.④ 04.③

(3) 하틀레이 발진기의 궤환요소는 코일(유도성)이며, 콜피츠 발진기는 콘덴서(용량성)이다.

05 다음 콜피츠 발진회로의 발진주파수는 몇[Hz]인가?

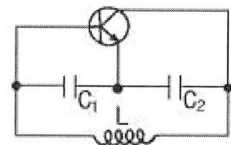

① $fo = \dfrac{1}{2\pi\sqrt{L \cdot (\dfrac{C_1 \cdot C_2}{C_1 + C_2})}}$

② $fo = \dfrac{1}{2\pi\sqrt{6}RC}$

③ $fo = \dfrac{1}{2\pi\sqrt{(L_1 + L_2 + 2M) \cdot C}}$

④ $fo = \dfrac{\sqrt{6}}{2\pi RC}$

해설 콜피츠 발진회로
(1) 콜피츠 발진회로는 접합용량(전극간 용량)에 의한 이상 발진이 생기지 않으므로 비교적 높은 주파수(VHF 대) 발진에 적합하다.
(2) 발진주파수(Hz)

$f_0 = \dfrac{1}{2\pi}\sqrt{\dfrac{1}{L}(\dfrac{1}{C_1} + \dfrac{1}{C_2})}$

$= \dfrac{1}{2\pi\sqrt{L(\dfrac{C_1 C_2}{C_1 + C_2})}}$

06 다음 중 LC 발진기에서 일어나는 현상이 아닌 것은?

① 인입현상 ② 기생진동
③ 자외선현상 ④ Blocking 발진

해설 ① 인입현상(pulling effect) : 자려발진기의 발진 주파수가 외부로부터 가해진 전기 진동의 기본파, 고조파 또는 저조파에 인입되어 발진주파수가 변하는 현상
② 기생진동(parasitic oscillation) : 발진기에서 주 진동 회로 이외의 회로의 영향으로 목적 외의 주파수 진동도 발진조건을 만족하여 발생함으로써 방해가 되는 진동

③ 블로킹발진(blocking oscillation) : 발진회로의 시상수로 인하여 간헐적으로 발진을 일으키는 것으로, 간헐발진 이라고도 함

07 그림과 같은 교류 등가회로로 표시되는 발진회로의 발진주파수는?

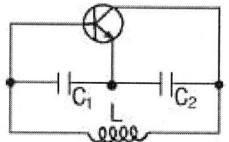

① $\dfrac{1}{2\pi\sqrt{L(C_1 + C_2)}}$

② $\dfrac{1}{2\pi\sqrt{\dfrac{1}{L}(\dfrac{1}{C_1} + \dfrac{1}{C_2})}}$

③ $\dfrac{1}{2\pi\sqrt{L\dfrac{C_1 \times C_2}{C_1 + C_2}}}$

④ $\dfrac{1}{2\pi\sqrt{\dfrac{1}{L}(C_1 + C_2)}}$

해설 콜피츠(colpitts) 발진회로
(1) 콜피츠 발진회로는 정전용량 분할형으로 C_1과 C_2가 되먹임(feedback) 회로를 구성한다.
(2) 발진주파수

$f = \dfrac{1}{2\pi\sqrt{L(\dfrac{C_1 C_2}{C_1 + C_2})}}[Hz]$

제4절 수정 발진기

01 다음 중 발진주파수가 가장 안정적인 발진기는?

① 수정발진기 ② 윈브리지발진기
③ 이상형발진기 ④ 음향발진기

해설 수정 발진기회로
(1) 수정 발진기회로는 수정 공진자(crystal resonator)의 압전효과를 이용한 것으로 발진 주파수의 안정도가 매우 높다는 특징이 있다.
(2) 수정 발진기에서 발진자가 유도성 임피던스일 때 가장 안정된 발진상태를 나타낸다.

정답 05.① 06.③ 07.③ 제4절 01.①

(3) 수정 진동자는 Q가 크기 때문에 수정발진자의 주파수가 안정된다.

02 L, C, R 직렬회로의 공진주파수에 대한 Q의 값은?(단, W는 각속도)

① $\dfrac{L}{CR}$ 　　② $\dfrac{WL}{R}$

③ $\dfrac{R}{WC}$ 　　④ $\dfrac{1}{R}\sqrt{\dfrac{C}{L}}$

해설 R-L-C직렬 회로

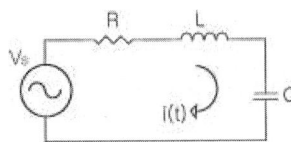

(1) 입력 임피던스 : $Z(\omega) = R + j(\omega L - \dfrac{1}{\omega C})$

(2) 공진조건 : $\omega L = \dfrac{1}{\omega C}$

(3) 공진 회로의 선택도(selectivity), 즉 peak 값의 첨예도를 나타내는 척도로서 양호도(Quality factor) 를 사용한다.

$Q = \dfrac{\omega L}{R} = \dfrac{1}{\omega CR} = \dfrac{1}{R}\sqrt{\dfrac{L}{C}}$

03 다음 중 발진회로에 수정진동자를 사용하는 가장 큰 이유는? (단, Q : Quality factor)

① 발진주파수가 낮기 때문이다.
② Q의 값이 높기 때문이다.
③ 안정도가 가변하기 때문이다.
④ 발진주파수를 임의로 변화시킬 수 있기 때문이다.

해설 Crystal
(1) Crystal은 일반적으로 수정 진동자라고 일컬어지며 이것은 천연 혹은 인공 수정 결정을 특정 각도에서 잘라낸 수정편에 전극을 부착한 것이다.
(2) TV, VCR 등의 AV기기, 시계, 전자계산기, PC등에 주로 사용되는데 최근에는 휴대전화, 무선 호출기, PCS와 같은 이동통신 등에도 많이 사용되고 있다.
(3) 수정진동자를 사용하는 이유
  ① 수정은 Q factor가 높다.
  ② 수정은 기계적으로나 물리적으로나 안정하다.

③ 저렴한 비용으로 요구 주파수를 만들 수 있다.
④ 수정은 예민한 공진특성을 가지기 때문에 주파수 선택이 우수하다.
⑤ 다른 발진회로에 비하여 수정은 보다 안정적으로 주파수를 발생시켜주기 때문에 오차의 우려나 오동작의 확률이 낮다.

04 수정발진회로에서 수정진동자가 안정하게 발진할 수 있는 조건은? (단, ω_s는 수정편 자체의 직렬공진 주파수, ω_r은 수정진동자의 병렬용량을 고려한 주파수이다.)

① $w_s < w < w_r$ 　　② $w_r < w < w_s$

③ $w_s = w_r$ 　　④ $w_s > w_r$

05 수정진동자의 직렬공지 주파수와 병렬공진 주파수 사이의 임피던스는?

① 유도성 　　② 유도성+용량성
③ 용량성 　　④ 저항성+유도성

해설 (1) 수정진동자란 지구상의 물질 중 주파수의 온도 안정성이 가장 뛰어난 물질인 수정을 이요하여 전기가 흐를 경우 압전 현상에 의해 항ㅅ항 일정한 진동(파동)을 일으키도록 설계된 제품이다.
(2) 수정편의 압전기현상(Piezo dffect)을 이용한 수정진동자를 이용한 발진기가 수정발진 회로이다.
(3) 수정진동자의 직렬 공진 주파수 :

$f_s = \dfrac{1}{2\pi\sqrt{LC}}[Hz]$

(4) 병렬 공진 주파수 :

$f_P = \dfrac{1}{2\pi\sqrt{L(\dfrac{C \cdot C_0}{C + C_0})}}[Hz]$

(5) 수정 진동자가 발진 소자로 사용되는 이유는 리액던스가 유도성이 되는 범위, 즉 $f_2 < f < f_p$인 주푸수 범위가 좁아 수정 발진기의 발진 주파수가 매우 안정하기 때문이다.

06 수정발진회로가 갖는 가장 큰 특징은?

① 잡음의 경감 　　② 출력의 증대

정답 02.① 03.② 04.① 05.① 06.④

③ 효율의 증대 ④ 발진주파수의 안정

해설 수정 발진기의 특징
(1) 주파수 안정도가 좋다(10^{-6} 정도)
(2) 수정 공진자의 Q가 매우 높다($10^4 \sim 10^6$)
(3) 발진조건을 만족하는 유도성 주파수 범위가 대단히 좁다.
(4) 주위 온도 영향이 적다.

07 다음은 수정편의 리액턴스 특성이다. 발진에 이용될 주파수 범위는?

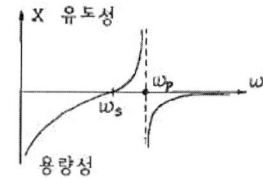

① $w_s < w < w_p$ ② $w_p < w$
③ $w_s < w$ ④ $w_s > w > w_p$

해설 수정 발진회로
X-tal(수정편)은 유도성으로 동작시키는데, X-tal이 유도성으로 되는 주파수 범위는 $f_s \sim f_p$이다.

여기서, 직렬공진주파수$(f_s) = \dfrac{1}{2\pi\sqrt{L_0 C_0}}$ [Hz]

병렬공진주파수$(f_p) = \dfrac{1}{2\pi\sqrt{L_0(1/C_0 + 1/C)}}$ [Hz]

08 LC 동조 발진기에 비해 수정 발진기의 특징으로 잘못 설명한 것은?

① 안정도가 높다.
② Q가 비교적 크다.
③ 발진 주파수를 가변하기 어렵다.
④ 저주파 발진기로 적합하다.

해설 수정발진기의 특징
(1) 주파수 안정도가 높다.
(2) 수정공진자의 Q가 매우 높다.
(3) 기계적으로나 물리적으로 안정하나 발진 주파수를 가변(variable)으로 하기는 곤란하다.
(4) 발진을 만족하는 유도성 범위가 매우 좁다.
(5) 고주파 발진기에 적합하다.

09 수정발진기의 직렬공진주파수 fs, 전극용량을 포함한 병렬공진주파수를 fp라 할 때 수정발진기가 안정된 발진을 하기 위한 동작주파수의 조건은?

① fs보다 낮게 한다.
② fp보다 높게 한다.
③ fs보다 낮게, fp보다 높게 한다.
④ fs보다 높게, fp보다 낮게 한다.

해설 수정 발진 회로
(1) 수정발진회로의 직렬 공진주파수
$(f_s) = \dfrac{1}{2\pi\sqrt{LC}}$ [Hz]이며,

병렬 공진주파수
$(f_p) = \dfrac{1}{2\pi\sqrt{L\left(\dfrac{CC_o}{C+C_o}\right)}}$ [Hz]이다.

(2) 수정 발진기가 안정한 동작을 하려면 f_s보다는 높게 f_p보다 낮게 해야 한다. 즉, 사용주파수는 $f_s < f < f_p$로 유도성 범위에서 사용한다.

10 다음 중 수정 발진자의 특징과 거리가 가장 먼 것은?

① Q(Quality factor)가 매우 높다.
② 주파수 안정도가 $10^5 \sim 10^8$ 정도로 매우 안정하다.
③ 유도성 영역이 매우 좁다.
④ 병렬공진주파수 부근에서 대단히 큰 LC 동조회로와 같은 임피던스 특징을 갖는다.

해설 수정 발진기의 특징
(1) 주파수 안정도가 좋다.(10^{-6} 정도)
(2) 수정 공진자의 Q가 매우 높다.($10^4 \sim 10^6$)
(3) 수정 공진자는 기계적으로나 물리적으로 안정하다.
(4) 발진 조건을 만족하는 유도성 주파수 범위가 대단히 좁다.
(5) 주위 온도의 영향이 적다.

11 수정진동자의 지지기(holder)가 갖추어야 할 조건으로 적합하지 않은 것은?

정답 07.① 08.④ 09.① 10.② 11.②

① 진동 에너지(energy)에 손실을 주지 않을 것
② 지지기 및 전극과 수정 면사이의 상대위치 변화가 원활할 것
③ 외부로부터 기계적 진동이나 충격에 의해서 발진에 지장이 생기지 않을 것
④ 기압, 온도, 습도의 영향을 받지 않는 구조일 것

해설 지지계 및 전주와 수정편 사이에 상대 위치의 변화가 발생하지 않아야 한다.

12 수정편의 등가회로에서 L=25[mH], C=1.6[pF], R=5[Ω]일 때 수정편의 Q는 얼마인가?

① 25000 ② 12500
③ 10000 ④ 5000

해설 선택도(Q)

$$Q = \frac{\omega_s L}{R} = \frac{2\pi f_s \cdot L}{R}$$

여기서 f_s는 직렬 공진 주파수이며 $\frac{1}{2\pi\sqrt{LC}}$ 이다.

$$\therefore \omega_s = \frac{1}{\sqrt{LC}} = \frac{10^8}{20} [rad/sec]$$

$$\therefore Q = \frac{\omega_s L}{R} = \frac{1}{5} \cdot \frac{10^8}{20} \times 25 \times 10^{-3} = 25,000$$

13 다음 중 통신용 송신기의 주발진기 및 수신기의 국부발진기 등에 가장 많이 응용되는 발진회로는?

① 자려 발진회로
② CR 발진회로
③ LC 발진회로
④ 수정 발진회로

해설 (1) LC 발진회로의 일부를 전기적(기계적) 진동을 하는 수정진동자를 이용하면 발진주파수의 안정도가 우수하게 된다. 이런 발진회로를 수정발진회로라고 한다.
(2) 수정발진기(LC 발진기)는 통신용 송수신기, 표준형 축정기기 등의 정밀도가 높은 것을 요구하는 발진회로로 사용한다.

14 수정발진기는 수정의 임피던스가 어떤 조건일 때 안정된 발진을 계속하는가?

① 저항성 ② 용량성
③ 유도성 ④ 표유용량성

해설 수정 발진회로
(1) 수정진동자가 발진 소자로 사용되는 이유
리액턴스가 유도성이 되는 범위, 즉 $f_s < f < f'$인 주파수 범위가 좁아 수정 발진기의 발진주파수가 매우 안정하기 때문
(2) 수정 발진기의 특징
① 주파수 안정도가 좋다.(10^6 정도)
② 수정진동자의 Q가 배우 높다.($10^{-4} \sim 10^6$)
③ 수정진동자는 기계적으로나 물리적으로나 안정하다.
④ 발진조건을 만족하는 유도성 주파수 범위가 대단히 좁다.

15 피어스(pierce) B-E형 수정발진회로는 컬렉터 회로의 임피던스가 어떨 때 가장 안정한 발진을 지속하는가?

① 유도성 ② 용량성
③ 저항성 ④ 부저항성

해설 피어스 B-E형 수정발진회로
• 수정편이 TR의 베이스와 이미터 사이에 존재하여 유도성을 만족하고 출력측의 공진 회로도 유도성이 될 때 발진이 가능하게 되기 때문에 자려 발진기의 발진 조건을 고려할 때 일종의 하틀리형 수정발진기라고 한다.
• 하틀리형 수정발진회로에서는 출력회로의 공진회로가 유도성이 되어야 하는데 이는 공진 주파수가 수정편의 발진 주파수보다 높아야 됨을 의미한다.

참고 피어스 B-C형 발진회로는 수정진동자가 컬렉터와 베이스 사이에 있으며 콜피츠 발진회로와 비슷하다. 콜피츠형 수정발전회로에서는 출력회로의 공진 회로가 용량성이 되어야 한다.

정답 12.① 13.④ 14.③ 15.①

제9장 디지털 논리회로

제1절 수의 진법과 변환

01 10진수 '3'을 그레이 코드로 변환하면?

① 0010　　② 0100
③ 0001　　④ 1010

해설 Binary code ↔ Gray code
$(3)_{10} = (0011)$
Binary code ↔ Gray code
2진 부호 : 0　0　1　1
　　　　　↓ ↓‾↓‾↓
Gray 부호 : 0　0　1　0
Gray code → Binary code
Gray 부호 : 0　0　1　0
　　　　　↓↙↓↙↓↖↓
2진 부호 : 0　0　1　1

02 그레이 코드(Gray Code) 1111을 2진수로 변환한 값은?

① 1110　　② 1010
③ 1011　　④ 1111

해설 (1) Gray code는 일반적으로 이웃하고 있는 비트가 오직 한 비트가 차이가 나는 코드로 아날로그 정보를 디지털 정보로 표현하는 데 널리 사용되는 코드이며 전동기 등의 회전축의 회전각 제어에 주로 사용되는 코드이다.
(2) Weight가 없는 코드이므로 연산에는 부적당하지만 A/D converter나 입출력 장치의 제어 코드로 주로 사용된다.
(3) 여기서 2진수에서 Gray code로의 변환 관계와 그 역변환은 다음에 구해진다.
Gray code → 2진수 변환

1　1　1　1 : Gray code
① ② ③ ④
↓↙↓↙↓↙↓
1　0　1　0 : 2진수
2진수 → Gray code 변환
1　0　1　0 : 2진수
① ② ③ ④
↓‾↓‾↓‾↓
1　1　1　1 : Gray code

03 10진수의 4에 해당하는 4비트 그레이 코드(gray code)는 다음 중 어느 것인가?

① 0100　　② 0111
③ 1000　　④ 0110

해설 2진수 → Gray code 변환
0　1　0　0 : 2진수
① ② ③ ④
↓‾↓‾↓‾↓
0　1　1　0 : Gray code

04 아날로그-디지털 변환에 유효하게 사용되는 코드는?

① BCD 코드　　② 3초과 코드
③ 그레이 코드　　④ 링 카운터 코드

해설 Gray code는 연산코드라기보다는 오히려 계산기의 입력장치, 출력장치, A/D변환기 등 주변 장치에 더욱 편리하게 사용하는 코드이다.

05 2진수 11010을 그레이 코드로 변환하면?

① 11011　　② 00101
③ 10110　　④ 10111

정답 제1절　01.①　02.②　03.④　04.③　05.④

[해설] 2진수 → Gray code 변환

```
1   1   0   1   0   : 2진수
①↓  ②↘  ③↘  ④↘  ⑤↘
1   0   1   1   1   : Gray code
```

06 그레이 코드 101101을 2진수로 변환하면?
① 110110 ② 111011
③ 011011 ④ 111101

[해설]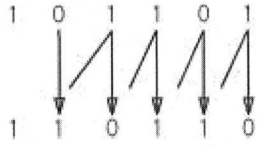

(처음 1은 내려오고 다음부터는 대각선으로 더해서 그 아래 놓는다.)

07 다음 10진수 → 2진수 → 1의 보수 → 2의 보수의 관계를 나타낸 것 중 옳은 것은?

① 8 → 1000 → 1001 → 0110
② 7 → 0111 → 1000 → 0111
③ 9 → 1001 → 0110 → 0111
④ 8 → 1000 → 0111 → 1110

[해설] (1) 8 → 1000 → 0111 → 1000
(2) 7 → 0111 → 1000 → 1001
(3) 8 → 1000 → 0111 → 1000

08 다음 2진 부호는 어떤 종류의 부호인가?

십진수	( )code
0	0000
1	0001
2	0011
3	0010
4	0110
5	0111
6	0101
7	0100
8	1100
9	1101

① Hamming code   ② Gray code
③ BCH code   ④ Excess 3 code

[해설] Gray code
(1) Gray code의 특징
   ① 2진수와 직접 변환된다.
   ② data 증감시 1bit만 변화된다.
   ③ unweighted code이다.
   ④ 연산이 어렵다
(2) Gray code는 사칙연산에는 부적합하지만, 데이터 전송, 입출력장치, A/D 변환기 등에 많이 이용된다.

09 10진수 25를 2진수로 옳게 나타낸 것은?
① 10001   ② 11001
③ 10101   ④ 11000

[해설] 10진수→2진수 변환

```
2 | 25
2 | 12  -1  ↑
2 |  6  -0
2 |  3  -0
      1  -1
```

∴ $(25)_{10} = (11011)_2$

10 2진수 1100을 그레이 코드 (gray code)로 바꾼 것은?
① 1000   ② 1101
③ 1010   ④ 1001

[해설] Gray code
(1) Gary code는 data 증감 시 1bit만 변화된다는 특징을 갖는다. Gary code 사칙연산에는 부적합하지만 데이터 전송, 입출력 장치, A/D 변환기 등에 많이 이용한다.
(2) 2진수 ↔ Gray code 변환

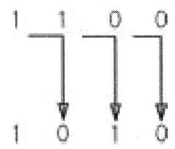

정답 06.① 07.③ 08.② 09.② 10.③

11 2-out of-5 code에 해당되지 않는 것은?

① 10010 ② 11000
③ 10001 ④ 11001

해설 2-out of-5 코드는 코드의 가 그룹 중에서 1의 개수가 오직 두 개 뿐이기 때문에 바퀴너리 코드와 유사한 기능을 가지고 있다. 따라서, 오류 검출이 용이하며 통신 계통에 많이 사용되고 있다.

10진수	2-out of 5 code				
0	0	0	0	1	1
1	0	0	1	0	1
2	0	0	1	1	9
3	0	1	0	0	1
4	0	1	0	1	0
5	0	1	1	0	0
6	1	0	0	0	1
7	1	0	0	1	0
8	1	0	1	0	0
9	1	1	0	0	0

12 8진수 67을 16진수로 바르게 표기한 것은?

① 43H ② 37H
③ 55H ④ 34H

해설 8진수 1자리는 2진수 3자리이며, 16진수 1자리는 2진수 4자리이다.
$(67)_8 = (110111)_2 = (37)_{HEXA}$

13 10진수 8을 3초과코드(excess-3 code)로 변환하면?

① 1000 ② 1001
③ 1011 ④ 1111

해설 3초과 코드(Excess-3 code)
(1) 8421 code에 $(3)_{10}=(0011)_2$을 더하여 만든 코드이다.
(2) 자기보수성질(self_complement)을 갖는다.
∴ $(8)_{10}=(1000)_2$
∴ $(1000)_2+(0011)_2=(1011)$

14 다음 중 2진수 1110의 2의 보수는?

① 0010 ② 0001
③ 1111 ④ 1101

해설 2의 보수(2's complement)
(1) 2진수 2의 보수는 1의 보수를 취한 후에 $(+1)_2$하면 2의 보수가 얻어진다.
(cf) 2진수 1의 보수는 0을 1로, 1을 0으로 바꾸어 구한다.
(2) $(1110)_2$의 1의 보수는 $(0001)_2$이다.
∴ $(0001)_2$의 2의 보수는 $(1101)_2$이다.

15 그레이 코드(Gray Code) "11100100011"를 2진 코드 (binary code)로 변환하면?

① 10111000010 ② 10101001010
③ 11011011010 ④ 11001011000

해설 Gray code
(1) 인접한 각 코드 간에는 한 개의 비트만이 변하므로 아날로그 정보를 디지털 정보로 변환(A/D)하는 데 널리 사용된다.
(2) Gray code를 2진수로 변환하는 방법

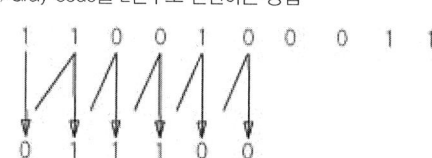

16 10진수의 45을 2진수로 변환한 값으로 맞는 것은?

① 101100 ② 101101
③ 101110 ④ 101111

해설 10진수 → 2진수 변환

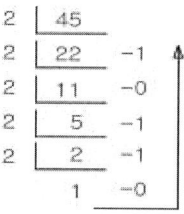

∴ $(45)_{10}=(101101)_2$

제 2 절 논리회로

01 TTL과 비교하여 MOS 논리회로의 특징이 아닌 것은?

① 높은 입력 임피던스이다.
② 소비전력이 적다.
③ 잡음여유도가 크다.
④ TTL과의 혼용이 매우 용이하다.

해설 MOS형 IC의 특징
(1) 입력 임피던스가 높다.
(2) Tr보다 동작속도가 느리므로 저속 디지털 시스템에 사용된다.
(3) 소비전력이 적으며 소형이고 값이 싸다.
(4) 잡음 여유도가 크다.

02 그림과 같은 ECL 회로의 논리출력은? (단, Y, Y'는 출력단자)

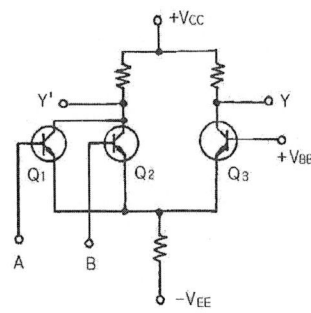

① Y: NAND Y' : AND
② Y: AND Y' : NAND
③ Y: NOR Y' : OR
④ Y: OR Y' : NOR

해설 L(Emitter Coupled Logic)
(1) 이미터 결합된 트랜지스터 스위치쌍의 전류를 전환함으로써 논리 기능을 실현하는 비포화형 논리 회로를 말한다.
(2) 동작원리
   ECL은 기본적으로 OR, NOR 기능을 갖는다.

A	B	Y	Y'
0	0	0	1
0	1	1	0
1	0	1	0
1	1	1	0

∴Y에 대해서는 OR, Y'에 대해서는 NOR 회로로 동작한다.

03 그림과 같은 P-MOS 게이트 기능을 나타내는 논리식은? (단, 부논리이다)

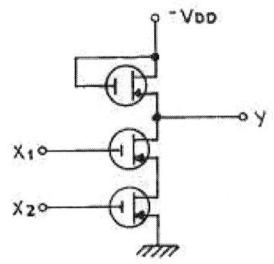

① $Y = X_1 + X_2$
② $Y = X_1 \cdot X_2$
③ $Y = \overline{X_1 + X_2}$
④ $Y = \overline{X_1 \cdot X_2}$

해설 P-MOS를 사용한 부논리 NAND gate
입력 X_1, X_2중 하나가 0이면 출력 Y는 (−)값을 갖는다.
∴ $Y = \overline{X_1 X_2} = \overline{X_1} + \overline{X_2}$
위쪽의 한 개 P-MOS는 부하저항으로 사용되고 있다.

04 여러 신호를 단일 회선을 이용하여 공동으로 전송하는 데 필요한 장치는?

① 인코더(encoder)
② 디코더(decoder)
③ 디멀티플렉서(demultiplexer)
④ 멀티플렉서(multiplexer)

해설 멀티플렉서(Multiplexer)
(1) 멀티플렉서(MUX)는 N(=2^n)개의 입력 데이터원에서 하나를 선택하여 그 데이터를 단일 채널로 전송한다.
(2) 다수개의 입력 데이터에서 1개의 입력만을 선택하여 단일 통로로 송신하는 회로이다.

정답 제2절 01.④ 02.④ 03.④ 04.④

제9장 디지털 논리회로

05 논리회로를 구성하고자 할 때 IC에 내장되어 있는 AND, OR, NAND, NOT, X-OR, F/F 등의 논리소자 중에서 선택적으로 퓨즈를 절단하는 방법으로 사용자가 직접 기록(write)할 수 있는 PAL 또는 PLA와 같은 IC는 다음 중 어디에 속하는가?

① PLC ② PLD
③ PLL ④ RAM

해설 PAL(Programmable Array Logic) 또는 PLA(Programmable Logic Array)같은 IC는 PLD(Programmable Logic Device: 프로그램 가능한 논리소자)에 속하는 IC이다. PLD는 조합논리 회로를 프로그래밍하여 사용할 수 있도록 만든 집적회로이다.
PLD내부의 기본적인 구조는 논리식의 곱의 합(sum-of-product)형식이 실현될 수 있도록 AND게이트와 OR 게이트의 2단 배열(array)로 나누어져 있다. PLD내부의 퓨즈는 초기 상태에서 모두 연결되어 있으며, 프로그래밍에 의해 원하는 동작을 할 수 있도록 퓨즈를 절단시켜라. PLD의 프로그래밍은 전용 기록기를 사용한다. PLD는 프로그래밍을 할 수 있는 퓨즈(tuae)의 위치에 따라 PLE, PLA, PAL 등의 3가지 형태가 있다.
일반적인 PLD는 PROM과 같이 한번 써 넣으면 내용을 바꿀 수 없으므로 설계를 정확하게 하여야 한다. 최근에는 EEPROM과 같이 내부 로직을 전기적인 방법으로 지우고 다시 써넣을 수 있는 PLD들이 생산되고 있다.
지우고 다시 써 넣기가 가능한 PLD로는 PALCE(programmable array logic CMOS electrically erasable)과 GAL(gate array logic)등이 있다. PALCE와 GAL은 CMOS로 만들어져 소비 전력이 작고 속도가 빠르며, PAL과 동작 특성이 비슷한 점이 많지만 각 출력 핀에 PLMC(output logic macro cell)기능이 추가되어 사용자가 입출력을 자유롭게 설정할 수 있으므로 PAL 소자보다 더 많은 유연성을 제공한다.

06 다음 중 데이터 분배회로로 사용되는 것은?

① 인코더(Encoder)
② 시프트레지스터(Shift register)
③ 멀티플렉서(Multiplexer)
④ 디멀티플렉서(demultiplexer)

해설 디멀티플렉서(Demultiplexer)
(1) 디멀티플렉서는 데이터 분배기(data distributor)라고도 하며, 멀티플렉서나 반대의 기능을 가지고 있다.
(2) 디멀티플렉서는 하나의 입력과 여러 개의 출력을 가지고 있으며 하나의 입력선의 데이터를 여러 개의 출력선 중에 하나로 전달한다.

07 홀수패리티에 대한 설명 중 틀린 것은?

① 1의 비트수가 짝수이면, 패리티비트를 1로 만든다.
② 1의 비트수가 짝수이면, 패리티비트를 0으로 만든다.
③ 데이터 전송에 사용하며, 구현이 간단하다.
④ 동시에 두 개의 비트가 변하면 검출을 하지 못한다.

해설 Parity Check
(1) 전송 데이터에 패리티 비트를 부가하여 전송 중 발생한 오류를 검출한다
(2) Parity Check 방법
① 홀수 패리티 검사(Odd Parity Check)
패리티 비트(P)를 포함하여 "1"의 수가 홀수가 되도록 한다.
② 짝수 패리티 검사(Even Parity Check)
패리티 비트(P)를 포함하여 "1"의 수가 짝수가 되도록 한다.

08 다음 중 데이터 선택회로라고도 불리며 여러 개의 입력신호선(채널) 중에서 하나를 선택하여 출력선(1개)과 연결하여주는 조합논리회로는 어느 것인가?

① Multiplexer ② Demultiplexer
③ Encoder   ④ Decoder

해설 멀티플렉서(Multiplexer)
(1) 멀티플렉서 (MUX)는 N(=2ⁿ)개의 입력 데이터원에서 하나를 선택하여 그 데이터를 단일 채널로 전송한다.
(2) 멀티플렉서는 2^n개의 입력선과 n개의 선택선(S) 그리고 한 개의 출력을 갖는다.

09 다음과 같은 정논리 회로의 게이트 기능은?

정답 05.② 06.③ 07.② 08.①

전자회로 기출문제

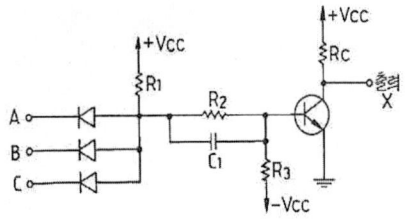

① NOR ② NOT
③ NAND ④ AND

해설 DTL(Diode Transistor Logic)NAND회로
DTL NAND회로란 다이오드와 트랜지스터를 써서 논리 회로를 구성한 형태로서 DTL회로의 가장 대표적인 회로이다.
회로 중 (앞)점선부분은 AND회로를 나타내고, 트랜지스터 부분은 NOT회로를 나타낸다.

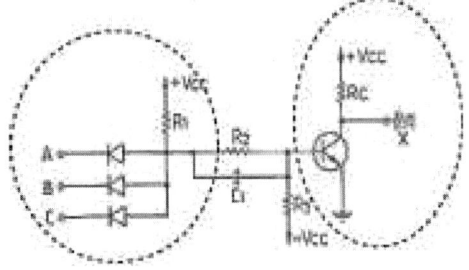

10 정논리의 경우 그림과 같은 회로는?(단, LSD는 Level-Shift Diode)

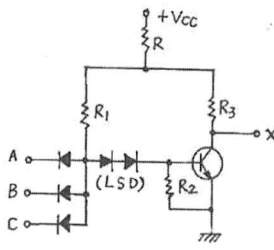

① AND ② OR
③ NAND ④ NOR

해설 DTL NAND 회로
DTL NAND회로는 다이오드와 트랜지스터를 써서 논리 회로를 구성한 DTL 회로의 가장 대표적인 회로이다.
회로에서 입력 A, B, C가 모두 논리 "1"인 경우에는 VBE로부터 전류에 의해 트랜지스터의 base 단자에 전위가 걸려서 Tr은 도통되고 출력(X)는 0이 된다.

11 어떤 논리회로에서 입력은 A, B, C 이며 출력은 입력 중에서 둘 이상이 1일 때 출력 Y가 1이 된다면 이 논리회로의 논리식은?

① $Y = A\overline{B} + B\overline{C} + \overline{C}A$
② $Y = AB + \overline{B}C + \overline{C}A$
③ $Y = \overline{A}B + \overline{B}C + \overline{C}A$
④ $Y = AB + BC + CA$

해설 $Y=AB$에서 Y가 1이 되기 위해서는 $A=1$, $B=1$이 되어야 한다.

12 아래 그림의 설명 중 가장 적합한 내용은?

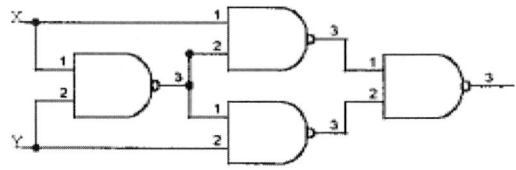

① JK 플립플롭이다.
② T형 플립플롭이다.
③ Exclusive-OR 게이트이다.
④ 가산기이다.

해설 Logic-gate

출력 $= \overline{\overline{AB} \cdot A \cdot \overline{AB} \cdot B}$
$= \overline{\overline{AB} \cdot A} + \overline{\overline{AB} \cdot B}$
$= \overline{AB} \cdot A + \overline{AB} \cdot B$
$= (\overline{A} + \overline{B}) \cdot A + (\overline{A} + \overline{B}) \cdot B$
$= O + A\overline{B} + \overline{A}B + O$
$= A\overline{B} + \overline{A}B + O$
$= A\overline{B} + \overline{A}B = A \oplus B$

∴ 배타적 OR회로와 등가이다.

정답 09.③ 10.③ 11.④ 12.③

13 14핀 TTL IC에서 2개의 단자는 +전원과 접지로 사용된다. 그러면 이 14핀 IC에 넣을 수 있는 인버터의 개수는 최대 몇 개인가?

① 3개　　　② 4개
③ 5개　　　④ 6개

해설 TTL(Transistor Transistor Logic)
(1) 트랜지스터를 조합해서 만든 회로를 TTL이라고 말하며 NAND gate에 주로 사용된다.
(2) Fan-out을 많이 취할 수 있다.
(3) 14핀 중 전원과 접지핀을 제외하면 12핀이 남는다. 인버터는 입력과 출력의 2개의 단자를 가지므로 총 6개의 인버터를 넣을 수 있다.

14 그림의 복수 에미터 트랜지스터가 이루는 논리 게이트는?

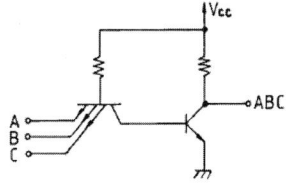

① TTL　　　② DTL
③ DCTL　　　④ RTL

해설 TTL(Transistor Transistor Logic)
(1) 입력 A, B, C중 하나만이라도 0이면 출력이 1이고, 만일 모든 입력이 1이면 출력은 0이다. NAND gate 논리이다.
(2) 고속 스위칭을 한다.
(3) 출력 분기수는 10개이다.
(4) 소비전력이 매우 적다.

15 Exclusive-OR 게이트의 입력 A, B, C에 대한 출력 진리값 중 틀린 것은?(단, $F = A \oplus B \oplus C$)

① $0 = 0 \oplus 0 \oplus 0$　　② $1 = 0 \oplus 0 \oplus 1$
③ $1 = 0 \oplus 1 \oplus 1$　　④ $1 = 1 \oplus 1 \oplus 1$

해설 4개의 변수로 표현된 Exclusive-OR회로는 A, B, C, D의 4개의 입력 중 1의 개수가 홀수개인 경우에만 출력("1")이 나오는 회로가 된다.

16 ECL(Emitter Coupled Logic)회로의 설명으로 잘못된 것은?

① 이 회로의 출력은 각각 OR, NAND 출력이 된다.
② 출력 임피던스가 낮고 fan out가 크다.
③ 소비 전력이 크다.
④ 외부 잡음 여유도(noise margin)가 적다.

해설 이미터 결합 논리(ECL; Emitter Coupled Logic)회로
(1) ECL은 기본적으로 OR, NOR기능을 갖는다.
(2) 차동 증폭기로 구성되어 있어 0.1[V]의 차이만 생겨도 동작을 한다.
(3) 동작 속도는 매우 빠르지만 소비 전력은 크다.
(4) 잡음 여유도가 적고, 상보(complementary) 출력을 얻는다.

17 ECL(Emitter Coupled Logic) 회로를 TTL 회로와 비교 설명한 것 중 맞는 것은?

① 에미터 폴로워이므로 안정된 동작을 한다.
② 스위칭 속도가 빠르다.
③ 전력소모가 극히 적다.
④ 회로가 간단하지만 공급전압이 높아야 한다.

해설 (1) ECL은 기본적으로 OR,NOR 기능을 갖는다.
(2) ECL gate 내의 Tr은 비포화 상태에서 동작하므로 동작 속도가 빨라 전파지연이 적다.
(3) 동작속도는 매우 빠르지만 소비 전력은 크다.
　※ 동작속도: ECL>TTL=RTL>DTL>C-MOS>HTL
(4) 잡음 여유도가 적고, 상보(complementary)출력을 얻는다.

18 2^n개의 입력신호 중 1개를 선택하여 출력하는 기능을 가진 회로는?

① Encoder　　　② Decoder
③ Mux　　　　　④ Demux

19 다음 중 모든 디지털 시스템을 설계할 수 있는 범용게이트(universal gate)는?

정답 13.④　14.①　15.③　16.①　17.②　18.③

① AND 게이트
② OR 게이트
③ NOR 게이트
④ Exclusive OR 게이트

해설 NAND또는 NOR gate 만으로 모든 Combinational circuit를 구현할 수 있으므로 이들을 Universal gate라 부른다.

20 다음 중 다양한 논리 시스템을 설계할 수 있는 범용 논리 게이트(universal gate)에 해당하는 것은?

① AND 게이트
② OR 게이트
③ NOR 게이트
④ Exclusive OR 게이트

해설 범용 논리 게이트
(1) NAND 게이트는 AND 연산의 보수를 나타내며 이것은 NOT와 AND를 합성한 것이다.
(2) NOR 게이트는 OR 연산의 보수를 출력하며, NOT와 OR의 합성어이다.
(3) NAND와 NOR 게이트는 표준 논리 게이트로 광범위하게 사용되며 실제 AND와 OR 게이트보다도 널리 사용된다. 이는 NADN와 NOR게이트가 실제 트랜지스터로 구현하기가 더 용이하기 때문이다.

21 다음 회로에서 트랜지스터의 콜렉터 이미터간 포화전압을 0[V]라 할 때 립 A=B=C=0인 때와 립 A=B=C=5[V]일 때의 출력은?

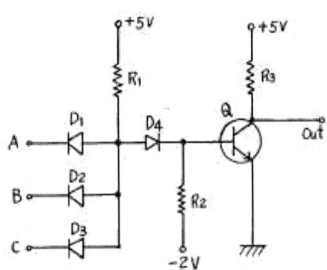

① 0[V], 0[V]
② 0[V], 5[V]
③ 5[V], 0[V]
④ 5[V], 5[V]

해설 회로의 입력 A, B, C가 모두 논리1(5V)인 경우에는 전원 +Vcc로부터의 전류에 의해 T_1의 base(B)단자에 전위가 걸려서 T_1은 도통되고 출력(V_o)는 0이 된다.
AND와 NOT 회로를 조합해 놓은 NAND회로이다.

22 논리 IC의 종류 중에서 표준특성으로 비교할 때 팬 아웃(fan out)의 수가 가장 많은 것은?

① 표준형 TTL
② 쇼트키 TTL
③ ECL
④ CMOS

해설 논리 IC의 Fan out 수

기본회로	DTL	RTL	TTL	HTL	ECL	C-MOS
Fan out수	8	5	10	10	25	50

23 디지털 분야의 논리소자로서 바이폴라소자가 아닌 것은?

① TTL
② C-MOS
③ DTL
④ HTL

해설 C-MOS, P-MOS 등은 단극형(unipolar)IC이다.

24 A와 B, C와 D를 각 각의 입력으로 하는 두 개의 개방 콜렉터형 2입력 NAND 게이트의 두 출력을 직접 연결하면 출력에 나타나는 결과는?

① $\overline{(A \cdot B)} + \overline{(C \cdot D)}$
② $\overline{A \cdot B \cdot C \cdot D}$
③ $\overline{(A \cdot B)} \cdot \overline{(C \cdot D)}$
④ $\overline{(A+B)} \cdot \overline{(C+D)}$

해설 트랜지스터와 트랜지스터를 연결하여 만드는 TTL에서 개방 콜렉터(OC; open collector)를 사용할 때, 이들을 묶으면 특정 논리를 수행하는 기능으로 사용할 수 있게 한다.

25 다음의 논리식을 회로로 구성하기 위해 필요한 논리 게이트의 종류와 개수를 바르게 나타낸 것은?
$$Y = \overline{(A+B) \cdot (A \oplus B)} + \overline{A \cdot B}$$

① NOR 2개, EX-OR 1개, AND 2개
② OR 2개, AND 1개, EX-OR 1개, NAND 1개

③ OR 3개, AND 2개, NOT 2개
④ OR 2개, EX-OR 1개, NAND 2개

26 다음 중 데이터 분배회로로 사용되는 것은?
① 인코더(Encoder)
② 시프트레지스터(Shift register)
③ 멀티플렉서(Multiplexer)
④ 디멀티플렉서(demultiplexer)

해설 디멀티플렉서(Demultiplexer)
(1) 디멀티플렉서는 데이터 분배기(data distributor)라고도 하며, 멀티플렉서와 반대의 기능을 가지고 있다.
(2) 디멀티플렉서는 하나의 입력과 여러 개의 출력을 가지고 있으며 하나의 입력선의 데이터를 여러 개의 출력선 중에 하나로 전달한다.

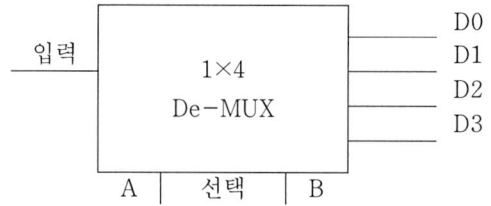

27 그림과 같은 다이오드 게이트(diode gate)의 출력(Y)은 약 얼마인가?

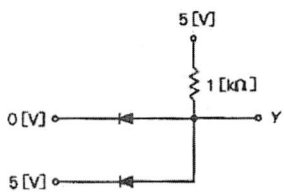

① 0[V]
② 5[V]
③ 10[V]
④ 15[V]

해설 다이오드를 이용한 AND 논리게이트
(1) V_A, V_B 양 입력이 +Vcc(여기서 5[V]보다 큰 입력이 들어오면 Diode는 모두 역방향으로 bise되어 출력(Vc)은 +Vcc상태인 1이 되고, V_A, V_B 양 입력에서 어느 한쪽만 입력이 들어오면 출력은 0이 된다.
(2) AND 논리 기능을 한다.

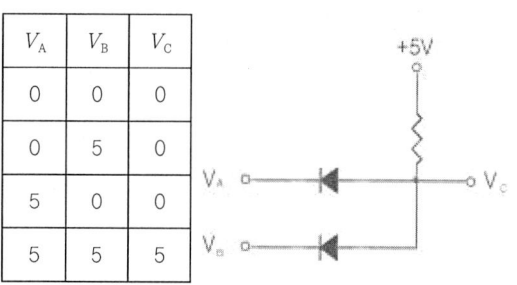

[Diode를 이용한 OR gate]

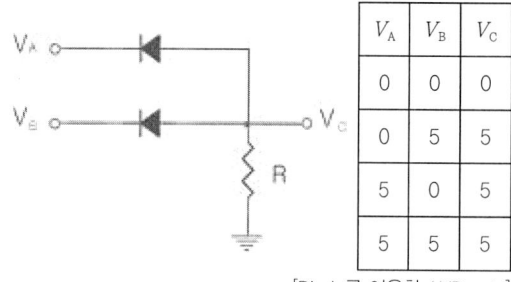

[Diode를 이용한 AND gate]

28 다음 논리소자 중 속도가 가장 빠른 것은?
① TTL
② ECL
③ MOS
④ CMOS

해설 바이폴러 로직 IC는 TTL(Transistor Transistor Logic)로 대표되는 포화형 논리 회로와 ECL(Emitter Coupled Logic)로 대표되는 비포화형 논리 회로로 크게 나누어진다.
(1) TTL
멀티 이미터 트랜지스터 논리 게이트와 트랜지스터 출력 회로를 결합하여 구성한 포화형 논리 회로를 말한다.
(2) ECL(Emitter Coupled Logic Circuit)
① 이미터 결합된 트랜지스터 스위치쌍의 전류를 전환함으로써 논리 기능을 실현하는 비포화형 논리 회로를 말한다.
② 트랜지스터가 포화 상태가 되지 않기 때문에 고속이지만 소비 전력이 크다.
(3) 비교
① 동작속도 : ECL>TTL=RTL>DTL>C-MOS>HTL
② 소비전력 : ECL>HTL>TTL>RTL=DTL>C-MOS
③ 잡음 여유도 : HTL>C-MOS>TTL=DTL>RTL=ECL

29 그림의 TTL gate가 수행할 수 있는 논리기능은?

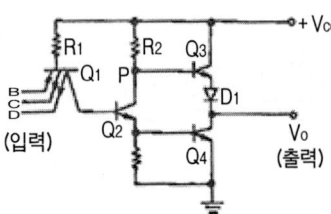

① NOT　　　　② NOR
③ AND　　　　④ NAND

해설 (1) TTL gate가 수행할 수 있는 논리기능은 NAND 기능이다.
(2) CMOS gate가 수행할 수 있는 논리기능은 NOR와 NAND 기능이다

30 다음 회로에서 Vi=0일 때 출력 Vo는? (단, 다이오드는 이상적이다.)

① 0[V]　　　　② −6[V]
③ −9[V]　　　④ −18[V]

해설 먼저 베이스 전압 V_B를 구한다

$$V_B = \frac{2.2}{2.2+2.2} 6 = 3[V]$$

베이스 전압은 3[V]이고 컬렉터에 −18[V]가 공급되어 트랜지스터는 OFF 상태가 된다
∴ 컬렉터 전압(Vo)=−6[V]이다.

31 다음 중 집적회로(IC)에서 고주파 특성을 제한하는 주요 요인은?

① 저항　　　　② 다이오드
③ 기생 커패시턴스　　④ 인덕턴스

해설 (1) 반도체 소자에서 부수적으로 생기는 정전 용량이다.
(2) 집적회로의 고주파특성을 제한하는 요소는 회로망과 능동소자에 존재하는 기생 커패시터 때문이다.
(3) 고주파(RF)용 커패시터에서 요구되는 특성으로서는 무엇보다도 기생성분의 최소화라고 할 수 있다. 대표적인 기생성분으로서 직렬저항과 기판과의 기생 커패시턴스를 들수 있다.

32 다음 중 신호의 지연시간이 가장 짧은 것은?

① TTL　　　　② ECL
③ CMOS　　　④ RTL

해설 이미터 결합 논리(ECL; Emitter Coupled Logic)회로
(1) ECL은 기본적으로 OR, NOR기능을 갖는다.
(2) ECL gate 내의 Tr은 비포화 상태에서 동작하므로 동작 속도가 빨라 전파지연이 적다.
(3) 동작 속도는 매우 빠르지만 소비 전력은 크다.
※ 동작속도 : ECL>TTL=RTL>DTL>C−MOS>HTL
(4) 잡음 여유도가 적고, 상보(complementary) 출력을 얻는다.

33 2n개의 입력신호 중 1개를 선택하여 출력하는 기능을 가진 회로는?

① Encoder　　② Decoder
③ Mux　　　　④ Demux

해설 멀티플렉서(Multiplexer)
(1) 멀티플렉서(MUX)는 $N(=2^n)$개의 입력 데이터원에서 하나를 선택하여 그 데이터를 단일채널로 전송한다.
(2) 멀티플렉서는 2^n개의 입력성과 n개의 선택서(S) 그리고 한 개의 출력을 갖는다.

34 두 입력이 같을 때에만 1을 출력하는 게이트는?

① AND 게이트
② OR 게이트
③ Exclusive OR 게이트

정답 29.④　30.②　31.③　32.②　33.③　34.④

④ Exclusive NOR 게이트

해설 Exclusive NOR Gate

A	B	Y
0	0	1
0	1	0
1	0	0
1	1	1

∴ Exclusive NOR Gate는 두 입력이 같은 경우에 1을 출력한다.

35 TTL(Transistor-Transistor Logic)의 특징을 설명한 것으로 틀린 것은?

① Fan-out를 많이 할 수 있다.
② 논리회로 중 응답속도가 가장 늦다.
③ 출력 임피던스가 낮다.
④ 잡음 여유도가 낮다.

해설 TTL(Transistor Transistor Logic)
(1) 트랜지스터를 조합해서 만든 회로를 TTL이라고 말하며 NAND gate에 주로 사용된다.
(2) 특징
  ① Fan-out 수는 50개 정도이다.
  ② 잡음특성이 양호하다.
  ③ 고속 동작이 가능하다.
  ④ DTL과 호환성이 있다.
  ⑤ 집적도가 높다.
  ⑥ 가장 많이 사용되고 있는 논리게이트중 하나이다.

36 다음 논리 회로 중 팬 아웃(fan out)의 수가 많은 회로는?

① DTL 게이트   ② TTL 게이트
③ RTL 게이트   ④ DL 게이트

37 여러 개의 입력 신호 가운데 하나를 선택하여 출력하는 동작을 하는 것은?

① 인코더   ② 멀티플렉서
③ 디멀티플렉서 ④ 페리티체크 회로

38 그림의 논리회로는 어떤 논리작용을 하는가?

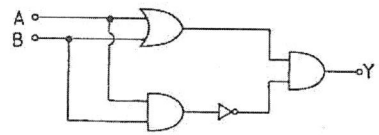

① AND   ② OR
③ NAND   ④ Exclusive OR

해설 문제의 그림으로부터
$$Y = (A+B) \cdot (\overline{AB}) = A\overline{AB} + B\overline{AB}$$ 이 된다.

이제 드 모르간의 정리를 사용하면
$$Y = A(\overline{A}+\overline{B}) + B(\overline{A}+\overline{B})$$
$$= A\overline{A} + A\overline{B} + B\overline{A} + B\overline{B}$$
$$= 0 + A\overline{B} + \overline{A}B + 0 = A\overline{B} + \overline{A}B$$

따라서 문제의 논리회로는 exclusive OR로 동작한다.

39 다음 중 C-MOS 집적회로의 특징으로 옳지 않은 것은?

① 전력소모가 대단히 적다.
② 소형, 경량이다.
③ 반영구적이다.
④ 동작속도가 TTL에 비하여 매우 빠르다.

해설 MOS형 IC의 특징
(1) 입력 임피던스가 높다.
(2) TR보다 동작속도가 느리므로 저속 디지털 시스템에 사용된다.
(2) 소비전력이 적으며 소형이고 값이 싸다.
(3) 잡음 여유도가 크다.

40 그림의 회로는 어떤 논리 동작을 하는가?[

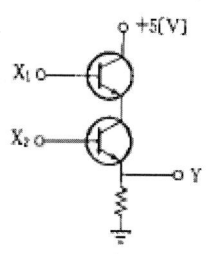

정답 35.② 36.② 37.② 38.④ 39.④ 40.①

① AND ② OR
③ NOR ④ NAND

해설 두 개의 입력이 모두 5[V] 때만 출력이 나온다.

41 2진 비교기의 구성요소를 맞게 설명한 것은?

A B	A=B	A>B	A<B
0 0	1	0	0
0 1	0	0	1
1 0	0	1	0
1 1	1	0	0

① 인버터 2개, NOR 게이트 2개, NAND 게이트 1개
② 인버터 2개, AND 게이트 1개, NOR 게이트 2개
③ 인버터 2개, AND 게이트 2개, X-NOR 게이트 1개
④ 인버터 2개, NAND 게이트 2개, X-OR 게이트 1개

해설 비교회로(comparator)
(1) 2개의 입력에 그 대소를 비교함으로써 3개의 출력이 나오는 회로이다.
(2) 각각의 경우 출력이 1인 경우를 논리식으로 구성한다.

42 다음 논리계열 중 스위칭 속도가 제일 빠른 것은?

① TTL ② CMOS
③ ECL ④ Schottky TTL

43 정논리(positive logic)에서 입력이 A, B일 때 회로의 출력(Y)을 나타내는 논리식은?

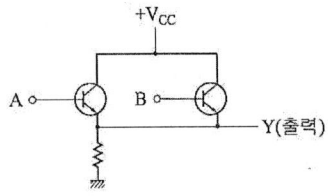

① AB ② $A+B$
③ $\overline{AB}$ ④ $\overline{A+B}$

해설 OR-gate
(1) 회로에서 입력 A또는 B중 적어도 어느 한쪽에 +5[V]의 전압이 주어지면 출력단자(Y)에 +5[V]의 전압이 얻어진다.
(2) OR 논리이다.
∴ $Y=A+B$

44 다음 중 입출력장치를 마이크로컴퓨터에 연결하는 데에 필요한 장치는?

① 인터페이스(interface) 회로
② 레지스터(register) 회로
③ 누산기(accumulator) 회로
④ 계수기(counter) 회로

해설 인터페이스 회로는 외부 장치와 연결하는 회로이다.

45 다음 중 논리 IC의 전력소모가 일반적으로 가장 적은 소자는?

① TTL ② ECL
③ RTL ④ CMOS

해설 산화막 반도체(CMOS ; Complementary Metal Oxide Semiconductor)
(1) CMOS는 FET를 기본 소자로 하고 있다.
(2) CMOS의 특징
① 소비 전력이 매우 작다.
② 전달 특성이 우수하다.
③ 잡음 여유가 크다.
④ 집적도가 높다.
⑤ 입력 임피던스가 높다.
⑥ 동작 전압 범위가 넓다.
(3) 표에서, fan-out이 가장 큰 것은 50인 CMOS, 소비 전력도 가장 작은 것은 CMOS이다.

	CMOS	TTL	ECL	DTL
fan-out	50	10	7	8
소비전력	0.1mW	1-19mW	240mW	8-12mW

정답 41.③ 42.③ 43.② 44.① 45.③

제9장 디지털 논리회로

46 다음에 열거한 인터페이스의 종류 중에서 회선의 개수가 많지만 속도가 가장 빠른 인터페이스는?

① SISO ② SIPO
③ PISO ④ PIPO

해설 병렬 입력/병렬 출력(PIPO)
직렬 입력/직렬 출력(SISO)

47 다음 중 레지스터(register)의 기능은?

① 펄스(pulse) 발생기이다.
② 카운터의 대용으로 쓰인다.
③ 회로를 동기시킨다.
④ 데이터(data)를 일시 저장한다.

해설 레지스터(Register)
CPU가 컴퓨터를 작동시키는 데 필요한 정보를 임시로 저장하는 곳. 레지스터의 종류는 많은데, 보통 데이터를 일시적으로 저장한 후 필요한 때 불러내어 쓸 수 있으며 각종 논리/산술 연산결과를 저장하거나 연산의 결과를 판단할 때 사용한다.

48 그림과 같은 게이트 회로의 명칭은?

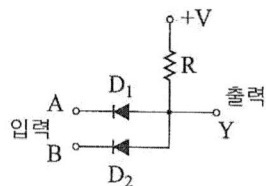

① NOR 회로 ② AND 회로
③ OR 회로   ④ NAND 회로

해설 입력 A, B에 +5[V]를 하면 바이어스가 걸리게 되어 다이오드에는 전류가 흐르지 않는다. 따라서 출력은 +5[V]이다.
A, B 두 입력에서 어느 한쪽만 입력이 들어오면 출력은 0이 된다.
∴ AND 동작을 한다.

49 그림과 같은 논리 회로의 출력은?

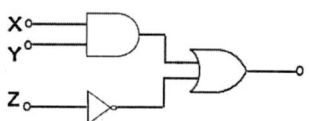

① $(X+Y)\cdot\overline{Z}$ ② $(\overline{X}+\overline{Y})\cdot\overline{Z}$
③ $(\overline{X}\cdot\overline{Y})+Z$ ④ $(X\cdot Y)+\overline{Z}$

해설 $Y=(X\cdot Y)+\overline{Z}$

50 다음 그림의 회로는 어떤 역할을 하는가?

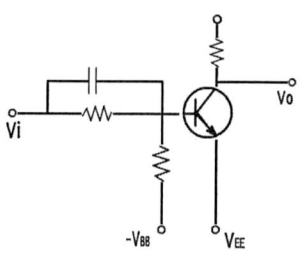

① NOT 회로 ② AND 회로
③ OR 회로   ④ exclusive OR 회로

해설 NOT 회로(부정회로)
(1) NOT 회로는 부정회로 또는 inverter 회로라고도 한다.
(2) 입력(V_i)에 논리 1을 가하면 트랜지스터는 포화되어 포화전류가 흐르고 R 양단의 전압강하가 생겨 출력은 거의 0이 된다.
(3) V_i가 0의 논리를 가지면 출력은 1의 논리를 갖는다.

51 다음 게이트 중 두 입력이 1과 0일 때 1의 출력이 나오지 않는 것은?

① OR 게이트   ② EX-OR 게이트
③ NAND 게이트 ④ NOR 게이트

해설 NOR 게이트
(1) NOR 게이트는 OR 게이트와 NOT 게이트를 결합한 회로이다.
(2) 두 개의 입력 모두가 "참"인 경우에만 출력이 "거짓"이 되고, 그렇지 않는 경우는 모두 "참"이다.

정답 46.④ 47.④ 48.② 49.④ 50.① 51.④

X	Y	S
0	0	1
0	1	1
1	0	1
1	1	0

① 진리표

② 논리 기호

$$S = \overline{X \cdot Y}$$
$$= \overline{X} + \overline{Y}$$

③ 논리식

52 다음 중 TTL gate에서 스위칭 속도를 높이기 위해 사용되는 다이오드는?

① 바랙터 다이오드 ② 제너 다이오드
③ 소트키 다이오드 ④ 터널 다이오드

해설 트랜지스터-트랜지스터 논리 회로(TTL ; Transistor-Transistor Logic Circuit)
(1) TTL
① 멀티이미터(multi emitter) 트랜지스터 논리 게이트와 트랜지스터 출력 회로를 결합하여 구성한포화형 논리 회로를 말한다.
② TTL칩은 입력에는 멀티이미터 구조의 트랜지스터를 사용하고 출력은 별도로 한쌍의 트랜지스터로 구성해 위상 반전과 증폭 작용을 하는 논리회로로서 그 기본회로는 NAND(부정논리곱)게이트로 이루어져 있으며 소비전력이 적고 고속동작이 가능하다는 특징이 있다.
(2) Schottky TTL
TTL에 쇼트키 배리어 다이오드(Schottky barrier diode)에 의한 클램핑 회로(clamping circuit)를 부가하여 포화를 낮게 하고 고속화를 도모한 논리 회로이다.

53 다음 중 소비전력이 가장 적은 소자는?
① TTL   ② ECL
③ RTL   ④ CMOS

해설 MOS형 IC의 특징
(1) 입력 임피던스가 높다.
(2) Tr보다 동작속도가 느리므로 저속 디지털 시스템에 사용된다.
(3) 소비전력이 적으며 소형이고 값이 싸다.
(4) 잡음 여유도가 크다.
(5) 비교
① 소비전력: ECL>HTL>TTL>RTL=DTL>C-MOS
② 동작여유: ECL>TTL=RTL>DTL>C-MOS>HTL
③ 잡음 여유도: HTL>C-MOS>TTL=DTL>RTL=ETL

54 다음과 같은 회로가 수행할 수 있는 논리 동작은? (단, 부논리이며 A, B는 입력단자이다.)

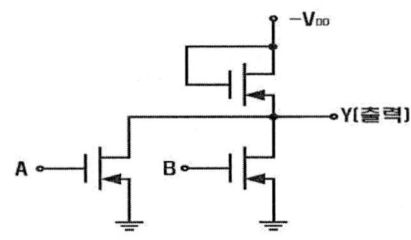

① $Y = \overline{AB}$ ② $Y = AB$
③ $Y = A + B$ ④ $Y = \overline{A+B}$

해설 MOS를 이용한 NOR 회로

A	B	Y(출력)
0	0	$-V_{DD}(1)$
0	1	0
1	0	0
1	1	0

$$\therefore Y = \overline{A+B}$$

55 다음 그림과 같이 NAND 게이트가 연결되어 있다. 이 회로와 등가인 게이트는?

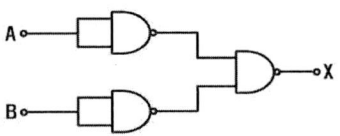

정답 52.③ 53.④ 54.④

① OR 게이트　② AND 게이트
③ NOR 게이트　④ NAND 게이트

해설 OR 게이트

$$X = \overline{(\overline{A} \cdot \overline{B})} = \overline{\overline{A}} + \overline{\overline{B}} = A + B$$

56 TTL NAND gate에서 totem-pole형 출력 TR이 사용되는 주된 이유는?

① 팬-아웃(Fan-out) 수를 늘리기 위해서이다.
② 잡음 여유를 크게 하기 위함이다.
③ 오동작을 방지하기 위함이다.
④ 고속 스위칭 동작을 시키기 위해서이다.

57 다음 중 데이터 분배회로로 사용되는 것은?

① 인코더　② 멀티플렉서
③ 디멀티플렉서　④ 페리티 체크회로

제 3 절　불대수

01 다음 부울 대수의 정리 중 틀린 것은?

① $x(x+y) = y$　② $\overline{(x+y)} = x \cdot y$
③ $x + yz = (x+y)(x+z)$　④ $x + xy = x$

해설 $A + A \cdot B = A$
$A \cdot (A+B) = A$

02 $\overline{AB + A\overline{B}}$ 의 논리식을 간략화 하면?

① $A\overline{B} + \overline{AB}$　② $AB + \overline{AB}$
③ $AB + A\overline{B}$　④ $A\overline{B} + \overline{A}B$

해설 $\overline{AB + A\overline{B}}$ 는 드 모르간의 정리를 이용하여 다음과 같이 간략화 시킬 수 있다.

$$\overline{AB + A\overline{B}} = \overline{AB} \cdot \overline{A\overline{B}} = (\overline{A} + \overline{B}) \cdot (\overline{A} + \overline{\overline{B}})$$
$$= (A + \overline{B}) \cdot (\overline{A} + B) = A\overline{A} + AB + \overline{A}\,\overline{B} + B\overline{B}$$
$$= O + AB + \overline{A}\,\overline{B} + O = AB + \overline{A}\,\overline{B}$$

03 $\overline{\overline{A}B \cdot A\overline{B}}$ 부울 대수식 를 간단히 한 결과는?

① $\overline{AB} + AB$　② 1
③ $\overline{A}B + \overline{AB}$　④ $\overline{A}B + A\overline{B}$

해설 $\overline{\overline{A}B \cdot A\overline{B}} = \overline{\overline{A}B} + \overline{A\overline{B}} = \overline{A}B + A\overline{B}$

04 부울대수(Boolean algebra) y의 보수를 취한 결과는?

$$y = \overline{X_1 X_2} X_3 + X_1(X_2 + \overline{X_3})$$

① $\overline{y} = \overline{X_1 X_3}$　② $\overline{y} = X_1 \overline{X_2}$
③ $\overline{y} = X_1 \overline{X_3}$　④ $\overline{y} = \overline{X_1 X_2}$

해설 $\overline{Y} = \overline{\overline{X_1 X_2} X_3 + X_1(X_2 + \overline{X_3})}$
$= \overline{\overline{X_1 X_2} X_3} \cdot \overline{(\overline{X_1} + X_2 + \overline{X_3})}$
$= (X_1 X_2 + \overline{X_3})(\overline{X_1} + \overline{X_2} X_3)$
$= X_1 \overline{X_1} X_2 + X_1 X_2 \overline{X_2} X_3 + \overline{X_3} X_1 + \overline{X_2} X_3 \overline{X_3}$
$\therefore Y = \overline{X_1}\,\overline{X_3}$

05 다음 부울 함수 중 그 결과 값이 항상 1인 것은?

① X+X　② X・X
③ X+1　④ X・0

해설 $X+X=X$
$X \cdot X = X$
$X+1=1$
$X \cdot 0=0$

06 부울 방정식 $Y = ABC + A\overline{B}C + AB\overline{C}$ 를 간단히 하면?

① AB　② AC
③ ABC　④ A(B+C)

정답 55.① 56.④ 57.③　제3절 01.① 02.② 03.④ 04.① 05.③ 06.④

[해설] $Y = ABC + A\overline{B}C + AB\overline{C}$
$= AC(B+\overline{B}) + AB\overline{C}$
$= AC + AB\overline{C}$
$= A(C+\overline{C})$
$A(C+\overline{C})(C+B)$
$= A(B+C)$

07 논리식 $x'y'z + x'yz + xy'$ 를 간소화 하면?

① $x'z + xy'$ ② $xz' + xy'$
③ $x'z' + xy'$ ④ $x'z + xy$

[해설]
$x'y'z + x'tz + xy' = x'z(y+y') + xy' = x'z + xy'$

08 다음 논리식 중 등식이 성립되지 않는 것은?

① $A + \overline{A} \cdot B \cdot C = A + B \cdot C$
② $A \cdot B + A \cdot \overline{B} = A$
③ $A \cdot B + \overline{A} \cdot C + B \cdot C = A \cdot B + \overline{A} \cdot C$
④ $A \cdot \overline{B} + \overline{A} \cdot B = (A+B) \cdot (\overline{A} \cdot \overline{B})$

[해설] ④에서
$A\overline{B} + \overline{A}B = (A+B) \cdot (\overline{A}+\overline{B}) = (A+B) \cdot (\overline{AB})$
또는 $(A+B) \cdot (\overline{A} \cdot \overline{B}) = A\overline{A}\overline{B} + \overline{A}B\overline{B} = 0$이다.

09 다음 논리식을 간략화 하면?

$F = AB\overline{C} + A\overline{B}C + \overline{A}BC + ABC$

① $\overline{A}B + \overline{B}C + A\overline{C}$ ② $AB + BC + CA$
③ $AB + CA$ ④ $AB + B\overline{C}$

[해설] $Y = AB\overline{C} + A\overline{B}C + \overline{A}BC + ABC$

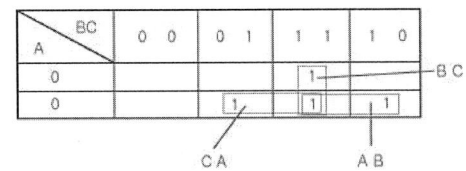

$\therefore F = AB + BC + CA$

10 불 대수식 $A + \overline{B}C + C\overline{D} + \overline{A}$ 를 간단히 할 경우 옳은 것은?

① 1   ② A
③ B   ④ C

[해설] 불 대수(Boolean algebra)
$A + \overline{A} = 1$
$1 + X = 1$이므로
$\therefore A + \overline{B}C + C\overline{D} + \overline{A} = 1 + \overline{B}C + C\overline{D} = 1$

11 다음 부울대수(Boolean algebra)를 보수를 취하여 간단히 한 것은?

$$y = \overline{X_1X_2}X_3 + X_1(X_2 + \overline{X_3})$$

① $\overline{y} = \overline{X_1} \cdot \overline{X_3}$ ② $\overline{y} = X_1 \cdot \overline{X_2}$
③ $\overline{y} = X_1 \cdot \overline{X_3}$ ④ $\overline{y} = \overline{X_1} \cdot \overline{X_2}$

[해설] $\overline{Y} = \overline{\overline{X_1X_2}X_3 + X_1(X_2 + \overline{X_3})}$
$= \overline{\overline{X_1X_2}X_3} \cdot \overline{(\overline{X_1} + \overline{X_2 + \overline{X_3}})}$
$= (X_1X_2 + \overline{X_3})(\overline{X_1} + \overline{X_2}X_3)$
$= X_1\overline{X_1}X_2 + X_1X_2\overline{X_2}X_3 + \overline{X_3}\,\overline{X_1} + \overline{X_2}X_3\overline{X_3}$
$\overline{Y} = \overline{X_1}\,\overline{X_3}$

12 다음 논리식은 무슨 법칙을 활용하여 전개한 것인가?

$$F = \overline{C}(\overline{AB}) = \overline{C}(\overline{A}+\overline{B}) = \overline{C+AB} = \overline{AB+C}$$

① 보수와 병렬의 법칙
② 드몰간(De Morgan)의 법칙
③ 교차와 병렬의 법칙
④ 적(積)과 화(和)의 분배의 법칙

해설 DE Morgan의 정리

$$\overline{A+B} = \overline{A} \cdot \overline{B}$$
$$\overline{AB} = \overline{A} + \overline{B}$$

13 다음 부울 대수식과 등가인 것은?

$$A + B \cdot C$$

① $A \cdot B \cdot (A+C)$
② $(A+B) \cdot (A+C)$
③ $(A+B) \cdot A \cdot C$
④ $(A+B) \cdot (A+C)$

해설 불 대수의 상호 분배법칙
(1) A+B·C=(A+B)·(A+C)
(2) A·(B+C)=A·B+A·C

14 다음 부울식을 간소화 할 때 맞는 것은?

$$RST + RS(\overline{T}+V)$$

① $RS\overline{T}$
② RSV
③ RST
④ RS

해설 $RST + RS\overline{T} + RSV = RS(T+\overline{T}) + RSV$
$= RS + RSV = RS(1+V) = RS$

15 다음 논리식 중 좌우항의 관계가 틀린 것은?

① $(A+B)(\overline{A}+\overline{B}) = A\overline{B} + \overline{A}B$
② $\overline{AB} = \overline{A} + \overline{B}$
③ $(A+B)\overline{AB} = A\overline{B} + \overline{A}B$
④ $A \oplus B = A\overline{B} + \overline{A}B$

해설 $\overline{AB} = \overline{A} + \overline{B}$

16 다음 불 대수의 정리 중 옳지 않은 것은?

① $A+B = B+A$
② $A+B \cdot C = (A+B)(A+C)$

③ $A + \overline{A} = 1$
④ $\overline{A \cdot B} = \overline{A} + \overline{B}$

해설 $\overline{A+\overline{B}} = \overline{A} \cdot \overline{\overline{B}} = \overline{A} \cdot B$

17 다음 논리식을 간략히 하면 어떻게 되는가?

$$Y = \overline{A} + \overline{B} + A \cdot B$$

① $Y = \overline{A}$
② $Y = 1$
③ $Y = \overline{B}$
④ $Y = \overline{A} \cdot \overline{B}$

해설 논리식의 간소화
누어진 논리식을 Karnaugh Map에 표시한다.

X1\X2	0	1
0	1	1
1	1	1

∴ $Y = 1$

18 다음 중 불 대수식 A+BC와 등가인 것은?

① $AB(A+C)$
② $(A+B)(A+C)$
③ $(A+B)AC$
④ $(A+B)(\overline{A+C})$

해설 $(A+B)(C+A) = A + AB + AC + BC$
$= A(1+B+C) + BC = A + BC$

A\BC	00	01	11	10
0			1	
1	1	1	1	1

∴ $A + BC$

정답 13.② 14.④ 15.② 16.④ 17.② 18.②

제 4 절 카르노 맵

01 다음 Karnaugh-map을 논리식으로 간략화 한 결과식은?

CD \ AB	00	01	11	10
00	1	1		1
01		1	1	
11		1	1	
10	1	1		1

① $\overline{A}B + BC + \overline{B}\overline{D}$
② $\overline{A}B + BD + \overline{B}\overline{D}$
③ $\overline{A}B + AC + \overline{B}\overline{D}$
④ $A\overline{B} + \overline{B}\overline{D} + \overline{A}\overline{C}$

해설 Karnaugh Map

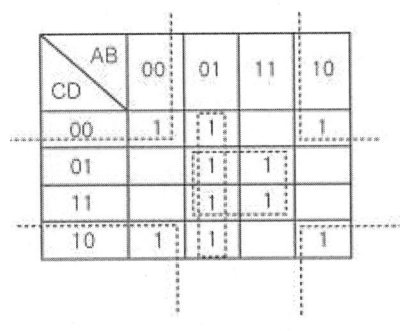

∴ $\overline{A}B + BD + \overline{B}\overline{D}$

02 다음 Karnaugh도를 간략화 한 결과는?

AB \ CD	00	01	11	10
00	0	1	1	1
01	0	0	0	1
11	1	1	0	1
10	1	1	0	1

① $\overline{A}\overline{B}D + AC + C\overline{D}$
② $\overline{A}\overline{B}D + A\overline{C} + CD$
③ $\overline{A}\overline{B}D + A\overline{C} + C\overline{D}$
④ $\overline{A}\overline{B}D + AC + CD$

해설

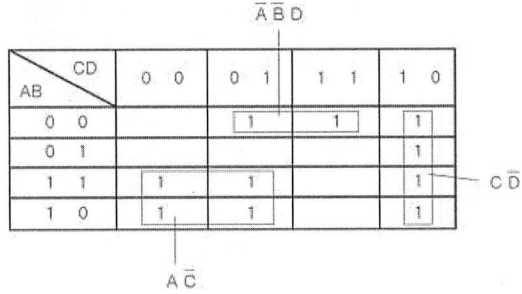

∴ 출력(Y) = $\overline{A}\,\overline{B}C + A\overline{C} + C\overline{D}$

03 다음 중 카르노도를 간략화한 논리식은?

	$\overline{C}\overline{D}$	$\overline{C}D$	CD	$C\overline{D}$
$\overline{A}\overline{B}$	0	1	1	1
$\overline{A}B$	0	0	0	1
AB	1	1	0	1
$A\overline{B}$	1	1	0	1

① $A \cdot \overline{C}$
② $A \cdot \overline{C} + A \cdot \overline{B} \cdot D$
③ $\overline{A \cdot B} + A \cdot \overline{C} + C \cdot \overline{D}$
④ $\overline{A} \cdot \overline{B} \cdot D + A \cdot \overline{C} + C \cdot \overline{D}$

해설 카르노도를 이용한 간략화

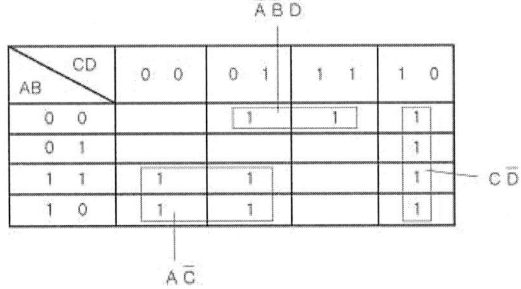

04 다음의 Karnaugh도로 주어진 함수를 최소의 곱의 합함수로 만든 것은?

X_1X_2 \ X_3X_4	00	01	11	10
00	1			1
01		1	1	
11		1	1	
10	1			1

① $F = \overline{X_1}X_2 + X_2X_4 + X_1\overline{X_2}$
② $F = \overline{X_1X_4} + \overline{X_2}X_4$
③ $F = \overline{X_2X_4} + X_2X_4$
④ $F = \overline{X_3X_4} + X_1X_2$

해설 Karnaugh Map

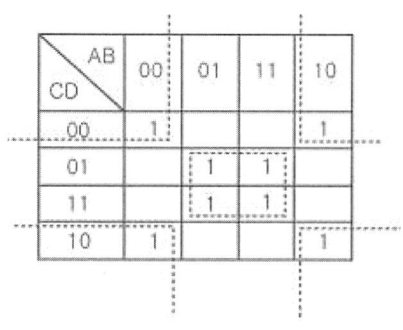

$\therefore F = x_2x_4 + \overline{x_2x_4}$

05 다음 3변수 카르노도가 나타내는 함수는?

AB \ C	0	1
00	0	0
01	0	0
11	1	1
10	1	0

① $\overline{AB}C$
② $AB + A\overline{C}$
③ $AB + A\overline{C} + C$
④ $\overline{A} + A\overline{B}C$

해설 arnaugh Map

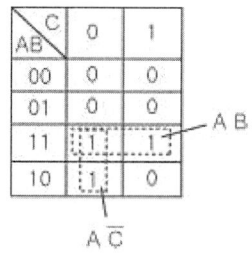

$\therefore$ 출력 $= AB + A\overline{C}$

06 4변수들에 대한 카르노도(Karnaugh map)가 그림과 같이 주어졌을 경우 이를 부울식으로 표현하면?

AB \ CD	00	01	11	10
00		1		1
01	1		1	
11		1		1
10	1		1	

① $A \oplus B \oplus C \oplus D$
② $(A+B) \oplus (C+D)$
③ $(A \oplus B) + (C \oplus D)$
④ $AB \oplus CD$

해설 출력(Y)
$= \overline{A}\,\overline{B}\,\overline{C}D + \overline{A}\,\overline{B}C\overline{D} + \overline{A}B\overline{C}\,\overline{D} + \overline{A}BCD + ABC\overline{D}$
$+ AB\overline{C}D + A\overline{B}\,\overline{C}\,\overline{D} + A\overline{B}CD = A \oplus B \oplus C \oplus D$

정답 04.③ 05.② 06.①

07 다음 3변수 카르노도가 나타내는 함수로 옳은 것은?

AB\C	0	1
00	0	0
01	0	0
11	1	1
10	1	0

① $\overline{AB}C$ ② $AB+A\overline{C}$
③ $AB+A\overline{C}+C$ ④ $\overline{A}+A\overline{B}C$

해설 Karnaugh Map

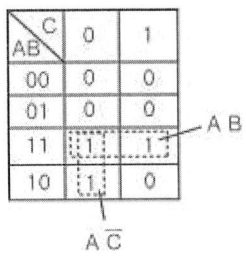

∴ 출력 = $AB+A\overline{C}$

08 다음 중 카르노도를 간략화 한 결과는?

AB\CD	00	01	11	10
00	00	01	11	10
01	0	1	1	1
11	0	0	0	1
10	1	1	0	1

① $\overline{A}\overline{B}D+AC+C\overline{D}$ ② $\overline{A}\overline{B}D+A\overline{C}+CD$
③ $\overline{A}\overline{B}D+A\overline{C}+C\overline{D}$ ④ $\overline{A}\overline{B}D+AC+CD$

해설 카르노도

AB\CD	00	01	11	10
00		1	1	1
01				1
11	1	1		1
10	1	1		1

$\overline{A}\cdot\overline{B}\cdot D$, $C\cdot\overline{D}$, $A\cdot\overline{C}$

09 논리함수가 다음과 같은 Karnaugn map으로 주어졌을 때 그 출력식으로 맞는 것은?

CD\AB	00	01	11	10
00	1		1	1
01		1	1	
11		1	1	
10	1		1	1

① $Y=AB+\overline{B}C\overline{D}$ ② $Y=B\overline{C}+AD$
③ $\overline{Y}=\overline{B}D+\overline{A}B\overline{D}$ ④ $\overline{Y}=AB+BD+\overline{A}CD$

해설 Karmaugh Map

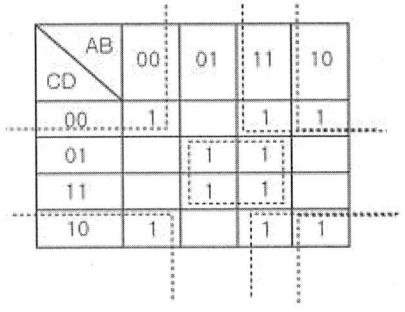

(1) $Y=\overline{B}\,\overline{D}+BD+A\overline{D}=1+AD$
(2) $\overline{Y}=\overline{B}D+\overline{A}B\overline{D}$

정답 07.②   08.③   09.③

10 다음 3변수 논리식을 간단히 하면?

A'B'C' + A'BC' + AB'C' + ABC' + B'C'

① A ② B
③ B' ④ C

해설

A\BC	00	01	11	10
0	1	1		
1	1	1		

∴ B'

11 다음 카르노 도표의 간략식은?

	$\overline{C}\overline{D}$	$\overline{C}D$	CD	$C\overline{D}$
$\overline{A}\overline{B}$	0	0	0	0
$\overline{A}B$	0	0	0	0
AB	1	1	1	1
$A\overline{B}$	1	1	1	1

① $Y = A$ ② $Y = B$
③ $Y = AB + \overline{CD}$ ④ $Y = A\overline{B} + \overline{CD}$

해설 Karnaugh Map

CD\AB	00	01	11	10
00				
01				
11			1	1
10			1	1

∴ $Y = A$

12 다음 진리표의 Karnaugh map을 작성한 것 중 옳은 것은?

입 력		출 력
A	B	Y
0	0	0
0	1	1
1	0	0

①
B\A	0	1
0	1	1
1	0	0

②
B\A	0	1
0	0	0
1	1	1

③
B\A	0	1
0	0	1
1	1	0

④
B\A	0	1
0	1	0
1	1	0

해설 논리식의 각 항에 상당하는 칸에 "1"을 기입한다.

13 그림과 같은 카르노도(Karnaugh Map)에서 얻어지는 부울 대수식은?

구분	$\overline{C}\overline{D}$	$\overline{C}D$	CD	$C\overline{D}$
$\overline{A}\overline{B}$	0	0	0	0
$\overline{A}B$	1	0	0	1
AB	1	0	0	1
$A\overline{B}$	0	0	0	0

① $Y = B\overline{D}$ ② $Y = \overline{B}D$
③ $Y = AB$ ④ $Y = \overline{A}\,\overline{B}$

정답 10.③ 11.① 12.② 13.①

해설 카르노 맵(Karnaugh Map)
(1) 카르노 맵을 보고 출력이 "1"이 되는 경우를 2, 4, 8, … 순으로 되도록 크게 묶는다.
(2) 각 그룹을 AND로, 전체를 OR로 결합한다.

AB\CD	00	01	11	10
00				
01		1		1
11		1		1
10				

∴ 출력(Y) = $B\overline{D}$

14 다음 Karnaugh map을 간략화 시킨 결과는?

X_1\\X_2	0	1
0	1	1
1	1	0

① $X_1 + \overline{X_1} \cdot X_2$ ② $X_1 + X_2$
③ $\overline{X_1} + X_1 \cdot \overline{X_2}$ ④ $\overline{X_1} + \overline{X_2}$

해설 Karnaugh Map

X_1\\X_2	0	1
0	1	1
1	1	0

∴ 출력(Y) = $\overline{x_1} + \overline{x_2}$

15 다음 표와 같은 Karnaugh map을 최소화하면?

A\BC	00	01	11	10
0	1	1	0	0
1	1	1	1	0

① $\overline{B} + AC$ ② $B + AC$
③ $B + \overline{A}C$ ④ $B + \overline{AC}$

해설 Karnaugh Map

A\BC	00	01	11	10
0	1	1		
1	1	1	1	

16 다음 카르노(Karnaugh)도의 함수를 최소화하면?

	$\overline{C}\overline{D}$	$\overline{C}D$	CD	$C\overline{D}$
$\overline{A}\overline{B}$	0	0	0	0
$\overline{A}B$	0	0	0	0
AB	0	0	1	1
$A\overline{B}$	0	0	1	1

① AB ② AC
③ AD ④ $\overline{A}\overline{B}$

해설 카르노 맵(Karnaugh Map)

AB\CD	00	01	11	10
00				
01				
11			1	1
10			1	1

∴ $Y = AC$

17 아래와 같은 4변수 카르노도를 간단히 했을 때 논리식은?

CD\AB	00	01	11	10
00	1			1
01		1	1	
11		1	1	
10	1			1

정답 14.④ 15.① 16.②

① $A\overline{C}+\overline{A}C$ ② $A\overline{D}+\overline{B}C$
③ $A\overline{B}+AC$ ④ $BD+\overline{B}\overline{D}$

해설
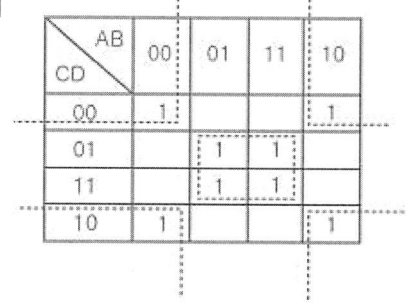

제 5 절 논리회로의 간략화

01 논리식 $\overline{A}BC+A\overline{B}C+AB\overline{C}$ 을 간단히 하면?

① B(A+C) ② AB+BC+AC
③ C(A+B) ④ A+B+C

해설 ∴ Y=AB+BC+AC

02 Exclusive-OR 와 Exclusive-NOR에 해당하는 논리식을 상호 변환한 아래의 식 중에서 틀린 것은?

① $(\overline{A}+B)\cdot(A+\overline{B})=A\oplus B$
② $(\overline{A}\cdot B)+(A\cdot\overline{B})=A\oplus B$
③ $(\overline{A}+\overline{B})\cdot(A+B)=A\oplus B$
④ $(\overline{A}\cdot\overline{B})+(A\cdot B)=\overline{A\oplus B}$

해설 Exclusive-OR(배타적 OR)
$$Y=\overline{A}B+A\overline{B}=(A+B)(\overline{AB})$$
$$=(A+B)(\overline{A}+\overline{B})=A\oplus B$$

03 다음회로의 출력은?

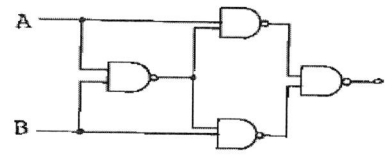

① $(A+B)(\overline{A}+\overline{B})$ ② $\overline{AB\cdot\overline{AB}}$
③ $\overline{A}\overline{B}(A+B)$ ④ AB

해설 Exclusive-OR gate
$$Y=\overline{\overline{AB}\cdot A\cdot\overline{\overline{AB}\cdot B}}$$
$$=A\cdot\overline{B}+\overline{A}\cdot B$$
$$=A\oplus B$$

04 그림과 같이 결선된 논리 회로의 논리식은?

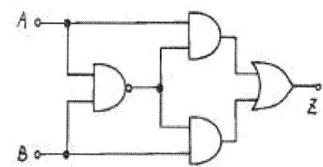

① $Z=(A+B)A\cdot B$
② $Z=(\overline{A\cdot B})\cdot(A+B)$
③ $Z=(\overline{A\cdot B})(\overline{A}+\overline{B})$
④ $Z=(A+B)(\overline{A+B})$

해설
(1) $Z=\overline{\overline{AB}\cdot A}\cdot\overline{\overline{AB}\cdot B}=\overline{(\overline{AB})\cdot A}+\overline{(\overline{AB})\cdot B}$
$=(AB)\cdot A+(AB)\cdot B=(\overline{A}+\overline{B})\cdot A+(\overline{A}+\overline{B})\cdot B$
$=A\overline{B}+\overline{A}B$

(2) $Z=(\overline{A\cdot B})\cdot(A+B)=$
$(\overline{A}\cdot\overline{B})\cdot(A+B)=\overline{A}B+A\overline{B}$

05 그림과 같은 논리회로의 출력은?

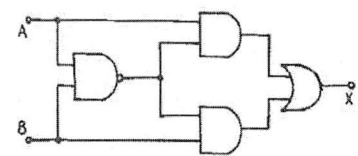

정답 17.④ 제5절 01.② 02.① 03.① 04.②

① $X = A+B$ ② $X = A \oplus B$
③ $X = A \cdot B$ ④ $X = \dfrac{1}{A \cdot B}$

해설 $X = A \cdot (\overline{AB}) + B \cdot (\overline{AB})$
$= A(\overline{A}+\overline{B}) + B(\overline{A}+\overline{B})$
$= A\overline{A} + A\overline{B} + B\overline{A} + B\overline{B}$
$= A\overline{B} + B\overline{A} = A \oplus B$

배타적 OR 회로와 등가이다

06 아래 주어진 논리회로와 같은 논리회로는?

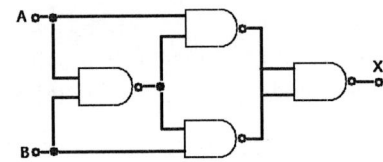

① A o—⊐ ⊃o—o
   B o—

② A o—⊐ ⊃o—o
   B o—

③ A o—⊐ ⊃—o
   B o—

④ A o—⊐ ⊃—o
   B o—

해설 Logic-gate
$X = \overline{\overline{AB} \cdot A} \cdot \overline{\overline{AB} \cdot B} = \overline{\overline{AB} \cdot A} + \overline{\overline{AB} \cdot B}$
$= AB \cdot \overline{A} + \overline{AB} \cdot B = (\overline{A}+\overline{B}) \cdot A + (\overline{A}+\overline{B}) \cdot B$
$= 0 + A\overline{B} + \overline{A}B + 0 = A\overline{B} + \overline{A}B = A \oplus B$

∴ 배타적 OR 회로와 등가이다

07 다음 그림의 논리회로와 등가인 회로는?

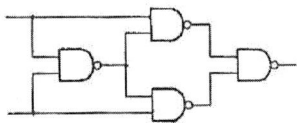

① Half adder   ② Full adder
③ Exclusive OR   ④ Exclusive NOR

해설 Exclusive-OR 회로
입력을 각각 A, B 출력을 Y라면

$Y = \overline{\overline{\overline{AB} \cdot A} \cdot \overline{\overline{AB} \cdot B}} = (\overline{A}+\overline{B}) \cdot A + (\overline{A}+\overline{B}) \cdot B$
$= \overline{A}A + A\overline{B} + B\overline{A} + B\overline{B} = \overline{A}B + A\overline{B} = A \oplus B$

08 다음 논리회로와 같은 게이트(Gate) 회로에 해당되는 것은? (단, A, B는 입력단자 X는 출력단자이다.)

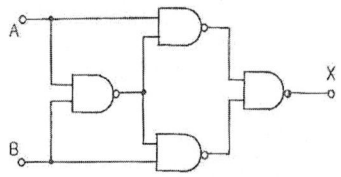

① AND   ② NOR
③ OR   ④ Exclusive OR

해설
$X = \overline{\overline{AB} \cdot A} \cdot \overline{\overline{AB} \cdot B} = \overline{\overline{AB} \cdot A} + \overline{\overline{AB} \cdot B}$
$= \overline{AB} \cdot A + \overline{AB} \cdot B$
$= (\overline{A}+\overline{B}) \cdot A + (\overline{A}+\overline{B}) \cdot B = \overline{A}A + A\overline{B} + \overline{A}B + B\overline{B}$
$= 0 + A\overline{B} + \overline{A}B + 0 = A\overline{B} + \overline{A}B$

즉, 배타적 OR(Exclusive OR) 게이트와 등가 회로이다.

09 다음 논리식을 간단히 하면?

$(A+B)(C+A) + ABC$

① BC ② 1
③ $A+BC$ ④ $A+B+C$

해설 $(A+B)(C+A) + ABC$
$= A + AB + AC + BC + ABC$
$= A(1 + B + C + BC) + BC$
$= A + BC$

A\BC	00	01	11	10
0			1	
1	1	1	1	1

∴ $A + BC$

10 그림의 논리회로를 간소화 하였을 때 출력 X는?

정답 05.② 06.④ 07.③ 08.④ 09.③

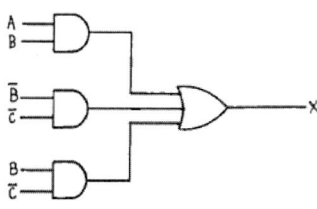

① $X = A\overline{C} + BC$ ② $X = A + B$
③ $X = AB + \overline{C}$ ④ $X = AB$

해설
$X = AB + \overline{BC} + B\overline{C} = AB + \overline{C}(B + \overline{B}) = AB + \overline{C}$

11 논리식 $\overline{\overline{A} + B} + \overline{\overline{A} + \overline{B}}$ 을 간단히 하면?

① A ② B
③ AB ④ $A+B$

해설 논리식의 간략화
$\overline{\overline{A} + B} + \overline{\overline{A} + \overline{B}} = \overline{\overline{A}} \cdot \overline{B} + \overline{\overline{A}} \cdot \overline{\overline{B}}$
$= A\overline{B} + AB$
$= A(B + \overline{B}) = A$

12 $\overline{A + \overline{B}} + \overline{\overline{A} + \overline{B}}$ 의 논리식을 간단히 정리하면?

① A ② B
③ $A+B$ ④ $A \cdot B$

해설 논리식의 간략화
$\overline{A + \overline{B}} + \overline{\overline{A} + \overline{B}} = \overline{A}B + AB$
$= B(A + \overline{A}) = B$

13 다음 그림과 같은 회로의 논리식은 어느 것인가?

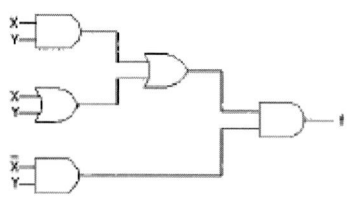

① $X \cdot Y$ ② $\overline{X} + Y$
③ $\overline{X}Y$ ④ $X + Y$

해설 $(XY + (X + Y)) \cdot (\overline{X}Y)$
$= (X(1 + Y) + Y) \cdot (\overline{X}Y)$
$= (X + Y) \cdot (\overline{X}Y)$
$= X\overline{X}Y + \overline{X}Y$
$= \overline{X}Y$

14 그림의 논리회로에서 입력 A=1(high), B=0(low)일 때 출력 X와 Y의 값은?

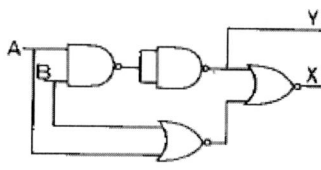

① X=1, Y=1 ② X=1, Y=0
③ X=0, Y=0 ④ X=0, Y=1

해설 $Y = \overline{\overline{A \cdot B}} = A \cdot B$
$X = \overline{\overline{A \cdot B} + \overline{A + B}} = \overline{A \cdot B + \overline{A + B}}$
$= \overline{A \cdot B} \cdot \overline{\overline{A + B}} = (\overline{A} + \overline{B})(A + B)$
$= \overline{A}B + A\overline{B}$

15 다음 논리식을 간략화 하면?
$F = AB\overline{C} + A\overline{B}C + \overline{A}BC + ABC$

① $\overline{A}B + \overline{B}C + A\overline{C}$ ② $AB + BC + CA$
③ $AB + CA$ ④ $AB + B\overline{C}$

해설 $Y = AB\overline{C} + A\overline{B}C + \overline{A}BC + ABC$

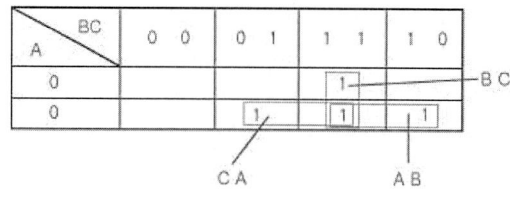

∴ $F = AB + BC + CA$

전자회로 기출문제

16 그림과 같은 논리회로의 출력 D는?

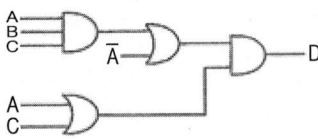

① $B+\overline{C}$
② $A \cdot B \cdot C$
③ $A \cdot B + B \cdot C$
④ $A \cdot B \cdot C + \overline{A} \cdot \overline{C}$

해설 논리회로 출력
$D = (ABC + \overline{A}) \cdot (A + \overline{C})$
$= ABC \cdot A + ABC \cdot \overline{C} + \overline{A} \cdot A + \overline{AC}$
여기서 $X \cdot X = X$, $X \cdot \overline{X} = 0$을 이용하면
$\therefore D = ABC + \overline{AC}$

17 다음 로직 회로(logic circuit)의 출력은?

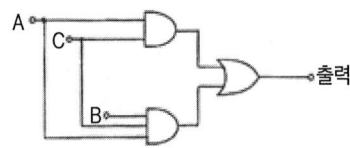

① AB
② AC
③ ABC
④ $AB+AC$

해설 논리회로의 출력
출력 $= AC + ABC = AC(1+B) = AC$

18 논리식 $Y = \overline{A}\,\overline{B}\,\overline{C} + \overline{A}B\overline{C} + A\overline{B}\,\overline{C} + AB\overline{C}$를 간략하게 구성한 회로는?

① A○▷─⊃─Y
   B○

② A○▷─⊃─Y
   B○

③ C○─▷─Y

④ A○─⊃─Y
   C○

해설 주어진 논리식을 이용하여 Karnaugh Map을 구성하면 다음과 같다.

AB\C	0	1
00	1	0
01	1	0
11	1	1
10	1	0

$\overline{C}$

19 다음 논리 회로의 출력(X)이 옳은 것은?

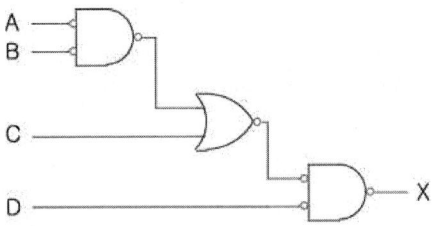

① $(AB+C)\overline{D}$
② $A+B+C+\overline{D}$
③ $(A+B+C)\overline{D}$
④ $(AB+C\overline{D})$

해설 $X = (A+B+C)\overline{D}$

20 다음 논리회로의 출력(Y)은?

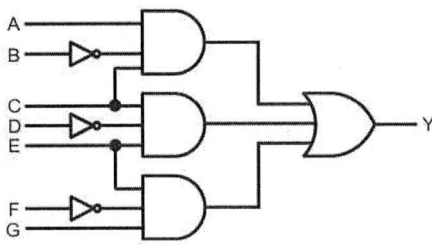

① $Y = A\overline{B}C + C\overline{D}E + E\overline{F}G$
② $Y = A\overline{B}C + AB\overline{C} + \overline{A}\,\overline{B}C$
③ $Y = A+B+C+D+E+F+G$
④ $Y = ABCDEFG$

해설 논리회로의 출력
$Y = X_1 + X_2 + X_3 = A\overline{B}C + C\overline{D}E + E\overline{F}G$

정답 16.④ 17.② 18.③ 19.③ 20.①

21 다음 식을 간략화하면 어떻게 표시되는가?

$$\overline{(\overline{A}+B)+(A+\overline{B})}+\overline{(\overline{A}B)\cdot(\overline{A\overline{B}})}$$

① 1 ② 0
③ (A+B) ④ (A∗B)

해설 논리식의 간소화

$$\begin{aligned}
준식 &= \overline{(\overline{AB})+(\overline{A}+B)}+\overline{(A+\overline{B})+(\overline{A}+B)}\\
&= (\overline{A}+B)(A+\overline{B})+(\overline{A}B)+(A+\overline{B})\\
&= A\overline{A}+\overline{A}\overline{B}+AB+B\overline{B}+\overline{A}B+A\overline{B}\\
&= \overline{A}\overline{B}+AB+\overline{A}B+A\overline{B}\\
&= 1+\overline{A}B+A\overline{B}\\
&= 1
\end{aligned}$$

22 부울 방정식 $Y=ABC+A\overline{B}C+AB\overline{C}$를 간단하게 하면?

① AB ② AC
③ ABC ④ A(B+C)

해설 $Y=ABC+A\overline{B}C+AB\overline{C}$
$= AC(B+\overline{B})+AB\overline{C}$
$= AC+AB\overline{C}$
$= A(C+\overline{C})$
$A(C+\overline{C})(C+B)$
$= A(B+C)$

23 배타 OR(Exclusive OR)회로의 논리식으로 잘못된 것은?

① $Y=\overline{A}B+A\overline{B}$ ② $Y=(A+B)(\overline{A\cdot B})$
③ $Y=A\oplus B$ ④ $Y=(A+B)(\overline{A}+\overline{B})$

해설 베타적 OR 회로
$Y=\overline{A}B+A\overline{B}=(A+B)\cdot(\overline{AB})$
$=(A+B)\cdot(\overline{A}+\overline{B})=A\oplus B$

24 논리식 $A(A+B+C)$를 간단히 하면 어느 값과 같은가?

① 1 ② 0
③ $B+C$ ④ A

해설 A(A+B+C)
=AA+AB+AC
=A+AB+AC
=A(1+B+C)=A

25 그림과 같은 회로의 출력 논리식이 아닌 것은?

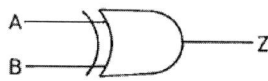

① $Z=\overline{(A\cdot B+\overline{AB})}$ ② $Z=A\cdot\overline{B}+\overline{A}\cdot B)$
③ $Z=(A+B)\overline{A\cdot B}$ ④ $Z=(\overline{A+B})(A\cdot B)$

해설 배타논리합(Exclusive-OR) 회로
(1) $Y=A\oplus B=A\overline{B}+\overline{A}B$
(2) $Y=A\oplus B=A\overline{B}+\overline{A}B$
$Y=A\oplus B=(A+B)(\overline{A}+\overline{B})=(\overline{\overline{AB}})(\overline{AB})$
$=\overline{AB}+\overline{A}\overline{B}=AB(\overline{A}+\overline{B})=\overline{AB}(A+B)$

26 논리식 $Y=ABC+A\overline{B}C+AB\overline{C}$를 가장 간단히 한 것은?

① $A(C+B\overline{C})$ ② $A(BC+\overline{B}C+B\overline{C})$
③ $A(B+C)$ ④ ABC

해설

C\AB	00	01	11	10
0			1	
1			1	1

$Y=AB+AC=A(B+C)$

27 논리식 $A+AB$를 간략화하면?

① A ② B
③ 1 ④ AB

정답 21.① 22.④ 23.④ 24.④ 25.④ 26.③ 27.①

해설 A+AB=A(1+B)=A

28 그림과 같은 논리 회로의 출력은?

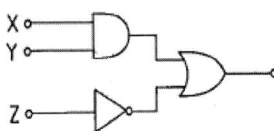

① $(X+Y) \cdot \overline{Z}$
② $(X+\overline{Y}) \cdot \overline{Z}$
③ $(\overline{X} \cdot \overline{Y})+Z$
④ $(X \cdot Y)+\overline{Z}$

해설 출력 = $X \cdot Y + \overline{Z}$

29 다음 회로의 논리 출력식으로 옳은 것은?

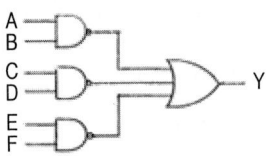

① $Y = AB \cdot CD \cdot EF$
② $Y = \overline{AB+CD+EF}$
③ $Y = AB+CD+EF$
④ $Y = \overline{AB \cdot CD \cdot EF}$

해설 $Y = \overline{AB} + \overline{CD} + \overline{EF}$
$= \overline{(AB) \cdot (CD) \cdot (EF)}$

30 다음과 같은 논리 다이아그램을 논리식으로 표시하면?

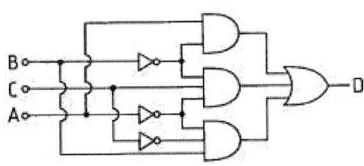

① $D = \overline{A}\overline{B}C + \overline{A}B\overline{C} + A\overline{B}$
② $D = ABC + AB\overline{C} + \overline{A}B$

③ $D = \overline{A}B\overline{C} + \overline{A}\overline{B}C + A\overline{B}$
④ $D = \overline{A}\overline{B}C + A\overline{B}C + A\overline{B}$

해설 $D = A\overline{B} + \overline{A}BC + \overline{A}\overline{B}C$

31 다음 논리식 중 틀린 것은?
① $A+0=A$
② $A \cdot 0=0$
③ $A \cdot 1=1$
④ $A+1=1$

해설 A·1=A

32 다음 논리식을 간단히 하면?

$$AB + AC + B\overline{C}$$

① $AC + B\overline{C}$
② $AB + \overline{B}C$
③ $AC + B$
④ $AB + C$

해설 논리식의 간소화

A\BC	00	01	11	10
0				1
1		1	1	1

∴ $AC + B\overline{C}$

33 다음 논리식을 간단히 하면?

$$\overline{\overline{A}+B} + \overline{\overline{A}+\overline{B}}$$

① A
② B
③ $A+B$
④ $A \cdot B$

해설 논리식의 간략화
$\overline{\overline{A}+B} + \overline{\overline{A}+\overline{B}} = \overline{\overline{A}} \cdot \overline{B} + \overline{\overline{A}} \cdot \overline{\overline{B}}$
$= A\overline{B} + AB$
$= A(B+\overline{B}) = A$

34 다음 그림과 같이 NAND 게이트가 연결되어 있다. 이 회로와 등가인 게이트는?

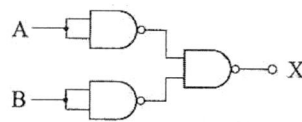

① OR 게이트　　② AND 게이트
③ NOR 게이트　④ NAND 게이트

해설 $(\overline{\overline{A}\,\overline{B}}) = \overline{\overline{A}} + \overline{\overline{B}}$ 이므로 OR-gate이다.

35 $A\overline{B} + A\overline{B}C + A\overline{B}(D+E)$ 를 간단히 하면?

① $A\overline{B}(D+E)$　　② $\overline{A}B(D+E)$
③ $\overline{A}B$　　　　　　④ $A\overline{B}$

해설 $A\overline{B}(1 + C + (D+E)) = A\overline{B}$

36 다음과 같은 논리회로의 출력은?

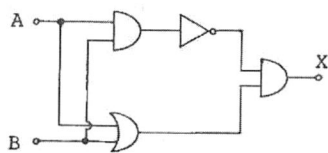

① $X = A + B$　　② $X = A \cdot B$
③ $X = \overline{A+B}$　④ $X = \overline{A} \cdot B + A \cdot \overline{B}$

해설
$X = X_1 \cdot X_2$
$= \overline{(A \cdot B)} \cdot (A+B) = (\overline{A} + \overline{B}) \cdot (A+B)$
$= \overline{A}B + A\overline{B}$

37 그림의 논리회로에서 3개의 입력단자에 각각 1의 입력이 들어오면 출력 A와 B의 값은?

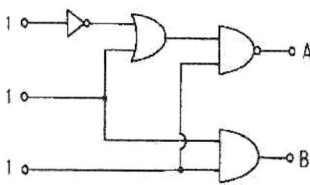

① A=1, B=0　　② A=1, B=1
③ A=0, B=0　　④ A=0, B=1

해설 논리회로의 출력
입력 3개를 각각 x, y, z 라면
(1) $A = \overline{(\overline{x}+y)z} = \overline{(\overline{x}+y)} + \overline{z} = x \cdot \overline{y} + \overline{z}$
(2) $B = y \cdot z$
∴ 입력 모두 1이라면 A=0, B=1이다.

38 그림과 같은 논리회로의 출력 D는?

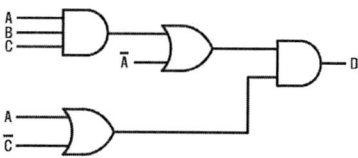

① $B + \overline{C}$　　② ABC
③ $AB + BC$　④ $ABC + \overline{A}\,\overline{C}$

해설 논리회로 출력
$D = (ABC + \overline{A}) \cdot (A + \overline{C})$
$= ABC \cdot A + ABC \cdot \overline{C} + \overline{A} \cdot A + \overline{A}\,\overline{C}$

여기서 $X \cdot X = X$, $X \cdot \overline{X} = 0$ 을 이용하면

∴ $D = ABC + \overline{A}\,\overline{C}$

39 두 입력을 비교하여 A>B이면 출력이 1이고, A≤B이면 출력이 0이 되는 논리회로를 설계하고자 한다. 이 조건을 만족하는 논리식은?

① $A\overline{B}$　　② AB
③ $A + B$　④ $A + \overline{B}$

해설 논리회로 설계
(1) 조건에 맞는 진리표를 작성한다.

A	B	Y(출력)
0	0	0
0	1	0
1	0	1
1	1	0

정답 34.① 35.④ 36.④ 37.④ 38.④ 39.①

(2) 진리표를 이용하여 논리식을 작성한다.

∴ $Y = A\overline{B}$

40 그림의 논리회로에서 출력X의 논리식은?

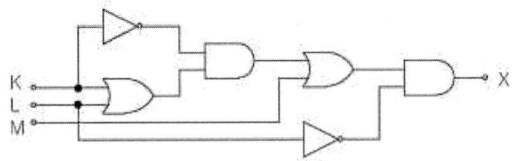

① $X = \overline{L}M$
② $X = LK + \overline{KM}$
③ $X = M + \overline{L} + K$
④ $X = \overline{K}(K+L) + \overline{L}$

41 다음 중 논리식 을 간단히 하면?

① $AC + B\overline{C}$
② $AB + \overline{B}C$
③ $AC + B$
④ $AB + C$

[해설] 논리식의 간소화

A\BC	00	01	11	10
0				1
1		1	1	1

∴ $AC + B\overline{C}$

42 다음 논리식을 간단히 하면?

$$AB + AC + B\overline{C}$$

① $AC + B\overline{C}$
② $AB + \overline{B}C$
③ $AC + B$
④ $AB + C$

[해설] 논리식의 간소화

A\BC	00	01	11	10
0				1
1		1	1	1

∴ $AC + B\overline{C}$

43 다음 논리식을 간단히 한 결과는?

$$\overline{A+B} + \overline{\overline{A}+\overline{B}} = ?$$

① A+B
② AB

③ A
④ B

[해설] 논리식의 간략화

$\overline{A+B} + \overline{\overline{A}+\overline{B}} = \overline{A} \cdot \overline{B} + \overline{\overline{A}} \cdot \overline{\overline{B}}$
$= A\overline{B} + AB$
$= A(B + \overline{B}) = A$

44 논리식 A+AB를 간략화하면?

① A
② B
③ 1
④ AB

[해설] 논리식의 간략화
A+AB=A(1+B)
여기서 항등법칙 (1+B=1)을 사용하면
∴ A+AB=A

제 6 절 조합논리회로

01 두 개의 2진수를 더하기 위한 반가산기(HA) 회로는 1개의 X-OR와 1개의 AND 게이트로 구성된다. 그러면 자리올림이 있는 덧셈에 사용하기 위한 전가산기(FA)의 회로구성은 다음 중 어느 것으로 구성하여야 하는가?

① 2개의 X-OR, 3개의 AND
② 2개의 X-OR, 2개의 AND, 1개의 OR
③ 2개의 X-OR, 2개의 OR, 1개의 AND
④ 1개의 X-OR, 2개의 AND, 2개의 OR

[해설]

입력			출력	
x	y	C_i	C	S
0	0	0	0	0
0	0	1	0	1
0	1	0	0	1
0	1	1	1	0
1	0	0	0	1
1	0	1	1	0
1	1	0	1	0
1	1	1	1	1

[정답] 40.① 41.① 42.① 43.③ 44.① 제6절 01.②

(1) 진리표

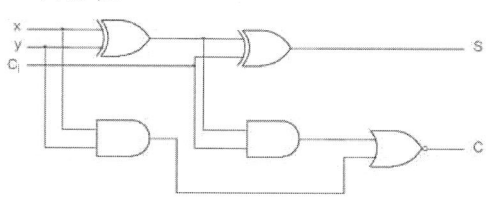

(2) 논리회로

전가산기는 x, y의 입력과 전단의 자리올림 C_i를 가산하여 합(S)과 자리올림(c)으로 구성된다. 이 진리표를 실현하기 위한 부울함수의 간략화를 구하면 다음과 같다.

$S = \overline{x}\,\overline{y}\,C_i + \overline{x}\,y\,\overline{C_i} + x\overline{y}\,\overline{C_i} + xyC_i = (x \oplus y) \oplus C_i$

$C = xy + (x \oplus y) \cdot C_i$

02 35Bit의 두 2진수를 병렬가산하기 위해서는 최소한 몇 개의 반가산기와 전가산기가 필요한가?

① 반가산기: 1개, 전가산기: 34개
② 반가산기: 2개, 전가산기: 33개
③ 전가산기: 1개, 반가산기: 34개
④ 전가산기: 2개, 반가산기: 33개

해설 2진 병렬 가산기(parallel adder)와 직렬 가산기(serial adder)
(1) 병렬가산기
  ① 여러 개의 자릿수로 구성된 2진수를 더하는 경우 2개의 같은 자릿수까지 동시에 더하고 여기서 생기는 자리 올림수를 다음 다 진가산기에 연결하는 방식
  n 비트 2진수의 덧셈을 하는 2진 병렬 가산기는 1개의 반가산기와 n-1개의 전가산기가 필요
  ② 계산 시간이 빠르나 더하는 비트 수만큼 전가산기가 필요하므로 회로가 복잡하다.
(2) 직렬가산기
  ① 더하는 수와 더해지는 수의 비트 쌍들이 직렬로 한 비트씩 전가사기에 전달되어 저장된 자리 올림수와 함께 덧셈이 수행되어 합과 자리 올림수를 생성하고, 생성된 자리 올림수는 올림수 저장기에 저장되어 다음 자리의 비트와 함께 덧셈을 하는 방식
  ② 1개의 전가산기와 1개의 자리 올림수 저장기가 필요
  ③ 회로가 간단하나, 병렬 가산기에 비해 계산 시간이 느리다.

03 그림과 같이 해독기에 BCD 입력이 가해지고 있다. 해독기는 BCD 입력이 1001(ABCD)인 때만 출력이 1을 나타낸다고 할 경우 다음 중 출력 Y를 불대수식으로 표현하면?

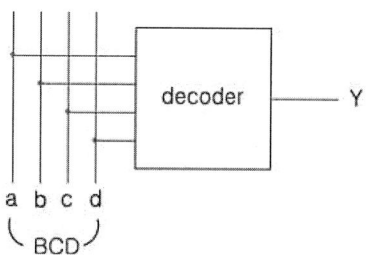

① AD
② AB
③ AC
④ BCD

해설 Decoder회로
(1) decoder회로는 2진수로 표시된 입력조합에 따라 BCD Code를 0에서부터 9까지 동작할 수 있게 한 회로이다.
(2) 4개로 된 BCD Code를 4입력 AND회로와 NAND회로에 연결하여 출력이 1또는 0이 되도록 한다.
(3) (ABCD)=(1001)이 입력될 때 출력은 9이며 부울대수식으로 표현하면
  ∴ Y=AD

04 반가산기(Half-adder)의 구성 요소로 옳은 것은?

① JK 플립플롭
② 두개의 AND 게이트
③ EOR과 AND 게이트
④ 1개의 반동시 회로와 OR 게이트

해설 반가산기(Half Adder)
(1) 반가산기는 1자리의 2진수 2개를 더하는 회로이다.
(2) 합(sum)과 자리올림(carry)을 얻는다.
  $S = A \oplus B = \overline{A}B + A\overline{B}$
  $C = AB$
(3) 반가산기는 Exclusive-OR와 AND gate로 구성된다.

05 전가산기(full adder)의 입출력 구조는?

정답 02.① 03.① 04.③

① 입력 2개, 출력 2개
② 입력 3개, 출력 2개
③ 출력 3개, 입력 2개
④ 출력 3개, 입력 3개

해설 전가산기(Full Adder)
(1) 2진수 가산을 완전히 하기 위해 자리올림 입력도 함께 더할 수 있는 기능을 갖는 가산기이다.
(2) 합(S_n)와 자리올림(C_n)

$$S_n = A_n \oplus B_n \oplus C_{n-1}$$
$$C_n = A_n B_n + B_n C_{n-1} + C_{n-1} A_n$$

∴ 3개의 입력과 2개의 출력을 갖는다.

06 다음은 반 가산기(half adder) 회로이다. X, Y에 각각 어떤 게이트 회로가 사용되어야 하는가?

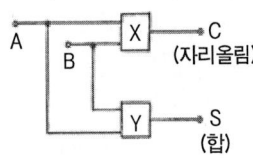

	X	Y
①	AND	배타적 OR
②	배타적 OR	AND
③	OR	배타적 OR
④	배타적 OR	OR

07 NOT, AND 및 EX-OR로 구성된 회로의 명칭은?

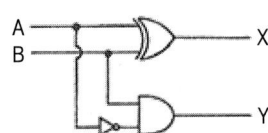

① 가산기   ② RS 플립플롭
③ 감산기   ④ 반감산기

해설 반감산기(HS ; Half Subtracter)
(1) 한 자리인 2진수를 뺄셈하여 차(Difference)와 빌림수(Borrow)를 구하는 회로이다. 한 자리의 2진수를 뺄셈하는 형태를 네 가지 조합이 발생하며, 그 결과는 다음과 같다.
(2) 진리값

A	B	Y	X
0	0	0	0
0	1	1	1
1	0	0	1
1	1	0	0

Y: Borrow, X: Difference

$$\therefore Y = \overline{A} B$$
$$X = A \oplus B$$

08 다음은 반가산기(Half Adder)의 블록도이다. 출력단자 S(sum) 및 C(carry)에 나타나는 논리식은?

① $S = XY + \overline{X} Y, C = XY$
② $S = XY + \overline{X} Y, C = \overline{X} Y$
③ $S = \overline{X} Y + X \overline{Y}, C = XY$
④ $S = XY + X \overline{Y}, C = X \overline{Y}$

09 전가산기의 출력(S : 합, Co : 캐리출력)에서 S=Co가 되기 위한 입력 A, B, Ci(캐리입력) 조건은?

① A=0, B=0, Ci=1 또는 A=1, B=1, Ci=1
② A=0, B=0, Ci=0 또는 A=1, B=1, Ci=1
③ A=1, B=1, Ci=0 또는 A=1, B=1, Ci=1
④ A=0, B=0, Ci=0 또는 A=0, B=0, Ci=1

해설 (1) 전자가산기(Full Adder)는 캐리입력까지도 취급할 수 있는 가산기,즉 3자리의 2진수를 가산할 수 있는 가산기이다.

$$S_n = A_n \oplus B_n \oplus C_{n-1}$$
$$C_n = (A_n \oplus B_n) \oplus C_{n-1} + A_n B_n$$

정답 05.② 06.① 07.④ 08.③ 09.②

(2) 전가산기에 (1, 1, 1)을 가할 때 합과 자리올림의 출력은 각각 (1, 0)이다.

10 A, B를 입력으로 하는 반가산기의 올림수 (Carry) C에 대한 논리식으로 맞는 것은?

① $C = A + B$
② $C = AB$
③ $C = A \oplus B$
④ $C = \overline{A} + \overline{B}$

해설 반가산기
(1) 반가산기는 입력 변수인 두 개의 2진수 A와 B를 더하여 합(S)과 자리 올림수(C)를 산출하기 위한 가산기 회로이다.
(2) 합을 나타내는 논리 함수 :
$$S = \overline{A}B + A\overline{B} = A \oplus B$$
(3) 자리올림수를 나타내는 논리 함수 : $C = A \cdot B$

11 다음의 논리식을 최소의 NAND 게이트만으로 구성하기 위해 필요로 하는 NAND 게이트의 종류와 개수가 옳은 것은? (단, 인버터는 2입력 NAND 게이트를 사용함)

$$Y = A \cdot B \cdot C + A \cdot \overline{B} \cdot C + \overline{A} \cdot \overline{B}$$

① 2입력 NAND 3개, 3입력 NAND 4개
② 2입력 NAND 3개, 3입력 NAND 3개
③ 2입력 NAND 4개, 3입력 NAND 3개
④ 2입력 NAND 2개, 3입력 NAND 4개

해설 $\overline{Y} = \overline{A}B + A\overline{C}$
$\therefore Y = \overline{\overline{A}B + A\overline{C}}$

12 다음 그림에서 합(s)에 대한 논리식이 옳은 것은?

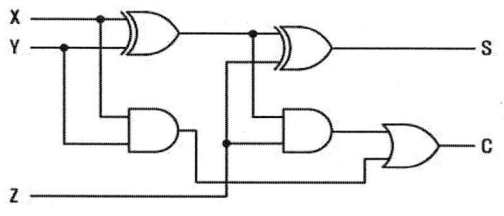

① $(x + y) \oplus z$
② $(x \oplus y) \oplus z$
③ $xz + y$
④ $xy \oplus yz$

해설 논리식
$$S = (X \oplus Y) \oplus Z$$
여기서 ⊕는 Exclusive-OR gate 이다.

13 A, B를 입력으로 하는 반가산기의 합 S에 대한 출력 논리식으로 틀린 것은?

① $S = A + B$
② $S = (A + B)(\overline{A} + \overline{B})$
③ $S = A \oplus B$
④ $S = A\overline{B} + \overline{A}B$

제 7 절 〉 순서논리회로

01 그림은 무슨 Flip-Flop 회로인가?

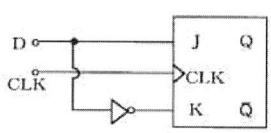

① M-S F/F
② S-R F/F
③ CLK F/F
④ D F/F

해설 D(Delay) Flip Flop
(1) D 플립플롭은 데이터 전송을 1clock pulse 동안 지연시킬 수 있다는 의미에서 D F/F라 한다.
(2) J-K 플립플롭을 이용하여 J와 K입력 사이를 NOT gate로 연결하면 D F/F이 된다.

02 SRAM과 DRAM에 대한 설명 중 틀린 것은?
① DRAM은 리프레시 타임이 있다.
② SRAM은 DRAM에 비해 데이터 저장용량을 높이는 데 용이하다.
③ DRAM과 SRAM은 전원을 끊으면 데이터가 소실된다.
④ SRAM에는 리프레쉬 타임이 없다.

정답 10.② 11.② 12.② 13.① 제7절 01.④ 02.②

해설 SRAM과 DRAM
RAM(Random Access Memory)에는 정적인 형(SRAM)과 동적인 형(DRAM)의 2가지가 있다.
(1) DRAM(Dynamic RAM)
① 정보를 전하의 충전시키는 형태로 출력시키는 장치이다.
② 일정 주기(2ms)마다 재충전(refresh)이 필요하다.
③ SRAM보다 고속이며 소비전력이 적다.
④ 대용량에 사용된다.
(2) SRAM(Static RAM)
① 각각 비트의 내용을 Flip Flop에 보존한다.
② 비교적 적은 메모리에 사용된다. (cf)RAM은 휘발성 메모리이다.

03 M/S 플립플롭회로는 어떤 현상을 해결하기 위한 회로인가?

① Delay 현상   ② Race 현상
③ Set 현상   ④ Toggle 현상

해설 Master-Slave Flip Flop
(1) R-S F/F으로 된 Shift register는 레이싱(Racing) 현상이 생긴다.
(cf) Race현상: 입력에 들어온 신호가 일단 저장된 후 다음 단으로 이동해야 하나 저장되지 않고 다음 단으로 전송되어 버리는 현상
(2) MS F/F는 이러한 현상을 일으키지 않는다.

04 다음 중 NOR 게이트로 구성된 R-S 플립플롭에 대한 설명이 아닌 것은?

① S=R=0 이면 상태 변화는 없고 처음 상태로 유지 한다.
② S=0, R=1일 때 Q_n이 0이면 변화가 없고 Q_n이 1이면 Q_{n+1}은 0으로 reset된다.
③ S=1, R=1일 때 Q_n이 0이면 Q_{n+1}은 1로 set 되고 Q_n이 1이면 변화 없다.
④ S=R=1 일 때 입력이 가해지면 어떤 출력이 나타날지 불확실하므로 부정 상태로 금지조건이다.

해설 R-S Flip Flop

(1) 진리표

R	S	동작상태
0	0	불변
0	1	Q=1(set)
1	0	$\overline{Q}$=1(reset)
1	1	X

(2) R과 S가 동시에 1로 되는 경우는 결정적인 출력상태가 되지 못하므로 이러한 입력은 피해야 한다.

05 다음 중 환형 계수기(ring counter)와 같은 것은?

① BCD 계수기   ② 가역 계수기
③ 시프트 레지스터 ④ 순환 시프트 레지스터

해설 Ring Counter
(1) 첫단 플립플롭의 출력은 2단으로, 2단 플립플롭의 출력은 3단으로 연결되어 마지막단 플립플롭의 출력이 첫단으로 되돌아가도록 연결한 카운터이다.
(2) 디지털 시스템에서 순차제어 파형을 만드는 데 사용되며 이들의 출력은 디지털 출력 레벨의 반복되는 순서를 공급한다.
(3) 이들 시프트 카운터는 디지털 시스템에서 순차결과를 제어하는 데 사용된다.

06 다음 회로와 같은 동작 기능을 갖는 플립플롭은?(단, 회로에서 접지는 생략되어 있음)

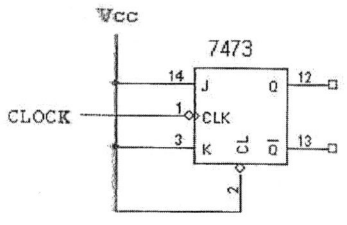

① SR   ② JK
③ T   ④ D

해설 T 플립플롭
(1) T 플립플롭은 펄스가 입력되면 현재와 반대의 상태로 바뀌게 하는 토글(toggle) 상태를 만드는 회로이다.
(2) JK 플립플롭에서 입력 J와 K를 하나로 묶어 T표시
(3) T 플립플롭은 카운터라고도 한다. T 단자의 입력이 1주

정답 03.② 04.③ 05.④ 06.③

기 변화(High-Low-High)할 때마다 출력이 반전된다.
∴ T형 플립플롭 한 개는 2진 카운터(÷2)의 역할을 한다. 즉, 펄스의 주기를 2배로 늘려 주는 기능을 한다.

07 DRAM에 대한 설명 중 틀린 것은?

① 전원공급이 없으면 데이터는 지워진다.
② 일정한 시간 내에 리프레쉬를 해주어야 데이터가 보존 된다
③ 리프레쉬는 SRAM에도 있다.
④ 전원이 안정해야 데이터의 보존 품질도 높아진다.

해설 DRAM(Dynamic RAM)
일정한 전하 충전으로 기억 내용을 유지하는 RAM이다.
DRAM과 SRAM의 비교

DRAM	SRAM
휘발성(소멸성)	휘발성(소멸성)
접적도가 높다	접적도가 낮다
제조가 간편하다	제조가 어렵다
refresh 회로가 필요하다.	refresh회로가 필요 없음
값이 싸다.	값이 비싸다.

08 1[MHz]을 입력으로 하는 분주 회로에서 출력이 250[KHz]을 가지려면 T Flip-Flop 몇 개가 필요한가?

① 1　　② 2
③ 3　　④ 4

해설 T형 플립플롭은 계수회로 또는 분주회로에 많이 쓰이는 플립플롭으로 T F/F 1개는 2진 카운터(÷2)의 역할을 한다.

$$2^n = \frac{입력\ 주파수}{출력\ 주파수} = \frac{1[MHz]}{250[MHz]} = 4$$

따라서 n=2가 되어 2개의 T F/F이 필요하다.

09 논리회로를 구성하고자 할 때 IC에 내장되어 있는 AND, OR, NAND, NOR, NOT, X-OR, F/F 등의 논리소자 중에서 선택적으로 퓨즈를 절단하는 방법으로 사용자가 직접 기록(write)할 수 있는 PAL 또는 PLA와 같은 IC는 다음 중 어디에 속하는가?

① PLC　　② PLD
③ PLL　　④ RAM

해설 PAL(Programmable Array Logic)또는 PLA(Programmable Logic Array)같은 IC는 PLD(Programmable Logic Device: 프로그램 가능한 논리소자)에 속하는 IC이다. PLD는 조합 논리 회로를 프로그래밍하여 사용할 수 있도록 만든 집적회로이다.
PLD내부의 기본적인 구조는 논리식의 곱의 합(sum-of-product)형식이 실현될 수 있도록 AND게이트와 OR 게이트의 2단 배열(array)로 나누어져 있다. PLD내부의 퓨즈는 초기 상태에서 모두 연결되어 있으며, 프로그래밍에 의해 원하는 동작을 할 수 있도록 퓨즈를 절단시켜라. PLD의 프로그래밍은 전용 기록기를 사용한다. PLD는 프로그래밍을 할 수 있는 퓨즈(fuae)의 위치에 따라 PLE, PLA, PAL 등의 3가지 형태가 있다.
일반적인 PLD는 PROM과 같이 한번 써 넣으면 내용을 바꿀 수 없으므로 설계를 정확하게 하여야 한다. 최근에는 EEPROM과 같이 내부 로직을 전기적인 방법으로 지우고 다시 써넣을 수 있는 PLD들이 생산되고 있다.
지우고 다시 써 넣기가 가능한 PLD로는 PALCE (programmable array logic CMOS electrically erasable)과 GAL(gate array logic)등이 있다. PALCE와 GAL은 CMOS로 만들어져 소비 전력이 작고 속도가 빠르며, PAL과 동작 특성이 비슷한 점이 많지만 각 출력 핀에 PLMC(output logic macro cell)기능이 추가되어 사용자가 입출력을 자유롭게 설정할 수 있으므로 PAL 소자보다 더 많은 유연성을 제공한다.

10 변환하고자 하는 입력전압은 0[V]에서 15[V]일 때, 몇 BIT의 A/D변환기를 사용해야하는 것이 가장 좋은가? (단, 분해능은 3.66[mV] 이다.)

① 10BIT　　② 12BIT
③ 14BIT　　④ 16BIT

해설 아날로그값의 디지털값화는 입력된 아날로그값을 그에 상응하는 디지털값으로 나타낸다.
AD변환기는 종류에 따라 입력 전압의 범위와 출력 비트 수, 변환 시간이 다르다. AD변환기는 출력 비트수에 의해 분해능이 결정된다.
$15[V]/(2^n-1)=3.66[mV]$, 여기서 n은 출력비트 수.
∴12bit

정답 07.③ 08.② 09.② 10.②

전자회로 기출문제

11 MS F-F 의 진리표에서 Jn=1, Kn=0 일 때 출력 Qn+1 의 값은?

① Qn　　② 0
③ 1　　　④ 불확정

해설 J-K Flip Flop 진리표

J_n	K_n	Q_{n+1}
0	0	Qn
0	1	0
1	0	1
1	1	Toggle

12 다음 J-K Flip-Flop의 입력신호의 주파수가 5[MHz]일 때, 출력신호의 주파수는?

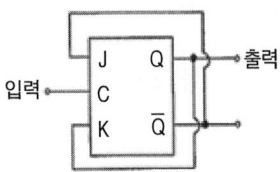

① 500[kHz]　　② 2.5[MHz]
③ 10[MHz]　　④ 25[MHz]

해설 J-K Flip Flop
(1) J-K F/F는 클럭펄스가 인가될 때마다 출력, Q(t)는 1과 0을 반복하므로 Toggling 상태가 된다.
(2) 클럭펄스인 입력신호의 주파수가 5[MHz]이므로, J-K F/F가 동작하여 출력 주파수는 주기가 2이다.

출력 주파수=5[MH]$\times \frac{1}{2}$=2.5[MHz]

13 NAND 게이트로 구성된 SR 플립플롭에서 전의 상태를 유지하기 위해서는 SR이 어떤 경우일 때인가?

① SR=00일 때　　② SR=01일 때
③ SR=10일 때　　④ SR=11일 때

해설 R-S Flip Flop

(1) R-S F/F은 2개의 입력단자(R:reset, S:ret)를 가지고 있어서 이들의 입력 상태에 따라서 출력이 정해진다.
(2) 출력의 상태가 한번 결정되면 입력을 0으로 하여도 출력의 상태는 그대로 유지되므로, 일반적으로 Latch회로라고 한다.
(3) NOR게이트로 구성되는 SR플립플롭에서는 R과 S가 동시에 1로 되는 경우에는 금지(부정)상태가 되고, NAND 게이트로 구성되는 SR플립플롭에서는 R과 S 동시에 0이 되는 경우 금지(부정) 상태가 된다.
(4) RS F/F의 진리표
　① NOR 게이트 구성되는 경우

S	R	Q_{n+1}
0	0	Q_n
0	1	0
1	0	1
1	1	금지

　② NAND게이트로 구성되는 경우

S	R	Q_{n+1}
0	0	금지
0	1	1
1	0	0
1	1	Q_n

14 NOR 게이트로 구성된 SR 플립플롭에서 전의 상태를 유지하기 위해서는 SR이 어떤 경우일 때인가?

① SR=01일 때　　② SR=11일 때
③ SR=10일 때　　④ SR=00일 때

해설 SR Flip Flop
(1) Flip Flop은 1bit 기억소자이며 논리 게이트를 써서 나타내면 NAND gate 또는 NOR gate를 써서 나타낼 수 있다.
(2) NOR gate를 이용한 F/F

S	R	Q_{n+1}	$\overline{Q}_{n+1}$
0	0	Q_n	$\overline{Q}_n$
0	1	0	1
1	0	1	0
1	1	부	정

정답 11.③　12.②　13.④　14.④

15 카운터(counter)를 이용하여 컨베이어 벨트를 통과하는 생산품의 개수를 파악하려고 한다. 최대 500개의 생산품을 카운트하기 위한 카운터를 플립-플롭(flip-flop)을 이용하여 제작할 때 최소한 몇 개의 플립-플롭이 필요한가?

① 5 ② 7
③ 9 ④ 11

해설 Counter
N개의 플립플롭을 연결하면 원래의 상태로 reset되기 전에 2^n까지 카운터할 수 있다.
리플 카운터를 이용한 n진 카운터 설계에서 필요한 F/F수 N은
$2^{n-1} \le N \le 2^n$
$2^4 \le 30 \le 2^5$
이므로 최소한 5개의 플립플롭이 필요하다.

16 30:1의 리플계수기를 만들려면 최소한 몇 개의 플립-플롭(filp-flop)이 필요한가?

① 5개 ② 10개
③ 15개 ④ 30개

해설 $2^4 \le 30 \le 2^5$
이므로 최소한 5개의 플립플롭이 필요하다.

17 RS 플립-플롭 논리회로의 설명으로 틀린 것은?

① 2개의 입력 R, S와 2개의 출력 Q, $\overline{Q}$를 갖는다.
② 입력 R, S가 저레벨일 때 출력 Q, $\overline{Q}$는 전상태를 유지한다.
③ S가 고레벨일 때 Q, $\overline{Q}$가 모두 저레벨로 된다.
④ R과 S가 같이 고레벨이면 출력은 불확정이다.

해설 R-S Flip Flop
(1) RS플립플롭은 두 개의 입력(S, R)과 두 개의 출력(Q, $\overline{Q}$)을 갖는다.
(2) R, S가 다같이 0일 때 출력은 변하지 않는다.
(3) S에 1이 들어오면 출력 Q는 1로 set된다.
(4) R에 1이 들어오면 출력 Q는 0으로 set된다.
(5) R과 S가 동시에 1로 되는 경우에는 출력 상태가 되지 못하므로 이러한 입력은 피해야 한다.
(6) RS F/F의 진리표

S_n	R_n	Q_{n+1}
0	0	Q_n(전상태)
0	1	0
1	0	1
1	1	?

18 비동기식 계수기(counter)와 관계가 없는 것은?

① 리플 카운터라고도 한다.
② 동작속도가 느리다.
③ 전단의 출력이 다음 단의 입력이 된다.
④ 동작속도가 고속이다.

해설 (1) 비동기형 계수회로
① 비동기식 카운터는 리플(ripple)카운터라고도 하며, 이 카운터는 전단에 있는 플립플롭의 출력을 받아 순서대로 플립플롭을 동작시키도록 연결되어 있다는 것이다.
② 회로가 단순하므로 설계가 쉽다.
(2) 동기형 계수회로
① 병렬식 counter라고도 하며, 각 단이 동시에 클록펄스 인가되는 회로를 말한다.
② 동시에 trigger 입력이 인가되기 때문에 여러 단이 동시에 동작되므로 고속으로 동작되는 회로에 널리 이용되고 있다.

19 1,024개의 입력 펄스가 들어올 때마다 한 개의 출력 펄스를 발생시키려고 한다. T플립플롭을 이용할 경우 몇 개가 필요한가?

① 4개 ② 6개
③ 8개 ④ 10개

정답 15.③ 16.① 17.③ 18.④ 19.④

해설 T 플립플롭
(1) T형 플립플롭은 계수회로 또는 분주회로에 많이 쓰이는 플립플롭으로 T형 플립플롭 1개는 2진 카운터(÷2)의 역할을 한다.
(2) $1,024/2^{10}=1[Hz]$

20 플립플롭 회로를 활용할 수 없는 것은?
① 주파수분할기   ② 주파수체배기
③ 2진계수기   ④ 기억소자

해설 주파수 체배기는 변, 복조 회로에 들어가는 소자이다.

21 비동기식 모드 (mode)-13 계수기를 만들려면 최소한 몇 개의 플립플롭이 필요한가?
① 13   ② 7
③ 4   ④ 2

해설 $2^3 \leq 13 \leq 2^4$이 되어, 최소한 4개의 플립플롭이 필요하다.

22 J-K 플립플롭을 그림과 같이 결선하고 클럭펄스가 인가될 때마다 출력 Q의 동작상태는?

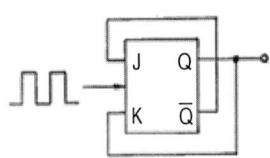

① Toggle   ② Reset
③ Set   ④ Race현상

23 다음 카운터의 명칭은?

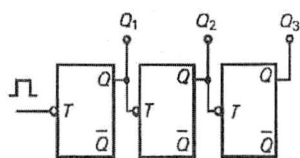

① 동기식 10진 카운터
② 비동기식 8진 카운터
③ 동기식 5진 카운터
④ 비동기식 3진 카운터

해설 카운터(counter)
(1) 비동기식 카운터는 리플(ripple)카운터라고도 하며, 이 카운터는 전단에 있는 플립플롭의 출력을 받아 순서대로 플립플롭을 동작시키도록 연결되어 있다는 것이다.
(2) Trigger 입력이 Q에서 연결되므로 상향(Up) 계수기이고, 3개의 Flip Flop을 사용하므로 $N=2^3+8$진 카운터의 역할을 한다.

24 점유율이 50[%]인 10[MHz]의 클럭 신호로부터 펄스폭이 1[초]인 게이트 펄스를 얻어내기 위해 분주회로를 구성할 때 필요로 하는 분주회로의 종류와 개수를 올바르게 선택한 항은?
① 10분주회로 6개, 2분주회로 2개
② 10분주회로 7개, 2분주회로 1개
③ 10분주회로 7개
④ 10분주회로 5개, 2분주회로 3개

해설 Duty Factor가 0.5인 방형파를 사용하고 있다.

25 쉬프트 레지스터에서 오른쪽으로 비트 이동을 할 때 일어나는 현상으로 맞는 것은?
① 2로 나눈 것과 같은 현상이 나타난다.
② 2를 곱한 것과 같은 현상이 나타난다.
③ 4를 곱한 것과 같은 현상이 나타난다.
④ 4를 나눈 것과 같은 현상이 나타난다.

해설 레지스터에 기억된 자료의 모든 비트들은 이웃한 비트로 가리를 옮기는 것을 시프트(shift)라 하는데, 이런 산술적 시프트는 그 자체로서 특수한 곱셈과 나눗셈을 수행하는 데 이용된다.
(1) 우측이동 : 나눗셈의 결과
  n 비트 우측으로 이동한다면: 이동한 결과 값=이동하기 전의 값 $\div 2^n$
(2) 좌측이동 : 곱셈의 결과
  n 비트 좌측으로 이동한다면 : 이동한 결과 값=이동하기 전의 값 $\times 2^n$

정답 20.② 21.③ 22.① 23.② 24.② 25.①

26 다음 회로는 무슨 카운터인가?

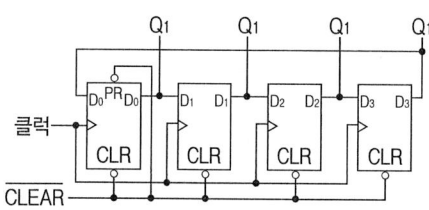

① Binary Counter
② Ring Counter
③ BCD Counter
④ Up / Down Counter

<u>해설</u> 첫 단 플립플롭의 출력은 2단으로, 2단 플립플롭의 출력은 3단으로 연결되어 마지막 플립플롭의 출력이 첫 단으로 되돌아가도록 연결하면 플립플롭이 하나의 고리모양으로 연결되므로 이와 같은 형식의 카운터를 ring counter라 한다.

27 다음 카운터의 명칭은?

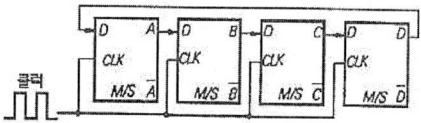

① 링 카운터   ② 4진 카운터
③ 6진 카운터   ④ 8진 카운터

28 다음 중 Access time 이 가장 빠른 기억장치는?

① Magnetic drum   ② Static RAM
③ Magnetic disk   ④ Magnetic tape

<u>해설</u> (1) 접근시간(Access time)은 정보를 기억 장치에 기억시키거나 읽어내는 명령이 있고 난 후부터 실제로 기억 또는 읽기가 시작되는 데 소요되는 시간이다.
(2) Access 시간
캐시 기억 장치>주 기억 장치(RAM, ROM)>Magnetic drum>magnetic disk>magnetic tape

29 3개(A, B, C)의 입력 펄스에 대한 출력(X) 동작은 어느 게이트에 해당하는가?

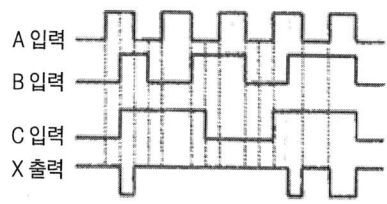

① AND   ② NAND
③ OR   ④ NOR

<u>해설</u> NAND gate 진리표

A	B	출력
0	0	1
0	1	1
1	0	1
1	1	0

30 K 플립플롭(Flip-Flop)을 다음 그림과 같이 연결했을 때 어떤 것과 같은가?

① D 플립플롭
② RS 플립플롭
③ T 플립플롭
④ 래치(latch)

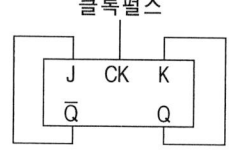

<u>해설</u> T플립플롭은 토글(toggle) 플립플롭 또는 트리거(trigger) 플립플롭이라고도 한다.
입력이 들어올 때마다 출력의 상태가 바뀌는 성질을 갖고 있다.

31 플립-플롭 4개로 구성된 계수기가 가질 수 있는 최대의 2진 상태는 몇 가지인가?

① 8가지   ② 12가지
③ 16가지   ④ 20가지

<u>해설</u> 리플 계수기에서 플립플롭 회로의 수를 n이라 한다면 2^n개까지의 독립된 상태의 수가 되므로 2^n진 계수기라

정답 26.② 27.① 28.② 29.② 30.③ 31.③

부른다.
∴ $2^4=16$

32 ROM의 블록(block) 선호이다. 입력 X_2, X_1, X_0 가 101일 때 데이터 D_3, D_2, D_1, D_0 출력으로 맞는 것은?

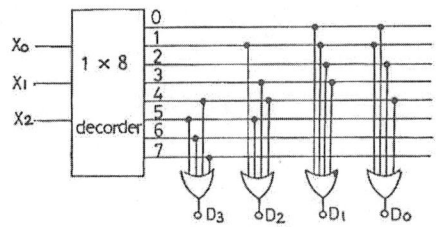

① 0101
② 0011
③ 1100
④ 1010

해설 ROM
(1) (X_2, X_1, X_0)=(101)=(5)10이므로 5번지에 연결된 gate에만 "1"의 출력이 나온다.
(2) 5번지에 연결된 gate는 D_3, D_2이므로
∴ (D_3, D_2, D_1, D_0)=$(1100)_2$

33 JK 플립플롭의 트리거 입력과 상태전환 조건을 설명한 것 중 옳지 않은 것은?

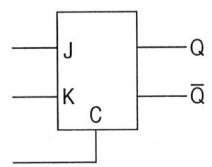

① J=0, K=0일 때는 반전치 않는다.
② J=0, K=1일 때는 Q가 0으로 된다.
③ J=1, K=0일 때는 Q가 1로 된다.
④ J=1, K=0일 때는 반전이다.

해설 J-K Flip Flop
(1) J=K=1일 때 clock pulse가 1이면 현 상태에서 반전되어 나온다.
(2) J=K=1을 계속 유지하고 Clock pulse가 계속 들어오면 출력은 0과 1을 반복하게 되는데 이것을 Toggling라 한다.

J_n	K_n	Q_{n+}
0	0	Q_n(불변)
0	1	0(Clear)
1	0	1(Set)
1	1	$\overline{Q_n}$(반전,Toggle)

34 100[MHz] 발전기를 사용해서 25[MHz]를 만들려면 몇 개의 T형 플립플롭이 필요한가?

① 1개
② 2개
③ 3개
④ 4개

해설 T 플립플롭
(1) T 플립플롭은 펄스가 입력되면 현재와 반대의 상태로 바뀌게 하는 토글(toggle) 상태를 만드는 회로이다
(2) T형 플립플롭은 계수 회로 또는 분주 회로에 많이 쓰이는 플립플롭으로, T형 플립플롭 한 개는 2진 카운터(÷2)의 역할을 한다. 즉, 기능은 펄스의 주기를 2배로 늘려주는 기능을 한다
(3) T형 플립플롭 1개는 1/2 분주회로이므로, 주어진 문제에서는 2개의 T형 플립플롭이 필요하다
100[MHz]÷2^2=25[MHz]

35 NOR 게이트로 구성된 RS 플립플롭에서 이전의 상태를 유지하기 위해서는 RS가 어떤 경우일 때인가?

① RS = 01
② RS = 11
③ RS = 10
④ RS = 00

해설 R-S Flip Flop
(1) RS플립플롭은 두 개의 입력(S, R)과 두 개의 출력(Q, $\overline{Q}$)을 갖는다.
(2) R, S가 다같이 0일 때 출력은 변하지 않는다.
(3) S에 1이 들어오면 출력 Q는 1로 set된다.
(4) R에 1이 들어오면 출력 Q는 0으로 set된다.
(5) R과 S가 동시에 1로 되는 경우에는 출력 상태가 되지 못하므로 이러한 입력은 피해야 한다.
(6) RS F/F의 진리표

S_n	R_n	Q_{n+1}
0	0	Q_n(전상태)
0	1	0
1	0	1
1	1	?

36 MS 플립플롭의 진리표에서 $J_n=1$, $K_n=0$에서 클럭펄스를 인가할 때 출력 Q_{n+1}의 값은?

① Qn
② 0
③ 1
④ 부정

해설 J-K Flip Flop 진리표

J_n	K_n	Q_{n+1}
0	0	Q_n
0	1	0
1	0	1
1	1	Toggle

37 6개의 플리플롭으로 구성된 상향계수기(upcounter)의 모듈러스와 이 계수기로 계수할 수 있는 최대계수는?

① 모듈러스: 5, 최대계수: 63
② 모듈러스: 6, 최대계수: 64
③ 모듈러스: 63, 최대계수: 64
④ 모듈러스: 64, 최대계수: 63

해설 계수기(Counter)
(1) 2진 계수회로에서 수의 증가하는 순서로 세는 것은 상향 계수회로(up-counter), 반대로 수의 감소하는 방향으로 계수하는 것을 하향 계수회로(down-counter)라고 한다.
(2) MOD(Modulus) 수
  ① 6개의 플립플롭으로 구성되었다면 뚜렷하게 다른 64가지의 상태 000000~111111(($0)_{10}$~$(63)_{10}$)까지를 갖는다. 이는 64개의 입력 펄스로서 계수 주기가 반복되는 것으로, 이를 64진 계수기라고 한다. 또한 Modulus 64 counter, MOD-64 counter라고도 한다.
  ② MOD 수는 항상 카운터가 처음 상태로 되돌아가기 이전에 완벽한 사이클을 통과하는 상태의 수와 같다.
  ∴ MOD 수=2^n, n : 플립플롭의 개수

38 순서논리회로의 구성에 관한 설명으로 틀리는 것은?

① 조합논리회로를 포함한다.
② 입력신호와 레지스터의 상태에 따라 출력이 결정된다.
③ 이 회로의 한 예로 카운터를 들 수 있다.
④ 기억소자가 필요 없다.

해설 순서논리 회로
(1) 디지털 시스템의 논리회로는 크게 조합논리회로(combinational logic circuit)와 순차논리회로(sequential logic circuit)로 나누어진다.
(2) 순차논리회로는 현재의 입력뿐만 아니라 과거의 입력에 조합에 의하여 출력이 결정된다.
  *순서논리회로=조합논리회로+기억소자
(3) counter(계수기)등이 순차논리 회로이다.

39 입출력장치를 마이크로컴퓨터에 연결하는 데에 필요한 특수한 장치는?

① 인터페이스(interface) 회로
② 레지스터(register) 회로
③ 누산기(accumulator) 회로
④ 계수기(counter) 회로

해설 interface
컴퓨터, 각종 회로나 장치, 시스템의 요소 등 두 시스템 사이에서 접속을 할 때 각종 조정을 잡을 수 있게 각각의 사이에 적절한 장치나 회로를 인터페이스 회로라 한다.

40 S-R Flip-Flop을 J-K Flip-Flop으로 바꾸려고 할 때, 필요한 게이트는?

정답 36.③ 37.④ 38.④ 39.①

① 2개의 AND 게이트
② 2개의 OR 게이트
③ 2개의 NAND 게이트
④ 2개의 Ex-OR 게이트

해설 S-R Flip Flop에서 입력에 1, 1이 들어올 때 불능(?) 상태가 되는 것을 방지하기 위한 회로가 J-K Flip Flop이다.
S-R F/F를 J-K F/F으로 바꿔쓰고자 할 때는 2개의 AND gate가 필요하다.

41 JK F/F(flip-flop)의 2개의 입력이 똑같이 1이고, 클럭 펄스가 계속 들어오면 출력은 어떤 상태가 되는가?

① Set   ② Reset
③ Toggle   ④ 동작불능

해설 J-K Flip Flop의 진리표

J_n	K_n	Q_{n+1}
0	0	Q_n(전상태)
0	1	0
1	0	1
1	1	$\overline{Q_n}$(반전)

J=K=1인 경우에 출력 Q는 Toggle 상태가 된다.

42 다음은 리플 카운터(ripple counter)이다. 초기 상태 A=0, B=0, C=0이었다면 클럭 펄스가 12개 인가된 후의 상태는?

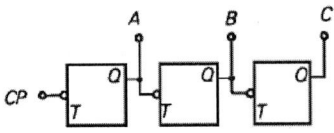

① A=0, B=0, C=1
② A=0, B=1, C=1
③ A=1, B=1, C=0
④ A=1, B=0, C=0

해설 리플 계수(Ripple counter)

리플 카운터는 대표적인 비동기식 counter이다.
<3단 리플 카운터의 계수표>

계수	C	B	A
0	0	0	0
1	0	0	1
2	0	1	0
3	0	1	1
⋮	⋮	⋮	⋮
11	0	1	1
12	1	0	0
13	1	0	1
⋮	⋮	⋮	⋮

43 다음 그림은 어떤 플립플롭(Flip-Flop)회로인가?

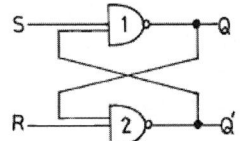

① Basic F-F   ② J-K F-F
③ D F-F   ④ T F-F

해설 S-R Latch
(1) NAND-gate 구성된 Flip Flop이다.
(2) DC 입력에만 동작하며 Flip-Flop의 기본회로이다.

44 플립플롭을 구성하는데 주로 이용되는 회로는?

① 쌍안정 멀티바이브레이터
② 단안정 멀티바이브레이터
③ 비안정 멀티바이브레이터
④ 무안정 멀티바이브레이터

해설 쌍안정 멀티바이브레이터(Bistable Multivibrator)
(1) 입력 트리거 펄스 2개마다 1개의 출력을 얻을 수 있는

정답 40.① 41.③ 42.① 43.① 44.①

2개의 안정 상태를 갖는다.
(2) 일반적으로 플립플롭(Flip Flop) 회로라 한다.

45 두 개의 입력이 동시에 1이 되었을 때에도 불확실한 출력상태가 되지 않도록 두개의 Flip-Flop을 사용한 회로는?

① RS F-F ② D F-F
③ Master slave F-F ④ T F-F

해설 M/S Flip Flop
(1) J-K F/F에서 발생하는 Race(오동작 현상)을 방지하기 위한 플립플롭이며, 진리표는 다음과 같다.

J_n	K_n	Q_{n+1}
0	0	Q_n
0	1	0
1	0	1
1	1	$\overline{Q_n}$

(2) en개의 입력이 동시에 1이 되었을 때도 부정상태의 출력이 되지 않도록 두 개의 플립플롭을 사용한 플립플롭이다.

46 다음 중 레지스터의 기능은?

① 펄스 발생기이다.
② 카운터의 대용으로 쓰인다.
③ 회로를 동기 시킨다.
④ 데이터를 일시 저장한다.

해설 Register
(1) 여러 자리의 정보를 기억하고 필요에 따라서 그 내용을 수시로 사용할 수 있는 회로이다.
(2) 1word 또는 수개의 데이터나 수값을 일시적으로 축적하는 소규모의 기억회로를 말한다.
(3) 중앙제어장치에서는 1bit의 기억용량을 가지는 플립플롭(FF)을 1word 길이의 비트로 몇 개 조합하여 구성한 각종 레지스터가 사용된다.

47 J-K 플립플롭은 두개의 입력 데이터에 의하여 출력에서 몇 개의 조합을 얻을 수 있는가?

① 2 ② 4
③ 8 ④ ∞

해설 J-K Flip Flop

J_n	K_n	Q_{n+1}
0	0	Q_n
0	1	1
1	0	0
1	1	$\overline{Q_n}$

∴ 4개의 조합을 얻는다.

48 4 개의 J-K 플립플롭을 이용하여 구성할 수 있는 분주기의 최대값은 얼마인가?

① 8분주기 ② 10분주기
③ 16분주기 ④ 24분주기

해설 분주회로(Frequency dividing circuit)
(1) 어느 주파수를 그것에 정수비를 이루는 저주파로 낮추는 회로이다.
(2) J-K형 플립플롭 1개는 $\frac{1}{2}$분주회로이다.
(3) 4개의 J-K 플립플롭으로 구성할 수 있는 분주기 : $2^4 = 16$

49 다음 JK Flip-Flop의 입력신호 주파수가 1[MHz]일 때, 출력신호의 주파수는?

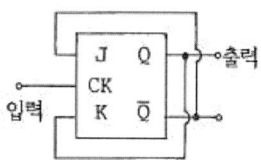

① 100[kHz] ② 500[kHz]
③ 1[MHz] ④ 4[MHz]

해설 (1) JK F/F 1개는 2진 카운터이다.
∴ 입력 주파수2의 역할을 수행한다.
(2) 1[MHz]÷2=500[kHz]

정답 45.③ 46.④ 47.② 48.③ 49.②

50 JK 플립플롭을 사용하여 D형 플립플롭을 만들려면 외부 결선은 어떻게 하는 것이 옳은가?

①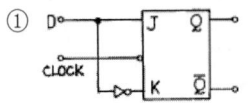

②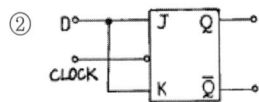

③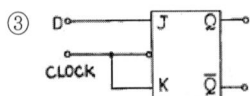

④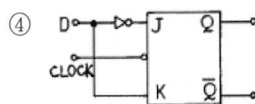

해설 D(Delay) Flip Flop
(1) D 플립플롭은 데이터 전송을 1clock pulse 동안 지연시킬 수 있다는 의미에서 D F/F라 한다.
(2) J-K 플립플롭을 이용하여 J와 K입력 사이를 NOT gate로 연결하면 D F/F이 된다.

51 Flip-Flop 과 관계가 없는 것은?

① RAM ② Decoder
③ Counter ④ Register

해설 디코더(decoder)
(1) 2진수로 표시된 입력 조합에 따른 BCD 코드를 0에서 9까지 동작할 수 있게 하는 회로를 decoder라 한다.
(2) 명령의 해독이나 번지를 해독할 때 사용한다.
(3) AND 회로의 집합으로 구성된다.
(4) 2진수를 10진수로 변환하는 회로이다.
(5) 조합 논리 회로이다.

참고 순서 논리 회로
(1) 조합 논리 회로에 기억 소자가 연결되어 구성된 회로를 말한다.
(2) 대표적인 기억 요소는 Flip Flop이며 Flip Flop은 기억장치(RAM, register)와 순서 논리회로(counter 등)의 응용 분야를 가진다.

52 JK 플립플롭을 이용하여 D형 플립플롭을 만들려면?

① J의 입력을 인버터를 통해 K에 연결한다.
② J와 K를 동일 입력으로 한다.
③ Q의 입력을 J에 궤환시킨다.
④ K의 입력을 J에 궤환시킨다.

해설 (1) J-K F/F를 변형한 D F/F은 입력 단자(D)가 하나 있고 출력 Q는 입력보다 1 clock 늦게 나오는 회로로서 data 전송에 있어서 시간 지연을 만드는 회로이다.
(2) J-K F/F의 J와 K 사이를 NOT-gate로 연결하면 D F/F가 된다.

53 D형 Latch 회로의 주 용도는?

① 2진 계수기 ② 즉시 전시기
③ 일시기억장치 ④ 정수연산장치

해설 D Flip Flop
(1) RS Flip Flop에서 2개의 입력 R, S가 동시에 1인 경우에도 불정확한 출력 상태가 되지 않도록 하기 위하여 인버터(inverter) 하나를 입력 양단에 부가한 것이다.
(2) 정보를 일시 기억하는 래치(latch) 회로나 Shift register 등에 쓰인다.

54 레이스(race) 현상을 방지하기 위하여 사용되는 플립-플롭 회로는?

① JK 플립-플롭 ② T 플립-플롭
③ MS 플립-플롭 ④ D 플립-플롭

해설 Master-Salve Flip Flop
(1) RS F/F으로 된 쉬프트 레지스터는 레이스(race)현상이 생긴다. 레이스란 입력에 들어온 신호가 일단 저장된 후 다음단으로 이동되어야 하나 저장되지 않고 다음단으로 전송되어 버리는 현상을 말한다.
(2) 이 현상을 해결하는 하나의 회로가 Master/slave 플립플롭이다.
(3) 데이터 입력이 직접 출력에 연결되지 않고 입출력이 완전히 분리되어 동작하는 특성을 갖는다.

정답 50.① 51.② 52.① 53.③ 54.③

55 LC 동조 발진기에 비해 수정 발진기의 특징으로 잘못 설명한 것은?

① 안정도가 높다.
② Q가 비교적 크다.
③ 발진 주파수를 가변 하기가 곤란하다.
④ 저주파 발진기로 적합하다.

해설 수정 발진기
(1) 수정 발진기를 사용하면 매우 큰 선택도(Q)를 기대할 수 있고, 다른 발진 회로와 비교할 수 없을 만큼 안정도를 높일 수 있다.
(2) 수정발진기의 특징
① 주파수 안정도가 좋다.
② 수정공진자의 Q가 매우 높다.
③ 기계적으로나 물리적으로 안정하다.
④ 발진을 만족하는 유도성 범위가 매우 좁다.
⑤ 고주파 발진기에 적합하다.

56 동기식 카운터의 설명 중 옳은 것은?

① 리플 카운터라고도 한다.
② 플립-플롭의 단수와 동작 속도와는 무관하다.
③ 전자계산기 회로에는 별로 사용되지 않는다.
④ 전단의 출력이 후단의 트리거(trigger)입력이 된다.

해설 (1) 카운터는 각 플립플롭을 동작시키는 방법에 의해서 동기식 카운터와 비동기식 카운터로 나눈다.
(2) 동기식 카운터(counter)
① 병렬식 counter라고도 하며 각 플립플롭에 동시에 클록펄스가 인가되는 회로를 말한다.
② 각 플립플롭의 출력 단자로부터 계수할 때, 출력의 위상차가 거의 없어 일그러짐이 매우 적기 때문에 현재의 계산기에서 널리 사용되는 방식이다.
③ 여러 단이 동시에 동작되므로 고속으로 동작하는 회로에 널리 사용된다.
(3) 비동기식 카운터
① 리플 카운터라고도 하며, 전단의 플립플롭의 출력을 받아 순서대로 플립플롭이 동작되도록 연결되어 있다.
② 전단의 출력이 후단에 전해지도록 되어 있으므로 캐리타임이 문제가 된다.

57 D 플립-플롭을 이용하여 그림과 같은 회로를 구성하고, 클럭(clk)단자에 5[kHz] 클럭 펄스를 인가하였다. 동작 시작단계에서 Q 출력을 +5[V]로 하였다면 출력은?

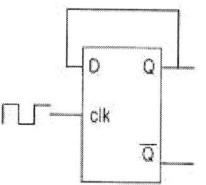

① 10[kHz] ② 2.5[kHz]
③ 5[kHz] ④ 5[V] DC

해설 D형 플립플롭
(1) 클럭 펄스가 완전히 일어남과 동시에 입력은 다음 클럭 펄스때까지 출력을 결정한다.
(2) 클럭 펄스가 들어올 때 출력은 D의 입력을 따라간다.

58 전자계산기의 주기억장치에서 전하의 누설에 대비하여 주기적으로 회생(refresh)시켜 주어야 하는 것은?

① Mask ROM ② EPROM
③ Static RAM ④ Dynamic RAM

해설 DRAM(Dynamic RAM)
(1) DRAM은 전하의 충방전으로 정보를 기억시킨다.
(2) 콘덴서의 전하를 충전시킨 내용은 2ms 이내에 소멸되므로 다시 refresh가 필요하다.

59 다음 회로에서 S=1, R=0 이 인가되었을 때 Q와 $\overline{Q}$의 출력 상태는?

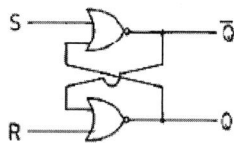

① $Q = 0$, $\overline{Q} = 1$ ② $Q = 1$, $\overline{Q} = 1$
③ $Q = 0$, $\overline{Q} = 0$ ④ $Q = 1$, $\overline{Q} = 0$

정답 55.④ 56.② 57.④ 58.④ 59.④

해설 진리표

S	R	Q_{n+1}	$\overline{Q_{n+1}}$
0	0	Q_n	$\overline{Q_n}$
0	1	0	1
1	0	1	0
1	1	부정	부정

60 J-K 플립플롭에서 $J_n=0$, $K_n=1$일 때 클록펄스가 1 상태라면 Q_{N+1}의 출력상태는?

① 부정   ② 0
③ 1   ④ 반전

해설 J-K 플립플롭의 진리표

J_n	K_n	Q_{n+1}
0	0	Q_n(불변)
1	0	1
0	1	0
1	1	$\overline{Q_n}$(반전)

61 25:1의 리플 카운터를 설계하고자 한다. 최소한 몇 개의 플립플롭이 필요한가?

① 4개   ② 5개
③ 6개   ④ 7개

해설 리플 계수회로(ripple counter)
(1) N개의 플립플롭(Flip-Flop)을 연결하면 원래의 상태로 reset되기 전에 2^n까지 카운터할 수 있다.
(2) 리플 카운터를 이용한 N진 카운터 설계에서 필요한 F/F수 n은
$2^{n-1} \leq N \leq 2^n$ 관계에서
$2^4 \leq 25 \leq 2^5$이므로 최소한 5개의 플립플롭이 필요하다.

62 다음 그림과 같은 J-K F/F 회로에서 클럭 펄스가 몇 개 입력될 때 Q_2에 출력되는가?

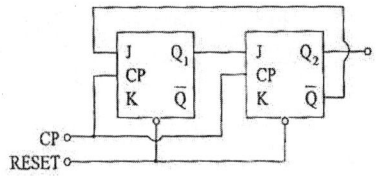

① 3   ② 4
③ 5   ④ 6

해설 동기식 3진 카운터
계수 입력은 클록펄스가 가해지도록 하며, 3개의 상태는 00 → 01 → 10 → 00으로 변화되며 11의 상태는 don't care 상태이다.

T_{1i}	Y_{2i}	T_{1i}	Y_{2i}
0	0	0	1
0	1	1	0
1	0	0	0
1	1	d	d

63 다음과 같은 NOR GATE로 구성된 기본적인 플립-플롭 회로에서 S=1, R=0인 상태일 때 Q, $\overline{Q}$의 상태는?

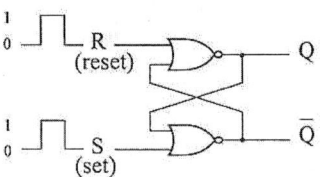

① 1, 0   ② 0, 1
③ 0, 0   ④ 1, 1

해설 Flip Flop
(1) Flip Flop은 1bit 기억소자이며 NAND gate 또는 NOR gate를 써서 나타낼 수 있다.
(2) NOR gate를 이용한 F/F의 진리표

S	R	$\overline{Q_{n+1}}$	
0	0	Q_n	$\overline{Q_n}$
0	1	0	1
1	0	1	0
1	1	부	정

정답 60.② 61.② 62.① 63.①

64 T플립플롭을 토글(toggle) 플립플롭이라고 하는 주된 이유는?

① 상태변화를 위해서는 토글스위치가 필요하므로
② 2개의 입력펄스마다 토글되므로
③ 출력이 스스로 토글되므로
④ 각 입력펄스마다 출력이 토글되므로

해설 T-type Flip Flop
(1) T 플립플롭은 토글(toggle) 플립플롭 또는 트리거(trigger) 플립플롭이라고도 한다.
(2) 입력이 들어올 때마다 출력의 상태가 바뀌는 성질을 갖고 있다.

65 토글 플립플롭(Toggle-F/F)을 2단 직렬 연결한 후 입력에 4[kHz] 펄스를 인가하면 출력은?

① 16[kHz]　　② 8[kHz]
③ 2[kHz]　　④ 1[kHz]

해설 (1) T형 플립플롭은 계수회로 또는 분주회로에 많이 쓰이는 플립플롭으로, T형 플립플롭 한개는 2진 카운터(÷2)의 역할을 수행한다.
(2) 출력 주파수=입력 주파수 ÷2^2

66 3개의 T 플립플롭이 직렬로 연결되어 있다. 입력단(첫단)에 1000[Hz]의 입력신호를 인가하면 마지막 플립플롭의 출력신호는 몇 [Hz]인가?

① 3000　　② 333
③ 167　　④ 125

해설 문제는 8(2^3)분주 회로이다.
∴ 출력 주파수=입력 주파수÷2^3
=1000÷8=125[Hz]

67 다음 중 RS 플립플롭에 대한 설명으로 틀린 것은?

① S=0, R=0이면 출력은 변하지 않는다.
② S=1, R=0이면 출력은 1이 된다.
③ S=0, R=1이면 출력은 0이 된다.
④ S=1, R=1이면 출력은 전상태와 반대가 된다.

해설 RS 플립플롭
(1) RS 플립플롭은 2개의 NOR 혹은 2개의 NAND 회로의 조합으로 구성된다.(주로 NOR가 사용)
(2) 동작설명
① S=0, R=0인 경우에는 현재 상태를 유지한다.
② S=1, R=0일 때, 출력 Q는 1이 된다.
③ S=0, R=1일 때, 출력 Q는 0이 된다.
④ S=1, R=1인 신호는 금지

68 다음 중 레지스터(register)의 용도로 가장 적합한 것은?

① 펄스(pulse)를 발생하는데 사용한다.
② 카운터의 대용으로 사용한다.
③ 회로를 동기시키는 데 사용한다.
④ 데이터(data)를 일시 저장하는 데 사용한다.

해설 레지스터(register)
(1) 산술적, 논리적 연산이나 정보, 해석, 전송 등을 할 수 있는 일정 길이의 정보를 저장하는 중앙 처리장치(CPU) 내의 기억 장치이다.
(2) 저장 용량에는 제한되어 있으나 주기억 장치에 비해서 접근 시간이 빠르고, 체계적인 특징이 있다.
(3) 컴퓨터에는 산술 및 논리 연산의 결과를 임시로 기억하는 누산기(accumulator), 기억 주소나 장치의 주소를 기억하는 주소 레지스터(address register)를 비롯하여 컴퓨터의 동작을 관리하는 각종 레지스터가 사용된다.

69 다음 중 레이스(race) 현상을 방지하기 위하여 사용되는 플립플롭은?

① JK　　② T
③ M/S　　④ D

해설 Master-Salve Flip Flop
(1) RS F/F으로 된 쉬프트 레지스터는 레이스(race)현상이 생긴다. 레이스란 입력에 들어온 신호가 일단 저장된 후 다음단으로 이동되어야 하나 저장되지 않고 다음단으로 전송되어 버리는 현상을 말한다.
(2) 이 현상을 해결하는 하나의 회로가 Master/slave 플립플롭이다.

정답 64.④　65.④　66.④　67.④　68.④　69.③

(3) 데이터 입력이 직접 출력에 연결되지 않고 입출력이 완전히 분리되어 동작하는 특성을 갖는다.

70 1[kHz]의 주파수를 500[Hz]로 변환하여 사용하고자 할 때 사용되는 Flip-Flop 회로는?

① RS F-F
② JK F-F
③ T F-F
④ D F-F

해설 1[kHz]를 500[Hz]로 변환하려면 T형 F/F 1개를 사용한다.

71. 다음 중 비동기식 카운터와 관계없는 것은?

① 고속계수 회로에 적합하다.
② 리플 카운터라고도 한다.
③ 회로 설계가 동기식보다 비교적 용이하다.
④ 전단의 출력이 다음 단의 트리거 입력이 된다.

해설 비동기식 카운터
리플 카운터라고도 하며, 전단의 플립플롭의 출력을 받아 순서대로 플립플롭이 동작되도록 연결되어 있다.
전단의 출력이 후단에 전해지도록 되어 있으므로 캐리타임이 문제가 된다.

72 JK플립플롭에서 클럭 신호가 인가되더라도 현재의 출력이 변하지 않고 그대로 유지되게 하려면 J,K 입력은 각각 어떤 값이어야 하는가?

① J=0, K=0
② J=0, K=1
③ J=1, K=0
④ J=1, K=1

해설 JK Flip Flop
(1) RS Flip Flop에서 입력이 1, 1이 들어올 때의 불능상태가 되는 것을 방지하기 위한 플립플롭이다.
(2) 진리표

J	K	Q_{n+1}
0	0	Q_n(전상태)
0	1	0
1	0	1
1	1	$\overline{Q_n}$(반전)

73 R-S Flip-Flop을 J-K Flip-Flop으로 만들고자 할 때 필요한 게이트(gate)는?

① OR gate 2개
② AND gate 2개
③ NOR gate 2개
④ NAND gate 2개

해설 (1) J-K F/F의 동작은 양쪽 입력이 모두 1일 때를 제외하곤 R-S F/F과 동일하다.
(2) R-S F/F을 J-K F/F으로 바꿔쓰고자 할 때에는 2개의 AND-gate가 필요하다.

74 JK플립플롭을 이용해서 토글(toggle) 기능을 만들려고 하면 J,K 입력은 각각 어떤 값이어야 하는가?

① J=0, K=0
② J=0, K=1
③ J=1, K=0
④ J=1, K=1

해설 J-K Flip Flop
(1) F=K=1일 때 clock pulse가 1이면 현 상태에서 반전되어 나온다.
(2) J=K=1을 계속 유지하고 Clock pulse가 계속 들어오면 출력은 0과 1을 반복하게 되는데 이것을 Toggling라 한다.

J_n	K_n	Q_{n+1}
0	0	Q_n
0	1	0
1	0	1
1	1	$\overline{Q_n}$

75 Flip-Flop으로 구성할 수 없는 회로는?

① Half Adder
② Register
③ Counter
④ RAM

해설 반가산기(Half Adder)
(1) 2개의 2진수 A와 B를 더한 합(sum)과 자리올림(carry)을 얻는 회로이다.
$S = A \oplus B$, $C = AB$
(2) 반가산 회로는 배타적 논리합(EXOR) 회로와 AND 회로로 구성된다.

정답 70.③ 71.① 72.① 73.② 74.④ 75.①

76 30:1 의 리플계수기를 설계할 때 필요한 플립-플롭의 수는?

① 4   ② 5
③ 6   ④ 8

해설 리플 계수회로(ripple counter)
(1) ripple counter는 비동기 방식의 대표적인 회로로서 플립-플롭의 clock pulse 입력이 외부에서 인가되는 것이 아니라 전단의 출력 trigger 입력으로 들어온다.
(2) N진 계수기 설계시 필요한 플립-플롭의 수 : n
$2^{n-1} \leq N \leq 2^n$
∴ $2^4 \leq 30 \leq 2^5$ 이므로 적어도 5개의 플립-플롭이 필요하다.

정답 76.②

제10장 변·복조 기타증폭회로

제1절 변복조 회로의 종류와 특성

01 위상변조(PM ; Pulse Modulation)의 설명으로 틀린 것은?

① 반송파의 위상을 신호파의 진폭에 따라 변화시키는 변조방식이다
② 신호파는 $V_i = V_s \cos \omega_s t$이다.
③ 반송파는 $V(t) = V_c \sin(\omega_c t + \theta)$이다.
④ 피변조파는 $V(t) = V_c \sin(\omega_c t + m \sin \omega_s t)$이다.

해설 위상변조(PM)
(1) 반송파의 위상을 θ_c로 하고, 신호파
$V_s = V_s m \cos \omega_s t$의 진폭에 따라 위상을
$\theta = \theta_c + \Delta\theta \cos \omega_s t$로 변화시키는 방식이다.
(2) 피변조파는 다음과 같다.
$V(t) = V_c \sin(\omega_c t + \Delta\theta \cos \omega_s t)$
여기서 $\Delta\theta$는 최대 위상편이다.

02 변조신호 주파수가 2[KHz]인 FM파의 점유 주파수 대역폭은 얼마인가? (단, 점유 주파수편이는 10[KHz] 임)

① 38[KHz]   ② 36[KHz]
③ 24[KHz]   ④ 2[KHz]

해설 FM의 실용적인 주파수 대역폭[BW]
$BW = 2f_s(m_f + 1) = 2(\Delta f + f_s)$
여기서 f_s : 변조신호 주파수, Δf : 최대 주파수 변이,
m_f =변조지수
$\therefore BW = 2(10+2) = 24$ [kHz]

03 입력전압이 V_i, 출력전류가 i_0일 때, 다음 식은 출력전류와 입력전압의 비선형 관계를 표시한 식이다. 진폭변조와 관계 되는 항은?(단, A_0, A_1, A_2, A_3, …는 상수이다.)

$i_0 = A_0 + A_1 V_1 + A_2 V_1^2 + A_3 V_1^3 + \cdots$

① A_0항이다.   ② $A_1 V_1$항이다.
③ $A_2 V_1^2$항이다.   ④ $A_3 V_1^3$항이다.

해설 진폭변조
$i_o = A_0 + A_1 V_i + A_2 V_i^2 + A_3 V_i^3 + \cdots$
여기서 A_0, A_1, …는 상수이다.
측대파는 v_2항에서 발생되기 때문에 제곱변조(square law modulation)라고 하며, 변조특성이 비직선이기 때문에 비직선변조라고도 한다.

04 10[MHz] 반송파 신호가 정현파 신호에 의해 FM 변조될 때 그 최대주파수편이가 50[kHz]이었다. 이 정현파 신호의 최대주파수가 500[kHz]일 경우의 대역폭은?

① 500[kHz]   ② 1.1[MHz]
③ 100[kHz]   ④ 2[MHz]

해설 FM변조
대역폭$(BW) = 2(\Delta f + f_s)$
$= 2(50K + 500K)$
$= 1.1$ [MHz]

05 PM파와 FM의 스펙트럼 분포의 관계 중 틀린 것은?

① PM파와 FM파의 스펙트럼은 반송파를 중심으로 해서 위, 아래로 변조 주파수 간격으로 무한히 발생한다.

정답 제1절 01.④ 02.③ 03.③ 04.②

② PM파의 변조지수 mP는 위상편이량 ΔΘ와 같으므로 변조 신호전압에 역비례한다.
③ PM파에서나 FM파에서 변조 신호전압을 높게 하면 대역폭은 넓게 된다.
④ 변조주파수를 높게 하면 PM에서는 대역폭이 비례하여 커진다.

해설 PM과 FM의 관계
위상변조에서는 위상편이 $\Delta\theta$가 변조지수(m_p)에 비례하는 경우 말하며 변조지수가 음질의 진폭에만 비례하고 변조 주파수와는 무관하다.

06 단일 측파대 통신방식에 사용되는 변조회로는?

① 베이스 변조   ② 콜렉터 변조
③ 제곱 변조   ④ 링 변조

07 평형 변조기에 반송파 $cosw_c t$와 신호파 $cosw_m t$을 입력시켰을 때 출력에 나타나는 파형은?

① $(1+cosw_m t)cosw_c t$
② $\frac{1}{2}[cos(w_c+w_m)t + cos(w_c-w_m)t]$
③ $\frac{1}{2}cos(w_c+w_m)t$
④ $\frac{1}{2}cos(w_c-w_m)t$

해설 평형변조기(Balanced Modulator)
(1) 평형변조는 반송파를 제거하고 상, 하 측대파(sideband)만을 얻는 변조방식이다.
(2) $cosA \cdot cosB = \frac{1}{2}cos(A+B) + \frac{1}{2}cos(A-B)$,
여기서 $A=\omega_c t,\ B=\omega_m t$

08 출력전력 100[W]의 반송파를 50[%]변조 하였을 때의 양측파대의 전력은 몇[W]인가?[

① 7.5[W]   ② 3.5[W]
③ 12.5[W]   ④ 4.5[W]

해설 양측파대 전력 즉 측파대 전력 $\frac{m^2}{2}P_c$이므로
$\frac{0.5^2}{2} \times 100 = 0.25 \times 50 = 12.5$[W]가 된다.

09 Base 변조회로(제곱 변조)의 특징이 아닌 것은?

① Base에 반송파와 신호파를 중첩시키는 방식이다.
② 변조 신호 전력이 적다.
③ 변조도를 높이면 일그러짐이 크다.
④ 피변조파 출력이 크다.

해설 베이스 변조란 반송파와 변조 신호파를 중첩해 베이스에 가하여 변조하는 방식으로 두 개의 TR회로를 사용한다. 다음 그림 은 베이스 변조회로 TR_1은 반송파와 변조 신호파의 합성파를 C급 증폭하고, TR_2는 변조기로서 일그러짐을 감소시키기 위해 A급으로 동작시킨다.
베이스 변조는 다음과 같은 특성을 갖는다.
(1) 광대역에서 사용할 수 있다.
(2) 변조 전력이 작으며 주파수 특성이 양호하다.
(3) 전원 전압이나 바이어스 변화에 의해 특성이 변화된다.
(4) 조정이 곤란하다.
(5) 콜렉터 변조보다 진폭 왜곡이 크다.

10 AM 변조 방식 중 가장 효율이 좋은 방식은?

① 에미터 변조   ② 베이스 변조
③ 평형변조   ④ 콜렉터 변조

해설 Collector 변조회로
(1) 이미터 접지의 C급 증폭회로의 콜렉터 쪽에 신호파를, 입력쪽의 베이스에 반송파를 가하는 방법이다.
(2) 특성
 ① 직선성이 매우 우수하며 100% 가까이 변조가 가능하다.
 ② 큰 변조 전력이 필요한 것이 결점이다.
 ③ 송신기의 마지막 단에서 실시하는 것이 일반적이다.

11 변조도 40[%]의 진폭변조에서 반송파의 평균전력이 300[mW]일 때 피변조파의 평균전력은 약 얼마인가?

① 100[mW]   ② 300[mW]
③ 324[mW]   ④ 424[mW]

정답 05.② 06.④ 07.② 08.③ 09.④ 10.④ 11.③

해설 AM전력

피변조파 전력(P_m)
=반송전력+상측파대전력+하측파대전력
$$= P_c\left(1 + \frac{m^2}{2}\right)$$
여기서 m은 변조도(modulation index)이다.

$$\therefore P_m = (300 \times 10^{-3})\left(1 + \frac{0.4^2}{2}\right) = 324\,[\text{mW}]$$

12 다이오드 검파에서 얻은 AGC 전압의 크기는 무엇에 따라 커지는가?

① 반송파 주파수 ② 반송파 전압
③ 피변조파의 변조도 ④ 변조파의 주파수

해설 자동이득제어기(AGC ; Automatic Gain Control)
(1) 입력신호레벨에 따라 자동적으로 증폭기의 이득을 조절하는 방식을 AGC라 한다.
(2) AGC회로는 입력신호가 커질 때 이득을 낮추고, 입력신호가 작을 때는 이득을 높이는 작용을 자동적으로 행한다.
＊AGC 전압의 크기는 반송파 전압에 따라 변한다.

13 포스터실리(Foster-Seeley) 회로의 사용 목적은?

① AM 복조 ② FM 변조
③ AM 변조 ④ FM 복조

해설 oster-Seeley 검파기와 Ratio 검파기

구분 내용	Foster-Seeley detector	Ratio detector
다이오드 방향	2개의 다이오드 접속극성이 동일	2개의 다이오드 접속극성이 상이
진폭제한 기능 (limiter)	출력이 입력파형의 크기에 비례하므로 진폭제한기가 필요	출력이 입력파형의 크기 및 변도에 비례하지 않으므로 진폭제한기가 불필요
검파감도	비검파기의 2배정도로 감도가 높다.	포스터 실리형의 1/2정도로 감도가 둔하다.
검파출력	비검파기의 2배로 검파출력이 크다	포스트 실리형의 1/2정도로 출력이 작다.
응용분야	FM파의 검파용	FM이나 TV수신기

14 수신기에 진폭제한회로(리미터)와 포스터실리형 검파 회로를 사용하여 변조된 신호에서 원 신호를 복조하는 변조방식은 다음 중 어느 것인가?

① AM(진폭변조) ② FM(주파수변조)
③ PM(위상변조) ④ PCM(펄스부호변조)

15 다음 중 수신기에서 포스터-실리형 검파기와 관련 있는 것은?

① AM(진폭변조) ② FM(주파수변조)
③ DM(델타변조) ④ PCM(펄스부호변조)

해설 포스터-실리 수신기(Foster-seeley Receiver)
(1) 주파수의 변화를 진폭의 대소로 변환하는 장치로서 FM파의 검파용에 쓰이는 주파수 변별기의 일종이다.
(2) 회로는 2개의 검파관 또는 다이오드로 구성되며 전자적으로 결합되어 있다.
(3) 변별기 자체에는 진폭 제한 작용이 없으므로 앞단에 반드시 진폭 제한기(limiter)를 달아줄 필요가 있다.

16 주파수 변조에서 S/N 비를 개선하기 위한 방법으로 적당치 않은 것은?

① 신호파의 진폭을 크게 한다.
② 변조지수 m_f를 크게 한다.
③ 프리엠파시스를 사용한다.
④ 주파수 대역폭을 크게 한다.

해설 FM은 AM에 비해 S/N비가 개선되는 데 다음과 같은 방법을 취한다.
(1) 변조도(m_f)를 크게 한다.
(2) 송신기측에 pre-emphasis를 삽입한다.
(3) 대역폭(B)을 넓힌다.
(4) 최대 주파수편이(Δf)를 크게 한다.

17 단측파대 변조방식의 특징으로서 틀린 것은?

① 점유 주파수 대역폭이 양측파대보다 작다.
② 복조기에서 반송파의 동기가 필요하다.
③ 송신 출력이 비교적 작게 된다.
④ 전송 도중에 복조되는 경우가 있다.

정답 12.② 13.④ 14.② 15.② 16.① 17.④

18 변조도 60%의 AM에 있어서 반송파의 평균 전력이 100W일 때 피변조파의 평균 전력은?

① 118W ② 130W
③ 136W ④ 160W

해설 진폭 변조(AM)의 전력
피변조파 전력(P_m)=반송파 전력(P_c)+상측파 전력(P_H)+하측파 전력(P_L)

$$\therefore P_m = \frac{1}{2}I_m^2 R + \frac{1}{8}m^2 I_m^2 R + \frac{1}{8}m^2 I_m^2 R$$
$$= P_c(1 + \frac{m^2}{2})[W]$$
$$\therefore P_m = 100[W] \times (1 + \frac{0.6^2}{2}) = 118[W]$$

19 디지털데이터를 디지털신호로 전송하는 회로 장치는?

① CODEC ② 변·복조회로
③ DSU   ④ 전화

해설 디지털 서비스 유니트(DSU)
(1) 디지털 서비스 유니트(digital service unit)는 데이터가 디지털형태로 전송되며 재생기가 설치되어 원래의 형태로 만들어 주고, 변복조기(modem)보다 비용이 저렴하다.
(2) 단극성(unipolar)신호를 변형된 쌍극성(bipolar)신호로 바꾸어 주며 수신측에서는 반대의 과정으로 원래의 신호를 만들어 낸다.

20 필터법을 이용하여 DSB파에서 SSB파를 얻어 내려면 어떤 종류의 필터를 사용해야 하는가?

① 저역필터(LPF) ② 전대역필터(APF)
③ 고역필터(HPF) ④ 대역필터(BPF)

해설 SSB(Single Sideband)통신
(1) 상측파대(Upper Sideband)또는 하측파대(Lower Sideband) 중 한쪽 측파대만을 가지고 통신하는 방식이다.
(2) AM파에서 반송파와 여분의 측파대를 filter로 제거하면 SSB 신호를 만들 수 있다.

즉, 평형변조기의 출력으로부터 한쪽의 측파대를 제거하여 SSB신호를 얻는다.
이때 사용하는 필터는 BPF(Band pass filter)이다.

21 디지털 변조(digital modulation)에서 그림과 같은 변조 방식은?

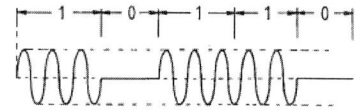

① ASK ② PCM
③ PSK ④ PNM

해설 ASK(Amplitude Shift Keying)
(1) ASK는 on-off키잉이라고도 한다. on-off가 행해질 때 발진기가 연속적으로 동작한다.
(2) ASK는 입력신호에 따라 반송파의 진폭을 변화시킨다.

22 45[MHz]의 반송파를 최대 주파수편이 38[kHz]로 하고, 9[kHz]의 신호파로 주파수 변조를 했을 경우 주파수 대역은?

① 47[kHz] ② 94[kHz]
③ 38[kHz] ④ 9[kHz]

해설 FM 파의 점유주파수 대역폭
$$BW = 2f_s(m_f + 1) = 2(\Delta f + f_s)$$
$$= 2(38 + 9) = 94[kHz]$$

23 다음과 같은 정보신호를 진폭 변조할 때 가장 넓은 대역의 스펙트럼 분포를 차지하게 되는 것은?

① 1[kHz]의 정현파 ② 1[kHz]의 펄스파
③ 5[kHz]의 정현파 ④ 5[kHz]의 펄스파

해설 Frequency spectrum은 변조된 피변조파의 주파수성분을 나타낸다.
정현파를 Fourier Transform(FT)하면 그 정현파가 갖고 있는 (+, -)주파수에서 delta function 으로 표시되나, 펄스파형을 FT하면 무한한 sinc function을 갖는다.

정답 18.① 19.③ 20.④ 21.① 22.② 23.④

전자회로 기출문제

24 주파수 변조 방식의 특징으로서 거리가 먼 것은?

① 중간 주파수 증폭단의 이득을 작게 해야 한다.
② 점유 주파수 대역폭이 진폭변조 보다 크다.
③ 주파수편이를 크게 하면 점유 주파수대역폭이 커진다.
④ FM방식이 AM방식에 비하여 잡음이 비교적 적다.

25 펄스진폭변조(PAM)에 해당되는 설명은?

① 원신호(原信號)의 표본점(sampling point)에서 높이를 몇 개의 펄스 유무조합으로 표현한다.
② 각 펄스의 위치가 시간적으로 원신호에 따라서 전후로 이동한다.
③ 각 펄스의 폭이 원신호의 높이에 따라 변화한다.
④ 각 표본 펄스의 높이가 원신호의 높이에 비례한다.

26 디지털데이터를 전송하는데 PSK 변복조 회로와 관계가 없는 것은?

① 디지털신호에 대응하여 위상이 변조된다.
② 3, 5, 7, 9 등의 다상방식이 있다.
③ 평형변조회로가 이용된다.
④ 복조시 동기검파를 한다.

> **해설** PSK(Phase Shift Keying)
> (1) PSK는 디지털 변조기법으로, 입력신호에 따라 반송파의 위상을 변화시키는 방법이다.
> (2) 2상 PSK(BPSK), 4상PSK(QPSK), 8상 PSK…2^n상 PSK 가 존재한다.

27 다음 중 평형변조회로를 사용하는 가장 적합한 목적은?

① 변조도를 크게 하기 위해
② 직진성을 개선하고 변조 일그러짐을 없애기 위해
③ SSB파를 얻기 위해
④ 변조 전력을 줄이기 위해

> **해설** 평형변조기(Balanced Modulator)
> (1) 평형변조기(Balanced Modulator)는 AM변조에서 반송파를 제외한 상·하측배파의 출력을 얻은 변조기이다.
> (2) 평형변조기는 AM방식의 일종인 SSB파를 만드는 경우에 사용되며, 변조과정에서 출력측에 반송파가 나타나지 않도록 하는 장치이다.

28 다음 중 불연속 레벨 변조에 해당되는 것은?

① PCM   ② AM
③ PM   ④ FM

> **해설** PCM(Pulse Code Modulation)
> (1) 펄스 부호 변조(PCM)는 표본화된 펄스 신호를 양자화하여 이것을 N개의 2진화 펄스를 써서 부호로 하는 방법이다. 펄스변조 방시 중 가장 우수하다.
> (2) PCM은 표본화(sampling), 양자화(quantizing), 부호화(encoding)의 3과정을 통해 아날로그 신호를 디지털 신호로 변환한다.
> 〈아날로그 펄스변조〉
> • 불연속변조 : PNM, PCM, delta modulation
> • 연속변조 : PAM, PWM, PFM, PPM 등

29 펄스변조방식 중 디지털 펄스변조에 해당되지 않는 것은?

① PNM   ② $\triangle$M
③ PCM   ④ PTM

> **해설** 여러 가지 펄스 변조
> (1) 펄스 진폭 변조(PAM), 펄스 폭 변조(PWM), 펄스 위치 변조(PPM), 펄스 수 변조(PNM), 펄스 부호 변조(PCM) 등
> (2) 성능 개선된 펄스 부호 변조
> 델타 변조(DM : Delta Modulation), 차동 펄스 부호 변조(DPCM : Differential PCM), 적용 차동 펄스 부호 변조(ADPCM : Adaptive DPCM) 등

30 반송파와 변조파주파수가 각각 일정한 경우, 다음의 각 변조지수로 FM변조를 할 때 가장 양호한 신호대 잡음비를 기대할 수 있는 경우는?

정답 24.① 25.④ 26.② 27.③ 28.① 29.④

① 0.4 ② 0.5
③ 1.0 ④ 5.0

해설 주파수변조(FM)에서 S/N을 개선시키는 방법
(1) 변조지수를 크게 한다.
(2) 주파수 대역폭을 넓게 한다.
(3) Pre-emphasis, De-emphasis를 사용한다.

31 반송주파수 700[kHz]를 정현파 100[kHz]~10[kHz]의 신호파로 진폭변조 하였을 때 점유주파수 대역폭은?

① 100[kHz] ② 5[kHz]
③ 10[kHz] ④ 20[kHz]

해설 대역폭(B ; Bandwidth)
(1) 상측파대 최고 주파수=f_c+f_s=710[kHz]
(2) 하측파대 최소 주파수=f_c-f_s=690[kHz]
    B=상측파대−하측파대
    =710[kHz]−690[kHz]=20[kHz]

제 2 절 통신 회로

01 중심 주파수가 455[KHz]이고 대역폭이 8[KHz]가 되는 단동조 회로를 만들려고 한다. 이때 이 회로의 Q는 약 얼마가 되는가?

① 2.9 ② 5.7
③ 29 ④ 57

해설 동조회로
$$선택도(Q) = \frac{f_o}{B} = \frac{f_o}{f_2-f_1}$$
$$= \frac{455 \times 10^3}{8 \times 10^3} ≒ 57$$

02 Q가 10이고, 공진주파수가 1[MHz]인 동조회로의 공진시 임피던스(impedance)는 약 얼마인가?(단, L=1[mH]라 한다.)

① 15.7[kΩ] ② 38.2[kΩ]
③ 51.4[kΩ] ④ 62.8[kΩ]

해설 동조회로(Tuned Circuit)의 선택도(양호도), Q
$$Q = \frac{\omega L}{R} = \frac{2\pi f_o L}{R}$$
공진시 임피던스(Z)=R이므로
$$R = \frac{2\pi f_o L}{Q} = \frac{2\pi (100M)(1 \times 10^{-3})}{10} = 62.8[k\Omega]$$

03 동조형 증폭기에서 공진주파수 f_0, 주파수 대역폭 B, 코일의 Q와의 관계를 설명한 것 중 맞는 것은?

① B와 f_0는 비례한다.
② Q와 f_0는 반비례한다.
③ Q와 f_0의 자승에 비례한다.
④ Q는 B의 자승에 비례한다.

해설 공진회로
공진회로에서 공진주파수 f_0와 대역폭 BW 및 코일의 Q와의 관계식
$$BW = \frac{f_0}{Q} = \frac{f_2-f_1}{Q}$$

04 동조형 공진결합 증폭기에서 대역폭 B를 넓게 하는 방법은?

① 공진회로의 용량을 증가시킨다.
② 공진회로의 Q를 낮게 한다.
③ 공진회로의 저항을 감소시킨다.
④ 공진회로의 인덕턴스를 증가시킨다.

해설 동조 증폭기(tuned amplifier)
(1) 동조증폭기는 어떤 좁은 주파수대만을 증폭하여 그 대역 밖의 모든 입력 신호를 제거하는 특성을 가지고, 라디오, TV 수상기 등의 많은 응용을 하고 있다.
(2) 코일의 Q와 대역폭
① 공진시의 리액턴스의 저항에 대한 비를 Q라면
$$Q = \frac{w_0 L}{R} = \frac{1}{w_0 CR} = \frac{1}{R}\sqrt{\frac{L}{C}}$$
② $B = f_2 - f_1 = \frac{f_0}{Q}$ (3[dB] 대역폭)

∴ $Q = \frac{f_0}{B} = \frac{f_0}{f_2-f_1}$ 여기서는 공진 주파수이며

$\frac{1}{2\pi\sqrt{LC}}$ 이다.

정답 30.④ 31.④ **제2절** 01.④ 02.④ 03.① 04.②

③ 대역폭(B)가 공진 주파수 에 비례하고 코일의 Q에 반비례한다.

05 중심 주파수가 455[kHz]이고, 대역폭이 10[kHz]가 되는 단 동조회로를 만들려면 이 회로 부하의 Q는 얼마로 하여야 하는가?

① 42.3 ② 45.5
③ 52.3 ④ 55.4

해설 공진(resonance)
(1) 전기회로에 인가되는 전언 주파수가 회로 자체의 고유 주파수(natural frequency)와 일치하면 회로는 큰 전기적 진동이 일어난다.
(2) 병렬 공진 회로

$$Q = \frac{f_0}{B} = \frac{f_0}{f_2 - f_1}$$

$$\therefore Q = \frac{455 \times 10^3}{10 \times 10^3} 45.5 \, [kHz]$$

06 RLC 직렬공진 회로에서 공진주파수에 대한 선택도 Q의 값은? (단, ω는 각속도)

① $\frac{R}{\omega C}$ ② $\frac{L}{RC}$
③ $\frac{1}{R}\sqrt{\frac{C}{L}}$ ④ $\frac{\omega L}{R}$

해설 공진회로의 선택도(selectivity)
공진회로 peak값의 첨예Eh를 나타내는 척도로서 양호도(Quality factor) Q를 사용한다.

$$Q = \frac{\omega L}{R} = \frac{1}{\omega CR} = \frac{1}{R}\sqrt{\frac{L}{C}}$$

07 그림에서 병렬공진회로의 공진주파수가 5[MHz]이다. 입력주파수가 5[MHz]일 때 컬렉터 전류는?

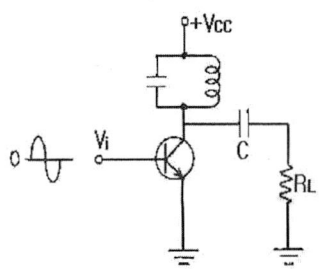

① 증가한다. ② 감소한다.
③ 최대가 된다. ④ 최소가 된다.

해설 R-L-C로 구성된 회로에 교류전압을 가할 때 전압과 전류의 위상이 동위상이 되는 경우를 공진(Resonance)이라 하며, 이 때의 주파수를 공진주파수(Resonance Frequency)라 한다. 공진시에는 리액턴스 성분은 서로 상쇄되므로 임피던스는 순 저항성분만 남게 된다. 따라서, 어떤 회로의 합성임피던스를 구하고, 이의 허수부가 "0"이 되는 조건을 찾으면 이 조건이 공진조건이 된다.

08 그림과 같은 발진회로에서 안정된 발진이 지속되기 위한 동조회로의 임피던스는 어떻게 되어야 하는가?

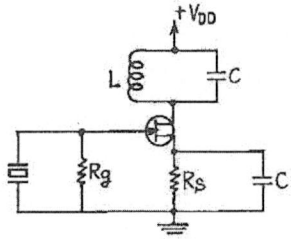

① 저항성 ② 용량성
③ 유도성 ④ 어느 경우든 상관없다.

해설 동조형 발진회로
(1) 공진 회로의 변성기에 의해 되먹임 회로가 만들어진 발진회로이다.
(2) 동조회로는 모두 유도성이 되어야만 안정한 발진을 하며, 공진주파수는 발진 주파수보다 약간 높아야 한다.

09 단동조 증폭기가 492kHz의 공진주파수에서 7kHz의 대역폭을 갖는다고 하면, 이 회로의 Q는 약 얼마인가?

① 49 ② 70
③ 98 ④ 345

해설 조회로의 선택도 또는 양호도(Q ; Quality factor)
(1) 손실이 있는 리액턴스 소자 또는 공진 회로의 양호도를 나타내는 것이며 희망하는 전파를 선택하는 기본적인 특징을 나타낸다.
(2) 동조 회로의 공진 곡선은 동조 회로의 Q가 클수록 날

정답 05.② 06.④ 07.④ 08.③ 09.②

카롭고 대역폭은 반대로 좁아진다.

∴ Q가 클수록 공진 특성이 뾰족해진다.

$$\therefore Q = \frac{f_o}{B} = \frac{f_o}{f_2 - f_1} = \frac{492 \times 10^3}{7 \times 10^3} \fallingdotseq 70$$

제3절 기타 회로 증폭기특성

01. 증폭기의 전압이득이 증가할 때 대역폭은?

① 영향을 받지 않는다.
② 증가한다.
③ 감소한다.
④ 일그러진다.

해설 이득-대역폭적
(1) 증폭기의 기본적인 파라미터인 이득 – 대역폭적은 [GB]로 표시하며 접속방식에 관계없이 일정하다.
  * [GB]=constant
(2) 이득이 증가하면 대역폭은 감소시켜야 한다.

02 자려발진기의 주파수안정도에 미치는 영향과 대책으로 옳지 않은 것은?

① 발진회로의 저항의 크기는 실효 Q에 영향을 주어 주파수가 변하므로 저항을 최소화 한다.
② 발진회로에 접속된 부하의 변동은 실효임피던스가 변하므로 그 접속을 소결합한다.
③ 발진기의 전원전압이 변하면 FET 및 트랜지스터의 동작점이 변하여 주파수가 변한다.
④ 발진회로의 주위온도가 공진회로의 L, C값의 변화를 초래하므로 주파수 변동을 일으킨다.

03 집적회로(IC)에서 고주파 특성을 제한하는 요인은?

① 저항   ② 다이오드
③ 기생 커패시턴스 ④ 실리콘

해설 IC에서 고주파특성을 제한하는 요인은 정규 커패시턴스 외에 발생하는 기생 커패시턴스(parasitic capacitance) 때문이다.

04 RC결합 증폭기의 이득이 높은 주파수에서 감소되는 이유는 어떤 것인가?

① 출력회로 내에 병렬용량이 있기 때문이다.
② 부하저항의 영향을 받기 때문이다.
③ 증폭소자의 각 정수가 주파수에 따라 변하기 때문이다.
④ 기생발진을 하기 때문이다.

05 RC결합 증폭회로에서 증폭 대역폭을 4배로 하려면 증폭이득을 약 몇 [dB] 감소시켜야 하는가?

① 0.5[dB]   ② 4[dB]
③ 6[dB]   ④ 12[dB]

해설 RC 결합 증폭기의 주파수 특성
(1) 고주파대역에서 이득이 감소하는 이유
  ① 출력 회로 내의 병렬용량 때문이다.
  ② 트랜지스터의 자체특성 및 회로용량 때문이다.
(2) 저주파대역에서 이득이 감소하는 이유
  결합콘덴서 및 측로콘덴서의 임피던스가 증가되기 때문이다.

06 증폭기 입력 측에 구형파를 가하고 출력 측에서 측정된 상승시간(rise time)이 0.35[μs]였다. 이 증폭기의 고역 3[dB] 차단주파수는 몇 [MHz]인가?

① 0.5   ② 1
③ 2   ④ 10

해설 (1) 고역3[dB] 차단주파수(f_H)

$$f_H = \frac{0.35}{t_r} = \frac{0.35}{0.35[\mu s]} = 1[MHz]$$

여기서 t_r은 상승기간이다.
(2) 저역 3[dB] 차단주파수(f_L)

$$f_L = \frac{0.35}{t_f}$$

. 여기서 t_f는 하강시간이다.

07 어떤 증폭기에서 입력전압이 5[mW]이고 출력전압이 2[V]일 경우 이 증폭기의 전압 증폭도는 약 몇 [dB]인가?

정답 제3절 01.③ 02.① 03.③ 04.③ 05.① 06.②

① 28[dB] ② 40[dB]
③ 52[dB] ④ 66[dB]

해설 증폭기를 [dB]로 나타내는 이유 : 인간의 귀가 받는 감각의 세기는 "주어진 에너지의 대수(log)에 비례한다"라는 성질이 있기 때문이다. 예를 들어 증가폭의 입력이 10[W], 100[W]일때의 출력은 10배지만 인간의 귀로 느끼는 세기는 대수에 비례하여 2배의 세기로밖에 느끼지 못한다.

(1) 전력이득[dB] $= 10\log\dfrac{출력전력}{입력전력}$

(2) 전압(전류)이득[dB] $= 20\log\dfrac{출력전압(전류)}{입력전압(전류)}$

∴ 전압이득(증폭도) $= 20\log_{10}\dfrac{2}{5 \times 10^{-3}} \cong 53[dB]$

08 전압 증폭회로에서 대역폭을 4배로 하려면 증폭 이득을 약 몇 [dB] 감소시켜야 하는가?

① 0.25[dB] ② 4[dB]
③ 6[dB]   ④ 12[dB]

해설 이득-대역폭적
(1) 증폭기의 기본적인 파라미커인 이득-대역폭적은 [GB]로 표시하며 접속방식에 관계없이 일정하다.
  * [GB]=constant
(2) 대역폭을 4배로 하려면 이득은 $\dfrac{1}{4}$로 감소시켜야 한다.
  * $20\log\left(\dfrac{1}{4}\right) = -12[dB]$

09 트랜지스터의 증폭기의 입력전력이 4[mW]이고, 출력전력이 8[W]일 때 이 증폭기의 전력이득은?

① 20[dB] ② 33[dB]
③ 65[dB] ④ 85[dB]

해설 증폭기의 이득
(1) 증폭기의 이득
  ① 전압이득$= 20\log_{10}\dfrac{V_2}{V_1}$[dB]
  ② 전류이득$= 20\log_{10}\dfrac{I_2}{I_1}$[dB]
  ③ 전력이득$= 10\log_{10}\dfrac{P_2}{P_1}$[dB]
(2) 증폭기의 전력이득

$G = 10\log\dfrac{P_2}{P_1} = 10\log_{10}\dfrac{8}{4 \times 10^{-3}}$
$\fallingdotseq 33[dB]$

10 그림과 같이 증폭기를 3단 접속하여 첫 단의 증폭기 A1에 입력전압으로 2[μV]인 전압을 가했을 때 종단증폭기 A3의 출력전압은 몇 [V]가 되는가? (단, A_1, A_2, A_3의 전압이득 G_1, G_2, G_3는 각각 60[dB], 20[dB], 40[dB]이다.)

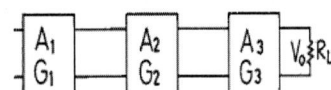

① 20[V]   ② 2[V]
③ 0.2[V]   ④ 20[mV]

해설 3단 증폭기의 전체 전압이득은
60[dB]+20[dB]+40[dB]=120[dB]이므로
$120[dB] = 20\log\dfrac{x}{2[\mu V]}$
∴ $\dfrac{x}{2[\mu V]} = 10^6$
따라서 x=2[V]가 되어 출력은 2[V]가 된다.

11 전압 증폭도가 20[dB]와, 60[dB]인 증폭기를 직렬로 연결시키면 종합 이득은 얼마인가?

① 10   ② 100
③ 1000   ④ 10000

해설 종합이득
(1) 20[dB]와 60[dB] 증폭기를 종속 접속한 경우의 종합 증폭도(A)
  A=20+60=80[dB]
(2) $20\log_{10}10000=80$[dB]

12 RC결합 저주파 증폭회로의 이득이 낮은 주파수에서 감소되는 이유는?

① 출력회로의 병렬 캐패시턴스 때문
② 에미터 저항 때문

정답 07.③ 08.④ 09.② 10.② 11.④ 12.④

③ 콜렉터 저항 때문
④ 결합 캐패시턴스의 영향 때문

해설 (1) 저주파 증폭기에서 주파수 특성은 증폭시의 입력에 같은 레벨의 여러 가지 전압을 가하여 출력측에 나타나는 전압을 측정해 그 이득의 균등성을 관찰하는 것이다.
(2) 저주파 증폭기의 주파수 특성 곡선을 보면 주파수가 높은 부분과 낮은 부분에서 이득이 떨어진다.
(3) RC 결합 증폭기의 이득이 높은 주파수에서 감소하는 이유는 출력회로 내에 병렬 용량이 있기 때문이다.
(cf) RC결합 증폭기에서 낮은 주파수에서 이득이 감소하는 이유는 결합 콘덴서의 영향 때문이다.

13 회로내의 분포용량, 표유 인덕턴스 또는 회로 정수의 불평형에 의하여 증폭하려는 주파수와 다른 주파수간에 발진이 생기는 현상은?

① 자기 발진　　② 이완 발진
③ 다이나트론 발진　　④ 기생 발진

해설 기생발진(parasitic oscillation)
장비 또는 시스템에서, 그 동작 주파수나 요구되는 발진에 관련이 있는 주파수들과는 무관한 주파수에서 발생하는 불필요한 발진을 말한다.

14 고주파 증폭회로에서 중화회로를 사용하는 주 목적은?

① 이득이 증가
② 주파수의 체배
③ 자기발진의 방지
④ 전력 효율의 증대

해설 중화회로
(1) 트랜지스터의 콜렉터 접합에서의 접합용량 $C_{b'c}$는 고주파 또는 중간주파증폭에서 이득을 저하시키는 요인이 된다.
(2) 콜렉터 용량(C)을 통해 궤환과 크기가 같고 위상이 반대되는 궤환을 시켜준다.
(3) 자기발진을 방지하기 위해서 중화용 콘덴서 C_N을 접속하여 걸어주는 회로를 중화회로라 한다.

$$\therefore C_N = \left(\frac{L_1}{L_2}\right) C_{b'c}$$

15 R-C 결합 증폭기의 이득이 높은 주파수에서 감소되는 이유는?

① 출력회로 내에 병렬 용량이 있기 때문이다.
② 결합 콘덴서의 영향을 받기 때문이다.
③ 진공관의 각 정수가 주파수에 따라 변하기 때문이다.
④ 기생발진을 하기 때문이다.

해설 RC 결합 증폭기의 주파수 특성
(1) 고주파대역에서 이득이 감소하는 이유
① 출력 회로내의 병렬용량 때문이다.
② 트랜지스터의 자체특성 및 회로용량 때문이다.
(2) 저주파대역에서 이득이 감소하는 이유
결합콘덴서 및 측로콘덴서의 임피던스가 증가되기 때문이다.

16 다음 중 고주파 증폭회로에서 중화회로를 사용하는 주 목적은?

① 이득의 증가　　② 주파수의 체배
③ 자기발진의 방지　　④ 전력 효율의 증대

해설 중화회로
(1) 트랜지스터의 콜렉터 접합에서의 접합용량 $C_{b'c}$는 고주파 또는 중간주파증폭에서 이득을 저하시키는 요인이 된다.
(2) 콜렉터 용량(C)을 통해 궤환과 크기가 같고 위상이 반대되는 궤환을 시켜준다.
(3) 자기발진을 방지하기 위해서 중화용 콘덴서 C_N을 접속하여 걸어주는 회로를 중화회로라 한다.

$$\therefore C_N = \left(\frac{L_1}{L_2}\right) C_{b'c}$$

17 고주파 증폭회로에서 중화에 대한 설명으로 틀린 것은?

① 중화용 콘덴서는 용량이 클수록 좋다.
② 컬렉터 용량을 통한 궤환과 크기가 같고 위상이 반대되는 궤환을 시켜준다.
③ 베이스접지에서는 중화를 할 필요가 없다.
④ 자기발진을 방지하기 위해 중화회로를 사용한다.

정답 13.④　14.③　15.①　16.③　17.①

해설 중화회로

(1) 중화조정의 목적은 자기발진의 방진이다.
(2) 콜렉터 용량(C)를 통해 궤환과 크기가 같고 위상이 반대되는 궤환을 시켜준다.
(3) 여기서 C는 컬렉터와 베이스의 극간용량에 의한 영향을 없애기 위해 사용되는 콘덴서로, C의 용량이 크면 중화특성이 좋지 못하다.

정답

제11장 펄스회로 파형정형회로

제1절 펄스회로

01 디지털 클럭 발진회로에서 출력에 t_{High}=4[μs]이고, t_{Low}=6[μs]인 구형파를 얻었을 때 듀티 사이클은?

① 20% ② 40%
③ 60% ④ 80%

[해설] Duty Cycle = $\dfrac{T_H}{T_H+T_L} = \dfrac{4[\mu s]}{10[\mu s]} = 40[\%]$

02 그림은 진폭 V_p가 3[V], 펄스폭 λ가 0.25[ms], 반복 주파수가 1[kHz]의 펄스파이다. 평균치를 지시하는 계기로 측정하면 몇[V]가 되는가?

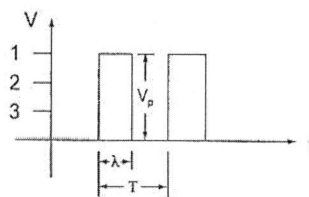

① 0.75 ② 1.5
③ 2   ④ 3

[해설] $Y = 3 \times (0.25 \times 10^{-3} \times 1 \times 10^3)$

03 RC결합 증폭기에 구형파 전압을 입력시켜 그림과 같은 출력이 나왔다면, 이 증폭기의 주파수 특성을 가장 적합하게 설명한 것은?

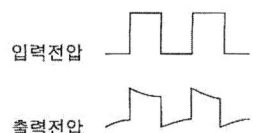

① 저역 특성이 특히 좋지 않다.
② 중역 특성이 특히 좋지 않다.
③ 고역 특성이 특히 좋지 않다.
④ 중역과 고역특성이 모두 나쁘다.

[해설] (1) 펄스 진폭의 뒤가 작아진(내려가는) 부분을 새그(sag)라 한다.
(2) 저역특성이 좋으면 새그(sag)는 작아진다.

04 One-Short 멀티바이브레이터로부터 49[μs]의 펄스폭이 주어질 때 이를 만드는데 필요한 대략 시정수는?

① 65[μs] ② 70[μs]
③ 75[μs] ④ 80[μs]

[해설] $T=0.7RC$이므로 시정수(RC)는 70[μs]이 된다.
∴ $\tau = RC = 49[\mu s]/0.7 = 70[\mu s]$

05 구형파 펄스에서 펄스폭이 10[μs], 펄스 반복 주파수가 1[kHz]일 때, 그 평균 전력이 20[W]이었다면 이 펄스의 첨두전력은 얼마인가?

① 1[kW] ② 2[kW]
③ 3[kW] ④ 4[kW]

[해설] (1) 펄스의 침단에 상당하는 전력을 말한다.
(2) 평균전력=침두전력×충격계수(D)
여기서 충격계수
$(D) = \dfrac{펄스폭(\tau)}{펄스반복주기(T)}$

정답 제1절 01.② 02.① 03.① 04.② 05.②

$$= 펄스폭(\tau) \times 펄스의\ 반복\ 주파수(f)$$
$$\therefore D = (10 \times 10^{-6}) \times (1 \times 10^3) = 0.01$$

(3) 침두전력 $= \dfrac{20}{0.01} = 2[KW]$

06 연속적으로 반복되는 펄스 파형에서 펄스 1개의 "1" 구간이 1[msec]이고, "0" 구간이 1[msec]이다. 이 파형의 주파수는 얼마인가?

① 0.5[KHz] ② 1[KHz]
③ 2[KHz] ④ 1[MHz]

해설 주파수 $= \dfrac{1}{주기} = \dfrac{1}{2 \times 10^{-3}} = 500[Hz]$

07 트랜지스터의 스위칭 시간에서 turn-off 시간은?

① 지연시간(t_d)
② 지연시간(t_d)+상승시간(t_r)
③ 축적시간(t_s)
④ 축적시간(t_s)+하강시간(t_f)

해설 트랜지스터의 스위칭 동작에서 Turn-on time은 "지연시간+상승시간"이고 Turn-off time이란 "축적시간+하강시간"을 말한다.
지연시간이란 동작준비시간의 개념이고, 축적시간은 절단준비 시간의 개념이다.

08 그림은 이상적인 펄스이다. 이 펄스의 점유율 D는?

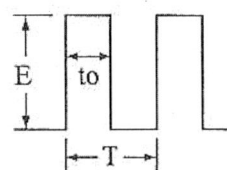

① $D = \dfrac{t_0}{T}$ ② $D = \dfrac{T}{t_0}$
③ $D = \dfrac{E}{T}$ ④ $D = \dfrac{E}{t_0}$

해설 (1) 펄스의 점유율(D)은 충격률, 충격계수, duty vcycle이라 한다.
$$D = \dfrac{펄스폭}{펄스의 반복주기} = \dfrac{t_0}{T}$$
(2) $D = \dfrac{1}{2} = 0.5$인 파형을 방형파라 한다.
(3) 펄스파의 예리한 정도를 나타내는 수치이다.

09 미분회로에 삼각파를 입력했을 때 출력파형은?
① 정현파 ② 여현파
③ 삼각파 ④ 구형파

해설 (1) 삼각파를 미분기에 통과시키면 구형파가 출력된다.
(2) 구형파를 미분기에 통과시키면 impulse가 출력된다.

10 다음 반복 펄스 파형에서 펄스의 점유율은 몇 [%]인가? (단, $\tau=0.5[\mu s]$, T=10[μs])

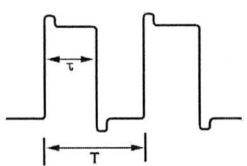

① 5[%] ② 10[%]
③ 20[%] ④ 25[%]

해설 펄스의 점유율(D)
(1) 충격률, 충격계수, 듀티 팩터(dudy factor)라고도 한다.
(2) $D = \dfrac{펄스폭(\tau)}{펄스의 반복주기(T)} = \dfrac{0.5 \times 10^{-6}}{10 \times 10^{-6}} = 0.05$
$\Rightarrow 5[\%]$
(3) $D = \dfrac{1}{2} = 0.5$인 파형을 방형파라 한다.

11 듀티 사이클(duty cycle)이 0.1이고, 주기가 40μs인 경우 펄스폭은 몇 μs인가?
① 10 ② 4
③ 3 ④ 1

해설 충격계수(duty factor)
(1) 펄스의 점유율, 충격율, 충격 계수라 한다.

정답 06.① 07.④ 08.① 09.④ 10.① 11.②

(2) 충격계수는 펄스파의 예리한 정도를 나타내는 수치이다.

(3) 충격계수 $(D) = \dfrac{\tau}{T} = \dfrac{펄스폭}{펄스의\ 반복주기}$

$\therefore \tau = (0.1) \times (40\mu s) = 4[\mu s]$

12 구형파의 지속시간 τ를 줄이면 대역폭과 진폭 크기의 변화는?

① 대역폭은 줄어들고 진폭크기는 증가한다.
② 대역폭은 늘어나고 진폭크기는 감소한다.
③ 대역폭은 줄어들고 진폭크기는 감소한다.
④ 대역폭은 늘어나고 진폭크기는 증가한다.

해설 구형파 함수의 Fourier Transform

$$F(w) = \int_{-\infty}^{\infty} Ae^{-jwt} dt = 2ArSa(\tau w)$$

∴대역폭은 펄스 폭(τ)에 반비례한다.
τ가 작아지면 대역폭은 늘어나고 진폭크기는 작아진다.

제 2 절 │ 멀티바이브레이터회로

01 다음 중 멀티바이브레이터를 구성할 때 필요한 요소가 아닌 것은?

① 트랜지스터   ② 콘덴서
③ 저항   ④ 코일

해설 Multivibrator
(1) 멀티바이브레이터는 RC결합 증폭회로로서 회로상수 R, C로 정해지는 주파수의 직사각형의 출력이 얻어진다.
(2) 멀티바이브레이터는 2개의 트랜지스터를 정궤환 접속시켜 고차의 고조파를 포함하는 펄스파 발생회로이다.
(3) 멀티바이브레이터의 종류
  ① 2개의 교류결합에 의한 비안정 멀티바이브레이터
  ② 직류결합과 교류결합에 의한 단안정 멀티바이브레이터
  ③ 2개 모두의 직류결합에 의한 쌍안정 멀티바이브레이터

02 멀티 바이브레이터의 단안정, 무안정, 쌍안정의 결정은 어떻게 결정되는가?

① 결합회로 구성   ② 전원전압 크기
③ 바이어스전압 크기 ④ 전원전류의 크기

해설 멀티바이브레이터
멀티바이브레이터는 2단 비동조 증폭 100[%]정궤환을 걸어준 회로로, 결합 회로의 임피던스 성질에 따라 단안정, 비안정, 쌍안정 멀티바이브레이터로 구분한다.
(1) 쌍안정 멀티바이브레이터의 결합 상태 : DC 결합
(2) 단안정 멀티바이브레이터의 결합 상태 : AC, DC 결합
(3) 비안정 멀티바이브레이터의 결합 상태 : AC 결합

03 One-Short 멀티바이브레이터로부터 49[μs]의 펄스폭이 주어질 때 이를 만드는 데 필요한 대략 시정수는?

① 65[μs]   ② 70[μs]
③ 75[μs]   ④ 80[μs]

해설 $T = 0.7RC$이므로 시정수(RC)는 70[μs]이 된다.
$\therefore \tau = RC = 49[\mu s]/0.7 = 70[\mu s]$

04 그림과 같은 단안정 멀티바이브레이터의 출력 (Vo)파의 펄스폭 T[sec]는?

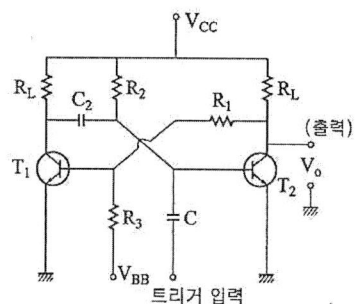

① $T = C_2 R_2 \ln 10$ ② $T = R_1 R_2 \ln 2$
③ $T = C_2 R_2 \ln 2$ ④ $T = C_2 R_1 \ln 2$

해설 (1) 단안정(monostable)멀티바이브레이터는 하나의 안정 상태와 하나의 준안정 상태를 가지며, 외부로부터의 (−)트리거 펄스를 가하면 안정 상태에서 준안정 상태로

되었다가 일정시간 경과 후 다시 안정 상태로 되돌아 온다.

(2) 반복주기(T)

$$T ≒ R_2 C_2 ln2 ≒ 0.7 R_2 C_2$$

05 그림과 같은 회로의 동작에 관한 설명으로 틀린 것은?

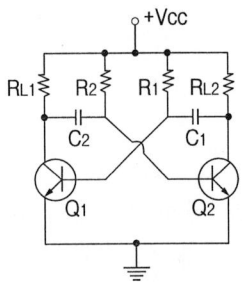

① 발진주파수는 부하저항(R_L)과 관계가 없다.
② 비안정 멀티바이브레이터이다.
③ $C_1=C_2=C$, $R_1=R_2=R$ 일 때 출력파의 주기는 5RC가 된다.
④ 콜렉터의 출력파형은 구형파를 얻을 수 있다.

해설 비안정 멀티바이브레이터(Astable Multivibrator)
(1) 비안정 멀티바이브레이터는 안정 상태를 가지지 못하면 2개의 준안정 상태를 가진 것이다.
(2) 일정한 기간을 두고 스스로 한 준안정 상태에서 다른 준안정 상태로의 전이를 계속한다.
(3) 출력 파형의 반복주기(T)=$0.69C_1R_1+0.69C_2R_2$
  $C_1=C_2=C$, $R_1=R_2=R$라면 $T≒1.4C$
(4) 구형파를 발생한다.

06 그림의 NOR 게이트 단안정 멀티바이브레이터 회로에서 R=100[kΩ], C=0.47[μF]이면 대략 출력 펄스의 폭[ms]은?

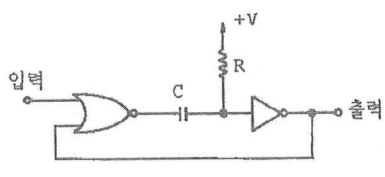

① 8.15
② 16.3
③ 32.6
④ 65.2

해설 단안정 멀티바이브레이터에서 출력은 시정수에 의해 결정되는 폭(T_w)의 펄스가 얻어진다.
$T_w ≒ 0.7RC = 0.7 \times (100 \times 10^3)(0.47 \times 10^{-6}) = 32.6 [ms]$

07 비안정 멀티바이브레이터에 대한 설명으로 가장 관계없는 것은?

① 출력파형에 많은 고조파가 포함되어 있다.
② 발진주파수는 회로의 시정수에 의해서 결정된다.
③ 동작전압 범위 내에서 전원 전압의 변동은 발진 주파수에 큰 영향을 주지 않는다.
④ 두개의 안정된 상태는 갖는다.

해설 Multivibrator 회로
(1) 비안정(무안정) 멀티바이브레이터
  안정상태가 하나도 존재하지 않고 외부로부터 트리거를 인가하지 않더라도 항상 어떠한 상태로부터 다른 하나의 상태로 바꾸는 것을 계속하는 회로, 즉 입력을 가하지 않더라도 불평형으로 발진한다.
(2) 단안정 멀티바이브레이터
  안정상태가 하나만 존재하고 외부로부터의 트리거 펄스에 의해서 이 상태를 벗어났을 때는 회로 정수에 의하여 정해진 시간이 경과한 후 다시 처음의 안정상태로 복귀하는 회로이다.
(3) 쌍안정 멀티바이브레이터
  ① 2개의 안정상태를 유지하는 회로로 쌍안정 멀티바이브레이터의 특징은 2개의 펄스가 공급될 때 1개의 출력 펄스를 가져 펄스의 주파수를 낮추는 데(분주) 이용하며, 입력펄스가 공급되기 전까지는 그 상태를 계속 유지하기 때문에 기억소자를 사용된다.
  ② Flip-Flop 회로이다.

08 멀티바이브레이터의 단안정, 비안정, 쌍안정 동작은 무엇에 의해 결정되는가?

① 결합회로의 구성
② 전원전압의 크기
③ 바이어스 전압의 크기
④ 전원전류의 크기

해설 멀티바이브레이터

정답 05.③ 06.③ 07.④ 08.①

멀티바이브레이터는 2단 비동조 증폭 100[%]정궤환을 걸어준 회로로, 결합 회로의 임피던스 성질에 따라 단안정, 비안정, 쌍안정 멀티바이브레이터로 구분한다.
(1) 쌍안정 멀티바이브레이터의 결합 상태 : DC 결합
(2) 단안정 멀티바이브레이터의 결합 상태 : AC, DC 결합
(3) 비안정 멀티바이브레이터의 결합 상태 : AC 결합

09 비안정 멀티바이브레이터의 발진주기 T는?(단, K=0.69이다)

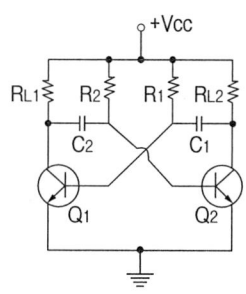

① $K(C_1R_{B1} + C_2R_{B2})$ ② $K(C_1R_{B2} + C_2R_{B1})$
③ $K(C_1R_{C2} + C_2R_{C1})$ ④ $K(C_1R_{B1} + C_2R_{B2})$

해설 비안정 멀티바이브레이터
(1) 이미터 접지 2단의 정궤환 증폭회로로서 발전된다.
(2) TR_1이 동작할 때에는 C_2가 충전되고 있는 상태이며, TR_2가 동작할 때에는 TR_1이 OFF되고, C_2는 방전한다.
∴ 발진주기(T)
$$T ≒ 0.69(C_1R_{B1} + C_2R_{B2})$$

10 쌍안정 멀티바이브레이터의 결합저항에 병렬로 부가한 콘덴서의 사용 목적은?

① 증폭도를 높인다.
② 스위칭 속도를 높인다.
③ 베이스 전위를 일정하게 유지시킨다.
④ 에미터 전위를 일정하게 유지시킨다.

해설 다음 그림은 쌍안정 멀티 바이브레이터로 두 개의 안정한 상태를 갖고 있다. 즉 외부로부터 트리거 펄스가 들어올 때마다 두 개의 안정한 상태를 교대로 옮겨 다니며, 트리거 펄스가 없는 한 최종의 안정상태를 계속 유지한다. C_1과 C_2는 가속 콘덴서로 입력 트리거 펄스에 따라 반전 작용을 확실하게 하고 더욱 신속히 행할 수 있도록 하는 역할을 한다.

11 DC 결합과 AC 결합이 함께 사용되는 회로는?

① 비안정 멀티바이브레이터
② 단안정 멀티바이브레이터
③ 쌍안정 멀티바이브레이터
④ 블로킹 발진기

해설 멀티바이브레이터
멀티바이브레이터는 2단 비동조 증폭 100[%] 정궤환을 걸어준 회로로, 결합 회로의 임피던스 Z_1, Z_2의 성질에 따라 단안정, 비안정, 쌍안정 멀티바이브레이터로 구분한다.
(1) 쌍안정 멀티바이브레이터의 결합 상태: DC 결합
(2) 단안정 멀티바이브레이터의 결합 상태: AC, DC 결합
(3) 비안정 멀티바이브레이터의 결합 상태: AC 결합

12 TTL NAND 게이트를 이용한 단안정 멀티바이브레이터 회로에서 C = 100[pF]이고 트리거 입력이 100[KHz]일 때의 입력파형과 출력파형이 그림과 같다면 저항 R 값은?

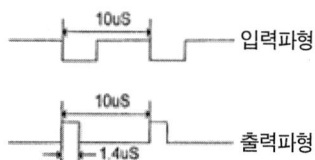

① 200[Ω]   ② 2[kΩ]
③ 20[kΩ]   ④ 200[kΩ]

해설 단안정 멀티바이브레이터에서 출력 펄스의 폭 T는 다음과 같다.
$$T = 0.7CR[sec] = 0.7 × 100 × 10^{-12} × R$$
한편 $R = \dfrac{1.4 × 10^{-6}}{0.7 × 100 × 10^{-12}} = 20[kΩ]$

13 결합상태가 DC(직류)로 구성된 멀티바이브레이터는?

① 무안정 멀티바이브레이터
② 단안정 멀티바이브레이터

정답 09.④ 10.② 11.② 12.③

③ 쌍안정 멀티바이브레이터
④ 무단안정 멀티바이브레이터

해설 멀티바이브레이터의 구분은 결합소자의 결합상태에 따라 구분된다.
(1) 무안정 멀티바이브레이터 : AC 결합
(2) 단안정 멀티바이브레이터 : AC, DC 결합
(3) 쌍안정 멀티바이브레이터 : DC 결합

14 멀티 바이브레이터에 대한 설명 중 가장 관계없는 것은?

① 부궤환의 일종이다.
② 회로의 시정수로 주기가 결정된다.
③ 고차의 고조파를 포함하고 있다.
④ 전원전압이 변동해도 발진주파수에는 큰 변화 없다.

해설 멀티바이브레이터(Multivibrator)
(1) 저항, 콘덴서, 게이트들이 조합되어서 펄스를 만드는 소자로서, 발진회로라고 한다.
(2) 사용되는 저항 콘덴서의 조합에 따라 쌍안정, 단안정, 무안정 멀티바이브레이터의 3가지 종류가 있다. 여기서 쌍안정 멀티바이브레이터는 플립플롭이라고도 하며 단안정과 무안정 멀티바이브레이터는 발진기로 사용된다.
(3) TR형 비안정 멀티바이브레이터는 트랜지스터의 증폭회로 2단을 콘덴서로 결합하여 출력신호를 입력으로 정궤환시켜 발진하도록 하고 있다.
※발진기는 정궤환(positive feedback) 방식이다.

15 그림과 같은 회로에 대한 설명 중 틀린 것은?

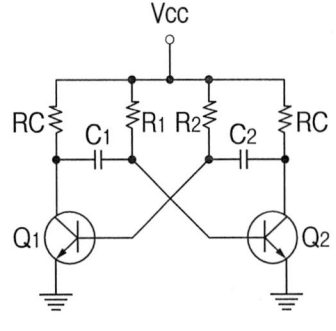

① Q1이 도통 상태이면 Q2는 차단 상태이다.
② 비안정 멀티바이브레이터 회로이다.
③ 발진의 주기(T)는 약 $0.7 \times (R1 \cdot C1 + R2 \cdot C2)$ 초이다.
④ Q2의 컬렉터 출력으로 정현파가 발생된다.

해설 비안정 멀티바이브레이터(Astable Multivibrator)
(1) 비안정 멀티바이브레이터는 안정 상태를 가지지 못하며 2개의 준 안정 상태를 가진 것이다. 그러므로 일정 기간을 두고 스스로 준 안정 상태에서 다른 준 안정 상태로의 전이를 계속한다.
(2) Q_1이 통전상태(ON)일 때 Q_2는 차단 상태(OFF)가 되고, Q_2가 ON일 때 Q_1은 OFF동작을 한다.
(3) 구형파를 발생한다.

제 3 절 ▶ 펄스 발진기

01 그림과 같은 스위칭용 슈미트트리거 회로에서 S/W를 OFF 시키면 +5[V]로 충전하기 시작할 때의 시정수는?(단, R1=100[Ω], R2=10[kΩ], C=3.3[μF])

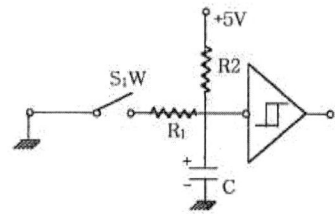

① 0.33[ms]   ② 3.3[ms]
③ 33[ms]   ④ 330[ms]

해설 시정수
$\tau = RC = R_2 C = 10[K\Omega] \times 3.3[\mu F]$
$= 10000 \times 3.3 \times 10^{-6} = 3.3 \times 10^{-2}[sec]$
$= 33[ms]$

02 그림과 같은 발진회로의 출력파형은?

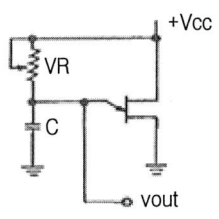

① 톱니파　　② 정현파
③ 구형파　　④ 펄스파

해설 UJT를 사용한 비안정 톱니파 발생회로이다.
톱니파의 전압 또는 전류는 싱크로스코프나 텔레비전 등의 시간축 소인(time base sweep)에 많이 이용된다.

03 다음의 회로에서 출력 Vo는?

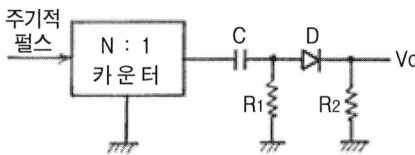

① 양(+)의 펄스　　② 음(−)의 펄스
③ 대칭 펄스　　　④ 반파 대칭 펄스

해설 시정수 R, C가 출력 구형파의 주기(T)보다 극히 작다면 R_1 양단의 전압은 음과 양의 일련의 펄스가 된다.
R_2의 전압은 간격이 T인 일련의 양(+)의 펄스로 변환된다.

04 슈미트 트리거의 특징으로 옳지 않은 것은?

① 쌍안정 멀티 바이브레이터의 일종이다.
② 입력 전압의 크기가 회로의 포화, 차단 상태를 결정해 준다.
③ 구형파와 삼각파 발생에 사용한다.
④ 한쪽 트랜지스터의 콜렉터에서 다른 쪽 트랜지스터의 베이스로만 결합용 캐퍼시터가 있다.

해설 슈미트 트리거 회로
(1) 슈미트 트리거 회로는 이미터 결합 쌍안정 멀티바이브레이터 회로의 일종이다.
(2) 슈미트 트리거 회로는 입력 전압이 일정 값 이상이 되면 상승 펄스파, 일정값 이하가 되면 하강 펄스파를 만들어 낸다. 따라서 정현파를 이용해서 구형파를 얻

을 때 사용되며, A/D 변환기 또는 비교 회로 등에 응용되고 있다.

05 다음 그림과 같은 회로명은?

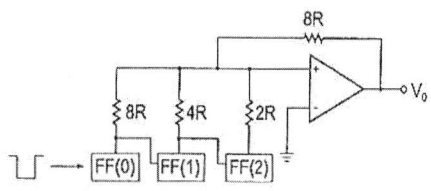

① 슈미트 트리거 회로
② 멀티 바이브레이터 회로
③ 계단파 발생회로
④ 펄스 카운터 회로

해설 (1) 회로는 OP-Amp와 플립플롭이 조합되어 있다.
(2) 3개의 플립플롭을 직렬로 접속해서 트리거 신호가 인가될 때마다 변화를 일으키는 대칭 트리거 입력형 계단파 발생 회로이다.

06 단일접합 트랜지스터(UJT)를 사용하여 그림과 같은 회로를 구성하였다. E점에 나타나는 파형은?

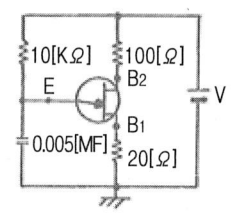

① ～톱니파형～
② ～펄스파형～
③ ～구형파형～
④ ～반파형～

해설 단일접합 트랜지스터(UJT)
(1) UJT는 전류제어형 부저항 소자이다.
(2) 문제의 회로는, UJT를 사용한 비안정 톱니파 발생회로이다.
(3) E점에서는 ①형태의 파형이 나타나며, 출력단에서는 ②의 파형이 출력된다.

정답 02.① 03.① 04.③ 05.③ 06.①

07 가변 직류전원에 의해 주파수 가변이 가능한 발진기는?

① 수정발진기　　② VCO
③ 암스트롱 발진기　④ 피에조디바이스

해설 발진기의 주파수가 변조신호의 전압에 따라 조절되는 것을 전압제어발진기(VCO; Voltage Controlled Oscillator)라 한다.
즉, 인가된 전압에 대응하여 송수신 주파수를 변환시킬 수 있는 발진기이다.

08 슈미트 트리거 회로에 입력파형으로 주기적인 정현파를 인가할 때, 출력파형은 어떠한 파형이 되는가?

① 정현파　　② 삼각파
③ 구형파　　④ 타원파

해설 슈미트 트리거(Schmitt-trigger)회로
(1) 슈미트 트리거 회로는 전압 레벨의 검출, 파형의 정형 등에 쓰인다. 일반적으로 2개의 트랜지스터가 저항 분할 및 에미터 결합에 의해서 결합되어 있다.
(2) 슈미트 트리거 회로는 어떤 설정 레벨에 이른 신호만을 검출한다든가, 임의의 파형을 구형파로 바꾼다든가. 왜곡된 펄스를 정형하는데 사용한다.

09 다음 중 시미트 트리거 회로의 응용이 아닌 것은?

① 전압비교 회로　② 구형파 발생
③ 쌍안정 회로　　④ 삼각파 발생

해설 (1) 시미트 트리거는 정현파와 같은 완만한 변화 입력으로 날카로운 구형 펄스를 만드는데 적합한 쌍안정 멀티바이브레이터의 일종이다.
(2) 시미트 트리거 회로의 특징 및 응용회로

특징	• 쌍안정 멀티 바이브레이터의 일종이다. • 입력 파형에 관계없이 출력은 항상 구형파이다. • 입력 전압의 크기로서 회로의 개폐 ON, OFF)를 결정해준다. • 귀환 효과는 공통 이미터 지항을 통하여 이루어진다.
응용회로	• 전압비교 회로(comparactor) • 쌍안정 회로 • 펄스파(구형파) 발생회로 • A/D 변환기

10 Schmitt 트리거 회로의 응용 예로 틀린 것은?

① 전압비교회로　② 방형파회로
③ 쌍안정회로　　④ 증폭회로

해설 슈미트(Schmitt)트리거 회로
(1) 입력이 어느 레벨이 되면 비약하여 방형파형을 발생하는 회로로서 이미터 결합형의 쌍안정 멀티바이브레이터의 일종이다.
(2) 슈미트 트리거 회로의 응용
  ① 전압 비교회로(voltage comparator)
  ② 쌍안정 회로
  ③ 방형파 발생회로 등

11 그림 A파형의 정현파를 그림 B의 구형파로 바꾸려면 어느 회로를 사용하면 가능한가?

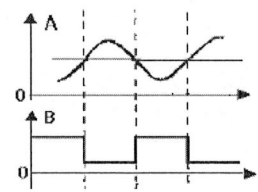

① 부우드 스트랩 회로　② 블로킹 발진기
③ 슈미트 트리거 회로　④ 다이오드 pump회로

해설 슈미트 트리거 회로
(1) 슈미트 트리거 회로는 이미터 결합 쌍안정 회로의 일종이다.
(2) 슈미트 트리거 회로는 입력 전압이 일정값 이상이 되면 상승 펄스파, 일정값 이하가 되면 하강 펄스파를 만들어 낸다. 따라서 정현파를 이용해서 구형파를 얻을 때 사용되며, A-D 변환기 또는 비교 회로 등에 응용되고 있다.
(3) 슈미트 트리거는 정현파와 같은 완만한 변화 입력으로 날카로운 구형 펄스를 만드는 데 적합한 쌍안정 멀티바이브레이터의 일종이다.

정답 07.② 08.③ 09.④ 10.④ 11.③

12 다음 중 Schmitt trigger 회로의 특성으로 옳은 것은?

① 이득을 향상시킬 수 있다.
② 계단파 발진기로 주로 사용한다.
③ 삼각파 입력으로 정현파 출력이 된다.
④ 회로구성은 쌍안정 멀티바이브레이터와 유사하다.

해설 슈미트 트리거 회로
(1) 슈미트 트리거 회로는 이미터 결합 쌍안정 회로의 일종이다.
(2) 슈미트 트리거 회로는 입력 전압이 일정값 이상이 되면 상승 펄스파를, 일정값 이하가 되면 하강 펄스파를 만들어 낸다. 따라서 정현파를 이용해서 구형파를 얻을 때 사용되며, A-D 변환기 또는 비교 회로 등에 응용되고 있다.
(3) 슈미트 트리거는 정현파와 같은 완만한 변화 입력으로 날카로운 구형 펄스를 만드는 데 적합한 쌍안정 멀티바이브레이터의 일종이다.

13 슈미트 트리거(Schmitt trigger) 회로의 용도 설명 중 틀린 것은?

① 구형파 펄스 발생회로로 사용된다.
② 임의의 파형에서 그 크기에 해당하는 펄스폭의 구형파를 얻기 위해서 사용된다.
③ A-D 변환회로로 사용된다.
④ D-A 변환회로로 사용된다.

해설 슈미트 트리거 회로의 응용 분야
(1) 전압비교회로(comparator)
(2) 구형파 발생회로
(3) 펄스발생회로
(4) A/D 변환기

14 그림과 같은 회로의 명칭은?

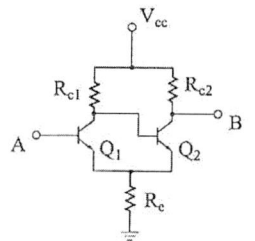

① 슈미트 트리거회로   ② 차동증폭회로
③ 푸쉬풀 증폭회로   ④ 부트스트랩회로

해설 슈미트 트리거 회로는 입력 전압이 일정값 이상이 되면 상승 펄스파를, 일정값 이하가 되면 하강 펄스파를 만들어 낸다. 따라서 정현파를 이용해서 구형파를 얻을 때 사용하며, A/D 변환기 또는 비교 회로 등에 응용되고 있다.

15 실리콘 제어정류소자(SCR)의 전류-전압 특성 곡선은?

① 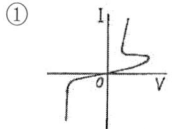   ②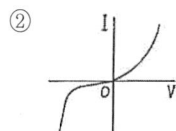

③ 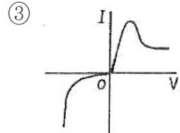   ④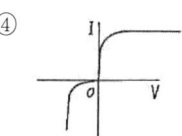

해설 (1) SCR은 부성 저항특성을 가지며, 작은 게이트 전류로 큰 전류를 제어할 수 있다.
(2) SCR의 용도 : 조명의 조광등 개폐, 전기로의 온도 조절, X선 전원, 인버터-초고속 전동기의 전원, 형광등의 고주파 점등 등

16 슈미트 트리거 회로의 출력파형으로 옳은 것은?

① 삼각파   ② 정현파
③ 구형파   ④ 램프(ramp) 파형

해설 슈미트 트리거 회로 특징
(1) 쌍안정 멀티바이브레이터의 일종이다.

정답 12.④ 13.④ 14.① 15.① 16.③

(2) 입력 파형에 관계없이 출력은 항상 구형파이다.
(3) 입력 전압의 크기로서 회로의 개폐(on, off)를 결정해 준다.
(4) 응용 회로 : 전압 비교 회로(comparator), 쌍안정 회로, 펄스파 발생 회로, A/D 변환기

17 다음 중 슈미트 트리거 회로에 대한 설명으로 가장 적합한 것은?

① 주로 선형 증폭기로 사용한다.
② 계단파 발진기로 사용한다.
③ 삼각파의 입력으로 정현파가 출력된다.
④ 히스테리시스 특성을 갖는 비교기이다.

해설 슈미트 트리거(Schmitt trigger)
(1) 히스테리시스 특성을 갖도록 한 비교기이다.
  ① 비교기는 하나의 전압을 다른 기준 전압과 비교하기 위한 것인데, 비교기의 입력측에 나타나는 잡음 전압은 출력측에 오차를 유발하기 때문에 비교기가 잡음에 둔감하게 작용하도록 히스테리시스정궤환법을 사용한다.
  ② 히스테리시스는 입력전압이 높은 값에서 낮은 값으로 갈 때보다 낮은 값에서 높은 값으로 갈 때 높은 레벨이 되므로, 2개의 트리거 레벨이 절체 동작에서 오프셋 또는 지연되는 특성을 이용하여 입력에 포함된 약간의 잡음은 출력에 영향을 미치지 못하도록 한 것이다.
(2) 슈미트 트리거는 정현파와 같은 완만한 변화 입력으로 날카로운 구형 펄스를 만드는 데 적합한 쌍안정 멀티바이브레이터의 일종이다.
(3) 슈미트 트리거 회로의 응용: 전압 비교회로, 쌍안정 회로, 방형파 발생회로 등

제 4 절 파형정형회로

01 다음 회로에서 다이오드 D_1과 D_2가 동시에 차단상태로 되는 조건으로 옳은 것은?(단, $V_2>V_1$이다.)

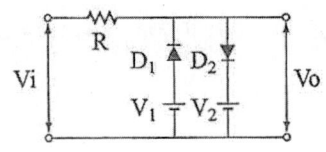

① $V_i \leq V_1$ ② $V_1 > V_i > V_2$
③ $V_1 < V_i < V_2$ ④ $V_i \geq V_2$

해설 병렬형 슬라이서(slicer)회로
(1) $V_1<V_i<V_2$인 경우
   D_1=OFF, D_2=OFF 이므로 $V_o=V_i$
(2) $V_i<V_1$인 경우
   D_1=ON, D_2=OFF 이므로 $V_o=V_1$
(3) $V_i<V_2$인 인 경우
   D_1=OFF, D_2=ON 이므로 $V_o=V_2$

02 그림과 같은 슬라이스(slice) 회로의 출력파형은? (단, 입력은 Esinwt[V]이다.)

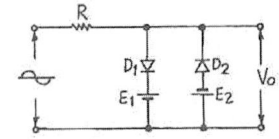

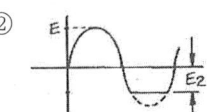

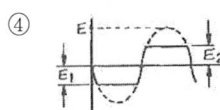

해설 회로는 peak-clipper와 base-clipper를 결합한 회로이다.
(1) $V_i<E_1$인 경우
   D_1(ON), D_2(OFF) 이므로 $V_0=E_1$
(2) $V_i<E_2$인 경우
   D_1(OFF), D_2(ON) 이므로 $V_0=-E_2$
(3) $-E_2<V_i<E_1$인 경우
   D_1(OFF), D_2(OFF) 이므로 $V_0=V_i$
∴ 출력 파형은 기준레벨 E_1과 E_2의 위, 아래 양쪽을 잘라 낸 파형이 된다.

정답 17.④   제4절 01.③   02.③

03
다음 그림과 같은 회로의 전달 특성은?(단, $V_{R1} < V_{R2}$)

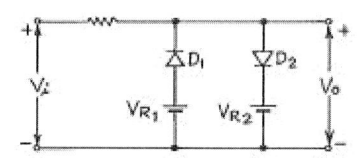

① ② ③ ④

해설 병렬 슬라이서(slicer)회로
(1) $VR_1 < V_i < VR_2$인 경우 D_1(OFF), D_2(OFF)
∴ $V_0 = V_i$
(2) $V_i < V_{Ri}$인 경우 D_1(ON), D_2(OFF)
∴ $V_0 = V_{R1}$
(3) $V_i < V_{R2}$인 경우 D_1(OFF), D_2(ON)
∴ $V_0 = V_{R2}$

04
다음 회로에서 V_i-V_o특성곡선을 올바르게 나타낸 것은?

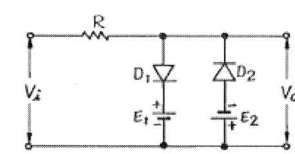

① ② ③ ④

해설 리미터(Limitter)

(1) 입력신호의 중심부를 추출하는 회로이다.

입력	Diode	출력(V_o)
$V_i > E_1$	D_1 : ON, D_2 : OFF	$V_o = E_1$
$E_2 < V_i < E_1$	D_1 : OFF, D_2 : OFF	$V_o = V_i$
$V_i < E_2$	D_1 : OFF, D_2 : ON	$V_o = E_2$

(2) E_1과 E_2의 위, 아래를 잘라낸 파형이 출력된다.

05
그림과 같은 회로의 입력에 정현파(Vi)를 인가했을 때의 전달 특성은? (단, 다이오드의 동작시 저항 성분은 Rf이며, Rf<R이다.)

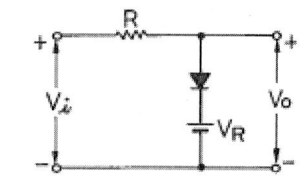

① ② ③ ④

해설 클리퍼(clipper)
(1) 교류입력 파형에서 어느 경계값을 기준으로 한 부분을 잘라내면서 다른 부분은 왜곡없이 출력한다.
(2) 동작설명
① $V_i < V_R$인 경우 D(off)이므로 $V_o = V_i$
② $V_i > V_R$인 경우 D(on)이므로 $V_o = V_R$

06
다이오드 D_1, D_2의 항복 전압을 V_z라면 회로에서 D_1, D_2가 모두 차단(OFF)될 조건으로 옳은 것은?

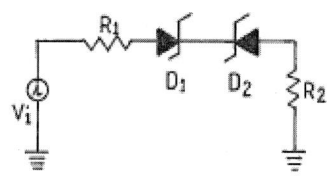

정답 03.③ 04.① 05.① 06.③

① $V_i = V_z$　　　② $V_i = -V_z$
③ $-V_z < V_i < V_z$　　④ $-V_z > V_i > V_z$

해설 (1) $V_i > V_{z2}$일 때 D_1, D_2는 ON
∴ $V_o = \dfrac{R_2}{R_1+R_2}(V_i - V_{z2})$
(2) $V_i < V_{z1}$일 때 D_1, D_2는 ON
∴ $V_o = \dfrac{R_2}{R_1+R_2}(V_i - V_{z1})$
(3) $-V_{z1} < V_i < V_{z2}$ 일 때는 OFF
∴ $V_o = 0$

07 제너 다이오드를 사용하는 회로는?
① 증폭회로　　　② 검파회로
③ 전압안정회로　④ 저주파발진회로

해설 제너 다이오드(Zener Diode)
(1) 역방향 전압을 크게 해도 전류가 급격히 증가하는 제너현상과 전자 눈사태 현상을 이용하여 다이오드에 역방향 전류를 흘려 보내 사용하고 그 양단에서 일정한 전압을 얻는다.
(2) 제너 다이오드는 전압 변동이 극히 작을 것을 필요로 하는 전원 안정화 회로에 사용한다.

08 다음과 같은 회로에 정현파 입력 신호를 가했을 때 출력파형은?(단, 다이오드 순방향 저항 Rf=0)

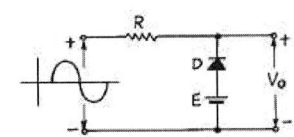

① 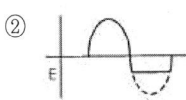 ②
③ 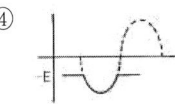 ④

해설 병렬형 클리핑회로
(1) 다이오드가 거의 ON 상태이므로 출력측에는 E의 크기가 나타난다.

(2) $V_i < E$인 경우 다이오드가 OFF 상태가 되어 입력파형의 최대치만 출력된다.
(3) 입력파형의 아랫부분을 잘라내는 역할을 한다.

09 다음 그림 회로의 용도는? (단, 다이오드는 이상적이고, $V_{R1} < V_{R2}$이다.)

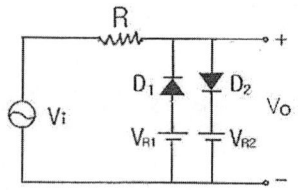

① 클립핑　　　② 전압배율기
③ 정류기　　　④ 피크검출기

해설 클리핑(clipping) 회로
(1) 클리퍼(clipper) 회로라고도 하며, 클리핑 회로는 입력 파형을 적당한 level로 잘라내는 파형 변환 회로의 일종이다.
(2) 신호를 전송할 때 기준 값보다 높은 부분 또는 낮은 부분 등 원하는 부분만을 전송하기위해서 사용한다. 그러므로 클리퍼 회로는 리미터(limiter), 진폭 선택회로(amplitude selector), 또는 슬라이서(slicer)라고도 부른다.
(3) 클리퍼 회로는 다이오드와 저항, 직류전지로 구성된다. 출력 파형은 각종 요소들의 위치를 상호 교환하거나, 전지의 전압을 변화시킴으로써 다른 레벨에서 클리퍼 할 수 있다.

제 5 절　클램퍼회로

01 다음 회로의 입력에 정현파가 인가될 경우 이 회로의 설명으로 옳은 것은?

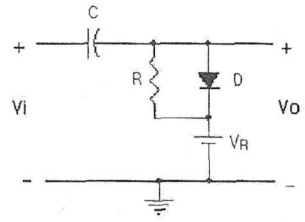

정답　07.③　08.③　09.①　제5절　01.①

① 클램프회로이다.
② 출력신호의 하단레벨을 일정하게 유지한다.
③ 반파정류회로이다.
④ 클리퍼회로이며 출력신호의 크기를 제한한다.

해설 클램프(clamp)회로
(1) 전압 파형의 수직 이동은 상수 혹은 독립 전압원을 파형에 직렬로 더함으로써 가능하다.
클램프는 수직 이동 작용을 말하는 것으로 부가적인 전원으로 인해 파형은 변하게 된다.
∴파형의 한 부위를 일정 레벨에 고정시킨다.
(2) 문제의 회로에서, 입력 파형은 V_R에서 최대값을 갖는 파형으로 이동되어 있으며 이 경우 우리는 파형이 V_R로 클램프 되었다고 한다.
∴입력레벨의 (–) 피크를 V_R 레벨로 클램핑 하는 직류 부가 클램프이다.

제 6 절 미적분회로

01 프리엠퍼시스(pre-emphasis) 회로는 어느 회로와 같은가?

① 저역통과필터　　② 고역통과필터
③ 대역통과필터　　④ 대역저지필터

해설 Pre-emphasis 회로
(1) FM이 잡음에 강하지만 높은 주파수 성분은 잡음에 취약한 특성을 가진다. 그러므로 FM에서는 고역 S/N비를 개선하기 위하여 송신단에서 프리 엠파시스회로를 사용한다.
＊pre-emphasis회로는 고주파 성분을 강조하는 역할을 수행한다.
(2) Pre-emphasis 회로는 미분회로의 일종으로 고역통과필터와 등가이다.
(3) 수신측에서는 de-emphasis회로를 사용하는데, 이는 pre-emphasis회로의 반대 역할을 하며 저역통과 필터와 등가이다.

02 그림과 같은 CR회로에서 지수 함수적으로 증가하는 경우는 어느 것인가?[

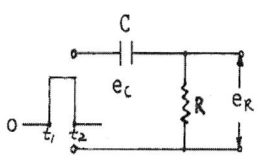

① t_1에서의 e_C　　② t_1에서의 e_R
③ t_2에서의　　　　④ t_2에서의 $e_R + e_C$

해설 CR회로
(1) 전류 $i(t)$
$$i(t) = \frac{E}{R} e^{-\frac{1}{RC}t} [A]$$
(2) R 단자 전압
$$e_R = i(t)R = E e^{-\frac{1}{RC}t} [V]$$
(3) C 단자 전압
$$e_c = E - e_R = E(1 - e^{-\frac{1}{CR}t})[V]$$

03 다음 단일 구형파를 미분회로에 통과시키면 출력파형은?

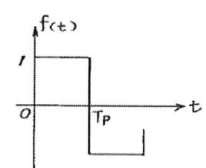

① ② ③ ④

해설 R-C 미분회로에서, C에 의해서 최대치까지 충전된 값이 저항(R)을 통해서 서서히 방전되는 출력파형을 갖는다. 이 때 방전 기울기는 RC회로의 시정수(τ=RC)가 결정된다.

정답 제6절 01.② 02.① 03.③

04 적분회로로 사용할 수 있는 회로는?

① 저역통과 RC회로
② 고역통과 RC회로
③ 대역통과 RC회로
④ 대역소거 RC회로

해설 (1) 저역통과 RC회로
    RC회로의 조합으로 입력에 대하여 R과 C는 직렬접속이고 C의 양단을 출력단자로 한 회로이며 적분회로 동작을 한다.
(2) 고역통과 RC회로
    RC회로의 조합으로 입력에 대하여 R과 C는 직렬접속이고 R의 양단을 출력단자로 한 회로이며 미분회로 동작을 한다.

05 60[V]로 충전되어 있는 1[μF] 콘덴서를 1[MΩ]의 저항을 통하여 방전시키면 1초 후의 콘덴서 양단의 전압은 약 얼마인가?

① 10[V]   ② 22[V]
③ 36[V]   ④ 60[V]

해설 콘덴서 방전
콘덴서의 방전전압 $U_c(t)$는 다음과 같다.
$$v_c(t) = Ve^{-t/\tau}$$
여기서 V는 초기전압이고 τ는 시정수(time constant)이다. 시정수는 초기전압이 36.8%로 감소하는 데 걸리는 시간으로 단위는 [sec]이다.
RC회로에서 $\tau=RC$이며 RL회로에서 $\tau=L/R$이다.
$$\tau = RC = (1 \times 10^6)(1 \times 10^{-6}) = 1[sec]$$
$$\therefore v_c(t) = 60e^{-1/1} \cong 60 \times 0.368 = 22.07[V]$$

06 그림과 같은 회로에 입력 Vi가 인가되었을 때 출력은 어느 것이 가장 적당한가? (단, 펄스의 폭은 1ms이다.)

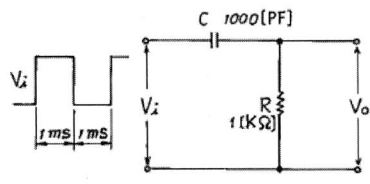

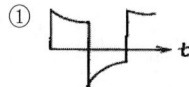 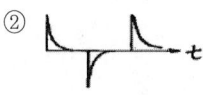

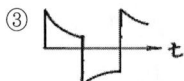 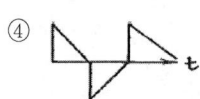

해설 미분회로
(1) RC 직렬회로를 이용한 미분회로는 입력이 변화할 때에만 출력이 나온다.
(2) 출력 전압의 파형은 시정수, $R=CR$과 입력의 펄스폭 τ의 관계에 따라 출력파형이 조금 달라지게 된다.
 • $CR \ll \tau$인 경우: 대략 ②의 출력파형
 • $CR \gg \tau$인 경우: 대략 ③의 출력파형

07 그림(a)의 회로에 그림(b)와 같은 파형전압을 인가하면 출력 전압파형은?

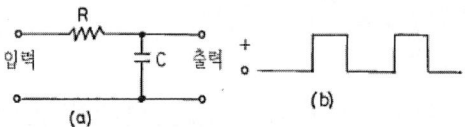

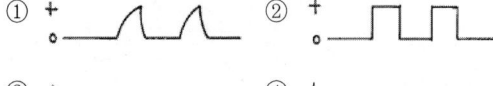

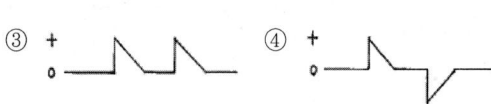

해설 적분회로
(1) 적분회로를 RC회로의 조합의 C의 양단에서 출력을 얻는 회로이다.
(2) 적분회로는 삼각파나 톱니파의 발생 그리고 펄스폭의 분리 등에 이용되고 있다.
$$V_o = \frac{1}{C}\int i\,dt = \frac{1}{RC}\int V_i\,dt$$

08 다음과 같은 RC회로에 직류 기전력을 가했을 때 해당되지 않는 그림은?

정답 04.① 05.② 06.② 07.①

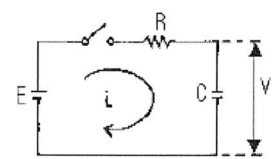

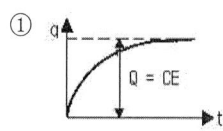 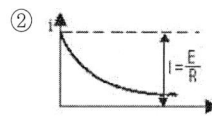

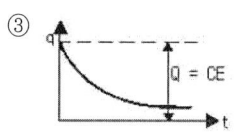 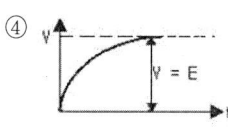

해설 (1) 전류 $i(t)$에 해당되는 그림은 ②이다.
$$i(t) = \frac{E}{R} \cdot e^{-\frac{1}{RC}t}$$

(2) R 단자 전압
$$v_R = R_i(t) = E e^{-\frac{1}{RC}t}$$

(3) C 단자 전압에 해당되는 그림은 ④이다.
$$v_c = E - v_R = E(1 - e^{-\frac{1}{CR}t})$$

(4) 전하(q)에 해당되는 그림은 ①이다.
$$q = CV_c = CE(1 - e^{-\frac{1}{RC}t})$$

09 저항 R_1, R_2 및 인덕턴스 L의 직렬 회로가 있다. 이 회로의 시정수는?

① $(R_1 - R_2)/L$ ② $(R_1 + R_2)/L$
③ $L/(R_1 - R_2)$ ④ $L/(R_1 + R_2)$

해설 정수(time constant)

(1) $R-L$회로의 시정수 $(\tau) = \frac{L_{eq}}{R_{eq}}$ [sec]

$R-C$회로의 시정수 $(\tau) = R_{eq}C_{eq}$ [sec]

(2) 문제에서 R_1, R_2는 직렬연결이므로 $R_{eq} = R_1 + R_2$이다.

10 그림과 같은 다이오드 클리핑 회로에 정현파를 인가했을 때 출력 전압 파형은?

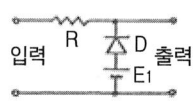

① 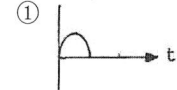   ②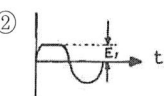

③ 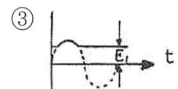   ④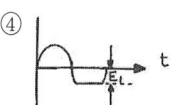

해설 Clipping 회로
(1) 클리핑(clipping) 회로는 입력 파형을 적당한 level로 잘라내는 파형 변환회로의 일종이다.
(2) 다이오드는 거의 on 상태에 있으므로 출력측에는 E_1의 크기가 나타난다. 한편 $V_i > E_1$일 때는 다이오드는 off 상태가 되어 입력파형의 최대치만 출력된다.

11 그림의 회로에서 스위치가 t=0일 때, 1에서 2의 위치로 갑자기 옮겨졌다. 이때 흐르는 전류는?

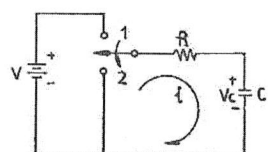

① $i = \frac{V_C}{R} e^{-\frac{t}{RC}}$ ② $i = \frac{-V_C}{R} e^{-\frac{t}{RC}}$

③ $i = \frac{-V_C}{R} e^{-\frac{C}{R}t}$ ④ $i = \frac{V_C}{R} e^{-\frac{R}{C}t}$

해설 $R-C$ 직렬회로의 펄스 응답
(1) C에 V_c로 충전된 후 스위치를 2의 위치로 옮기면 V_c에 의해 (방전)전류가 흐르게 되는데, 이때 흐르는 전류는 V_c의 극성에 따라 주어진 전류와 반대방향의 전류가 흐른다.

(2) $R-C$ 회로의 시정수 τ는 RC이다.

① $V_C = V e^{-\frac{1}{CR}}$ [V]

② $i(t) = -\frac{V_c}{R} e^{-\frac{t}{RC}}$ [A]

③ $V_R = R i(t) = V_c e^{-\frac{t}{CR}}$ [V]

정답 08.③ 09.④ 10.③ 11.②

12 다음 중 그림 (B)와 같은 회로에 그림 (A)와 같은 파형의 전압을 인가할 경우 출력에 나타나는 전압 파형으로 가장 적합한 것은?

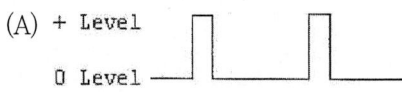

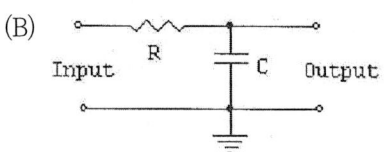

①
②
③
④

해설 저역통과 RC 회로
(1) 적분회로는 RC 회로의 조합의 C의 양단에서 출력을 한 회로를 말한다.
$$V_0 = \frac{1}{RC}\int V_i dt$$
(2) 적분회로는 시정수($\tau=RC$)에 EK라 구형파를 가하면 삼각파 또는 톱니파 등의 파형을 얻을 수 있다.

13 다음 RL회로에서 기전력이 E일 때, SW를 닫는 순간 t초 후에 흐르는 전류(i)는?

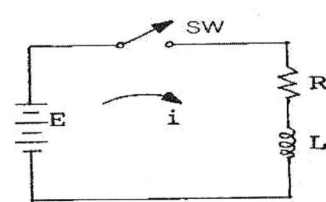

① $\frac{E}{R}e^{-\frac{R}{L}t}$
② $\frac{E}{R}(1+e^{\frac{R}{L}t})$
③ $Ee^{-\frac{R}{L}t}$
④ $\frac{E}{R}(1-e^{-\frac{R}{L}t})$

해설 RL 직렬회로
(1) $t \geq 0$에 Switch가 닫히는 경우 RL 직렬회로는 서서히 전류가 흐르며, L은 충전을 시작하여 지수 함수적으로 증가하여 최대 $\frac{E}{R}\left(1-e^{-\frac{1}{\tau}t}\right)$ [A]

(2) 여기서 τ는 시정수(time constant)이며 $\frac{L}{R}$ [sec]이다.

$$\therefore i(t) = \frac{E}{R}\left(1-e^{-\frac{R}{L}t}\right)$$

14 그림과 같은 회로에서 기전력 E를 가하고 SW를 ON 하였을 때 저항 양단의 전압 VR은 t초 후에 어떻게 되는가?

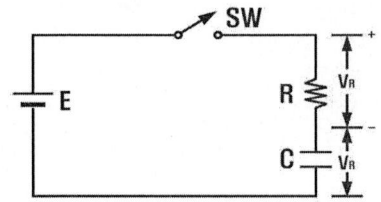

① $Ee^{-\frac{1}{CR}}$
② $E(1-e^{-\frac{1}{CR}})$
③ $-Ee^{-\frac{Ct}{R}}$
④ $\frac{E}{e}$

해설 직렬회로
(1) 전류 $i(t)$, $i(t) = \frac{E}{R}e^{-\frac{1}{RC}t}$ [A]
(2) R 단자 전압, $v_R = i(t) \cdot R = Ee^{-\frac{1}{RC}t}$ [V]
(3) C 단자 전압, $v_c = E - v_R = E\left(1-e^{-\frac{1}{CR}t}\right)$ [V]
▶ RC 회로의 시정수, $\tau=RC$[sec]

15 다음 그림과 같은 회로의 시정수(time constant)는?

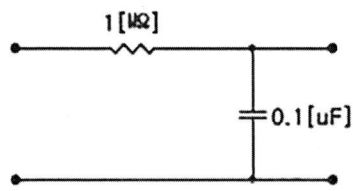

정답 12.④ 13.④ 14.①

① 0.1초   ② 0.22초
③ 0.42초 ④ 0.62초

16 저역통과 RC 회로에 양의 스텝(step) 전압 입력을 공급할 때 출력 파형에 가까운 것은?

①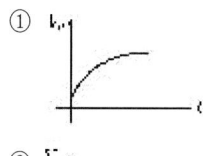
②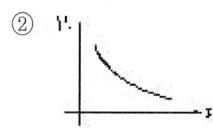
③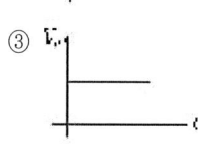
④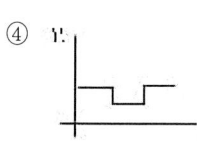

해설 미분, 적분회로
(1) 저역통과 RC회로 : 적분회로로 사용한다.
(2) 고역통과 RC회로 : 미분회로로 사용한다.

제 2 편 과년도 기출문제

01 다음 중 그림과 같은 증폭기의 귀환율 β의 값은?[군무원, 기술직 공기업]

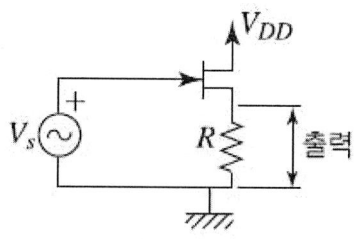

① 0
② 0.5
③ 1
④ ∞

해설 (1) 문제에서 주어진 회로는 소스(CD) 플로워 회로이다.
(2) 출력 전압은 항상 입력전압보다 약간 작다.
(3) 출력의 일부를 입력으로 되돌리는 것을 궤환율이라 한다.
(4) 이 회로의 궤환율은 $\beta = \dfrac{V_f}{V_o} = 1$에 가깝다.

02 다음 연산증폭기 회로에서 Vi -V₀의 관계 특성으로 가장 적합한 것은?(단, 연산증폭기 및 다이오드는 이상적이다.)[공무원, 군무원]

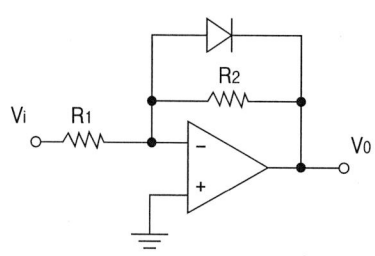

①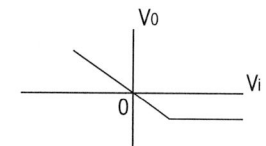

②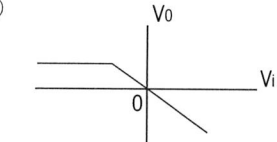

③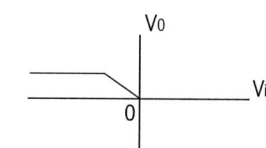

④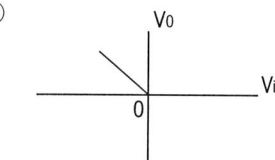

해설 문제에서의 그림은 대수증폭기 이다. 넓은 범위로 변화하는 양을 표현하며 신호레벨 단위로는(dBm)을 사용한다. V_0는 V_s의 자연대수 (log_2)로 나타내고, 대수 증폭기는 pn 접합 다이오드의 순방향 전압/전류 특성은 지수 함수적으로 양변에 대수를 취하면 다이오드 전압은 전류의 대수에 비례하는 값이 얻어진다. 음으로 비례하는 그래프 이고 양의 부분은 단락으로 라와 같은 출력 그래프를 그린다.

03 다음 중 공통 이미터 접속에 대한 h상수 표현식으로 틀린 것은?[공무원, 군무원, 기술직 공기업]

정답 01.③ 02.④

① $h_{ie} = \dfrac{V_b}{I_b}$ ② $h_{re} = \dfrac{V_b}{V_c}$

③ $h_{fe} = \dfrac{I_c}{I_b}$ ④ $h_{oe} = \dfrac{V_c}{I_c}$

해설 h(상수)
(1) hoe(출력 어드미턴스) : VCE-IC특성 곡선의 기울기, 즉 △IC/△VCE이고 단위 mho 이다.
(2) hfe(전류 증폭률) : B-IC 특성 곡선의 기울기, 즉 △IC/△IB이고 단위는 없다.
(3) hie(입력 임피던스) : VBE-IB 특성 곡선의 기울기, 즉 △VBE/△IB 이고, 단위는 [Ω]으로 된다.
(4) hre(전압 되먹임률) : VCE-VBE특성 곡선의 기울기, 즉 △VBE/△VCE 이고, 단위는 없다.

04 그림과 같은 회로에서 출력 전압은?(단, $R_1=R_2$이고, $R_3=R_4$이다.)[공무원, 군무원, 기술직 공기업]

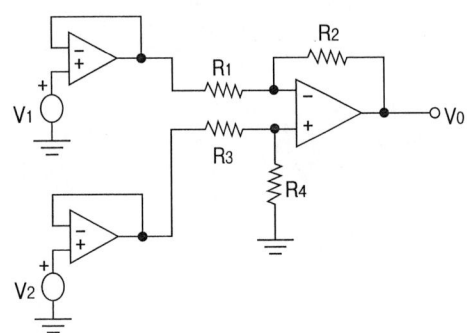

① V_1-V_2 ② V_2-V_1
③ V_1-2V_2 ④ $2V_2-V_1$

해설 감산기

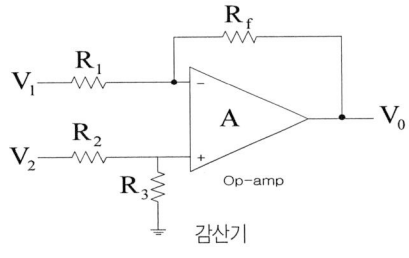
감산기

(1) 출력전압(V_o) : $\dfrac{R_f}{R_1} = \dfrac{R_3}{R_2}$ 이라면

$$V_o = -i \cdot R_f = \dfrac{V_1 - V_2}{R_1} \cdot R_f$$

$$= \dfrac{R_f}{R_1}(V_2 - V_1)$$

(2) 이득(A) :

$$A = \dfrac{V_o}{V_i} = \dfrac{V_o}{V_2 - V_1} = \dfrac{R_f}{R_1}$$

문제에서
V_1과 V_2 입력단 OPAMP는
버퍼로 그대로 입력에 연결
주어진 조건에서 $R_1=R_2$, $R_3=R_4$ 인 경우

$$V_0 = -\dfrac{R_2}{R_1}V_1 + V_x\left[1 + \dfrac{R_2}{R_1}\right]$$

$$= -\dfrac{R_2}{R_1}V_1 + \dfrac{R_4}{R_3+R_4} \times V_2\left[1 + \dfrac{R_2}{R_1}\right]$$

$$= -\dfrac{R_2}{R_1}V_1 + \dfrac{R_4}{R_3+R_4} \times V_2\left[\dfrac{R_1+R_2}{R_1}\right]$$

$$= [V_2 - V_1][V]$$

05 어떤 연산증폭기에 펄스가 입력되었을 때 0.6[μs]동안 출력 전압이 -9[V]에서 +9[V]까지 변하였을 때 슬루율(slew rate)은?[공무원, 군무원, 기술직 공기업]

① 18[V/μs]   ② 30[V/μs]
③ 0.6[V/μs]   ④ 9[V/μs]

해설 슬루율
(1) OP앰프가 처리할 수 있는 주파수에 관한 파라미터로 슬루레이트(SR, Slew Rate)와 이득-밴드폭 곱(GBW, Gain Bandwidth product)이 있다.
(2) 단위는 $\dfrac{dV_o}{dt}$ [V/μs]이다.
(3) 슬루율= $\dfrac{18}{0.6}$ = 30[V/μs]

정답 03.④ 04.② 05.②

06 귀환율 $\beta = \dfrac{귀환전류}{출력전류}$ 로 나타내는 회로구성은?[공무원, 군무원, 기술직 공기업]

① 직렬전류귀환회로 ② 병렬전류귀환회로
③ 직렬전압귀환회로 ④ 병렬전압귀환회로

해설 병렬전류귀환회로는
$I_f(귀환전류) = \beta I_0$

- 직렬-전압 귀환 형태

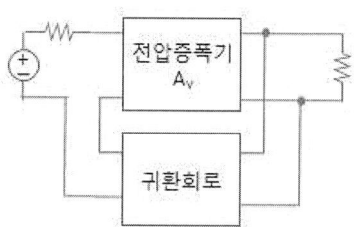

- 병렬-전류 귀환 형태

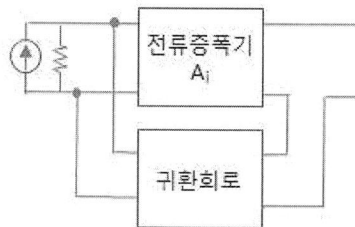

- 직렬-전류 귀환 형태

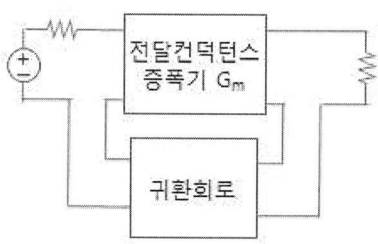

- 병렬-전압 귀환 형태

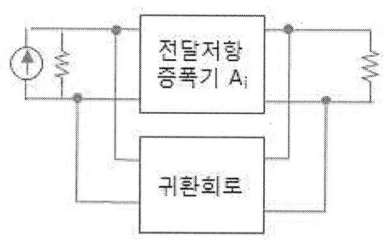

07 다음 회로에 대한 설명으로 옳지 않은 것은?[공무원, 군무원]

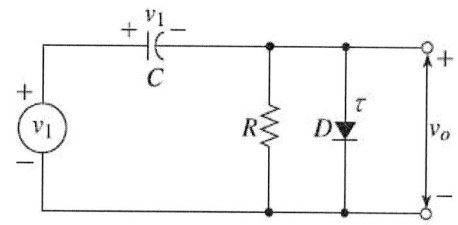

① 리미터 회로라고 한다.
② 직류재생 회로라고도 한다.
③ 입력신호의 기준 레벨을 변화시키는 회로이다.
④ 클램프 회로이다.

해설 (1) 주어진 회로는 클램핑 회로이다.
(2) 입력 파형의 일부를 고정시키는 역할을 한다.

08 다음 회로에 삼각파를 인가하였을 경우에 출력 파형은?[공무원, 군무원, 기술직 공기업]

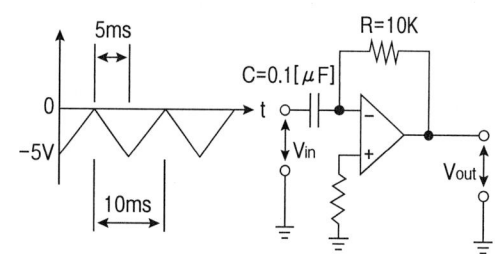

①

②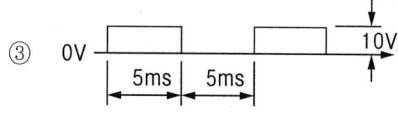

③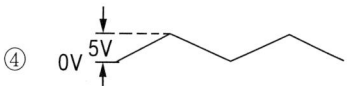

④

정답 06.② 07.① 08.③

해설 미분기의 입력이 삼각파일 때 출력파형은 구형파가 된다.

09 어떤 차동 증폭기의 차동 전압 이득은 5000이며, 동상모드 이득이 0.25인 증폭기에 대한 동상 모드 제거비(CMRR)를 이용하여 데시벨 [dB]로 계산 하면 얼마인가?[공무원, 군무원, 기술직 공기업]

① 약 46[dB]   ② 약 62[dB]
③ 약 78[dB]   ④ 약 86[dB]

해설 $CMRR = \dfrac{5000}{0.25} = 20000$

$20 log_{10} 20000 = 86[dB]$

10 이상적인 연산 증폭기의 특징으로 적합하지 않은 것은?[공무원, 군무원, 기술직 공기업]

① 출력 임피던스가 0 이다.
② 입력 오프셋 전압이 0 이다.
③ 동상신호제거비가 0 이다.
④ 주파수 대역폭이 무한대이다.

해설 이상적인 연산증폭기는 동상신호제거비가 무한대이다.
 –연산증폭기(OP Amp)의 특징
 (1) 주파수 대역폭이 ∞로 넓다.
 (2) 입력 임피던스가 크다.[∞]
 (3) 온도 변화에 따른 Drifte가 작다.
 (4) 동상 잡음제거비[CMRR]=$\dfrac{A_d}{A_c}$가 크다.
 (5) 출력임피던스가 거의 0 이다.
 (6) 증폭도가 ∞로 크다.

11 한 개의 NPN형 트랜지스터와 PNP형 트랜지스터를 직결하여 등가 PNP형 트랜지스터로 동작시키는 접속은?[공무원, 군무원, 기술직 공기업]

① 트랜스 결합 접속
② 달링톤(darlington)접속
③ SEPP(single ended push pull)접속
④ 상보대칭(complementary symmetry)접속

해설 문제는 달링톤 접속의 설명이다.

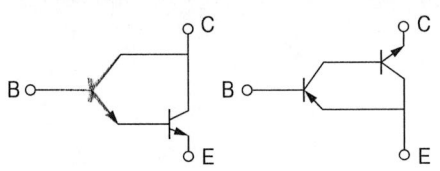

12 불연속 레벨 변조 방식에 속하지 않는 것은?[공무원, 군무원, 기술직 공기업]

① 펄스 위상 변조(PPM)
② 펄스 수 변조(PNM)
③ 펄스 부호 변조(PCM)
④ 델타 변조(ΔM)

해설 펄스 위상 변조(PPM) : 펄스의 시간적 위치를 변화시키는 변조 방식

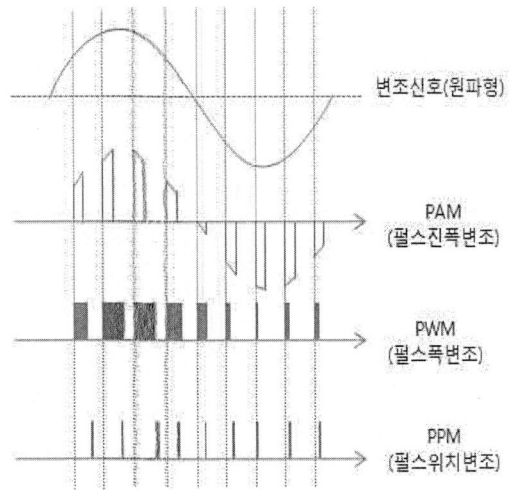

13 전압이득이 40dB, 무귀환 시 왜율이 12% 인 저주파 증폭기에 입력 측으로 귀환율(β)을 0.09 라고 하면 귀환시 왜율은 몇 %인가?(단, 전압증폭도는 A_V는 100이다.)[공무원, 군무원, 기술직 공기업]

① 0.9   ② 1.5
③ 2   ④ 1.2

정답 09.④ 10.③ 11.② 12.① 13.④

해설 전압이득이 40[dB]이라는 것은

$= 20\log_{10} A_V = 20\log_{10} 100$이다.

전압이득 $A_V = 100$

궤환시 D_f왜율 $= \dfrac{D}{1 + \beta A_V}$

대입하면 $1.2 = \dfrac{12}{1 + 0.09 \times 100}$

14 증폭회로에서 부귀환을 하는 목적으로 틀린 것은?[공무원, 군무원, 기술직 공기업]

① 이득의 감소
② 주파수 대역폭의 감소
③ 출력 임피던스의 변화
④ 잡음 특성의 개선

해설 부귀환 효과
(1) 이득의 감소
(2) 주파수 대역폭 증가
(3) 입력 임피던스가 증가
(4) 출력 임피던스 감소
(5) 비직선 일그러짐 감소

15 여러 개의 신호들을 조합하여 하나의 신호를 선택하는 것은?[공무원, 기술직 공기업]

① 레지스터(resister)
② 버퍼(buffer)
③ 라인 트랜시버(line transceiver)
④ 멀티플렉서(multiplexer)

해설 멀티플렉서 : 여러개의 입력중에서 하나를 선택해 출력해 주는 장치. 여러개의 입력중 하나를 선택하는 선택입력이 있음. 선택입력은 2n개의 입력에 대해 n비트가 있어야함.

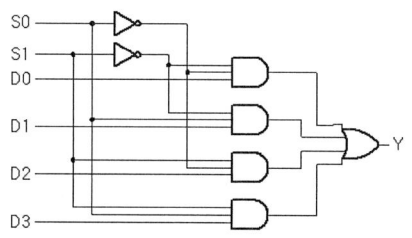

Function table		
S1	S0	Y
0	0	D0
0	1	D1
1	0	D2
1	1	D3

16 단일 증폭기와 비교한 B급 푸시풀 증폭기의 특징으로 적합하지 않은 것은?[군무원, 기술직 공기업]

① 효율이 더 높다.
② 더 큰 출력을 얻는다.
③ 전원의 맥동에 의한 잡음이 제거된다.
④ 홀수 차수의 고조파에 의한 일그러짐이 감소된다.

해설 B급 push-pull
(1) B급 동작이므로 직류 바이어스 전류가 매우 작아도 된다.
(2) 입력이 없을 때 컬렉터 손실이 작으며 큰 출력을 낼 수 있다.
(3) 짝수 고조파 성분은 서로 상쇄되어 일그러짐 없는 출력단에 적합하다.

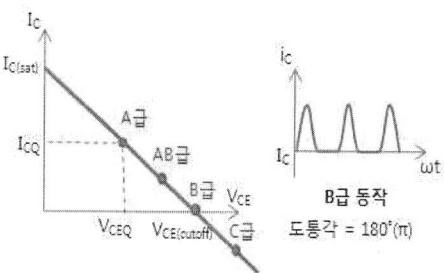

17 출력 140W 되는 반송파를 단일 주파수로 30% 변조하였을 때 하측파대의 전력은 약 몇 W인가?[공무원, 군무원, 기술직 공기업]

① 3.15 ② 6.3
③ 73.15 ④ 146.3

해설 변조도(m : modulation index)

$m(\text{변조율}) = \dfrac{V_s}{V_c} = 0.8$일 때 송신기의

출력 = 피변조파 전력

정답 14.② 15.④ 16.④ 17.①

피변조파 전력( )=반송전력+상측파대전력
+하측파대전력

$$P_{AM} = P_c + \frac{m^2}{4}P_c + \frac{m^2}{4}P_c$$
$$= \left(1 + \frac{m^2}{2}\right) Pc 에서$$

하측파의전력은

$$\left(140\frac{(0.3)^2}{4}\right) = 3.15\ [W]$$

18 FET 핀치-오프(pinch-off) 전압에 대한 설명으로 가장 적합한 것은?[공무원, 군무원, 기술직 공기업]

① 최대전류가 흐를 수 있는 드레인과 소스 사이에 최대 전압
② FET 애벌런치(Avalanche) 전압
③ 채널 폭이 막힌 때의 게이트 역방향 전압
④ 채널 폭이 최대로 되는 게이트(Gate)의 역방향 전압

해설 핀치-오프(pinch-off) 전압이란 채널 폭이 막힌 때의 게이트역방향 전압을 말한다.
(1) 재료의 비유전율에 반비례한다.
(2) 채널부분의 도핑 밀도에 비례한다.

$$V_P(\text{pinch-off 전압}) = \frac{qN_d a^2}{2\epsilon}\ [V]$$

19 다음 회로에서 $R_1=R_2=R_3=R_4=10[k\Omega]$, $V_1=8[V]$, $V_2=8.2[V]$일 때, V_o는 몇 [V]인가?[공무원, 군무원, 기술직 공기업]

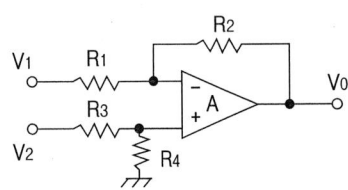

① -0.2[V] ② 0.2[V]
③ -2[V]   ④ 2[V]

해설 감산기의 출력 전압식은

$$V_0 = \frac{R_2}{R_1}(V_2 - V_1) = \frac{R_4}{R_3}(V_2 - V_1)$$

에서 $= \frac{10 \times 10^3}{10 \times 10^3}(8.2 - 8) = 0.2\ [V]$

20 다음 중 피어스 수정발진회로의 발진주파수 변동요인으로 가장 적합하지 않은 것은?[공무원, 기술직 공기업]

① 부하의 변동 ② 주위 온도의 변화
③ 전원전압의 변동 ④ 발진회로의 차폐

해설 수정 발진기
(1) 수정 발진기를 사용하면 매우 큰 선택도(Q)를 기대할 수 있고, 다른 발진 회로와 비교할 수 없을 만큼 안정도를 높일 수 있다.
(2) 수정발진기의 특징
 ① 주파수 안정도가 좋다.
 ② 수정공진자의 Q가 매우 높다.
 ③ 기계적으로나 물리적으로 안정함.
 ④ 발진을 만족하는 유도성 범위가 매우 좁다.
 ⑤ 고주파 발진기에 적합하다.
(3) 수정발진회로의 발진주파수 변동원인과 대책
 ① 수정 공진자를 항온조 내에 둔다.
 ② 온도 계수가 작은 수정 공진자를 사용한다.
 ③ 안정도가 높은 발진 회로를 사용한다.
 ④ 정전압 회로를 사용한다.
 ⑤ 발진부의 전원은 별도로 공급한다.
 ⑥ 발진기의 동조 상태는 발진 최강의 상태에서 약간 벗어나게 한다.
 ⑦ 발진기 뒷단의 부하 변동에 대비하여 완충 증폭기를 사용한다.
 ⑧ 외부의 기계적 진동에 견딜 수 있도록 한다.
 ⑨ 부품의 접속 불량 등이 없도록 함.

21 다음 설명 중 옳은 것은?[공무원, 군무원, 기술직 공기업]

정답 18.③ 19.② 20.④

① FET는 대칭형 쌍방향 스위치로 사용이 가능하다.
② FET는 게이트의 전류에 의해 제어되는 전류 제어용 소자이다.
③ FET는 BJT에 비해서 동작 속도가 빠르기 때문에 집적회로(IC)에서 주로 사용한다.
④ FET는 입력 임피던스가 매우 작기 때문에 초퍼 회로로 사용한다.

해설
- FET(Field Effect Transistor)는 gate와 source사이에 역방향 바이어스를 가하여 드레인 전류를 제어하는 전압 제어형 트랜지스터다. 동작속도는 느리지만 쌍방향 스위치로 사용한다.
- FET와 BJT의 차이점

Transistor	FET
① 전류제어소자	① 전압 제어소자
② 전력 소비가 크다.	② 전력 소비가 작다.
③ 입력 임피던스가 낮다.	③ 입력 임피던스가 높다.
④ 잡음이 크다.	④ 잡음이 적다.
⑤ 이득-대역폭적이 크다.	⑤ 이득-대역폭이 작다.

22 다음 회로에서 입력 단자와 출력 단자가 도통되는 상태는? [공무원]

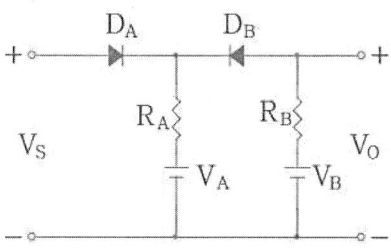

① $V_S > V_B$, $V_A < V_B$
② $V_S < V_A$, $V_A < V_B$
③ $V_S < V_A$, $V_S > V_B$
④ $V_S > V_A$, $V_S < V_B$

해설 클리핑(clipping) 회로는 클리퍼(cli-pper) 회로라고도 하며, 클리핑 회로는 입력 파형을 적당한 level로 잘라내는 파형 변환 회로의 일종이다. 신호를 전송할 때 기준 값보다 높은 부분 또는 낮은 부분 등 원하는 부분만을 전송하기 위해서 사용한다. 그러므로 클리퍼 회로는 리미터(limiter), 진폭 선택회로(amplitude selector), 또는 슬라이서(slicer)라고도 부른다. 클리퍼 회로는 다이오드와 저항, 직류전지로 구성된다. 출력 파형은 각종 요소들의 위치를 상호 교환하거나, 전지의 전압을 변화시킴으로써 다른 레벨에서 클리퍼 할 수 있다.

$V_{S(+)} > V_{A(-)}$ 이면 $D_A(ON)$된다.
$V_{B(+)} > V_{S(-)}$ 이면 $D_B(ON)$된다.

23 전원회로에서 전압 안정계수란?
(단, V_L=직류출력전압, V_S=신호원전압, T=주위온도, =부하전류이다.) [공무원, 군무원, 기술직 공기업]

① $\dfrac{\Delta V_L}{\Delta V_S}$ ② $\dfrac{\Delta V_L}{\Delta I_L}$

③ $\dfrac{\Delta V_S}{\Delta V_L}$ ④ $\dfrac{\Delta V_L}{\Delta T}$

해설 증폭기 Bias 회로의 안정계수

(1) I_{co}에 대한 안정계수 $S_1 = \dfrac{\partial I_c}{\partial I_{co}}$

(2) V_{BE}에 대한 안정계수 $S_2 = \dfrac{\partial I_c}{\partial V_{BE}}$

(3) β에 대한 안정계수 $S_3 = \dfrac{\partial I_c}{\partial \beta}$

증폭회로는 안정계수의 값을 적게 할수록 안정이 되지만 보통 10 이하의 값으로 취하고 있다.

(4) 전압안정계수 = $\dfrac{\Delta V_L}{\Delta V_S}$ 로 신호원 전압(V_S)을 변화시켜 직류 출력전압(V_L)의 변화를 최소로 하는 계수를 전압안정계수라 한다.

24 다음의 접합형 FET 회로에서 드레인 전류 I_D=4[mA]일 때 드레인과 소스 전압 V_{DS}는 몇 [V] 인가? [공무원, 군무원, 기술직 공기업]

정답 21.① 22.④ 23.①

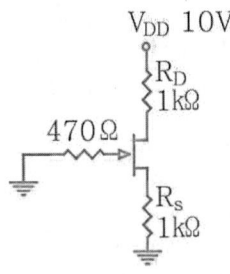

① 1[V]   ② 2[V]
③ 3[V]   ④ 4[V]

해설 드레인과 소스사이의 전압은 공식에 의해서
$$V_{DS} = V_{DD} - I_D(R_D + R_S)$$
$$= 10 - 4 \times 10^{-3} \times (1+1) \times 10^3$$
$$= 10 - 8 = 2[V]$$

25 멀티바이브레이터의 단안정, 비안정, 쌍안정 동작은 무엇에 의해 결정되는가?[공무원, 군무원, 기술직 공기업]

① 결합회로의 구성
② 전원전압의 크기
③ 바이어스 전압의 크기
④ 전원전류의 크기

해설 멀티바이브레이터(Multibrator)
(1) 멀티바이브레이터는 결합 회로의 임피던스 Z1, Z2의 성질에 따라 비안정, 단안정, 쌍안정 멀티바이브레이터로 구분한다.
(2) 결합 소자에 따른 분류

비안정	C C	AC 결합
단안정	R C	DC, AC 결합
쌍안정	R R	DC 결합

26 다음에서 피변조파
$V = V_c(1 + m\cos wt)\sin wt$ 이며, 반송파의 진폭은 4[V], 변조도는 50[%]인 경우 직선검파를 할 때 부하저항에 나타나는 신호파의 실효치 전압은 몇 [V]

인가? (단, 효율 n는 90[%]임)[공무원, 군무원, 기술직 공기업]

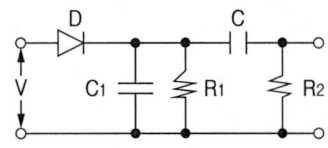

① 0.37[V]   ② 1.27[V]
③ 2.25[V]   ④ 3.4[V]

해설 변조도 = $\dfrac{신호파의 실효치}{반송파의 실효치}$
$$0.5 = \dfrac{V_s}{\dfrac{4}{\sqrt{2}}}$$
$$V_s = 0.5 \times \dfrac{4}{\sqrt{2}} \times 0.9(검파효율) = 1.27$$

27 시스템의 출력 펄스에서 오버슈트(overshoot)가 발생하는 이유는?[공무원, 군무원, 기술직 공기업]

① 시스템의 하한 차단 주파수가 0인 경우
② 시스템이 전역 대역폭을 가지고 있는 경우
③ 시스템이 고주파수의 고조파를 과도하게 강조할 경우
④ 시스템이 저주파수의 고조파를 과도하게 강조할 경우

해설 오버슈트
(1) 펄스 파형을 나타낼 때 사용한다.
(2) 어느 회로의 입력으로서 구형파를 가한 경우에 과도 특성에 의해서 출력 파형의 상승부가 볼록형으로 될 때 이것을 오버슈트라 한다.
(3) 제어계의 특성을 나타내는 양으로, 단위 계단형 입력에 대하여 제어량이 목표값을 초과한 후 최초로 취하는 과도 편차의 극치(極値)이다.

28 위상천이(이동)형 RC 발진기에 대한 설명으로 옳은 것은?[공무원, 군무원, 기술직 공기업]

정답 24.② 25.① 26.② 27.③

① 펄스 발진기로 많이 사용된다.
② 100[MHz]대의 높은 주파수 발진용으로 적합하다.
③ 발진을 계속하기 위해서 증폭도는 29보다 작아야 한다.
④ 병렬 저항형 이상형 발진기의 발진주파수는 $\dfrac{1}{2\pi\sqrt{6}\,RC}$[Hz]이다.

해설 RC 이상형 발진회로

(1) 고역 통과형 이상형(Phase Shift) 발진기

　① 발진 조건 : $A_i \cdot \beta \geq 1$

　② 전류 증폭도 : $h_{fe} \geq 29$

　③ 발진 주파수 : $f = \dfrac{1}{2\pi\sqrt{6}\,RC}$

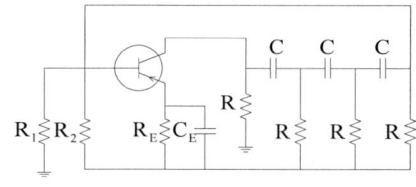

고역 통과형 이상형 발진기

(2) 저역 통과형 이상형(Phase Shift) 발진기

　① 발진 조건 : $A_i \cdot \beta \geq 1$

　② 전류 증폭도 : $h_{fe} \geq 29$

　③ 발진 주파수 : $f = \dfrac{\sqrt{6}}{2\pi RC}$

특징은
(1) 병렬 저항 RC이상형 발진기에서 A_V[발진 진폭]=29이상에서 발진이 계속된다.
(2) 병렬 저항 RC이상형 발진기의 발진주파수
$f = \dfrac{1}{2\pi\sqrt{6}\,RC}[Hz]$로서 0.5[MHz]이하의 낮은 주파수 발진기에 이용된다.
(3) A급으로 동작되며 일그러짐이 많다.

29 다음 회로는 β_{DC}=100이고, h_{ie}=1[kΩ], R_E=470[Ω]인 트랜지스터의 베이스에서 바라본 직류 입력저항은?[공무원, 군무원, 기술직 공기업]

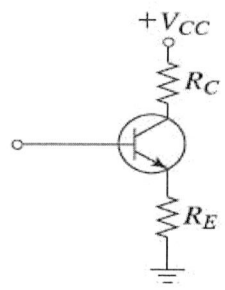

① 1[kΩ]　　② 48[kΩ]
③ 100[kΩ]　④ 470[kΩ]

해설 입력저항

$$R_i = \dfrac{V_i}{i_b} = \dfrac{h_{ie}\,i_b + i_b(1+h_{fe})R_e}{i_b}$$
$$= h_{ie} + (1+h_{fe})R_e$$
$$= 1000 + (1+100) \times 470 = 48.47[k\Omega]$$

이다.

30 적분기와 미분기의 귀환 소자를 옳게 나열한 것은?[공무원, 기술직 공기업]

① 적분기 : 저항, 미분기 : 커패시터
② 적분기 : 커패시터, 미분기 : 저항
③ 적분기 : 제너다이오드, 미분기 : 저항
④ 적분기 : 커패시터, 미분기 : 커패시터

해설 — 적분 연산기

(1) $V_o = -\dfrac{1}{CR}\int V_i\,dt\,[V]$이다.

(2) 적분 연산기 입력에 스텝전압을 인가할 때 출력에는 크기가 지수적으로 증가하는 양으로 저역통과 RC회로로 사용가능하다.

(3) 적분 연산기 입력에 구형파를 인가하면 삼각파를 얻는다.

— 미분기

(1) 주파수가 높아질수록 콘덴서 C의 리액턴스는 매우 작아지므로 고주파 대역에서는 전압이득이 점점 커진다.

(2) 미분기의 출력은 고주파 잡음에 대해서 매우 민감하다.

정답 28.④ 29.② 30.②

31 TTL과 비교하여 CMOS 논리회로의 특징이 아닌 것은?[공무원, 군무원, 기술직 공기업]

① 소비전력이 작다.
② 잡음여유도가 크다.
③ 높은 입력 임피던스이다.
④ 전달 지연 시간이 짧다.

해설 p 채널의 MOS 트랜지스터와 n 채널의 그것을 서로 절연하여 동일 칩에 만들어 넣어 양자가 상보적으로 동작하도록 한 것. 소비 전력은 μW 정도이고 동작은 고속, 잡음 배제성이 좋다. 전원 전압의 넓은 범위에서 동작하고, TTL에 적합하며 동일 회로 내에서 공존 가능하다. 팬 아웃 용량도 크다.

32 다음 회로의 출력전압(V_0)의 파형은?(단, R_f는 무시한다.)[공무원, 군무원, 기술직 공기업]

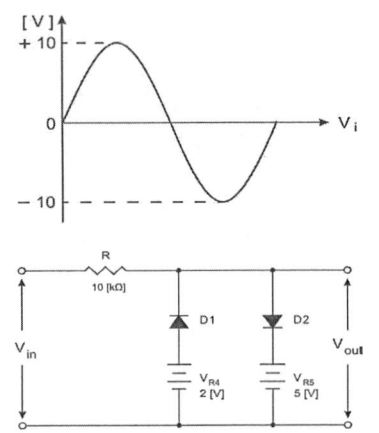

해설

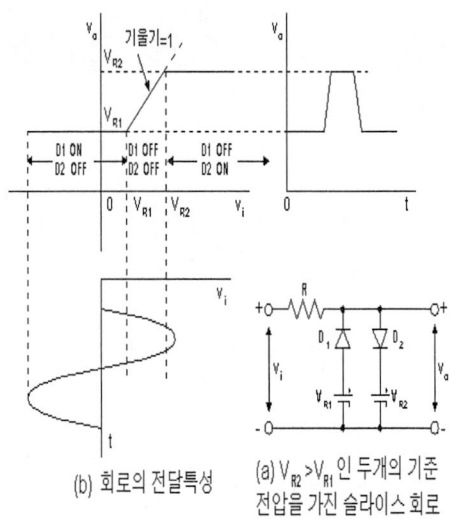

(b) 회로의 전달특성 (a) $V_{R2} > V_{R1}$ 인 두개의 기준 전압을 가진 슬라이스 회로

33 다음의 클램퍼 회로에서 그림과 같은 입력신호가 주어질 때 출력 파형의 모양은?[군무원, 기술직 공기업]

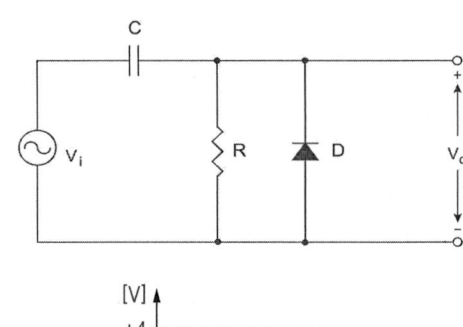

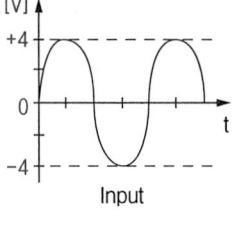

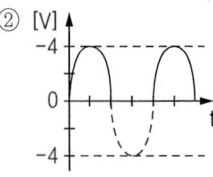

정답 31.④ 32.③ 33.③

③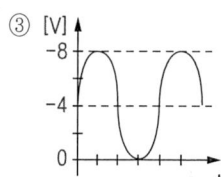
④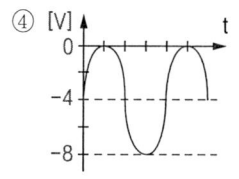

해설 양(+) 및 음(−)의 클램퍼
- 커패시터, 다이오드를 이용
- 교류전압에 직류전압을 더하여(빼어) 그 높이에 고정시킴

○ 양(+)의 클램퍼

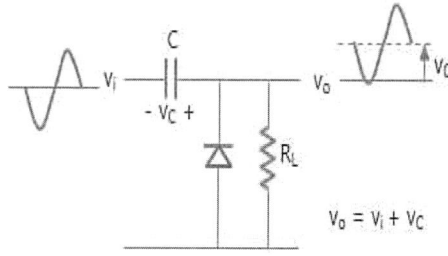

○ 음(−)의 클램퍼 (Negative Clamper)

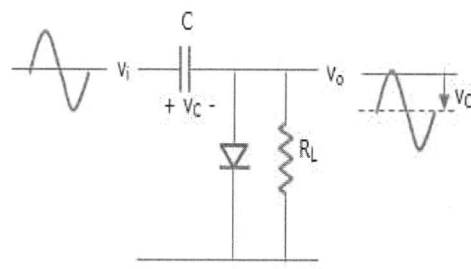

34 집적회로의 종류 중 능동소자에 의한 분류에서 바이폴라 소자에 포함되지 않는 것은?[공무원, 군무원, 기술직 공기업]

① TTL ② HTL
③ DTL ④ CMOS

해설 집적회로의 종류 중 능동소자에 의한 분류에서 바이폴라(쌍극성) 소자로는 TTL, HTL, DTL 등이고 유니폴라(단극성) 소자로는 C−MOS이다.

35 다음 연산증폭기 회로에서 저항 R_f양단에 걸리는 전압 $V_f = (25I_f^2 + 50I_f + 3)$ [V]의 관계가 있을 때 출력전압 는?[공무원, 군무원, 기술직 공기업]

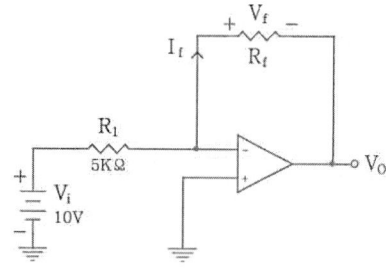

① −3[V] ② −3.2[V]
③ −4.1[V] ④ −5.8[V]

해설 반전 연산증폭기에 흐르는 전류는

$$I_f = \frac{V_i}{R_1} = \frac{10}{5 \times 10^3} = 2 \times 10^{-3}[A] 이다.$$

다음으로 V_f

$$= 25I_f^2 + 50I_f + 3$$
$$= 25 \times (2 \times 10^{-3})^2 + 50 \times (2 \times 10^{-3}) + 3$$
$$= 100 \times 10^{-6} + 100 \times 10^{-3} + 3 = 3.1001[V]$$

$$R_f = \frac{V_f}{I_f} = \frac{3.1001}{2 \times 10^{-3}} = \frac{3100.1}{2}$$
$$= 1550.05[\Omega]$$

반전증폭기 출력공식에서

$$V_o = -\frac{R_f}{R_1} \times V_i = -\frac{1550.05}{5 \times 10^3} \times 10$$
$$= -3.1001 \fallingdotseq -3.2[V]$$

36 그림과 같은 회로에 입력(V_i)에 정현파를 인가할 경우 출력 파형은?[공무원, 군무원, 기술직 공기업]

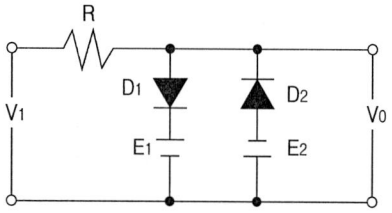

정답 34.④ 35.②

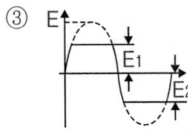
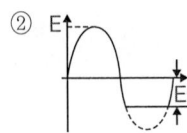

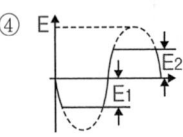

해설 본 회로는 리미터회로로 상단, 하단을 제거하는 회로이다.

37 트랜지스터의 고주파 특성으로 차단주파수 f_a는?[공무원, 군무원, 기술직 공기업]

① 베이스 주행시간에 비례한다.
② 베이스 폭의 자승에 비례한다.
③ 정공의 확산계수에 반비례한다.
④ 베이스 폭의 자승에 반비례하고 정공의 확산 계수에 비례한다.

해설 트랜지스터에서
$$f_a(\alpha\, 차단주파수) = \frac{D}{\pi W^2}[Hz] \text{ 이다.}$$
여기서 펄스폭(W), 확산계수(D)이다.

38 다음 회로에서 제너 다이오드에 흐르는 전류는?(단, 제너 다이오드의 제너 전압은 10[V]이다.)[공무원, 군무원, 기술직 공기업]

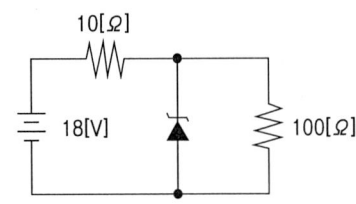

① 0.6[A]   ② 0.7[A]
③ 0.8[A]   ④ 1.2[A]

해설 문제 그림에서 제너 다이오드의 제너 전압은 10[V]이라 했으므로,

전체 전류는 $I_1 = \frac{18-10}{10} = 0.8[A]$

저항 100Ω 전류는 $I_2 = \frac{10}{100} = 0.1[A]$

키르히호프 제1법칙에서 $I_1 = I_2 + I_D$

다이오드에 흐르는 전류
$I_D = I_1 - I_2 = 0.8 - 0.1 = 0.7[A]$

39 다음 그림은 터널 다이오드(Tunnel Diode) 전압전류 특성곡선이다. 발진이 일어날 수 있는 영역은?[공무원, 군무원, 기술직 공기업]

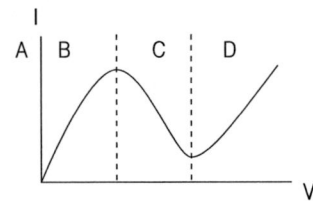

① A   ② B
③ C   ④ D

해설 터널 다이오드는 부성저항 특성곡선을 이용한다.

40 맥동 전압주파수가 전원주파수의 3배가 되는 정류방식은?[공무원, 기술직 공기업]

① 단상 전파정류
② 단상 브리지정류
③ 3상 반파정류
④ 3상 전파정류

해설 정류방식 비교

방식항목	맥동주파수	맥동률	정류효율
단상반파	f	121%	40.5%
단상전파	2f	48.2%	81.2%
3상반파	3f	18.3%	96.8%
3상전파	6f	4.2%	99.8%

정답 36.③ 37.④ 38.② 39.③ 40.③

41 두 개의 입력이 일치하면 출력이 High가 되는 회로는?[공무원]

① AND ② NAND
③ EX-OR ④ EX-NOR

해설

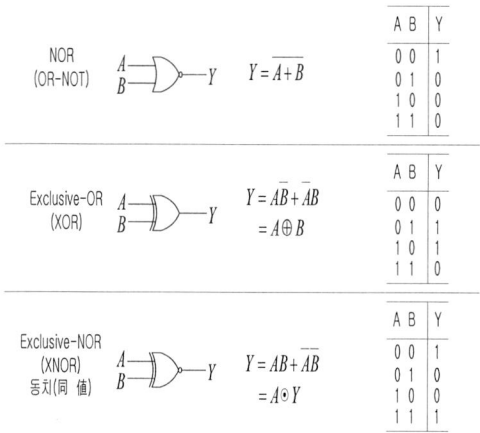

42 2단 증폭기에서 초단의 잡음지수 $F_1=10$, 이득 $G_1=10$이고, 다음 단의 잡음지수 $F_2=11$일 때 이 증폭기의 종합잡음지수는 얼마인가?[공무원, 군무원, 기술직 공기업]

① 10 ② 11
③ 15 ④ 21

해설 종합 잡음 지수

$$F = F_1 + \frac{F_2 - 1}{G_1} = 10 + \frac{11-1}{10} = 11$$

이 된다.

43 병렬 전류 궤환 증폭기의 궤환 신호 성분은?[공무원, 군무원]

① 전압 ② 나. 전류
③ 전력 ④ 임피던스

해설 병렬전류 궤환증폭기의 궤환신호

$I_f = \beta I_o [A]$ 로서 전류궤환이고,

$$\beta(\text{궤환량}) = \frac{I_f}{I_o} = \frac{\frac{R_e}{R_e + R_f} I_o}{I_o}$$

$$= \frac{R_e}{R_e + R_f}$$ 이다.

궤환회로 출력 임피던스 변화

궤 환	직렬전압	직렬전류	병렬전압	병렬전류
입력임피던스	증가	증가	감소	감소
출력임피던스	감소	증가	감소	증가

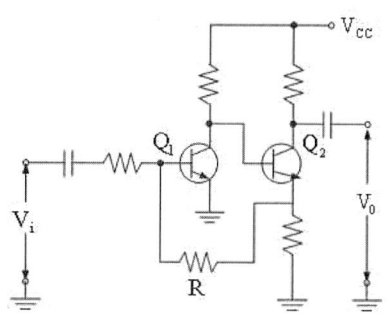

병렬전류 궤환 회로이므로 입력임피던스 감소, 출력임피던스 증가

44 그림과 같은 게이트의 기능은?[공무원, 군무원, 기술직 공기업]

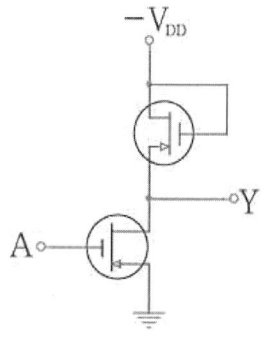

① PMOS NOT ② PMOS NAND
③ CMOS NOT ④ CMOS NAND

해설 PMOS(p-channel metal oxide semi- conductor : 캐리어로 정공을 사용하여 MOS FET에 의해 구성된 IC)

정답 41.④ 42.② 43.② 44.①

그림은 PMOS를 이용한 NOT 게이트 회로이다.

45 불 방정식 $Y = ABC + A\overline{B}C + AB\overline{C}$ 를 간단하게 하면 어떻게 되는가?[공무원, 군무원, 기술직 공기업]

① $ABC + AB\overline{C}$
② $A(B + \overline{B}C)$
③ $AC + A\overline{B}C$
④ $A(C + B\overline{C})$

해설 주어진 식을 간단히 하면
$$Y = ABC + A\overline{B}C + AB\overline{C}$$
$$= A(B(C+\overline{C}) + \overline{B}C)$$
$$= A(B + \overline{B}C)$$

46 이미터 접지 증폭기에서 I_{CO}=0.01[mA]이고, I_B=0.2[mA]일 때, 컬렉터 전류는 약 몇 [mA]인가? (단, 이 트랜지스터의 β=50이다.)[공무원, 군무원, 기술직 공기업]

① 10.5[mA]
② 12.5[mA]
③ 15.1[mA]
④ 24.3[mA]

해설 이미터 접지 증폭기에서 컬렉터전류(I_C) 공식은
$$I_C = \alpha I_E + I_{CO} = \beta I_\beta + (1+\beta)I_{CO}$$

문제에서 컬렉터 전류는
$$I_c = \beta I_B + (1+\beta)I_{co}$$
$$= 50 \times 0.2 + (1+50) \times 0.01$$
$$= 10 + 0.51 ≒ 10.51[mA]$$

47 부호기라고도 하며 복수 개의 입력을 대응 2진 코드로 변환하는 조합논리회로를 무엇이라 하는가?[공무원, 군무원, 기술직 공기업]

① 디코더
② 인코더
③ 플립플롭
④ 멀티플렉서

해설 Encoder(부호기) : 복수개의 입력 단자와 복수개의 출력단자를 가지며, 입력 단자의 어느 것 1개에 입력이 가해져 그것에 대응하는 출력 형태가 얻어지는 회로, 부호기

(1) 2진 체계가 아닌 일반 데이터를 디지털 회로에서 해석할 수 있도록 변환시킨 조합 논리회로이다.
(2) 인코더는 2^n개의 입력선과 n개의 출력선을 갖고 있다.
(3) 인코더는 OR-gate들로 구성된다.
(4) 10진수를 2진수로 변환하는 회로이다.

정답 45.② 46.① 47.②

제 2 편 디지털 부분 문제

01 에미터 접지 트랜지스터 증폭회로에서 에미터에 접속된 저항과 병렬로 연결된 콘덴서를 제거 했을 때 증폭기의 상태는 어떻게 되겠는가?[공무원, 군무원, 기술직 공기업]

① 변화가 없다.
② 과전류가 흘러 트랜지스터가 파괴된다.
③ 부궤환이 걸려 이득이 작아진다.
④ 정궤환이 걸려 발진한다.

해설 ⇨ By-pass 콘덴서를 갖는 에미터 접지회로
(1) 에미터 접지회로에서 에미터 저항(   )에 병렬로 연결된 콘덴서(   )는 by-pass 콘덴서이다.
(2)   에 의하여 이득의 감소를 가져오지만   를 병렬로 접속하여 교류성분을 통과시켜 이득의 저하를 막는다.
(3) 베이스와 에미터사이의 직류전압을 온도상승에 따라 적당히 감소하도록 동작시키면 안정화를 기할 수 있다.

02 다음 중 공통 이미터 접속에 대한 h상수 표현식으로 틀린 것은?[공무원, 군무원, 기술직 공기업]

① $h_{ie} = \dfrac{V_b}{I_b}$ ② $h_{re} = \dfrac{V_b}{V_c}$

③ $h_{fe} = \dfrac{I_c}{I_b}$ ④ $h_{oe} = \dfrac{V_c}{I_c}$

해설 h상수
(1) hoe(출력 어드미턴스) : VCE-IC특성 곡선의 기울기, 즉 △IC/△VCE이고 단위 mho 이다.
(2) hfe(전류 증폭률) : IB-IC 특성 곡선의 기울기, 즉 △IC/△IB이고 단위는 없다.
(3) hie(입력 임피던스) : VBE-IB 특성 곡선의 기울기, 즉 △VBE/△IB 이고, 단위는 [Ω]으로 된다.
(4) hre(전압 되먹임률) : VCE-VBE특성 곡선의 기울기, △VBE/△VCE 이고, 단위는 없다.

04 어떤 연산증폭기에 펄스가 입력되었을 때 0.6[μs]동안 출력 전압이 -9[V]에서 +9[V]까지 변하였을 때 슬루율(slew rate)은?[공무원, 군무원, 기술직 공기업]

① 18[V/μs]   ② 30[V/μs]
③ 0.6[V/μs] ④ 9[V/μs]

해설 슬루율
(1) OP앰프가 처리할 수 있는 주파수에 관한 파라미터로 슬루레이트(SR, Slew Rate)와 이득-밴드폭 곱(GBW, Gain Bandwidth product)이 있다.
(2) 단위는 $\dfrac{dV_o}{dt}$ [V/μs]이다.
(3) 슬루율 = $\dfrac{18}{0.6}$ = 30[V/μs]

05 어떤 차동 증폭기의 차동 전압 이득은 5000이며, 동상모드 이득이 0.25인 증폭기에 대한 동상 모드 제거비(CMRR)를 이용하여 데시벨 [dB]로 계산 하면 얼마인가?[공무원, 군무원]

① 약 46[dB]   ② 약 62[dB]
③ 약 78[dB]   ④ 약 86[dB]

해설 $CMRR = \dfrac{5000}{0.25} = 20000$

$20 log_{10} 20000 = 86[dB]$

06 이상적인 연산 증폭기의 특징으로 적합하지 않은 것은?[공무원, 군무원, 기술직 공기업]

① 출력 임피던스가 0 이다.
② 입력 오프셋 전압이 0 이다.
③ 동상신호제거비가 0 이다.

정답 01.③ 02.④ 03.■ 04.② 05.④

④ 주파수 대역폭이 무한대이다.

해설 이상적인 연산증폭기는 동상신호제거비가 무한대이다.
- 연산증폭기(OP Amp)의 특징
  (1) 주파수 대역폭이 ∞로 넓다.
  (2) 입력 임피던스가 크다.[∞]
  (3) 온도 변화에 따른 Drifte가 작다.
  (4) 동상 잡음제거비[CMRR]= $\dfrac{A_d}{A_c}$ 가 크다.
  (5) 출력임피던스가 거의 0 이다
  (6) 증폭도가 ∞로 크다

07 전압이득이 40dB, 무귀환 시 왜율이 12% 인 저주파 증폭기에 입력 측으로 귀환율(β)을 0.09 라고 하면 귀환시 왜율은 몇 %인가? (단, 전압증폭도는 A_V 는 100이다.)[공무원, 군무원, 기술직 공기업]

① 0.9 ② 1.5
③ 2   ④ 1.2

해설 전압이득이 40[dB]이라는 것은
= $20\log_{10} A_V = 20\log_{10} 100$ 이다.

전압이득 $A_V = 100$

궤환시 왜율 = $D_f = \dfrac{D}{1+\beta A_V}$

대입하면 $1.2 = \dfrac{12}{1+0.09 \times 100}$

08 증폭회로에서 부귀환을 하는 목적으로 틀린 것은?[공무원, 군무원]

① 이득의 감소
② 주파수 대역폭의 감소
③ 출력 임피던스의 변화
④ 잡음 특성의 개선

해설 부귀환 효과
  (1) 이득의 감소
  (2) 주파수 대역폭 증가
  (3) 입력 임피던스가 증가
  (4) 출력 임피던스 감소
  (5) 비직선 일그러짐 감소

09 출력 140W 되는 반송파를 단일 주파수로 30% 변조하였을 때 하측파대의 전력은 약 몇 W인가?[공무원, 군무원, 기술직 공기업]

① 3.15   ② 6.3
③ 73.15 ④ 146.3

해설 변조도(m: modulation index)

$m(변조율) = \dfrac{V_s}{V_c} = 0.8$일 때 송신기의

출력 = 피변조파 전력
피변조파 전력( ) = 반송전력+상측파대전력+ 하측파대전력

$P_{AM} = P_c + \dfrac{m^2}{4} P_c + \dfrac{m^2}{4} P_c$

$= \left(1 + \dfrac{m^2}{2}\right) P_c$ 에서

하측파의 전력은

$\left(140 \dfrac{(0.3)^2}{4}\right) = 3.15 \ [W]$

10 FET 핀치-오프(pinch-off) 전압에 대한 설명으로 가장 적합한 것은?[공무원, 군무원, 기술직 공기업]

① 최대전류가 흐를 수 있는 드레인과 소스 사이에 최대 전압
② FET 애벌런치(Avalanche) 전압
③ 채널 폭이 막힌 때의 게이트 역방향 전압
④ 채널 폭이 최대로 되는 게이트(Gate)의 역방향 전압

해설 핀치-오프(pinch-off) 전압이란 채널 폭이 막힌 때의 게이트역방향 전압을 말한다.
  ① 재료의 비유전율에 반비례한다.
  ② 채널부분의 도핑 밀도에 비례한다.

V_P(pinch-off 전압) = $\dfrac{qN_d a^2}{2\epsilon}$ [V]

정답 06.③ 07.④ 08.② 09.① 10.③

11 다음 중 피어스 수정발진회로의 발진주파수 변동요인으로 가장 적합하지 않은 것은?[공무원, 군무원, 기술직 공기업]

① 부하의 변동
② 주위 온도의 변화
③ 전원전압의 변동
④ 발진회로의 차폐

해설 수정 발진기
(1) 수정 발진기를 사용하면 매우 큰 선택도(Q)를 기대할 수 있고, 다른 발진 회로와 비교할 수 없을 만큼 안정도를 높일 수 있다.
(2) 수정발진기의 특징
 ① 주파수 안정도가 좋다.
 ② 수정공진자의 Q가 매우 높다.
 ③ 기계적으로나 물리적으로 안정함.
 ④ 발진을 만족하는 유도성 범위가 매우 좁다.
 ⑤ 고주파 발진기에 적합하다.
(3) 수정발진회로의 발진주파수 변동원인과 대책
 ① 수정 공진자를 항온조 내에 둔다.
 ② 온도 계수가 작은 수정 공진자를 사용한다.
 ③ 안정도가 높은 발진 회로를 사용한다.
 ④ 정전압 회로를 사용한다.
 ⑤ 발진부의 전원은 별도로 공급한다.
 ⑥ 발진기의 동조 상태는 발진 최강의 상태에서 약간 벗어나게 한다.
 ⑦ 발진기 뒷단의 부하 변동에 대비하여 완충 증폭기를 사용한다.
 ⑧ 외부의 기계적 전동에 견딜 수 있도록 한다.
 ⑨ 부품의 접속 불량 등이 없도록 함.

12 다음 설명 중 옳은 것은?[기술직 공기업]

① FET는 대칭형 쌍방향 스위치로 사용이 가능하다.
② FET는 게이트의 전류에 의해 제어되는 전류 제어용 소자이다.
③ FET는 BJT에 비해서 동작 속도가 빠르기 때문에 집적회로(IC)에서 주로 사용한다.
④ FET는 입력 임피던스가 매우 작기 때문에 초퍼 회로로 사용한다.

해설 – FET(Field Effect Transistor)는 gate와 source사이에 역방향 바이어스를 가하여 드레인 전류를 제어하는 전압 제어형 트랜지스터다. 동작속도는 느리지만 쌍방향 스위치로 사용한다.
– FET와 BJT의 차이점

Transistor	FET
① 전류제어소자	① 전압 제어소자
② 전력 소비가 크다.	② 전력 소비가 작다.
③ 입력 임피던스가 낮다.	③ 입력 임피던스가 높다.
④ 잡음이 크다.	④ 잡음이 적다.
⑤ 이득–대역폭적이 크다.	⑤ 이득–대역폭이 작다.

13 전원회로에서 전압 안정계수란?(단, V_L=직류출력전압, V_S=신호원전압, T=주위온도, I_L= 부하전류이다.)[공무원, 군무원, 기술직 공기업]

① $\dfrac{\Delta V_L}{\Delta V_s}$ ② $\dfrac{\Delta V_L}{\Delta I_L}$

③ $\dfrac{\Delta V_s}{\Delta V_L}$ ④ $\dfrac{\Delta V_L}{\Delta T}$

해설 증폭기 Bias 회로의 안정계수
(1) I_{co}에 대한 안정계수 $S_1 = \dfrac{\partial I_c}{\partial I_{co}}$

(2) V_{BE}에 대한 안정계수 $S_2 = \dfrac{\partial I_c}{\partial V_{BE}}$

(3) β에 대한 안정계수 $S_3 = \dfrac{\partial I_c}{\partial \beta}$

증폭회로는 안정계수의 값을 적게 할수록 안정이 되지만 보통 10 이하의 값으로 취하고 있다.

(4) 전압안정계수= $\dfrac{\Delta V_L}{\Delta V_S}$ 로 신호원 전압(V_S)을 변화시켜 직류 출력전압의 변화를 최소로 하는 계수를 전압안정계수라 한다.

14 멀티바이브레이터의 단안정, 비안정, 쌍안정 동작은 무엇에 의해 결정되는가?[공무원, 군무원, 기술직 공기업]

① 결합회로의 구성
② 전원전압의 크기

정답 11.④ 12.① 13.①

③ 바이어스 전압의 크기
④ 전원전류의 크기

해설 멀티바이브레이터(Multibrator)
① 멀티바이브레이터는 결합 회로의 임피던스 Z1, Z2의 성질에 따라 비안정, 단안정, 쌍안정 멀티바이브레이터로 구분한다.
② 결합 소자에 따른 분류

비안정	C C	AC 결합
단안정	R C	DC, AC 결합
쌍안정	R R	DC 결합

15 시스템의 출력 펄스에서 오버슈트(overshoot)가 발생하는 이유는?[공무원, 군무원, 기술직 공기업]

① 시스템의 하한 차단 주파수가 0인 경우
② 시스템이 전역 대역폭을 가지고 있는 경우
③ 시스템이 고주파수의 고조파를 과도하게 강조할 경우
④ 시스템이 저주파수의 고조파를 과도하게 강조할 경우

해설 오버슈트
(1) 펄스 파형을 나타낼 때 사용한다.
(2) 어느 회로의 입력으로서 구형파를 가한 경우에 과도 특성에 의해서 출력 파형의 상승부가 볼록형으로 될 때 이것을 오버슈트라 한다.
(3) 제어계의 특성을 나타내는 양으로, 단위 계단형 입력에 대하여 제어량이 목표값을 초과한 후 최초로 취하는 과도 편차의 극치(極値)이다.

16 위상천이(이동)형 RC 발진기에 대한 설명으로 옳은 것은?[공무원, 기술직 공기업]

① 펄스 발진기로 많이 사용된다.
② 100[MHz]대의 높은 주파수 발진용으로 적합하다.
③ 발진을 계속하기 위해서 증폭도는 29보다 작아야 한다.
④ 병렬 저항형 이상형 발진기의 발진주파수는 $\dfrac{1}{2\pi\sqrt{6}\,RC}$[Hz]이다.

해설 RC 이상형 발진회로
(1) 고역 통과형 이상형(Phase Shift) 발진기
① 발진 조건 : $A_i \cdot \beta > = 1$
② 전류 증폭도 : $h_{fe} > = 29$
③ 발진 주파수 : $f = \dfrac{1}{2\pi\sqrt{6}\,RC}$

(2) 저역 통과형 이상형(Phase Shift) 발진기
① 발진 조건 : $A_i \cdot \beta > = 1$
② 전류 증폭도 : $h_{fe} > = 29$
③ 발진 주파수 : $f = \dfrac{\sqrt{6}}{2\pi RC}$

특징은
(1) 병렬 저항 RC이상형 발진기에서 A_v[발진 진폭]=29이상에서 발진이 계속된다.
(2) 병렬 저항 RC이상형 발진기의 발진주파수
$f = \dfrac{1}{2\pi\sqrt{6}\,RC}[Hz]$로서 0.5[MHz]이하의 낮은 주파수 발진기에 이용된다.
(3) A급으로 동작되며 일그러짐이 많다.

17 집적회로의 종류 중 능동소자에 의한 분류에서 바이폴라 소자에 포함되지 않는 것은?[공무원, 군무원, 기술직 공기업]

① TTL   ② HTL
③ DTL   ④ CMOS

해설 집적회로의 종류 중 능동소자에 의한 분류에서 바이폴라(쌍극성) 소자로는 TTL, HTL, DTL 등이고 유니폴라(단극성) 소자로는 C-MOS이다.

18 2단 증폭기에서 초단의 잡음지수 F_1=10, 이득 G_1=10이고, 다음 단의 잡음지수 F_2=11일 때 이 증폭기의 종합잡음지수는 얼마인가?[공무원, 군무원, 기술직 공기업]

정답 14.① 15.③ 16.④ 17.④

① 10　　　　　　② 11
③ 15　　　　　　④ 21

해설 종합 잡음 지수

$$F = F_1 + \frac{F_2 - 1}{G_1} = 10 + \frac{11-1}{10} = 11$$

이 된다.

19 불 방정식 $Y = ABC + A\overline{B}C + AB\overline{C}$ 를 간단하게 하면 어떻게 되는가?[공무원, 군무원, 기술직 공기업]

① $ABC + AB\overline{C}$　　② $A(B + \overline{B}C)$
③ $AC + A\overline{B}C$　　④ $A(C + B\overline{C})$

해설 주어진 식을 간단히 하면
$$Y = ABC + A\overline{B}C + AB\overline{C}$$
$$= A(B(C+\overline{C}) + \overline{B}C)$$
$$= A(B + \overline{B}C)$$

20 이미터 접지 증폭기에서 I_{CO}=0.01[mA]이고, I_B=0.2[mA]일 때, 컬렉터 전류는 약 몇 [mA]인가? (단, 이 트랜지스터의 β=50이다.)[군무원, 기술직 공기업]

① 10.5[mA]　　② 12.5[mA]
③ 15.1[mA]　　④ 24.3[mA]

해설 이미터 접지 증폭기에서 컬렉터전류( ) 공식은
$$I_C = \alpha I_E + I_{CO} = \beta I_B + (1+\beta)I_{CO}$$

문제에서 컬렉터 전류는
$$I_c = \beta I_B + (1+\beta)I_{co}$$
$$= 50 \times 0.2 + (1+50) \times 0.01$$
$$= 10 + 0.51 \fallingdotseq 10.51[mA]$$

21 부호기라고도 하며 복수 개의 입력을 대응 2진 코드로 변환하는 조합논리회로를 무엇이라 하는가?[공무원, 군무원, 기술직 공기업]

① 디코더　　　　② 인코더
③ 플립플롭　　　④ 멀티플렉서

해설 Encoder(부호기) : 복수개의 입력 단자와 복수개의 출력단자를 가지며, 입력 단자의 어느 것 1개에 입력이 가해져 그것에 대응하는 출력 형태가 얻어지는 회로. 부호기
(1) 2진 체계가 아닌 일반 데이터를 디지털 회로에서 해석할 수 있도록 변환시킨 조합 논리회로이다.
(2) 인코더는 2ⁿ 개의 입력선과 n개의 출력선을 갖고 있다.
(3) 인코더는 OR-gate들로 구성된다.
(4) 10진수를 2진수로 변환하는 회로이다.

22 두 개의 2진수를 더하기 위한 반가산기(HA)회로는 1개의 X-OR와 1개의 AND 게이트로 구성된다. 그러면 자리올림이 있는 덧셈에 사용하기 위한 전가산기(FA)의 회로구성은 다음 중 어느 것으로 구성하여야 하는가?[공무원, 군무원, 기술직 공기업]

① 2개의 X-OR, 3개의 AND
② 2개의 X-OR, 2개의 AND, 1개의 OR
③ 2개의 X-OR, 2개의 OR, 1개의 AND
④ 1개의 X-OR, 2개의 AND, 2개의 OR

해설 ⇨ 전가산기(Full adder)는 전단의 캐리 입력까지도 취급할 수 있는 가산기이다. 즉 3자리의 2진수를 가산할 수 있는 가산기이다. 전가산기는 2개의 반가산기(half adder)와 1개의 OR-gate로 구성된다.

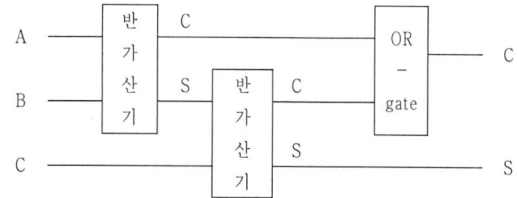

23 출력전력 100[W]의 반송파를 50[%]변조 하였을 때의 양측 파대의 전력은 몇[W]인가?[공무원, 군무원, 기술직 공기업]

① 7.5[W]　　　② 3.5[W]
③ 12.5[W]　　④ 4.5[W]

정답 18.②　19.②　20.①　21.②　22.②

해설 ⇨ 양측파대 전력 즉 측파대 전력은 $\dfrac{m^2}{2}P_c$ 이므로

$$\dfrac{0.5^2}{2}\times 100 = 0.25\times 50 = 12.5[W] \text{ 가 된다.}$$

24 AM 변조 방식 중 가장 효율이 좋은 방식은?[공무원, 군무원]

① 에미터 변조　　② 베이스 변조
③ 평형변조　　　④ 컬렉터 변조

해설 ⇨ Collector 변조회로
(1) 이미터 접지의 C급 증폭회로의 콜렉터 쪽에 신호파를, 입력쪽의 베이스에 반송파를 가하는 방법이다.
(2) 특성
 ① 직선성이 매우 우수하며 100% 가까이 변조가 가능하다.
 ② 큰 변조 전력이 필요한 것이 결점이다.
 ③ 송신기의 마지막 단에서 실시하는 것이 일반적이다.

25 쌍안정 멀티바이브레이터의 결합저항에 병렬로 부가한 콘덴서의 사용 목적은?[공무원, 군무원, 기술직 공기업]

① 증폭도를 높인다.
② 스위칭 속도를 높인다.
③ 베이스 전위를 일정하게 유지시킨다.
④ 에미터 전위를 일정하게 유지시킨다.

26 베이스 변조회로에 대한 설명으로 틀리는 것은?[공무원, 군무원, 기술직 공기업]

① 변조에 필요한 전력이 적다.
② 출력에 불필요한 고조파가 생겨 효율이 저하한다.
③ 변조회로의 트랜지스터를 C급으로 바이어스 한다.
④ 저출력의 변조도가 작은 경우에 사용한다.

해설 ⇨ 베이스 변조란 반송파와 변조 신호파를 중첩해 베이스에 가하여 변조하는 방식으로 두 개의 RE 회로를 사용한다. 베이스 변조는 다음과 같은 특성을 갖는다.
(1) 광대역에서 사용할 수 있다.
(2) 변조 전력이 작으며 주파수 특성이 양호하다.
(3) 전원 전압이나 바이어스 변화에 의해 특성이 변화된다.
(4) 조정이 곤란하다.
(5) 콜렉터 변조 보다 진폭 왜곡이 크다.

27 접합 트랜지스터의 스위칭 속도를 빠르게 하기 위한 방법으로 적당한 것은?[군무원, 기술직 공기업]

① 베이스 회로에 직렬로 저항을 접속한다.
② 베이스 회로에 인덕턴스를 접속한다.
③ 베이스 회로에 저항과 콘덴서를 병렬 접속하여 연결한다.
④ 베이스 회로에 제너 다이오드를 접속한다.

해설 ⇨ (1) 트랜지스터가 포화되면 스위칭 속도가 떨어지는데, 를 작게하거나, Speed-up 콘덴서를 사용하여 switching 속도를 높인다.
(2) 즉, 베이스 저항에 병렬로 콘덴서 C를 접속한다.

28 반가산기(Half-adder)의 구성 요소로 맞는 것은?[공무원, 기술직 공기업]

① JK 플립플롭
② 두개의 AND 게이트
③ EOR과 AND 게이트
④ 1개의 반 동시 회로와 OR 게이트

해설 ⇨ 반가산기회로(Half adder circuit)
(1) 반가산기는 2개의 이진수 A와 B를 더한 합(sum)과 자리올림(carry)을 얻는 회로이다.
(2) 배타적 논리합(Exclusive-OR)회로와 논리곱(AND)회로로 구성된다.

29 DC 결합과 AC 결합이 함께 사용되는 회로는?[공무원, 군무원, 기술직 공기업]

① 비안정 멀티바이브레이터
② 단안정 멀티바이브레이터
③ 쌍안정 멀티바이브레이터
④ 블로킹 발진기

정답 23.③ 24.④ 25.② 26.③ 27.③ 28.③

[해설] ⇨ 멀티바이브레이터
(1) 멀티바이브레이터는 2단 비동조 증폭 100[%] 정궤환을 걸어준 회로로, 결합 회로의 임피던스   의 성질에 따라 단안정, 비안정, 쌍안정 멀티바이브레이터로 구분한다.
(2) 쌍안정 멀티바이브레이터의 결합 상태 : DC 결합
단안정 멀티바이브레이터의 결합 상태 : AC, DC 결합
비안정 멀티바이브레이터의 결합 상태 : AC 결합

30 14핀 TTL IC에서 2개의 단자는 +전원과 접지로 사용된다. 그러면 이 14핀 IC에 넣을 수 있는 인버터의 개수는 최대 몇 개인가?[공무원, 군무원, 기술직 공기업]

① 3 개 ② 4 개
③ 5 개 ④ 6 개

[해설] ⇨ TTL(Transistor Transistor Logic)
(1) 트랜지스터를 조합해서 만든 회로를 TTL이라고 말하며 NAND gate에 주로 사용된다.
(2) Fan-out을 많이 취할 수 있다.
(3) 14핀중 전원과 접지핀을 제외하면 12핀이 남는다. 인버터는 입력과 출력의 2개의 단자를 가지므로 총 6개의 인버터를 넣을 수 있다.

31 연산증폭기의 이상 조건을 설명한 것이 아닌 것은?[공무원, 군무원, 기술직 공기업]

① 입력 임피던스가 크고 여기에 흐르는 전류는 입력전류에 비해 무시될 수 있어야 한다.
② 부하변동이 OP-Amp의 특성에 영향을 주지 않을 정도로 출력임피던스 값이 작아야 한다.
③ 응답시간의 벗어남이 전혀 없어야 한다.
④ 입력전압은 출력전압에 비하여 충분히 커야 한다.

[해설] ⇨ 이상적인 연산증폭기의 특성
(1) 입력저항
(2) 출력저항
(3) 전압이득
(4) 대역폭
(5) off-set 전압은 0

(6) 온도의 drift가 없어야 한다.
＊전압이득(출력전압/입력전압)이 무한대가 되기 위해서는 출력전압이 입력전압에 비해 충분히 커야 한다.

32 다음은 CR 발진기를 설명한 것이다. 거리가 먼 것은?[공무원, 군무원, 기술직 공기업]

① 낮은 주파수 범위에서 쓰이는 발진기이다.
② 이상형과 브리지형 발진기로 나뉜다.
③ LC 발진기에 비해 주파수 범위가 좁으며 대체로 1[MHz] 이하이다.
대개 C급으로 동작시켜 효율을 높인다.

[해설] ⇨ CR 발진기
(1) 낮은 주파수의 발진기로는 C와 R만으로 정궤환을 구성한 CR 발진기를 사용한다.
(2) 일그러짐을 적게 하기 위해 A급으로 동작시킨다.
(3) 이상형 발진기는 3개의 RC 회로를 통한 입출력 위상차가 180일 때 발진이 일어난다.
(4) LC 발진기에 비해 주파수 안정도가 좋고 주파수를 가변하기가 용이하다.

33 4 개의 J-K 플립플롭을 이용하여 구성할 수 있는 분주기의 최대값은 얼마인가?[공무원, 군무원, 기술직 공기업]

① 8분주기 ② 10분주기
③ 16분주기 ④ 24분주기

[해설] ⇨ 분주회로(Frequency dividing circuit)
(1) 어느 주파수를 그것에 정수비를 이루는 저주파로 낮추는 회로이다.
(2) J-K형 플립플롭 1개는 분주회로이다.
(3) 4개의 J-K 플립플롭으로 구성할 수 있는 분주기 : $2^4 = 16$

34 다음 2진 부호는 어떤 종류의 부호인가?[공무원, 군무원, 기술직 공기업]

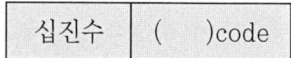

정답 29.② 30.④ 31.③ 32.④ 33.③

0	0000
1	0001
2	0011
3	0010
4	0110
5	0111
6	0101
7	0100
8	1100
9	1101

① Hamming code ② Gray code
③ BCH code ④ Excess 3 code

해설 ⇨ Gray code
(1) Gray code의 특징
 ① 2진수와 직접 변환된다.
 ② data 증감시 1bit만 변화된다.
 ③ unweighted code이다.
 ④ 연산이 어렵다
(2) Gray code는 사칙연산에는 부적합하지만, 데이터 전송, 입출력장치, A/D 변환기 등에 많이 이용된다.

35 SSB(Single Side Band)에 관한 설명 중 맞는 것은?[공무원, 군무원, 기술직 공기업]

① LSB와 USB로 구성된다.
② 전력 손실이 높다.
③ 점유주파수 대폭이 반으로 줄어들고, 전력소모도 훨씬 적어진다.
④ DSB에 비하여 진폭이 2배로 늘어난다.

해설 ⇨ (1) 단측파대(SSB) 방식은 양측파대(AM: DSB) 방식과 달리 한쪽의 측파대만을 가지고 통신하는 방식이다.
(2) SSB 방식의 특징
 ① 점유 대역폭이 DSB의 1/2이다.
 ② 일반 수신기로는 수신이 불가능하므로 비밀이 보장된다.
 ③ 수신할 때 송신측 반송파와 동기를 취해야 한다.
 ④ 송수신 장치가 복잡하므로 실제에서는 반송파를 포함한 DSB를 이용한다.

⑤ 양측파대에서 일어나는 일그러짐이 적어지고 선택성 페이딩(fading)에 의한 일그러짐이 적어 주로 유선 방송 전파, 단파 무선 통신 등에 이용한다.

36 다음 10진수 → 2진수 → 1의 보수 → 2의 보수의 관계를 나타낸 것 중 옳은 것은?[공무원, 군무원, 기술직 공기업]

① 8 → 1000 → 1001 → 0110
② 7 → 0111 → 1000 → 0111
③ 9 → 1001 → 0110 → 0111
④ 8 → 1000 → 0111 → 1110

해설 ⇨ (1) 8 → 1000 → 0111 → 1000
(2) 7 → 0111 → 1000 → 1001
(3) 8 → 1000 → 0111 → 1000

37 30:1의 리플계수기를 만들려면 최소한 몇 개의 플립-플롭(filp-flop)이 필요한가?[공무원, 군무원, 기술직 공기업]

① 5개 ② 10개
③ 15개 ④ 30개

해설 ⇨ (1) N개의 플립플롭을 연결하면 원래의 상태로 reset되기 전에 5개까지 카운터할 수 있다.
(2) 리플 카운터를 이용한 n진 카운터 설계에서 필요한 F/F수 N은 최소한 5개의 플립플롭이 필요하다.

정답 34.② 35.③ 36.③ 37.①

1회 전자회로 실전 모의고사

01 다이오드를 사용한 정류 회로에서 여러 다이오드(n개)를 직렬로 연결하여 사용하면 어떤 장점이 있는가?

① 과전압으로부터 보호할 수 있다.
② 부하 출력의 맥동률을 감소시킬 수 있다.
③ AC 전원으로부터 많은 전력을 공급받을 수 있다.
④ n배의 출력 전압을 얻을 수 있다.

해설 다이오드(Diode)의 연결
(1) 같은 규격의 다이오드 여러개를 병렬로 연결하면 정류 전류를 증대시킬 수 있다. 부하 전류가 많이 흐르는 경우는 다이오드를 여러개 병렬로 연결하여 사용한다.
(2) 같은 규격의 다이오드 여러개를 직렬로 연결하여 사용하면 정류기 전체의 역내전압을 합한 만큼의 높은 전압까지 사용이 가능하게 되어 다이오드를 과전압으로부터 보호할 수 있다.

[참고] 다이오드란 전류를 한쪽 방향으로만 흘리는 반도체 부품이다. 다이오드의 용도는 전원장치에서 교류전류를 직류전류로 바꾸는 정류기로서의 용도, 라디오의 고주파에서 신호를 꺼내는 검파용, 전류의 ON/OFF를 제어하는 스위칭 용도 등으로 사용되고 있다.

02 반파정류회로를 사용하는 어떤 회로에서 반파정류회로 대신 전파정류회로로 변경하였다면 리플율은 대략 어느정도 변동이 있는가?

① 1 ② 2.5
③ 3 ④ 5

해설 리플(맥동, Ripple)률
(1) 리플률이란 정류된 직류성분에 교류 성분이 포함되어 있는 정도를 나타낸 것이다.
∴ 직류 성분 속에 포함되어 있는 교류 성분의 실효값과의 비이다.

[참고] 리플이 많으면 신호가 찌그러지는 등 여러 가지 나쁜 증세가 나타난다.

(2) 반파정류와 전파정류의 차이점

	반파정류	전파정류
동작상태	입력 교류전원의 반주기 동안만 동작한다.	입력 교류전원의 전주기 동안 동작한다.
리플률 (맥동률)	$\gamma = 1.21$	$\gamma = 0.482$
맥동주파수	전원주파수와 같다.	전원주파수의 2배
효율	최대 40.6[%]	최대 81.2[%]

03 다음 회로의 종류는?

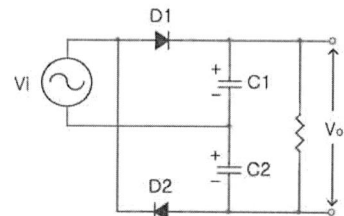

① 반파정류회로 ② 전파정류회로
③ 브릿지정류회로 ④ 배압정류회로

해설 전파 배전압 정류회로
(1) 배전압 정류회로는 입력 교류 전압 최댓값의 거의 2배의 직류 출력 전압이 얻어지도록 설계된 정류회로로서, 반파 배전압 정류회로, 전파 배전압 정류회로가 있다.
(2) 전파 배전압 정류회로의 동작설명
 ① (+) 반주기 : D_1이 ON 상태가 되어 C_1에 V_m의 전압이 충전
 ② (−) 반주기 : D_2이 ON 상태가 되어 C_2에 V_m의 전압이 충전
(3) 출력저항, R_L에는 $2V_m$의 충전전압이 나타난다.
 ∴ $V_o = 2V_m$

정답 01.① 02.② 03.④

04 L형 필터에 비해 π형 필터에 대한 특징으로 틀린 것은?

① 직류 출력 전압이 높다.
② 역전압이 높다.
③ 맥동률이 높다.
④ 전압 변동률이 높다.

해설 콘덴서 입력형 필터와 초크 입력형 필터
(1) 정류회로에서 얻을 수 있는 직류에는 고조파 성분인 맥류가 많이 포함되어 있으므로 콘덴서와 초크코일 또는 콘덴서와 저항으로 구성된 일종의 저역필터를 이용하여 맥류를 제거한다.
(2) 이것을 평활회로라 하며 콘덴서가 입력 쪽에 있는 콘덴서 입력형, 초크코일이 입력 쪽에 있는 초크 입력형, 양자를 조합시킨 π형 그리고 π형의 초크코일을 저항으로 바꾼 CR형 등이 있다.
(3) 콘덴서 입력형 평활회로와 초크 입력형 평활회로를 비교하면 다음과 같다.

구분 항목	콘덴서 입력형(π)	초크 입력형(L형)
맥동률	작다	크다
출력 직류전압	크다	작다
전압 맥동률	크다	작다
역전압	높다(장점은 아님)	낮다
가격	싸다	비싸다

05 다음 중 캐스코드 증폭기에 대한 설명으로 틀린 것은?

① 입력단에 공통베이스 출력단에 공통이미터로 구성된 증폭기이다.
② 전압 궤환율이 매우 적다.
③ 공통베이스 증폭기로 인해 고주파 특성이 양호하다.
④ 자기 발진 가능성이 매우 적다.

해설 캐스코드(cascode) 증폭회로
(1) 캐스코드 회로는 한 트랜지스터 위에 다른 트랜지스터를 직렬로 연결한다.
(예) CE 증폭단의 컬렉터에 CB 증폭단의 이미터를 연결한다.

(2) 캐스코드 증폭기는 공통이미터(CE) 증폭기와 공통 베이스(CB) 증폭기의 장점들을 결합시킨 증폭기이다.
(3) 입력 임피던스를 높게 하고 전압이득을 낮게 하여 주파수 특성을 향상하는 역할을 한다.
(4) 캐스코드 증폭기는 고주파 증폭에 유리하다.

06 다음 중 버퍼(Buffer) 증폭기에 사용하기 가장 적합한 것은?

① 공통 베이스 증폭기 ② 공통 이미터 증폭기
③ 공통 컬렉터 증폭기 ④ 캐스코드 증폭기

해설 Emitter follower
(1) 컬렉터 접지(CC) 증폭기를 말하며, 이미터의 출력전압이 입력전압을 그대로 쫓아가므로 이미터 플로어라 한다.
(2) Emitter follower 특징
① 전류이득은 매우 크다.
② 전압이득(증폭도)은 1 이하이다.($A_v \leq 1$)
③ 입력 임피던스는 매우 크다.
④ 출력 임피던스는 매우 작다.
⑤ 전력 증폭기로 사용된다.
⑥ 높은 임피던스를 가진 신호원과 낮은 임피던스를 가진 부하 사이의 완충 증폭단(buffer stage)으로 널리 사용된다.

07 이상적으로 CMRR값이 무한대인 차동증폭기 회로에서 발생하는 잡음은 출력단자에 어떻게 나타나는가?

① 발생한 잡음의 크기가 그대로 나타난다.
② 발생한 잡음이 증폭되어 출력에 나타난다.
③ 발생한 잡음의 크기보다 작게 나타난다.
④ 발생한 잡음은 출력단자에 나타나지 않는다.

해설 동상 신호 제거비(CMRR : Common Mode Rejection Ratio)
(1) 연산증폭기는 차동증폭기이다. 이것은 연산증폭기의 두 입력단자에 인가된 전압의 차이만을 증폭한다는 의미이다.
(2) 원하는 신호는 한쪽 입력단자 또는 두 입력단자에 인가되어 증폭되어 출력되지만, 원하지 않는 신호(잡음)는 동상으로 두 입력단자에 유기되므로 차동증폭기에

정답 04.③ 05.① 06.③ 07.④

의해 제거되어 출력에 나타나지 않는다.
(3) 동상신호를 제거하는 정도를 CMRR라 하며 다음과 같다.

$$\therefore CMRR = \frac{차동신호의 전압이득}{동상신호의 전압이득} = \frac{A_d}{A_c}$$

(4) 이상적인 연산증폭기의 CMRR은 무한대(∞)값을 갖는다.

08 다음 그림은 콜피츠 발진회로를 변형한 클랩 발진회로이다. 안정한 주파수를 얻기 위해 C_1, C_2를 C_3에 비해 크게 하였을 때 이 발진회로의 발진주파수는? (단, C3=0.001[μF], L=1[mH])

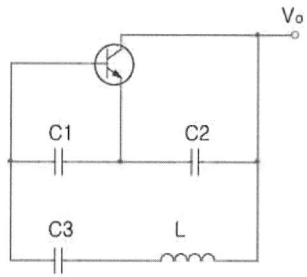

① 150[kHz]   ② 153[kHz]
③ 156[kHz]   ④ 159[kHz]

해설 클랩(clap) 발진기
(1) 클랩 발진기는 콜피츠(colpitts) 발진기를 개선한 형태이다.
(2) 공진궤환회로의 인덕터(L)와 직렬로 C_3를 연결한 것이다.
　▶ C_3는 보다 안정된 발진회로를 실현시키는 역할을 한다.
(3) clap 발진기를 부유용량에 의한 주파수 변동을 막기 때문에 발진주파수 안정도가 좋다.
(4) 일반적으로 $C_1 > C_3$, $C_2 > C_3$ 형태로 구성되며, 발진주파수는

$$f_r = \frac{1}{2\pi\sqrt{LC_3}}\,[\text{Hz}]$$

$$\therefore f_r \cong \frac{1}{2\pi\sqrt{(1\times 10^{-3})\times(0.001\times 10^{-6})}} = 159[\text{kHz}]$$

[참고] 발진주파수는 거의 C_3에 의해 동작한다.

09 발진회로의 출력이 직접 부하와 결합되면 부하의 변동으로 인하여 발진주파수가 변동된다. 이에 대한 대책으로 많이 사용하는 방법은?

① 정전압 회로를 사용한다.
② 발진회로와 부하 사이에 증폭기를 접속한다.
③ 발진회로를 온도가 일정한 곳에 둔다.
④ 타 회로와 차단하여 습기가 차지 않도록 한다.

해설 발진회로의 주파수 변화
(1) 발진기가 갖추어야 할 조건 : 주파수의 안정도가 높아야 한다.
(2) 발진기의 주파수가 변화하는 주된 요인
　① 부하의 변화
　　▶ 방지책 : 부하의 변동이 발진회로에 영향을 끼치지 않도록 발진기와 부하 사이에 완충증폭기(buffer amp.)를 넣어준다.
　② 전원전압의 변화
　　▶ 방지책 : 전원에는 정전압 전원회로를 사용한다.
　③ 주위 온도의 변화
　　▶ 방지책 : 온도 보상 회로나 항온조 등을 사용한다.
　④ 능동 소자의 상수 변화
　　▶ 방지책 : 대개 전원, 온도에 의한 변동이므로 (ㄴ), (ㄷ)의 조치로 해결한다.

10 8진 PSK 신호에 5,000[Hz]의 대역폭이 주어졌을 때 비트율은?

① 40[kbps]   ② 15[kbps]
③ 5[kbps]   ④ 625[kbps]

해설 비트율(Bit rate)과 보오율(Baud rate)
(1) 비트율 : 초당 전송되는 비트의 수
　보오율 : 초당 전송되는 신호단위의 수
　※ 비트율은 각 신호단위에 표현되는 비트수와 보오율의 곱이므로 보오율은 비트율보다 같거나 적다.
(2) PSK(ASK)의 대여폭 : 보오율은 대역폭과 같다.
　∴ 5,000[Hz]의 대역폭이 주어졌으므로, 5,000[Baud]가 된다.
　8(=2^3)진 PSK이므로 비트율로 환산하면, bps=5000[Baud]×= 15,000[bps]
[참고] FSK의 대역폭 = 보오율+(두 반송파사이의 간격)

정답 08.④ 09.② 10.②

11 BPSK 변조방식의 에러 확률은 QPSK 변조방식의 에러 확률의 몇 배인가?

① 1/2배   ② 1/4배
③ 2배   ④ 4배

해설 PSK(Phase Shift Keying)
(1) 2진 PSK(BPSK, Binary PSK)
BPSK는 디지털 신호(2진 데이터)의 정보 내용에 따라 반송파의 위상을 다르게 할당하는 방식으로 PRK(Phase Reversal Keying)라고도 한다.
(2) 4진 PSK(QPSK, Quadrature PSK)
디지털 신호 0과 1의 2비트를 모아서 반송파의 $4(2^2)$ 위상에 대응시켜 전송하는 방식이다.
(3) M-진 방식에서 M이 늘어날수록 전송속도는 향상되지만 오류확률은 log_2M배 증가한다.
∴ BPSK의 오류확률은 QPSK 오류확률에 $1/log_2 4=1/2$배이다.

12 일정시간 동안 200개의 비트가 전송되고, 전송된 비트 중 15개의 비트에 오류가 발생하면 비트 에러율(BER)은?

① 7.5[%]   ② 15[%]
③ 30[%]   ④ 40.5[%]

해설 비트오율(BER, Bit Error Rate)
(1) BER은 디지털 통신에서 나타나는 잡음. 왜곡 등 아날로그 특성 변화에 따른 디지털 신호의 영향을 종합적으로 평가할 수 있는 값이다.
(2) BER은 전송된 총 비트수에 대한 오류 비트수의 비율을 말한다.
$$\therefore BER = \frac{오류\ 비트수}{총\ 전송\ 비트수} = \frac{15}{200} \times 100 = 7.5[\%]$$

13 그림과 같은 회로에서 정현파 입력을 가했을 때 얻을 수 있는 출력 파형은?

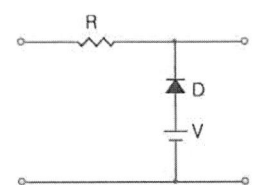

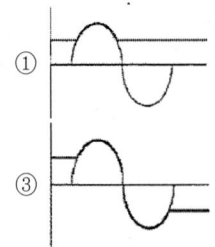
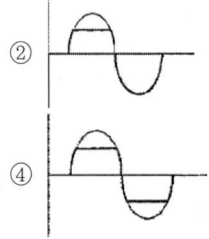

해설 클리퍼(clipper)회로
(1) 클리핑(clipping)회로라고도 하며, 입력파형을 적당한 level로 잘라내는 파형 변환회로의 일종이다.
(2) 교류입력 파형에서 어느 경계값을 기준으로 한 부분을 잘라내면서 다른 부분은 왜곡 없이 출력한다.
(3) 동작설명 :
① $V_i < V$ 인 경우 D(on)이므로 $V_o = V$
② $V_i > V$ 인 경우 D(off)이므로 $V_o = V_i$

14 정보기입 방식 중 "1"또는 "0"을 기억한 후 반드시 0레벨로 돌아가는 방식은?

① RB방식   ② 위상변조 방식
③ RZ방식   ④ NRZ방식

해설 RZ(Return to Zero) 및 NRZ(None Return To Zero)방식
(1) RZ(Return to Zero)방식
① 비트 신호 1이 전송될 때 비트 시간 길이의 약 1/2시간 동안 양 또는 음의 전압을 유지하고 그 나머지 시간은 0(Zero) 상태로 돌아오는 방식이다.
② NRZ 방식보다 2배의 변조율을 가지고, NRZ 방식의 단점을 포함하므로 많이 사용하지 않는 방식이다.
(2) NRZ(None Return to Zero) 방식
① 비트 0, 1의 값을 전압으로 표시한 후에 영(zero)의 전압인 0[V]로 되돌아오지 않는 방식
② 이 방식은 컴퓨터 주변기기인 단말기, 프린터 등에 많이 사용하는 방식이다.

15 J-K 플립플롭을 이용하여 J와 K 입력 사이를 NOT 게이트로 연결한 플립플롭은?

① D형 플립플롭   ② T형 플립플롭
③ RST형 플립플롭 ④ RS 플립플롭

정답 11.① 12.① 13.① 14.③ 15.①

해설 D(Delay) Flip Flop
(1) JK F/F를 변형한 D F/F은 입력단자(D)가 하나 있고 출력 Q는 입력보다 1 clock 늦게 나오는 회로로서 data 전송에 있어서 시간 지연을 만드는 회로이다.
(2) JK F/F의 J와 K 사이를 NOT_gate로 연결하면 D F/F가 된다.

16 비동기 counter와 관계 없는 것은?

① 전단의 출력이 다음 단의 trigger 입력이 된다.
② 회로가 단순하므로 설계가 쉽다.
③ ripple counter라고도 한다.
④ 속도가 빠르다.

해설 계수기(Counter)
(1) 카운터는 각 플립플롭을 동작시키는 방법에 의해서 동기식 카운터와 비동기식 카운터로 나눈다.
(2) 동기식 카운터(counter)
 ① 병렬식 counter 라고도 하며 각 플립플롭에 동시에 클록펄스가 인가되는 회로를 말한다.
 ② 각 플립플롭의 출력 단자로부터 계수할 때, 출력의 위상차가 거의 없어 일그러짐이 매우 적기 때문에 현재의 계산기에서 널리 사용되는 방식이다.
 ③ 여러 단이 동시에 동작되므로 고속으로 동작되는 회로에 널리 사용된다.
(3) 비동기식 카운터
 ① 비동기식 카운터는 리플(ripple) 카운터라고도 하며, 이 카운터는 전단에 있는 플립플롭의 출력을 동작시키도록 연결되어 있다는 것이다.
 ② 전단의 출력이 후단에 전해지도록 되어 있으므로 캐리타임이 문제가 된다.
 ③ 회로는 간단하나 동작속도는 느리다.

17 3개의 T 플립플롭이 직렬로 연결되어 있다. 입력단(첫단)에 1000[Hz]의 입력신호를 인가하면 마지막 플립플롭의 출력신호는 몇 [Hz]인가?

① 3000
② 333
③ 167
④ 125

해설 T 플립플롭
(1) T플립플롭은 펄스가 입력되면 현재와 반대의 상태로 바뀌게 하는 토글(toggle) 상태를 만드는 회로이다.

(2) T형 플립플롭은 계수회로 또는 분주회로에 많이 쓰이는 플립플롭으로, T형 플립플롭 한 개는 2진 카운터(÷2)의 역할을 한다. 즉, 기능은 펄스의 주기를 2배로 늘려주는 기능을 한다.
(3) T형 F/F가 3개 직렬로 연결되므로 $8(=2^3)$ 분주회로이다.
∴ 출력 주파수=입력 주파수$\div 2^3$=1000$\div$8=125[Hz]

18 다음은 어떤 논리 회로인가?

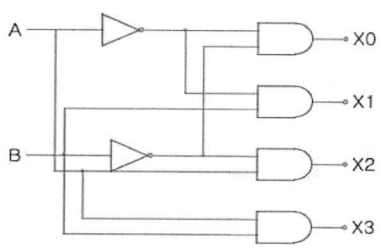

① 인코더
② 디코더
③ RS플립플롭
④ JK플립플롭

해설 디코더(decoder)
(1) 디코더란 n비트의 2진 코드(code) 값을 입력으로 받아들여 최대 2^n개의 서로 다른 정보로 바꿔 주는 조합회로를 말한다.
(2) 디코더는 n개의 입력선과 최대 2^n개의 출력선을 가지며, 입력 값에 따라 선택된 하나의 출력선이 나머지 출력선들과 반대값을 갖는다.
(3) 문제의 회로는, 입력선이 2개, 출력선이 2^n=4개인 2-to-4 디코더를 나타낸다.

입력		출력			
A	B	X_0	X_1	X_2	X_3
0	0	1	0	0	0
0	1	0	1	0	0
1	0	0	0	1	0
1	1	0	0	0	1

19 다음 중 보수 발생기가 필요한 회로는?

① 일치 회로
② 가산 회로
③ 나눗셈 회로
④ 곱셈 회로

정답 16.④ 17.④ 18.② 19.③

해설 2진수의 연산
(1) 2진수의 연산은 덧셈, 뺄셈, 나눗셈 등의 사칙연산을 수행한다.
(2) 사칙연산 중에서 기본이 되는 것은 덧셈이다. 뺄셈은 보수를 더해 줌으로써, 곱셈은 덧셈을 반복함으로써, 나눗셈은 뺄셈을 반복함으로써 처리할 수 있다.
∴ 뺄셈과 나눗셈에는 보수 발생기가 필요하다.

20 그림과 같은 회로는?

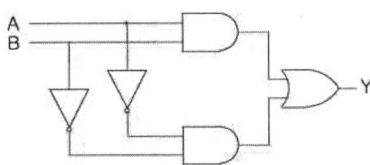

① 일치 회로　　② 비교 회로
③ 반일치 회로　④ 다수결 회로

해설 일치회로(Exclusive NOR)
① 입력 A, B가 서로 같을 때 만 출력이 나오는 회로이다.
② $Y = A \cdot B + \overline{A} \cdot \overline{B} = \overline{A \oplus B}$

A B	Y
0 0	1
0 1	0
1 0	0
1 1	1

21 전원회로에서 요구하는 일반적인 성능요구조건으로 부적합한 것은?

① 충분한 전력용량을 가질 것
② 출력 임피던스가 높을 것
③ 전압이 안정할 것
④ 리플이나 잡음이 적을 것

해설 전원회로의 경우 출력 임피던스가 크면, 출력 임피던스에 많은 전압이 강하되어 부하에 전력공급이 충분히 되지 않으므로 출력 임피던스가 낮아야 한다.

22 평활회로에 대한 설명 중 가장 적합한 것은?

① 직류를 직류로 변환하는 역할을 한다.
② 맥동성분을 제거하여 직류분만을 얻기 위한 회로이다.
③ 일정한 직류 출력 전압을 유지하도록 한다.
④ 직류를 교류로 변환하는 역할을 한다.

해설 정류 회로는 변압기로부터의 교류 입력 전압을 정류하여 맥류로 만든 다음 평활 회로에서 직류를 만들고 이를 항상 일정 전압을 유지할 수 있는 정전압 회로를 통해 부하에 인가하는 방식으로 구성되어 있다.

23 단상 전파 브리지 정류회로에서 각 다이오드에 걸리는 최대 역전압의 크기는? (단, 1차측 입력전압 100[V], 트랜스포머의 권선비는 n1 : n2 = 10 : 1)

① 10[V]　　② 14.1[V]
③ 100[V]　④ 141[V]

해설 전파 브리지 정류회로에서 다이오드에 걸리는 역전압(PIV)은 2차측 전압(V_2)의 최대치인 V_m이다. 한편, 변압기 2차측 전압(V_2)은 $\dfrac{n_1}{n_2} = \dfrac{V_1}{V_2}$ 으로부터

$V_2 = \dfrac{n_1}{n_2} V_1 = \dfrac{1}{10} \times 100 = 10$

한편 최대치는 실효치의 $\sqrt{2}$ 배이므로
$V_m \sqrt{2} V_2 = \sqrt{2} \times 10 = 14.1[V]$

24 전원 평활 회로에서 콘덴서 입력형과 비교한 초크 입력형의 특징에 대한 설명으로 적합하지 않은 것은?

① 콘덴서 입력형 보다 값이 비싸다.
② 맥동률은 부하저항이 클수록 좋다.
③ 콘덴서 입력형 보다 대전류에 적합하다.
④ 전압변동률이 콘덴서 입력형 보다 양호하다.

해설 L형 필터(초크 입력형)와 π형 필터(콘덴서 입력형)를 비교하면 다음과 같다.

정답　20.①　21.②　22.②　23.②　24.②

종류 구분	π형 필터 (콘덴서 입력형)	L형 필터 (초크 입력형)
전압 변동률	나쁘다.	좋다.
맥동률	부하 저항이 클수록 감소한다.	부하 저항이 작을수록 감소한다.
첨두 정류 전류	매우 크다	별로 크지 않다.
출력 직류 전압	입력교류전압의 첨두치와 거의 같다.	π형보다 작다.
첨두 역전압	매우 크다.	π형보다 작다.
부하 전류 크기	작다.	크다.
사용 정류기	2극관 반도체 정류기	모든 정류기
적용	모든 방식에 적용	단사반파 및 배전압을 제외한 모든 방식에 사용
가격	싸다	비싸다

(1) π형 필터(콘덴서 입력형)는 고전압 저전류용에 적합하고, L형 필터(초크 입력형)는 저전압 대전류용에 적합하다.
(2) 맥동률은 부하 저항이 작을수록(즉 부하 전류가 증가할수록) L형은 감소하고, 부하 저항이 클수록(즉 부하 전류가 감소할수록) π형은 감소한다.
(3) 전압 변동률은 L형이 π형보다 작다.

25 언팩 10진수 형식으로 "1111 0100 1111 0011 1111 0010 1101 0001"을 팩 10진수 형식으로 변환하면?

① 0000 0000 0000 0010 0011 0010 0001 1100
② 0000 0000 0000 0010 0011 0010 0001 1101
③ 0000 0000 0000 0010 0011 0010 0001 1111
④ 0000 0000 0000 0010 0011 0010 0001 1011

해설 Unpack 형식
1바이트에 1자리의 10진수가 기억되고 부호는 마지막 바이트 상위 4비트에 저장되며 남는 자리에는 F(1111)가 채워진다.

Pack 형식
1바이트에 2자리의 10진수가 기억되고 부호는 마지막 바이트 하위 4비트에 저장되며 남는 자리에는 0이 채워진다.
따라서 위 문제의 언팩 10진수는 아래와 같이 표현되며

1111	0100	1111	0011	1111	0010	1101	0001
F	4	F	3	F	2	D	1

이를 팩 형식으로 변경하면

0000	0000	0000	0100	0011	0010	0001	1101
0	0	0	4	3	2	1	D

이 된다.

정답 25. ②

2회 전자회로 실전 모의고사

01 다음 중 Flip-Flop으로 구성할 수 없는 것은?
① Half Adder   ② Register
③ Counter   ④ RAM

[해설] 반가산기(Half Adder)
(1) 2개의 2진수 A와 B를 더한 합(sum)과 자리올림(carry)을 얻는 회로이다.
∴ S = A⊕B, C=AB
(2) 반가산 회로는 배타적 논리합(EXOR) 회로와 AND 회로로 구성된다.

02 다음 중 논리 게이트의 설명으로 틀린 것은?
① 부울식은 AND, OR, NOT의 연산자로 이루어진다.
② 기본 논리회로는 AND, OR, NOT 게이트로 나타낼 수 있다.
③ 모든 부울식을 NAND 게이트로 나타낼 수 있다.
④ 모든 부울식을 EXOR 게이트로 나타낼 수 있다.

[해설] 논리 게이트
(1) NAND 게이트는 AND 연산의 보수를 나타내며 이것은 NOT와 AND를 합성한 것이다.
(2) EXOR 게이트는 두 수를 비교해서 같으면 "0"을 만들어 주고 다르면 "1"로 만들어주는 게이트이다.

03 RC 직렬회로에 다음과 같은 양의 펄스를 인가했을 때 저항 R 양단의 전압을 나타내는 식은?

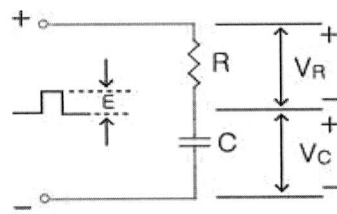

① $V_R = Ee^{-C/Rt}$ ② $V_R = Ee^{-Rt/C}$
③ $V_R = Ee^{-CRt}$ ④ $V_R = Ee^{-t/CR}$

[해설] RC 직렬회로
(1) 전류 $i(t) = \frac{E}{R}e^{-\frac{1}{RC}t}$ [A]
(2) R 단자 전압, $V_R = i(t) \cdot R = Ee^{-\frac{1}{RC}t}$ [V]
(3) C 단자 전압, $V_c = E - V_R = E(1-e^{-\frac{1}{CR}t})$ [V]
RC 회로의 시정수 $\tau = RC$ [sec]

04 그림과 같은 연산증폭기의 출력전압 V_o[V]는?
(단, $V_1=-2$[V], $V_2=$[3V], $V_3=1$[V], $R_1=R_2=R_3=R_4=200$[kΩ], $R_f=2$[MΩ])

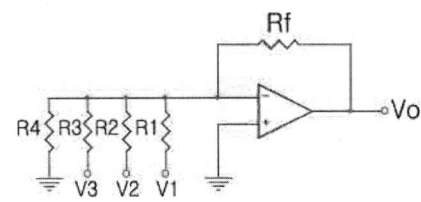

① −20   ② −30
③ −40   ④ −50

[해설] 덧셈연산증폭기(가산기, Adder)
출력전압은 입력전압의 합으로 표시된다.
$V_o = -(\frac{R_f}{R_1}V_1 + \frac{R_f}{R_2}V_2 + \frac{R_f}{R3}V_3)$
∴ $V_o = -(\frac{2M}{200K}\times -2 + \frac{2M}{200M}\times 3 + \frac{2M}{2K}\times 1) = -20$

05 Diode 직선검파 회로에서 변조도 62[%], 진폭 10[V]인 피변조파(AM)가 인가되었을 때 출력 부하에 나타나는 실효치는 약 얼마인가? (단, 검파효율인 73[%]이다.)

정답 01.① 02.④ 03.④ 04.④

① 3.2[V]　　　　② 0.64[V]
③ 0.32[V]　　　④ 0.16[V]

해설 효율$(\eta) = \dfrac{V_o}{V_i} = \dfrac{V_o}{mV_c}$

관계에서, $0.73 = \dfrac{\sqrt{2} \times x}{0.62 \times 10\sqrt{2}}$

여기서 m은 변조도이다.
따라서 출력전압의 실효치 V_0는 3.2[V] 이다.

06 아래의 CE 증폭기 회로에서 콘덴서 C_1, C_2및 C_E에 관한 명칭과 역할을 바르게 설명한 것은?

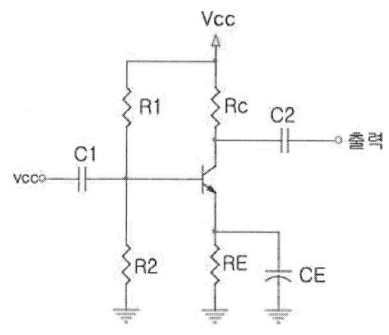

① C_E는 결합 콘덴서로 증폭기의 앞과 뒤에 연결된 회로를 직류적으로 결합시키고, C_1과 C_2는 측로 콘덴서로 직류 전압이득을 증가시키는 기능을 한다.
② C_E는 결합 콘덴서로 증폭기의 앞과 뒤에 연결될 회로를 교류적으로 결합시키고, C_1과 C_2는 측로 콘덴서로 교류전압이득을 증가시키는 기능을 한다.
③ C_1과 C_2는 결합 콘덴서로 증폭기의 앞과 뒤에 연결될 회로를 직류적으로 결합시키고, C_E는 측로 콘덴서로 직류 전압이득을 증가시키는 기능을 한다.
④ C_1과 C_2는 결합콘덴서로 증폭기의 앞과 뒤에 연결될 회로를 교류적으로 결합시키고, C_E는 측로 콘덴서로 교류전압이득을 증가시키는 기능을 한다.

해설 C_1, C_2, C_E의 기능 및 명칭

C_1과 C_2는 결합콘덴서로 증폭기의 앞과 뒤에 연결될 회로를 교류적으로 결합시키고, C_E는 측로(by-pass) 콘덴서로 교류 전압이득을 증가시키는 기능을 한다.(저주파 특성을 저하시킨다.)

07 다음 중 논리식 A (A + B + C)를 간단히 하면?

① 1　　　　② 0
③ B+C　　④ A

해설 A (A + B + C) = A+ AB + AC = A(1 + B + C) = A

08 다음 중 FET 회로에서 전압증폭도 A_V는 약 얼마인가?(단, g_m=2[mΩ], r_d=10[kΩ], V_g=0.1[V]이고, C_S는 충분히 큰 값이다.)

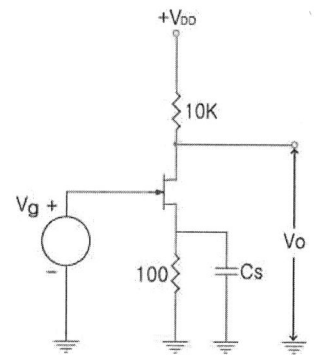

① −5　　　　② 7
③ −10　　　④ 16

해설 CS 증폭기회로

$\therefore A_V = \dfrac{V_0}{V_i} = \dfrac{-\mu R_d}{r_d + R_d} = -g_m(R_d // r_d)$

$\therefore \mu = g_m r_d = 2 \times 10^{-3} \times 10 \times 10^3 = 20$

$\therefore A_V = \dfrac{-20 \times 10 \times 10^3}{10 \times 10^3 + 10 \times 10^3} = -10$

09 다음 중 베이스접지(CB)형 증폭회로에 대한 일반적인 설명으로 틀린 것은?

① CC형보다 입력저항이 적다.
② CC형보다 출력저항이 적다.

정답　05.①　06.④　07.④　08.③　09.②

③ CC형보다 전류이득이 적다.
④ 높은 임피던스 부하를 구동시킬 때 사용한다.

해설 베이스 접지(CB)회로의 특징
(1) 입력 임피던스 : 작다.
(2) 출력 임피던스 : 크다.
(3) 전류 증폭도 : 약1 이다.
(4) 전압 증폭도 : 크다.
(5) 전력 증폭도 : 낮다.
(6) 용도 : 전압 증폭용

10 다음 중 회로에 구형파 입력 e_i가 인가될 때 출력 e_o의 파형으로 가장 적합한 것은? (단, RC≪tp이다.)

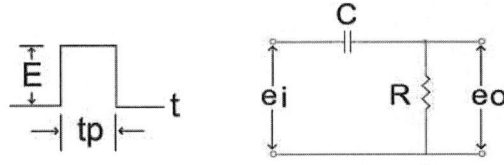

①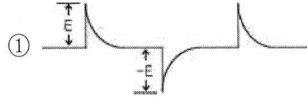

②

③

④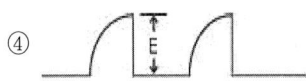

해설 미분회로
(1) 미분회로는 직사각형파로부터 폭이 좁은 트리거(trigger) 펄스를 얻는 데 자주 사용된다.
(2) 시정수 $\tau = RC = RC \ll tp$
(3) 펄스폭(t_p) 와 시정수와의 관계에 따른 출력파형 RC≪tp 일 때의 회로를 미분회로라 하며, 이때의 출력파형은 (대략) 그림 ㉮의 파형(펄스파)을 얻을 수 있다.

11 이미터 접지형 증폭기에서 베이스 접지시 전류

증폭률 α=0.9, I_{CO}= 0.1[mA], I_B=0.5[mA]일 때 컬렉터 전류 I_C는 몇 [mA]인가?

① 4.6   ② 5.0
③ 5.5   ④ 8.5

해설 베이스 접지 시 전류 증폭률(α)과 이미터 접지 시 전류 증폭률(β) 관계

콜렉터전류 $I_c = \alpha I_E + I_{co} = \beta I_\beta + (1+\beta)I_{co}$

(1) 이미터 접지 전류 증폭률 $\beta = \dfrac{\alpha}{1-\alpha}$

(2) 베이스 접지 전류 증폭률 $\alpha = \dfrac{\beta}{1+\beta}$

$\beta = \dfrac{\alpha}{1-\alpha} = \dfrac{0.9}{1-0.9} = 9$

∴ $I_c = \beta I_B + (1+\beta)I_{co} = 9 \times 0.5m + 10 \times 0.1m = 5.5[mA]$

12 다음 그림과 같은 궤환 회로는?(단, 입력이 V_i이고 출력은 V_o이다.)

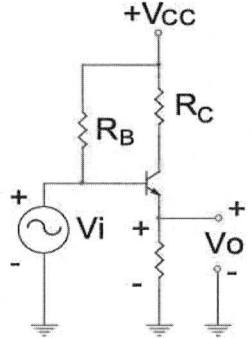

① Voltage series   ② Current Series
③ Voltage shunt   ④ Current shunt

해설 부궤환 증폭기의 특성
(1) 주파수 특성이 개선된다.
(2) 비직선 일그러짐이 감소된다.
(3) 잡음이 감소한다.
(4) 이득이 감소한다.
(5) 대역폭이 증대된다.
(6) 입력 및 출력 저항이 변환한다.
(7) 주파수 특성이 개선된다.

정답 10.① 11.③ 12.①

구분\구성형태	직렬전류	직렬전압	병렬전류	병렬전압
입력 저항	증가	증가	감소	감소
출력 저항	증가	감소	증가	감소

① 직렬–전압부궤환 (Voltage series)
② 직렬–전류부궤환 (Current series)
③ 병렬–전압부궤환 (Voltage shunt)
④ 병렬–전류부궤환 (Current shunt)
∴ 위회로는 직렬–전압부궤환 (Voltage series)이다.

13 다음 중 CR 발진기에 대한 설명으로 거리가 먼 것은?

① 낮은 주파수 범위에서 주로 사용된다.
② 이상형과 브리지형 발진기가 있다.
③ LC 발진기에 비해 주파수 범위가 좁다.
④ 주로 C급으로 동작시켜 효율을 높인다.

해설 CR 발진기
(1) 낮은 저항(R)과 콘덴서(C)의 조합으로 위상을 이동시켜 정(+)궤환 회로를 구성하는 발진호로를 CR발진회로라 한다.
(2) 일그러짐을 적게 하기 위해 A급으로 동작시킨다.
(3) 이상형 발진기는 3개의 RC 회로를 통한 입·출력 위상차가 180°일 때 발진이 일어난다.
(4) LC 발진기에 비해 주파수 안정도가 좋고 주파수를 가변하기가 용이하다.
(5) 발진주파수는 RC의 시정수에 의해 결정되며, 10^{-2} ~ 10^{6}[Hz]의 가변 주파수로 가능하다.

14 다음 카르노도를 간략화한 논리식은?

	$\overline{CD}$	$\overline{C}D$	CD	$C\overline{D}$
$\overline{AB}$	0	0	0	0
$\overline{A}B$	0	0	0	0
AB	1	1	1	1
$A\overline{B}$	1	1	1	1

① Y = A
② Y = B
③ Y = AB+$\overline{CD}$
④ Y = A$\overline{B}$+$\overline{C}$D

해설

CD\AB	00	01	11	10
00				
01				
11			1	1
10			1	1

∴ Y = A

15 다음 DTL(Diode Transistor Logic) 회로의 기능은?(단, A, B는 입력이고 Y는 출력, 정논리인 경우이다.)

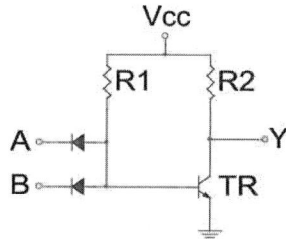

① AND
② NOT
③ NAND
④ EX–OR

해설 DTL(Diode Transistor Logic)NAND회로
DTL NAND회로란 다이오드와 트랜지스터를 써서 논리회로를 구성한 형태로서 DTL회로의 가장 대표적인 회로이다.

16 30 : 1 의 리플 계수기를 설계할 때 최소로 필요한 플립플롭의 수는?

① 4
② 5
③ 6
④ 8

해설 (1) N개의 플립플롭을 연결하면 원래의 상태로 reset되기 전에 2^n까지 카운트할 수 있다.
(2) 리플 카운터를 이용한 n진 카운터 설계에서 필요한 F/F수 N은 $2^4 \leq 30 \leq 2^5 (2^{n-1} \leq N \leq 2^n)$이므로 최소한 5개의 플립플롭이 필요하다.

정답 13.④ 14.① 15.③ 16.②

전자회로 기출문제

17 다음 중 시미트(Schmitt) 트리거 회로의 응용과 거리가 먼 것은?

① 증폭회로　② 구형파회로
③ 쌍안정회로　④ 전압비교회로

해설 (1) 시미트 트리거는 정현파와 같은 완만한 변화 입력으로 날카로운 구형 펄스를 만드는데 적합한 쌍안정 멀티 바이브레이터의 일종이다.
(2) 시미트 트리거 회로의 특징 및 응용회로

특징	· 쌍안정 멀티 바이브레이터의 일종이다. · 입력 파형에 관계없이 출력은 항상 구형파이다. · 입력 전압의 크기로서 회로의 개폐ON, OFF를 결정해준다. · 귀환 효과는 공통 이미터 저항을 통하여 이루어진다.
응용회로	· 전압비교 회로(comparator) · 쌍안정 회로 · 펄스파(구형파) 발생회로 · A/D 변환기

18 하틀레이 발진기에서 궤환 요소에 해당되는 것은?

① 콘덴서　② 저항
③ 인덕터　④ 능동소자

해설 하틀레이 발진 회로(Hartley Oscillator)
(1) 동조 회로의 L_1과 L_2 사이에는 상호 인덕턴스(M)가 작용하므로 발진 주파수(f_0)는
$$f_0 = \frac{1}{2\pi\sqrt{(L_1+L_2+2M)C}}[Hz]$$
(2) 발진을 지속하기 위한 트랜지스터의 최소 전류 증폭률(h_{fe})는 $h_{fe} \geq \frac{L_1+M}{L_2+M} \fallingdotseq \frac{L_1}{L_2}$
(3) 하틀레이 발진기의 궤환요소는 코일(유도성)이며, 콜피츠 발진기는 콘덴서(용량성)이다.

19 다음 중 FET 증폭회로의 응용으로 가장 적합한 것은?

① 신호원 임피던스가 높은 증폭기의 초단
② 주파수 안정도를 높일 필요가 있는 증폭기의 끝단
③ 신호원 임피던스가 높은 증폭기의 중단간
④ 신호원 임피던스가 높은 증폭기의 끝단

해설 전계효과 트랜지스터(FET)의 특징
(1) FET는 게이트와 소스 사이에 역방향 바이어스(V_{GS})를 가하여 드레인 전류를 제어하는 전압 제어형 소자이다.
(2) FET는 단극성 트랜지스터이며, 입력 임피던스가 대단히 높고 이득 대역폭이 매우 적다.
(3) Tr은 2극성(bipolar) 트랜지스터이고, FET는 단극성(unipolar) 트랜지스터이다.
(4) 외부로 부터의 복사의 영향을 덜 받는다.(열적으로 안정하다.)
(5) FET는 스위치(또는 초퍼)로 사용 시 offset 전압이 없다.
(6) 신호원 임피던스가 높은 증폭기의 초단에 사용 한다.

20 증폭기와 RC 또는 LC 소자로 구성되는 궤환형 발진기 회로에서 증폭기에 의한 입력과 출력의 위상차이는 몇 도인가?

① 90도　② 180도
③ 270도　④ 300도

해설 RC 이상형(R/C형) 발진기회로에서 180도 위상차가 생긴다.

21 다음 A와 B의 값을 비교기 연산을 했을 때 올바른 값은?(A = 1101 0011, B = 0011 1010)

① 1010 1010　② 1110 1001
③ 0001 0110　④ 1110 0110

해설 비교기 연산은 XOR 연산을 실행한다.

22 다음 중 자외선을 이용하여 내용을 지울 수 있는 ROM은?

① 마스크 ROM　② PROM
③ (UV)EPROM　④ EEPROM

해설 (1) 마스크 ROM : 제조사가 기록한 내용을 읽기만 한다.
(2) PROM : 사용자가 1번만 기록이 가능하다.
(3) (UV)EPROM : 자외선을 이용하여 기억된 내용을 삭제하고 여러번 기록이 가능하다.
(4) EEPROM : 전기적인 성질을 이용하여 기억된 내용을 삭제하고 여러 번 기록이 가능하다.

정답 17.① 18.③ 19.① 20.② 21.② 22.③

23 마이크로프로세서 내에서 산술 연산의 기본 연산은?

① 덧셈 ② 뺄셈
③ 곱셈 ④ 나눗셈

해설 마이크로프로세서는 모든 연산을 덧셈을 기본으로 수행하며 뺄셈은 보수를 이용한 덧셈으로 처리한다.

24 정보의 단위가 작은 것에서 큰 순으로 올바르게 나열된 것은?

① byte ② record
③ database ④ field
⑤ file

① ③-①-④-②-⑤ ② ①-②-④-⑤-③
③ ①-④-②-⑤-③ ④ ③-①-②-⑤-④

해설 정보의 단위
Bit → Nibble → Byte → Word → Field → Record → Block → File → Database

25 진폭 변조에서 반송파 전력이 100[W]일 때 변조율이 60[%]라고 하면 한쪽 측파대의 전력은 몇 [W]인가?

① 4.5[W] ② 6[W]
③ 9[W] ④ 18[W]

해설 상측파대 전력은
$$\frac{m^2}{4}P_c = \frac{0.6^2}{4} \times 100 = 9[\text{W}]$$

정답 23.① 24.③ 25.③

3회 전자회로 실전 모의고사

01 이상적인 연산 증폭기의 R_2에 흐르는 전류(I)는?(단, R_1=2[kΩ], R_2=3[kΩ], V_i=4[V]이다.)

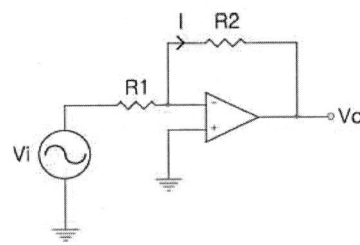

① 0.2[mA]   ② 0.5[mA]
③ 2[mA]   ④ 5[mA]

해설 (1) 주어진 회로는 반전 증폭기이다
(2) 입력 임피던스가 무한대(∞)이므로 비반전 입력단자에 전류 유입은 거의 없다. 즉, (+) 단자가 접지되어 있으므로 (−) 단자 전압은 0[V]이다.
(3) 반전 입력단자에 전류 유입이 없으므로 R_1에 흐르는 전류가 R_2에 흐르는 전류가 된다.

$$I_i = I \quad \therefore I_i = \frac{V_i}{R_1} = \frac{4}{2 \times 10^3} = 2[mV]$$

02 그림과 같은 연산증폭기의 전압이득 V_o/V_s는?

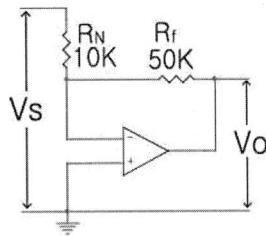

① −5   ② 0.2
③ 5   ④ −0.2

해설 (1) 반전 연산 증폭기이다.
(2) 전압이득(A_v)

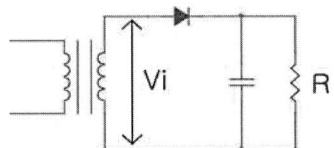

$$\therefore A_V = \frac{V_0}{V_S} = -\frac{50K}{10K} = 5$$

03 그림과 같이 평활회로를 가진 반파 정류회로에서 다이오드에 걸리는 최대 역전압[V]는? (단, $V_i=V_m\sin\omega t$[V])

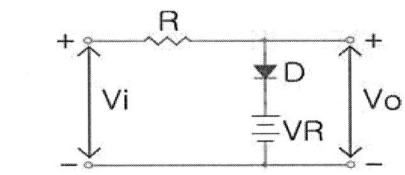

① V_m/π ② $V_m/\sqrt{2}$
③ V_m ④ V_m

해설 정류회로의 최대역전압
[단상 반파정류회로]
$PIV = V_m$ 이며, (+)반주기 동안에 콘덴서에 충전된 V_m이 합쳐져서 $2V_m$이 된다.

04 다음 회로의 전달 특성으로 옳은 것은?(단, D는 이상적인 다이오드이다.)

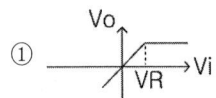 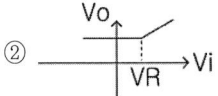

① ②

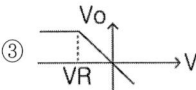 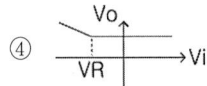

③ ④

정답 01.③ 02.③ 03.② 04.①

해설 클리퍼(clipper)
(1) 교류입력 파형에서 어느 경계 값을 기준으로 한 부분을 잘라내면서 다른 부분은 왜곡없이 출력한다.
(2) 동작설명
① $V_i < V_R$인 경우 D(off)이므로 $V_0 = V_i$
② $V_0 = V_R$인 경우 D(on)이므로 $V_i > V_R$

05 다음 중 그림에서 다이오드는 무엇에 대한 변화를 보상하기 위한 것인가?

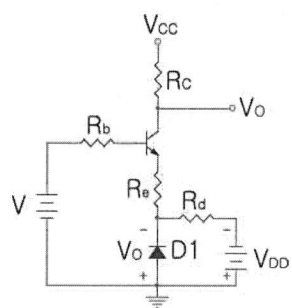

① R_b
② V_{BE}
③ V_{CC}
④ V_{CE}

해설 (1) 다이오드를 이용한 온도보상회로이다.
(2) V_{BE}의 온도변화에 따른 영향이 다이오드에 의해 감소하므로 결국 출력전류 I_C를 일정하게 유지시켜서 안정화시킨다.

06 그림과 같은 증폭회로에서 커패시터 C의 주된 기능은?

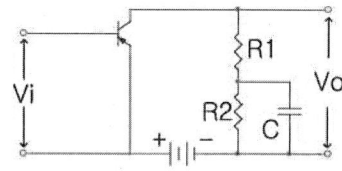

① 기생진동 방지용
② 발진 방지용
③ 정전용량 중화용
④ 저주파 특성 개선용

해설 저역 보상 회로
(1) 그림은 일반적인 바이어스 회로의 저항을 두 개로 나누어서 그 중간을 콘덴서C로 접지한 것이다.
(2) 만약 C가 없다면 신호의 부궤환 때문에 이득이 많이 떨어진다.
(3) 콘덴서 C 을 R_2 와 병렬로 접속하여 저주파로됨에 따라서 C 의 영향을 적게하고, 부하 임피던스를 높여 이득을 높인다.

07 다음 중 안정적인 발진회로에 수정진동자를 사용하는 주된 이유는?

① 발진주파수가 낮기 때문이다.
② Q(Quality factor)가 크기 때문이다.
③ 안정도가 가변되기 때문이다.
④ 발진주파수를 임의로 변화시킬 수 있기 때문이다.

해설 수정진동자(Crystal)
(1) Crystal은 일반적으로 수정 진동자라고 일컬어지며 이 것은 천연 혹은 인공 수정 결정을 특정 각도에서 잘라낸 수정편에 전극을 부착한 것이다.
(2) TV, VCR 등의 AV기기, 시계, 전자계산기, PC등에 주로 사용되는데 최근에는 휴대전화, 무선 호출기, PCS 와 같은 이동통신 등에도 많이 사용되고 있다.
(3) 수정진동자를 사용하는 이유
① 수정은 Q factor가 높다.
② 수정은 기계적으로나 물리적으로나 안정하다.
③ 저렴한 비용으로 요구 주파수를 만들 수 있다.
④ 수정은 예민한 공진특성을 가지기 때문에 주파수 선택이 우수하다.
⑤ 다른 발진회로에 비하여 수정은 보다 안정적으로 주파수를 발생시켜주기 때문에 오차의 우려나 오동작의 확률이 낮다.

08 변조도 40[%]의 진폭변조에서 반송파의 평균전력이 300[mW]일 때 피변조파의 평균전력[mW]은?

① 100
② 300
③ 324
④ 424

해설 진폭 변조(AM)의 전력
피변조파 전력(P_m) = 반송파 전력(P_c) + 상측파 전력(P_H) + 하측파 전력(P_L)

$$P_m = \frac{1}{2}I_m^2 R + \frac{1}{8}m^2 I_m^2 R + \frac{1}{8}m^2 I_m^2 R = P_c\left(1 + \frac{m^2}{2}\right)[W]$$

정답 05.② 06.④ 07.② 08.③

$P_m = 300[mW] \times (1 + \frac{0.4^2}{2}) = 324[mW]$

09 다음 멀티바이브레이터의 Q_1이 ON 상태로 있는 동안은?

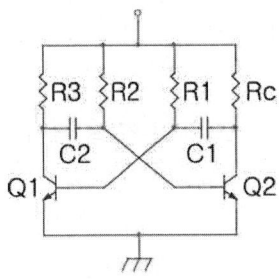

① C_1이 R_1을 통해 방전하는 동안
② C_2가 R_2를 통해 방전하는 동안
③ C_1이 R_1을 통해 충전하는 동안
④ C_2가 R_2을 통해 충전하는 동안

해설 비안정 멀티바이브레이터(Astable Multivibrator)
(1) 이미터 접지 2단의 정궤환 증폭회로로서 발진된다.
(2) Q_1이 동작할 때에는 C_1가 충전되고 있는 상태이며, Q_2가 동작할 때에는 Q_1이 OFF되고, C_2는 방전한다.
(3) C_2의 전하가 R_3을 통하여 R_2로 방전한다.
(4) 비안정 멀티바이브레이터는 안정 상태를 가지지 못하면 2개의 준안정 상태를 가진 것이다.
(5) 일정한 기간을 두고 스스로 한 준안정 상태에서 다른 준안정 상태로의 전이를 계속한다.
(6) 출력 파형의 반복주기(T) $T=0.69C_1R_1+0.69C_2R_2$, $C_1=C_2=C$, $R_1=R_2=R$ 라면 $T≒1.4RC$
(7) 구형파를 발생한다.

10 1[MHz]을 입력하는 분주 회로에서 출력을 250[KHz]로 만들려면 몇 개의 T 플립플롭이 필요한가?

① 1   ② 2
③ 3   ④ 4

해설 T 플립플롭
(1) T 플립플롭은 펄스가 입력되면 현재와 반대의 상태로 바뀌게 하는 토글(toggle) 상태를 만드는 회로이다.

(2) T형 플립플롭은 계수 회로 또는 분주 회로에 많이 쓰이는 플립플롭으로, T형 플립플롭 한 개는 2진 카운터(÷2)의 역할을 한다. 즉, 기능은 펄스의 주기를 2배로 늘려주는 기능을 한다.
(3) T형 플립플롭 1개는 1/2 분주회로이므로, 주어진 문제에서는 2개의 T형 플립플롭이 필요하다.
1[MHz]÷2²=250[KHz]

11 다음 그림의 역할로 옳은 것은?

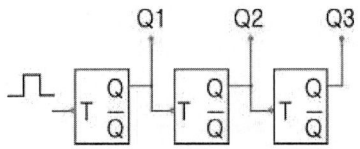

① 동기식 10진 카운터   ② 비동기식 8진 카운터
③ 동기식 5진 카운터   ④ 비동기식 3진 카운터

해설 (1) 비동기식 카운터는 리플 카운터라고도 하며, 이 카운터는 전단에 있는 플립플롭의 출력을 받아 순서대로 플립플롭을 동작시키도록 연결되어 있는 것이다.
(2) 회로는 간단하나 동작속도는 느리다.
(3) 3개의 플립플롭이 연결되어 있으므로 $N=2^3=8$진 카운터이다. 즉, reset 되기 전에 N까지 count 할 수 있다.

12 다음 이상발진기의 회로에서 발진주파수는 약 얼마인가?(단, C=1[nF], R=10[kΩ])

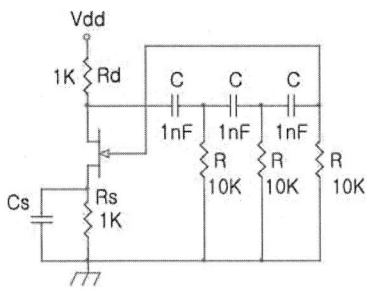

① 6497[Hz]   ② 9456[Hz]
③ 185[kHz]   ④ 359[kHz]

해설 이상형 RC 발진회로
(1) RC를 3계단형으로 조합시켜 드레인측의 출력전압을 콘덴서 C와 저항R로 위상편차가 180°가 되게 바꾸어

정답 09.② 10.② 11.② 12.①

게이트에 정궤환으로 걸어주어 발진시키는 회로이다.
(2) 문제 회로는 병렬 저항형(고역 통과형)이다.
∴ 발진주파수

$$(f_0) = \frac{1}{2\pi\sqrt{6}RC}$$
$$= \frac{1}{2\pi\sqrt{6}\times 10\times 10^3 \times 1\times 10^{-9}} \approx 6497[Hz]$$

13 그림의 TTL 게이트가 수행하는 논리기능은?

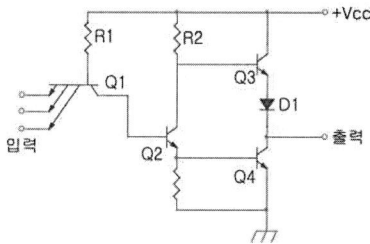

① NOT ② NOR
③ AND ④ NAND

해설 (1) TTL gate가 수행할 수 있는 논리기능은 NAND 기능이다.
(2) CMOS gate가 수행할 수 있는 논리기능은 NOR와 NAND 기능이다.

14 다음 그림의 고정 바이어스 회로에서 I_C의 옳은 표현은?

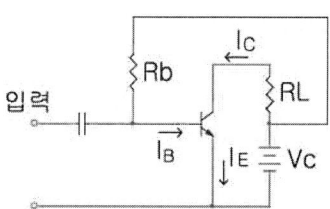

① $I_C = \beta I_B$ ② $I_C = \alpha I_E + I_{CO}$
③ $I_C = \beta I_B(1-\beta)I_{CO}$ ④ $I_C = \beta I_B + (1+\beta)I_{CO}$

해설 고정바이어스회로의 기본식은 $I_C = \beta I_B + (1+\beta)I_{CO}$ 이다.

15 다음의 연산증폭기에서 입력 신호전압 $V_S = 0.5[V]$일 때 출력전압 V_0는 몇 [V]인가?

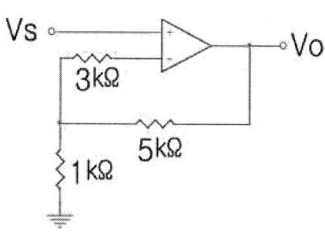

① 1 ② 2
③ 3 ④ 4

해설 (1) 비반전 연산 증폭기이다.
(2) 전압이득 $A_v = \dfrac{V_o}{V_i} = (1+\dfrac{R_f}{R_1})$ 이므로,
$$V_o = (1+\dfrac{5K}{1K})\times 0.5 = 3[V]$$

16 다음 중 카르노도를 간략화한 결과는?

CD\AB	00	01	11	10
00	0	1	1	1
01	0	0	0	1
11	1	1	0	1
10	1	1	0	1

① $\overline{A}\overline{B}D + AC + \overline{C}\overline{D}$ ② $\overline{A}\overline{B}D + A\overline{C} + CD$
③ $\overline{A}\overline{B}D + A\overline{C} + \overline{C}\overline{D}$ ④ $\overline{A}\overline{B}D + AC + CD$

해설 카르노도를 이용한 간략화

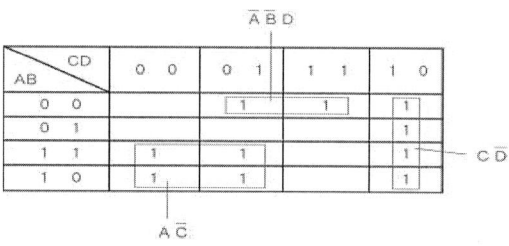

정답 13.④ 14.④ 15.③ 16.③

17 차동증폭기에서 차신호에 대한 전압이득이 Ad, 동상신호에 대한 전입이득이 Ac인 경우 동상신호 제거비(CMRR)를 옳게 나타낸 것은?

① $\dfrac{Ac+Ad}{2}$ ② $\dfrac{Ad}{Ac}$

③ $\dfrac{Ac}{Ad}$ ④ $\dfrac{Ac-Ad}{2}$

해설 동상신호 제거비 CMRR(Common Mode Rejection Ratio)

$$\therefore CMRR = \dfrac{\text{차신호이득}}{\text{동상신호이득}} = \dfrac{A_d}{A_c}$$

18 다음 중 신호 v(t)=10cos(20πt+πt²)에서 t=0 일 때 순시주파수는?

① 5[Hz] ② 10[Hz]
③ 20[Hz] ④ 30[Hz]

해설 $v(t)=10cos(20\pi t+\pi t^2)$의 신호에 $t=0$을 대입하면 순시주파수 = 10[Hz]이다.

19 다음 중 비동기 카운터(asynchronous counter)의 설명으로 옳지 않는 것은?

① 리플카운터(ripple counter) 라고도 부른다.
② 여러 개의 플립플롭을 병렬로 연결하여 구성한다.
③ 각 플립플롭의 출력을 다음 단의 클럭 입력에 가하는 구조이다.
④ 각 단을 통과할 때마다 지연시간이 누적되므로 고속의 카운터에는 부적합하다.

해설 카운터는 각 플립플롭을 동작시키는 방법에 의해서 동기식 카운터와 비동기식 카운터로 나눈다.
(1) 동기식 카운터(counter)
  ① 병렬식 counter라고도 하며 각 플립플롭에 동시에 클록펄스가 인가되는 회로를 말한다.
  ② 각 플립플롭의 출력 단자로부터 계수할 때, 출력의 위상차가 거의 없어 일그러짐이 매우 적기 때문에 현재의 계산기에서 널리 사용되는 방식이다.
  ③ 여러 단이 동시에 동작되므로 고속으로 동작하는 회로에 널리 사용된다.

(2) 비동기식 카운터
  ① 리플 카운터라고도 하며, 전단의 플립플롭의 출력을 받아 순서대로 플립플롭이 동작되도록 연결되어 있다.
  ② 전단의 출력이 후단에 전해지도록 되어 있으므로 캐리타임(지연시간)이 문제가 된다.
  ③ 회로가 단순하므로 설계가 쉽다.
  ④ 회로가 직렬로 되어있으므로 동작속도가 느리다.

20 어떤 2진 카운터를 이용하여 255까지 카운터 하려고 한다. 이 경우 모듈러스(modulus)와 최소로 필요한 플립플롭의 개수가 순서대로 옳은 것은?

① 255, 8 ② 256, 8
③ 255, 9 ④ 256, 9

해설 계수기(Counter)
(1) 2진 계수회로에서 수의 증가하는 순서로 세는 것은 상향 계수회로(up-counter), 반대로 수의 감소하는 방향으로 계수하는 것을 하향 계수회로(down-counter)라고 한다.
(2) MOD(Modulus) 수
  ① 6개의 플립플롭으로 구성되었다면 뚜렷하게 다른 64가지의 상태 000000~111111((0)10~(63)10) 까지를 갖는다. 이는 64개의 입력 펄스로서 계수 주기가 반복되는 것으로, 이를 64진 계수기라고 한다. 또한 Modulus 64 counter, MOD-64 counter라고도 한다.
  ② MOD 수는 항상 카운터가 처음 상태로 되돌아가기 이전에 완벽한 사이클을 통과하는 상태의 수와 같다.
  $\therefore$ MOD 수 = 2n, n : 플립플롭의 개수

21 다음 중 주파수 체배기에 주로 사용되는 증폭기의 바이어스 방법은?

① A급 ② B급
③ AB급 ④ C급

해설 C급 증폭기의 특성은 다음과 같다.
(1) 대전력 증폭기용으로 주로 사용된다.
(2) A급, B급 증폭 방식보다 collector 효율(전력 효율)이 크다.
(3) A급, B급 증폭 방식보다 파형의 일그러짐이 크다.

정답 17.② 18.② 19.② 20.② 21.④

(4) Collector 전류가 흐르는 시간이 입력 신호의 반주기보다 작게 되도록 bias된 동작 방식이다.

22 10진수 47.625를 2진수로 변환한 것으로 옳은 것은?

① 101111.111
② 101111.010
③ 101111.001
④ 101111.101

해설 10진수를 2진수로 변경하려면 정수부는 2로 나눗셈을 하고 소수부는 2로 곱셈을 하여 더해주면 된다.
$101111.101 = 1 \times 2^5 + 0 \times 2^4 + 1 \times 2^3 + 1 \times 2^2 + 1 \times 2^1 + 1 \times 2^0 + 1 \times 2^{-1} + 0 \times 2^{-2} + 1 \times 2^{-3} = 47.625$

23 −9의 고정 소수점형식으로 표현한 것 중 틀린 것은?

① 10001001
② 11110110
③ 11100110
④ 11110111

해설 ⇨ 고정(固定) 소수점 방식
(1) 2진 정수 데이터의 음수표현에 사용되며 부호와 절대치, 1의 보수, 2의 보수법이 있다.
(2) 양수는 위 3가지 표현 방법이 모두 동일하며 음수일 경우 각각의 표현이 다르다.
(3) 부호와 절대치 방법 : 최상위 Bit인 부호 Bit만 1로 변경하고 나머지 2진수는 그대로 쓴다.
(4) 1의 보수 방법 : 모든 Bit를 1의 보수(0은 1로, 1은 0으로)로 변경한다.
(5) 2의 보수 방법 : 1의 보수를 구한 후 2진수 1을 더한다.

10진수	부호와 절대치	1의 보수	2의 보수
+9	00001001	00001001	00001001
−9	10001001	11110110	11110111

24 다음 중 자기보수(self Complement)의 특성과 거리가 먼 것은?

① 그레이 코드
② 3-초과 코드
③ 2421 코드
④ 84$\overline{2}\overline{1}$ 코드

해설 ⇨ 자기 보수 코드(Self-complement code)
1의 보수가 10진수의 9의 보수와 같은 값을 가지는 코드로 Excess-3 code, 2421 code, 51111 code, 84$\overline{2}\overline{1}$ code 등이 있다.

25 다음 중 그레이 코드(Gray Code)의 특성과 거리가 먼 것은?

① 데이터 전송
② 입출력 장치
③ 사칙연산
④ A/D Convertor

해설 ⇨ 그레이 부호(Gray Code)
그레이 부호는 BCD 부호와는 달리 연속된 부호가 한 비트만 변화하는 특징을 지니고 있으므로 연속적인 특징을 지닌 아날로그 자료에서 오류를 알 수 있는 중요한 특징이 있고, A/D, D/A 변환기에 많이 사용된다.

정답 22.④ 23.③ 24.① 25.③

4회 전자회로 실전 모의고사

01 그다음 그림에서 펄스의 반복 주파수 f[MHz]는?(단, 시간축 단위는 [μs]이다.)

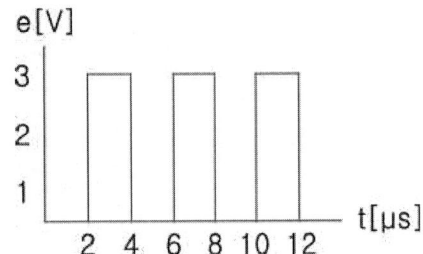

① 0.0625 ② 0.125
③ 0.25   ④ 0.5

해설 $f = \dfrac{1}{T} = \dfrac{1}{4 \times 10^{-6}} = 0.25[MHz]$

02 다음 FET 증폭회로의 전압이득은 약 얼마인가?(단, g_m=5[℧], r_{ds}=100[kΩ])

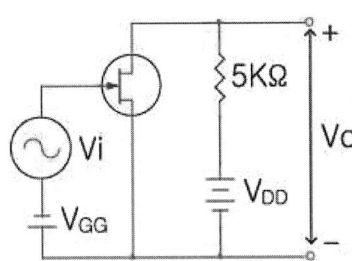

① -15.5   ② -23.8
③ -33.8   ④ -50

해설 ⇨ CS 접지 증폭기
전압이득(A_v)

$$A_v = -g_m \left(\dfrac{R_d \cdot r_d}{R_d + r_d} \right)$$
$$= -5 \times 10^{-3} \left(\dfrac{5 \times 10^3 \times 100 \times 10^3}{5 \times 10^3 + 100 \times 10^3} \right) = -23.8$$

03 다이오드 직선검파회로에서 변조도 50[%], 진폭 $10\sqrt{2}$[V]인 AM 피변조파가 인가되었을 때 부하저항 R_L에 나타나는 변조 신호파의 실효치는? (단, 검파효율은 80[%]이다.)

① 4[V]   ② 5[V]
③ 8[V]   ④ 10[V]

해설 효율 $= \dfrac{V_o}{V_i} = \dfrac{V_o}{mV_c}$, 효율관계에서

$0.8 \dfrac{\sqrt{2 \times x}}{0.5 \times 10\sqrt{2}}$

따라서 출력전압의 실효치 V_0는 4[V]이다.
여기서 m은 변조도이다.

04 그림과 같은 회로의 명칭은? (단, S는 합, C는 자리올림이다.)

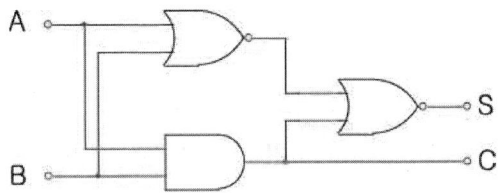

① Counter   ② Full Adder
③ Exclusive OR ④ Half Adder

해설 $S = A \oplus B$, C=AB, C=AB 이므로
반가산기(Half Adder) 회로이다.

05 제너 다이오드를 주로 사용하는 회로는?

① 증폭회로   ② 검파회로
③ 전압안정화회로 ④ 저주파발진회로

정답 01.③ 02.② 03.① 04.④ 05.③

해설 ⇨ 제너 다이오드(Zener Diode)
(1) 역방향 전압을 크게 해도 전류가 급격히 증가하는 제너 현상과 전자 눈사태 현상을 이용하여 다이오드에 역방향 전류를 흘려보내 사용하고 그 양단에서 일정한 전압을 얻는다.
(2) 제너 다이오드는 전압 변동이 극히 작을 것을 필요로 하는 전원 안정화 회로에 사용한다.

06 다음은 수정편의 리액턴스 특성이다. 발진에 이용되는 각 주파수의 범위는?

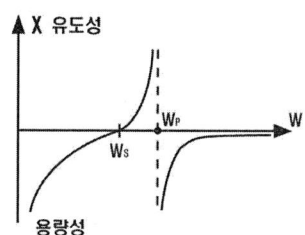

① $w_s < w < w_p$ ② $w_p < w$
③ $w_s > w$ ④ $w_s = w$

해설 ⇨ 수정발진회로
(1) L_0, C_0에 의한 직렬 공진 각 주파수

$$\omega_s = \frac{1}{2\pi\sqrt{L_o C_o}} \text{ [rad/s]}$$

(2) C를 포함해 병렬 공진 각 주파수

$$f_p = \omega_p = \frac{1}{2\pi\sqrt{L_o(1/C_o + 1/C)}} \text{ [rad/s]}$$

∴ X-tal(수정편)은 유도성으로 동작시키는데 이것은 수정발진기의 발진 주파수가 매우 안정하기 때문이다. X-tal이 유도성으로 되는 주파수 범위는 $\omega_s < \omega < \omega_p$ 이다.

07 다음 회로에서 입력전압 V_i=2[V], R_1=10[kΩ]일 때 출력전압 V_o가 6[V]일 경우 R_f 값은 몇 [kΩ]인가?

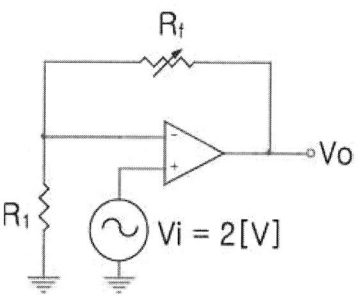

① 20   ② 40
③ 60   ④ 80

해설 ⇨ 비반전 증폭기

$$V_o = (1 + \frac{R_f}{R_1})V_i \quad \therefore R_f = 20[K\Omega]$$

08 아래 논리회로에서 각 입력에 대한 출력(Y1, Y2, Y3, Y4)은?

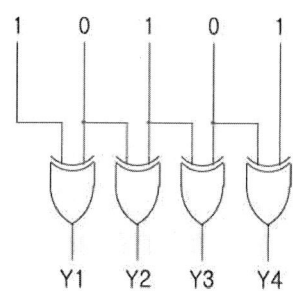

① 1000   ② 1111
③ 1100   ④ 1101

해설 2진수를 그레이코드(Gray code)로 변환하는 형태
$(10101)_2 \rightarrow (1111)_G$

09 다음 중 논리식 $(A+B)(\overline{A}+C)$를 간단히 하면?
① $\overline{A}B+AC$ ② $\overline{A}B+BC$
③ $AC+BC$ ④ $\overline{A}+ABC$

해설 $Y=(\overline{A}+B)(A+C)=\overline{A}B+AC$

10 다음과 같은 연산 증폭회로에서 Z에 흐르는 전류 I의 값은 얼마인가?

정답 06.① 07.① 08.② 09.①

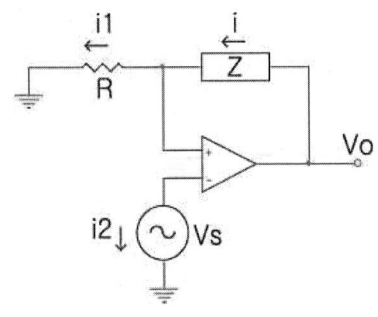

① 0
② i_1
③ $(Z/R)i_1$
④ i_1+i_1

해설 ⇨ 비반전 연산증폭기
(1) 연산증폭기의 입력임피던스는 ∞이므로 전류 i_1은 연산증폭기 쪽으로 흐르지 못하고 Z방향으로 흐른다.
(2) $i+i_1$이 된다.

11 외부 트리거 입력신호가 인가되는 경우에만 폭이 0.1[ms]이고 전압이 5[V]인 펄스를 발생시켜 출력하고자 한다. 이러한 목적에 가장 적합한 것은?

① 시미트 트리거회로
② 비안정 멀티바이브레이터
③ 쌍안정 멀티바이브레이터
④ 단안정 멀티바이브레이터

해설 ⇨ Multivibrator 회로
(1) 비안정(무안정) 멀티바이브레이터 : 안정상태가 하나도 존재하지 않고 외부로부터 트리거를 인가하지 않더라도 항상 어떠한 상태로부터 다른 하나의 상태로 바꾸는 것을 계속하는 회로, 즉 입력을 가하지 않더라도 불평형으로 발진한다.
(2) 단안정 멀티바이브레이터 : 안정상태가 하나만 존재하고 외부로부터의 트리거 펄스에 의해서 이 상태를 벗어났을 때는 회로 정수에 의하여 정해진 시간이 경과한 후 다시 처음의 안정 상태로 복귀하는 회로이다.
(3) 쌍안정 멀티바이브레이터
① 2개의 안정 상태를 유지하는 회로로 쌍안정 멀티바이브레이터의 특징은 2개의 펄스가 공급될 때 1개의 출력 펄스를 가져 펄스의 주파수를 낮추는 데(분주) 이용하며, 입력펄스가 공급되기 전까지는 그 상태를 계속 유지하기 때문에 기억소자를 사용된다.
② Flip-Flop 회로이다.

12 정논리(Positive Logic)의 다음 회로에서 A, B, C를 입력, Y를 출력이라고 하면 이는 어떤 논리 게이트인가?

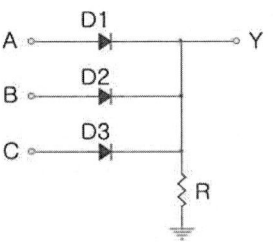

① AND 게이트
② OR 게이트
③ EX-OR 게이트
④ NAND 게이트

해설 ⇨ 정 논리 : 다이오드 OR회로이다.
입력 전압 중 가장 큰 전압이 출력 전압이 된다.

13 연산증폭기에서 차신호에 대한 전압이득이 10000이고 공통모드 신호에 대한 전압이득이 0.5일 때 증폭기의 CMRR는 얼마인가?

① 20000
② 10000
③ 4000
④ 1000

해설 ⇨ 동상신호 제거비 CMRR(Common Mode Rejection Ratio)

$$CMRR = \frac{차신호이득}{동상신호이득} = \frac{A_d}{A_c} = \frac{10000}{0.5} = 20000$$

14 다음 논리 IC 중 전력소모가 가장 적은 것은?

① DTL
② TTL
③ CMOS
④ ECL

해설 ⇨ ECL(Emitter Coupled Logic)
(1) ECL은 기본적으로 OR, NOR 기능을 갖는다.
(2) 차동 증폭기로 구성되어 있어 0.1[V]의 차이만 생겨도 동작을 한다.
(3) 동작 속도는 매우 빠르지만 소비 전력은 크다.
(4) 잡음 여유도가 적고, 상보(complementary) 출력을 얻는다.
⇨ CMOS (Complementary Metal Oxide Semiconductor)
(1) CMOS는 FET를 기본 소자로 하고 있다.

정답 10.② 11.④ 12.② 13.① 14.③

(2) CMOS의 특징
① 소비 전력이 매우 작다.
② 전달 특성이 우수하다.
③ 잡음 여유가 크다.
④ 집적도가 높다.
⑤ 입력 임피던스가 높다.
⑥ 동작 전압 범위가 넓다.

(3) 표에서, fan-out이 가장 큰 것은 50인 CMOS, 소비 전력도 가장 작은 것은 CMOS이다.

	CMOS	TTL	ECL	DTL
fan-out	50	10	7	8
소비전력	0.1mW	1~19mW	240mW	8~12mW

⇨ 비교
① 소비전력 : ECL 〉 HTL 〉 TTL 〉 RTL = DTL 〉 C-MOS
② 동작여유 : ECL 〉 TTL = RTL 〉 DTL 〉 C-MOS 〉 HTL
③ 잡음 여유도 : HTL 〉 C-MOS 〉 TTL = DTL 〉 RTL = ETL

15 JK플립플롭을 사용하여 D형 플립플롭을 만들려면 외부 결선은 어떻게 하는 것이 적합한가?

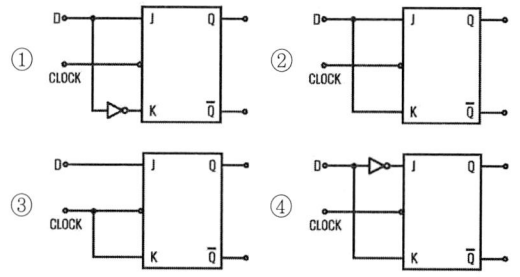

해설 ⇨ D(Delay) Flip Flop
(1) D 플립플롭은 데이터 전송을 1clock pulse 동안 지연시킬 수 있다는 의미에서 D F/F라 한다.
(2) J-K 플립플롭을 이용하여 J와 K입력 사이를 NOT gate로 연결하면 D F/F이 된다.

16 전압 증폭도가 20[dB]와 60[dB]인 증폭기를 직렬로 연결하면 종합 전압이득은 얼마인가?

① 10   ② 100
③ 1000   ④ 10000

해설 ⇨ 종합이득
(1) 종합 증폭도 $A_v = 20[dB] + 60[dB] = 80[dB]$
(2) $20\log_{10}10^4 = 80[dB]$
∴ $A_v = 10000$

17 다음 중 달링턴(Darlington) 이미터 플로워에 대한 설명으로 거리가 먼 것은?

① 전류 증폭률은 단일 이미터 플로워보다 커진다.
② 입력저항이 단일 이미터 플로워보다 커진다.
③ 전압이득은 1에 가깝다.
④ 출력저항은 단일 이미터 플로워보다 100배 이상 커진다.

해설 ⇨ 달링턴(Darlington) 접속회로의 특징
(1) 전압 이득은 1에 가까워진다.
(2) 전류 이득이 높아진다.
(3) 입력 저항이 높아진다.
(4) 출력 저항은 낮아진다.

18 다음 중 수정 발진기의 주파수 안정도가 양호한 이유로 가장 적합한 것은?

① 수정편의 Q가 매우 높다.
② 수정 진동자의 온도 특성이 안정적이다.
③ 발진조건을 만족시키는 유도성 주파수 범위가 넓다.
④ 부하변동의 영향을 전혀 받지 않는다.

해설 수정발진기의 발진 주파수 범위는 매우 좁아 높은 주파수 안정도를 갖는다.

B(대역폭) = $\dfrac{f_o}{Q}$의 관계를 가지며 대역폭(여기서 발진 주파수 범위로 보면 된다)이 작다는 것은 Q(Quality factor)가 매우 크다는 것을 의미한다. 따라서 Q가 높을수록 어느 하나의 주파수에 정확히 공진하게 된다.

19 그림과 같은 카르노 맵에서 얻어지는 불 대수식은?

정답 15.① 16.④ 17.④ 18.①

	$\overline{C}\overline{D}$	$\overline{C}D$	CD	$C\overline{D}$
$\overline{A}\overline{B}$	0	0	0	0
$\overline{A}B$	1	0	0	1
AB	1	0	0	1
$A\overline{B}$	0	0	0	0

① $Y=B\overline{D}$
② $Y=\overline{B}D$
③ $Y=AB$
④ $Y=\overline{A}\overline{B}$

해설

	$\overline{C}\overline{D}$	$\overline{C}D$	CD	$C\overline{D}$
$\overline{A}\overline{B}$	0	0	0	0
$\overline{A}B$	1	0	0	1
AB	1	0	0	1
$A\overline{B}$	0	0	0	0

$Y=B\overline{D}$

$Y=\overline{B}D$ 이다.

20 T형 플립플롭에 대한 설명으로 틀린 것은?

① 토글 플립플롭(toggle flip-flop)이라고도 한다.
② 클록이 들어올 때마다 상태가 반전된다.
③ 출력파형의 주파수는 입력파형의 주파수와 동일하다.
④ 1/2분주회로 또는 계수회로에 많이 쓰인다.

해설 ⇒ T형 Flip-Flop

(1) T Flip-Flop은 JK-플립플롭에서 입력 J와 K를 하나로 묶어 T(toggle)로 표시하며, 토글(toggle) 플립플롭 또는 트리거(trigger) 플립플롭이라고도 한다.
(2) T형 플립플롭은 계수 회로 또는 분주 회로에 많이 쓰이는 플립플롭으로, T형 플립플롭 한개는 2진 카운터의 역할을 한다.
(3) 클록이 들어올 때마다 상태가 반전된다.

21 다음 중 10진수로 변환한 값이 다른 것은?

① 2421 코드 : 0110
② 8421 코드 : 0110
③ Excess-3 코드 : 1001
④ Biquinary 코드 : 1000100

해설

구분	BCD 8421	Excess-3 3초과	2421	Biquinary (5043210)
2진 Code	0110	1001	0110	1000100
10진수	6	6	6	7

22 입력측의 S/N = 100, 출력측의 S'/N'=10 인 저주파 증폭기의 잡음지수 NF는 몇 [dB] 인가?

① 1[dB] ② 10[dB]
③ 20[dB] ④ 100[dB]

해설 잡음지수 $= \dfrac{\text{입력}S/N}{\text{출력}S/N} = \dfrac{100}{10} = 10$

한편 잡음지수를 dB로 나타내면 10log10 = 10[dB]가 된다.

23 다음 중 병렬전압궤환 증폭기에서 궤환율 β는 약 얼마인가?(단, 출력전압 ≫ 입력전압이라고 가정한다.)

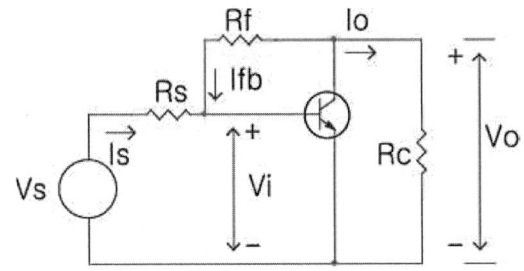

① $\dfrac{1}{R_f}$ ② $\dfrac{R_f}{R_s}$
③ R_f ④ $\dfrac{R_f}{R_c}$

해설 ⇒ 병렬 전압 궤환 증폭 회로
(1) 병렬 궤환 접속은 입력 저항을 감소시킨다.
(2) 전압 궤환은 출력 저항을 감소시킨다.
(3) CE 증폭기의 출력쪽과 입력쪽을 저항 R_f로 접속한 회로이다.
(4) 동작점 Q를 안정화시킨다.

정답 19.① 20.③ 21.④ 22.② 23.①

(5) 병렬전압 궤환회로의 궤환비 $\beta = \dfrac{I_{fb}}{V_0} = \dfrac{1}{R_f}$

R_f의 V_0는 비례한다. 즉 R_f가 작을수록 V_0는 작아진다.

24 다음 회로에서 전압 전달함수 $\dfrac{V_o}{V_i}$는? (단, $R_1=2R_2$, $R_3=R_4$)

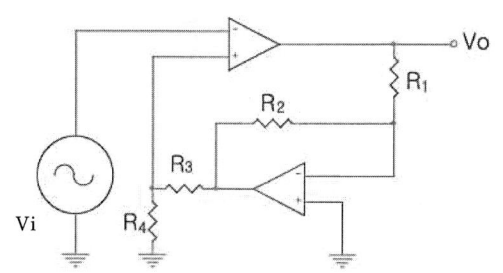

① -2
② -4
③ 3
④ 5

해설 회로를 간략하게 변화시킨 후 V_i를 구하면

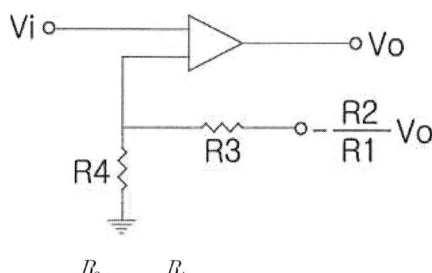

$$V_i = -\left(\dfrac{R_2}{R_1}\right)V_o \dfrac{R_4}{R_3+R_4} = -4$$

25 그림과 같은 증폭회로의 이미터와 접지 사이에 저항 Re를 삽입할 경우 이에 대한 설명으로 옳은 것은?

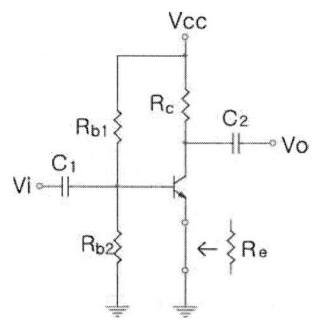

① 출력임피던스는 감소한다.
② 이득이 증가하고 일그러짐이 커진다.
③ 입력임피던스와 이득이 모두 감소한다.
④ 입력임피던스와 출력임피던스가 모두 커진다.

해설 ⇨ 이미터 저항(R_e)를 가진 CE 증폭기
(1) 일반적으로 온도와 동작점의 변화 등은 이득의 변화를 초래하지만 R_e를 넣은 증폭기의 이득은 이러한 변화에 상관없이 안정함을 나타낸다.
(2) 특징
 ① 전류 이득은 그다지 변하지 않는다.
 ② 입력 임피던스가 증가한다.
 ③ 출력 임피던스가 증가한다.
 ④ 전압 이득은 감소하지만 안정도가 증가한다.

정답 24.② 25.④

5회 전자회로 실전 모의고사

01 시미트 트리거(Schmitt trigger) 회로의 특징으로 틀린 것은?

① 단안정 멀티바이브레이터의 일종이다.
② 출력은 구형파 형태이다.
③ 입력전압 크기로서 회로의 On, Off를 결정한다.
④ 전압 비교회로 및 A/D 변환회로에 사용한다.

해설 ⇨ 슈미트 트리거(Schmitt trigger)
(1) 히스테리시스 특성을 갖도록 한 비교기이다.
① 비교기는 하나의 전압을 다른 기준 전압과 비교하기 위한 것인데, 비교기의 입력측에 나타나는 잡음 전압은 출력측에 오차를 유발하기 때문에 비교기가 잡음에 둔감하게 작용하도록 히스테리시스정궤환법을 사용한다.
② 히스테리시스는 입력전압이 높은 값에서 낮은 값으로 갈 때보다 낮은 값에서 높은 값으로 갈 때 높은 레벨이 되므로, 2개의 트리거 레벨 전체 동작에서 오프셋 또는 지연되는 특성을 이용하여 입력에 포함된 약간의 잡음은 출력에 영향을 미치지 못하도록 한 것이다.
(2) 슈미트 트리거는 정현파와 같은 완만한 변화 입력으로 날카로운 구형 펄스를 만드는 데 적합한 쌍안정 멀티바이브레이터의 일종이다.
(3) 입력 전압의 크기가 ON, OFF상태를 결정해 준다.
(4) 슈미트 트리거 회로의 응용 : 전압 비교회로, 쌍안정 회로, 방형파(구형파) 발생회로 등

02 그림과 같은 회로에서 Vo는 몇 [V]인가?

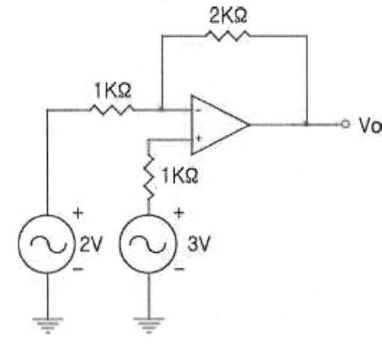

① 3[V]   ② 4[V]
③ 5[V]   ④ 6[V]

해설 $V_o = -\dfrac{R_f}{R}V_i + (1 + \dfrac{R_f}{R})$
$= -\dfrac{2K}{1K} \times 2V + (1 + \dfrac{2K}{1K}) \times 3V = 5[V]$

03 그림의 회로에서 $R_L=100[\Omega]$, ab에서 본 부하저항 R_{ab}는 10[kΩ]이다. 이상적인 변압기에서 권선비 $\dfrac{n_1}{n_2}$는?

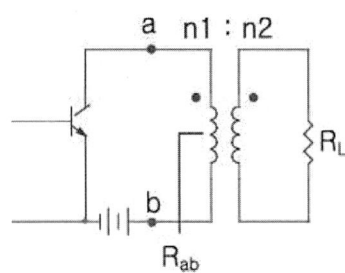

① 100   ② 10
③ 0.1   ④ 0.01

정답 01.① 02.③ 03.②

해설 ⇨ 교류겉보기(등가저항) 저항

$$R_{ab} = \frac{n_1}{n_2 I_2} \times \frac{n_1 V_2}{n_2} = (\frac{n_1}{n_2})^2 (\frac{V_2}{I_2}) = (\frac{n_1}{n_2})^2 R_L$$

따라서 $R_{ab} = N^2 R_L$

$$\therefore N = (\frac{n_1}{n_2}) = \sqrt{\frac{R_{ab}}{R_L}} = \sqrt{\frac{10000}{100}} = 10$$

04 불대수식 A+$\overline{B}$C+C$\overline{D}$+$\overline{A}$를 간단히 할 경우 옳은 것은?

① 1
② A
③ B
④ C

해설 $Y = 1 + C(\overline{B} + \overline{D}) = 1$

05 그림과 같은 발진회로의 형태는?

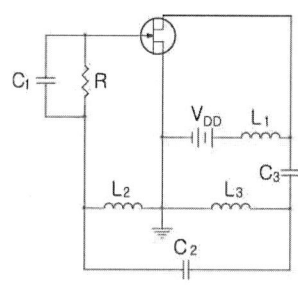

① 콜피츠(Colpitts) 발진회로
② 하틀레이(Hartley) 발진회로
③ 동조형 발진회로
④ 이상형(phase shift) 발진회로

해설 ⇨ 발진기
(1) 3리액턴스 일반형
　① 발진 조건은 Z_1과 Z_2는 동종의 리액턴스이고, Z_3는 이종의 리액턴스이어야 한다.
　② 발진 주파수는 $Z_1 + Z_2 + Z_3 = 0$으로부터 구한다.
(2) 하틀리 발진기 : 일반적인 3소자 발진기에서 소자 Z_1과 Z_2가 인덕터이며 나머지 Z_3가 커패시터인 발진기를 말한다.
(3) 콜피츠 발진기
　① 일반적인 3소자 발진기에서 소자 Z_1, Z_2가 커패시터이며 나머지 Z_3가 인덕터인 발진기이다.
　② 하틀리 발진기와 비교하면 L과 C의 위치가 바뀌어져 있다.

(4) 발진기 형태

발진기 형태	리액턴스 소자		
	Z_1	Z_2	Z_3
하틀리 발진기	L	L	C
콜피츠 발진기	C	C	L
동조형 발진기	LC	LC	-

(5) 수정 발진기
① 수정은 C_1과 C_2를 가지고 동작하는 인덕터와 같이 동작하며 발진 주파수는 직렬과 병렬 공진값의 사이에 존재한다.
② Z_3는 유도성으로 동작하므로 Z_1과 Z_2는 용량성이 되어야 한다.

06 미분회로에 삼각파를 입력했을 때 나타나는 출력파형은?

① 정현파
② 톱니파
③ 삼각파
④ 구형파

해설 (1) 삼각파를 미분기에 통과시키면 구형파가 출력된다.
(2) 구형파를 미분기에 통과시키면 impulse가 출력된다.

07 다음 중 차동증폭기의 설계 조건에 해당되지 않는 것은?

① 드리프트를 줄여야 한다.
② 차동 이득을 크게 해야 한다.
③ 동상 이득을 크게 해야 한다.
④ CMRR을 크게 해야 한다.

해설 ⇨ 차동증폭기의 설계 조건
(1) 드리프트를 적게 하기 위하여 차동 증폭기를 널리 이용한다.
(2) A_c(동상이득) : 동상신호 V_c에 대한 이득
　A_d(차동이득) : 차동신호 V_d에 대한 이득
　이상적인 차동 증폭기에서 $A_c = 0$ 이어야 한다.
(3) $CMRR = \dfrac{A_d}{A_c} = \Uparrow$

08 다음 중 연산증폭기를 사용한 회로의 출력(Vo) 파형으로 적합한 것은?

정답 04.① 05.② 06.④ 07.③

전자회로 기출문제

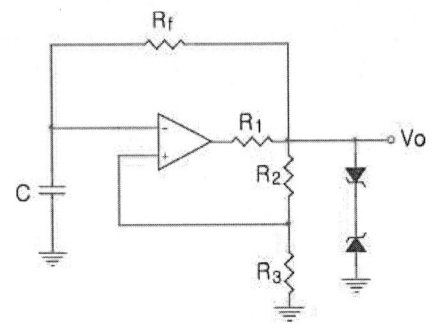

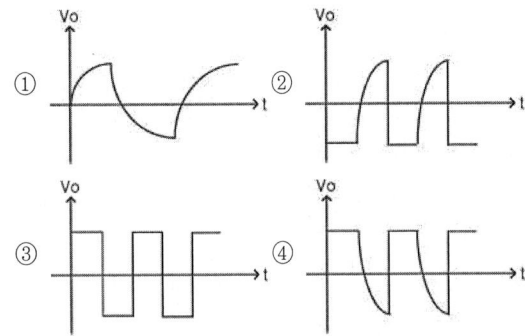

해설 ⇨ Schmtt Trigger회로
(1) Schmtt Trigger회로를 이용한 구형파(방형파) 발생회로이다
(2) Schmtt Trigger의 출력을 C·Rf 궤환회로를 통해서 반전 입력단자에 인가하면 구형파가 얻어진다.

09 논리식 $\overline{\overline{A}+B}+\overline{\overline{A}+\overline{B}}$ 를 간단히 하면?

① A ② B
③ AB ④ A+B

해설 $Y = \overline{\overline{A}+B}+\overline{\overline{A}+\overline{B}} = A\overline{B}+AB = A(B+\overline{B}) = A$

10 4변수에 대한 카르노맵(Karnaugh map)이 그림과 같이 주어졌을 경우 이를 논리식으로 표현하면?

AB\CD	00	01	11	10
00		1		1
01	1		1	
11		1		1
10	1		1	

① A⊕B⊕C⊕D ② (A+B)⊕(C+D)
③ (A⊕B)+(C⊕D) ④ AB⊕CD

해설 Y = A⊕B⊕C⊕D

11 n개의 입력으로부터 2진 정보를 2^n개의 독자적인 출력으로 변환이 가능한 것은?

① 멀티플렉서 ② 디코더
③ 계수기 ④ 비교기

해설 ⇨ 디코더(decoder)
: 디코더는 코드화된 데이터로부터 정보를 찾아내는 조합 논리 회로이다. 즉 코드화된 2진 정보를 다른 코드 형식으로 바꾸는 디지털 기능을 갖는다. n개의 입력 변수에서 2^n개의 최소항(minterm)을 만들어 낸다.
(1) 2진수로 표시된 입력 조합에 따른 BCD 코드를 0에서 9까지 동작할 수 있게 하는 회로를 decoder라 한다.
(2) 명령의 해독이나 번지를 해독할 때 사용한다.
(3) AND 회로의 집합으로 구성된다.
(4) 2진수를 10진수로 변환하는 회로이다.
(5) 조합 논리 회로이다.

[참고] 순서 논리 회로
(1) 조합 논리 회로에 기억 소자가 연결되어 구성된 회로를 말한다.
(2) 대표적인 기억 요소는 Flip Flop이며 Flip Flop은 기억장치(RAM, register)와 순서 논리회로(counter 등)의 응용 분야를 가진다.

12 다음 중 저주파 증폭기의 결합방식에 의한 분류에 해당하지 않는 것은?

① RC결합 증폭기 ② 트랜스결합 증폭기
③ 직접결합 증폭기 ④ 병렬결합 증폭기

해설 저주파 증폭기의 결합방식
(1) RC결합 증폭기
(2) 직접(직결)결합 증폭기
(3) 트랜스(변압기)결합 증폭기
⇨ 병렬결합 증폭기는 동조형 증폭기로 고주파 증폭기의 결합방식이다.

정답 08.③ 09.① 10.① 11.② 12.④

13 다음 중 Push-pull 전력 증폭기에서 출력 신호의 왜곡이 작아지는 주된 이유는?

① 기수차 고조파가 상쇄되기 때문이다.
② 우수차 고조파가 상쇄되기 때문이다.
③ 기수차 및 우수차 고조파가 상쇄되기 때문이다.
④ 직류성분이 없어지기 때문이다.

해설 ⇨ Push-pull 전력 증폭기의 특징
(1) 출력 전력에 따른 일그러짐이 적다. (우수차 고조파가 상쇄되기 때문이다.)
(2) 전원전압에 포함되는 hum이 상쇄되기 때문이다.
(3) 출력 변압기의 철심은 직류 여자를 받지 않는다. (출력에서 직류 여자 전류가 상쇄되기 때문이다.)
(4) 큰 출력 신호를 얻을 수 있기 때문이다.
(5) 컬렉터 효율 : 78.5[%] 이하
(6) 입력 신호가 없을 때 전력 손실이 매우 적다. (동작점이 차단점이므로)
(7) 변성기 결합의 출력전력 : $P_o = V_o \times I_o = \dfrac{V_{cc}^2}{2R_L}$

14 다음 OP Amp 회로의 전압증폭도 $A_v = \dfrac{V_o}{V_s}$ 는?

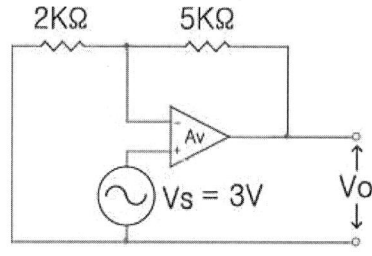

① 2.5   ② 3.5
③ 5.4   ④ 10.5

해설 $A_v = \dfrac{V_o}{V_s} = (1 + \dfrac{5K}{2K}) = 3.5$

15 FET 드레인 접지형 증폭기의 특성을 설명한 내용으로 적합하지 않은 것은? (단, g_m : FET의 상호 컨덕턴스)

① 출력 저항은 약 $1/g_m$이다.
② 전압이득은 약 1이다.
③ 입력 신호전압과 출력전압은 동상이다.
④ 입력 저항이 매우 낮다.

해설 ⇨ 드레인 접지 증폭기(source follower)의 특징
(1) 입력 저항이 높다
(2) 출력 저항이 낮다
(3) 전압 이득은 약 1이다
(4) 임피던스 회로의 정합에 적합하다
(5) 입력 신호전압과 출력전압은 동상이다.

16 다음 중 그림의 RC 이상발진기에서 발진 주파수 f_o로 적합한 것은?

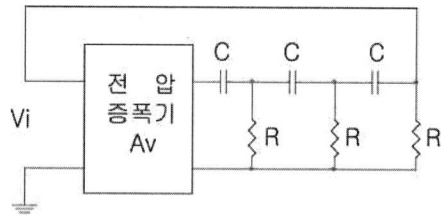

① $f_o = \dfrac{1}{2\pi\sqrt{6}\,RC}$ ② $f_o = \dfrac{\sqrt{6}}{2\pi RC}$

③ $f_o = \dfrac{1}{2\pi\sqrt{3}\,RC}$ ④ $f_o = \dfrac{RC}{2\pi\sqrt{3}}$

해설 ⇨ 병렬(R형) 저항 이상형 CR 발진기로 발진 주파수는
$f = \dfrac{1}{2\pi\sqrt{6}\,CR}$

17 다음 중 궤환 증폭기에서 입·출력 임피던스가 모두 증가되는 것은?

① Voltage shunt   ② Current series
③ Voltage series   ④ Current shunt

해설 ⇨ 부궤환 증폭기의 특성
(1) 주파수 특성이 개선된다.
(2) 비직선 일그러짐이 감소된다.
(3) 잡음이 감소한다.
(4) 이득이 감소한다.
(5) 대역폭이 증대된다.

정답 13.② 14.② 15.④ 16.① 17.②

(6) 입력 및 출력 저항이 변환한다.
(7) 주파수 특성이 개선된다.

구분 \ 구성형태	직렬전류	직렬전압	병렬전류	병렬전압
입력 저항	증가	증가	감소	감소
출력 저항	증가	감소	증가	감소

① 직렬-전압부궤환 (Voltage series)
② 직렬-전류부궤환 (Current series)
③ 병렬-전압부궤환 (Voltage shunt)
④ 병렬-전류부궤환 (Current shunt)

10진수	2진수(8421)	3초과	Gray	51111
0	0000	0011	0000	00000
1	0001	0100	0001	00001
2	0010	0101	0011	00011
3	0011	0110	0010	00111
4	0100	0111	0110	01111
5	0101	1000	0111	10000
6	0110	1001	0101	11000
7	0111	1010	0100	11100
8	1000	1011	1100	11110
9	1001	1100	1101	11111
10	1010	1110	1111	—

18 다음 중 n개의 비트로 표시할 수 있는 데이터의 수는?

① n개
② n^2
③ 2^n개
④ 2^n-1개

해설 n = log2M, M = 2n(n은 Bit수, M은 정보 수)

19 Binary Code 11010을 Gray Code로 변환한 값은?

① 11011
② 10111
③ 11101
④ 11110

해설 2진수 → Gray Code 변환

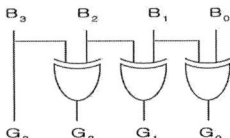

20 다음은 10진수를 표현하는 이진 코드 (binary code)들이다. 이들 중 자체 보수화(self-complementary)가 불가능한 코드는?

① 51111 코드
② BCD 코드
③ Excess-3 코드
④ 2421 코드

해설 자기보수코드(Self-complement code)
1의 보수가 10진수의 9의 보수와 같은 값을 가지는 코드로 Excess-3, 2421, 51111 코드가 있다.

21 다음 중 n개의 비트로 표시할 수 있는 데이터의 수는?

① n개
② n^2
③ 2^n개
④ 2^n-1개

해설 n = log2M, M = 2n(n은 Bit수, M은 정보 수)

22 다음 중 동기식 카운터(synchronous counter)의 설명으로 옳지 않은 것은?

① 비동기식보다 최종 플립플롭의 변화 지연시간을 단축시킬 수 있다.
② 입력펄스가 플립플롭의 모든 클록에 동시에 가해지는 구조이다.
③ 저속의 카운터가 되지만 플립플롭의 회로가 간단하다.
④ 모든 플립플롭이 동시에 동작한다.

해설 (1) 카운터는 각 플립플롭을 동작시키는 방법에 의해서 동기식 카운터와 비동기식 카운터로 나눈다.
(2) 동기식 카운터(counter)
① 병렬식 counter라고도 하며 각 플립플롭에 동시에 클록펄스가 인가되는 회로를 말한다.
② 각 플립플롭의 출력 단자로부터 계수할 때, 출력의 위상차가 거의 없어 일그러짐이 매우 적기 때문에 현재의 계산기에서 널리 사용되는 방식이다.
③ 여러 단이 동시에 동작되므로 고속으로 동작하는 회로에 널리 사용된다.

정답 18.③ 19.② 20.② 21.③ 22.③

(3) 비동기식 카운터
① 리플 카운터라고도 하며, 전단의 플립플롭의 출력을 받아 순서대로 플립플롭이 동작되도록 연결되어 있다.
② 전단의 출력이 후단에 전해지도록 되어 있으므로 캐리타임이 문제가 된다.

23 다음 중 부궤환에 의해서 얻을 수 있는 효과가 아닌 것은?

① 외부 변화에 덜 민감하므로 이득의 감도를 줄일 수 있다.
② 비선형 왜곡을 줄일 수 있다.
③ 불필요한 전기 신호에 의한 영향을 줄일 수 있다.
④ 궤환없는 증폭기에 비해 대역폭이 감소한다.

[해설] 부궤환 증폭기의 특성
(1) 주파수 특성이 개선된다.
(2) 비직선 일그러짐이 감소된다.
(3) 잡음이 감소한다.
(4) 이득이 감소한다.
(5) 대역폭이 증대된다.
(6) 입력 및 출력 저항이 변환한다.
(7) 주파수 특성이 개선된다.

구분 \ 구성형태	직류전류	직렬전압	병렬전류	병렬전압
입력 저항	증가	증가	감소	감소
출력 저항	증가	감소	증가	감소

24 다음 논리식은 무슨 법칙을 활용하여 전개한 것인가? ($F = \overline{C(AB)} = \overline{C(\overline{A}+\overline{B})} = \overline{C} + AB$)

① 보수와 병렬의 법칙
② 드모르간(De Morgan)의 법칙
③ 교차와 병렬의 법칙
④ 적과 화의 분배의 법칙

[해설] 드모르간(DE Morgan)의 정리
$\overline{A+B} = \overline{A} \cdot \overline{B}$
$\overline{AB} = \overline{A} + \overline{B}$

25 그림과 같은 회로에서 스위치가 2인 위치에서 t=0 일 때 1인 위치로 옮겨지는 경우에 회로에 흐르는 전류 I를 나타낸 것은?

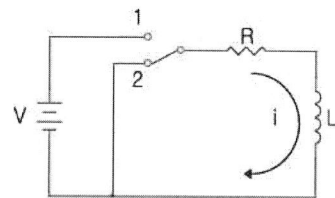

① $i = \dfrac{V}{R}(1+e^{-\frac{R}{L}t})$
② $i = \dfrac{V}{R}(1+e^{-\frac{t}{RL}})$
③ $i = \dfrac{V}{R}(1-e^{-\frac{R}{L}t})$
④ $i = \dfrac{V}{R}(1-e^{-\frac{L}{R}t})$

[해설] R-L 직렬회로의 펄스 응답
R-L 회로의 시정수 τ는 $\dfrac{L}{R}$이다.
$i = \dfrac{V}{R}(1-e^{-\frac{R}{L}t})$이다.

정답 23.④ 24.② 25.③

6회 전자회로 실전 모의고사

01 그림과 같은 clipping 회로에 정현파 전압을 가하면 출력 파형은?

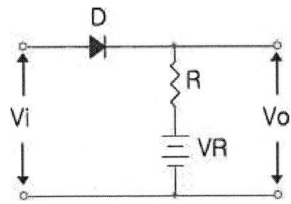

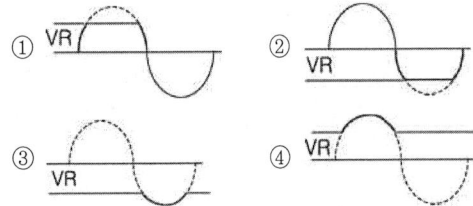

해설 Clipping 회로
(1) 클리핑(clipping) 회로는 입력 파형을 적당한 level로 잘라내는 파형 변환회로의 일종이다.
(2) 다이오드는 거의 on 상태에 있으므로 출력측에는 V_R의 크기가 나타난다. 한편 $V_i > V_R$일 때는 다이오드는 off 상태가 되어 입력파형의 최대치만 출력된다.

02 다음 회로의 설명 중 틀린 것은?

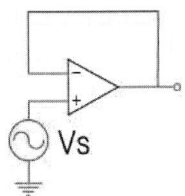

① voltage follower 이다.
② 입력과 출력은 역상이다.
③ 입력 전압과 출력 전압은 크기가 같다.
④ 입력 임피던스가 매우 크다.

해설 voltage follower 회로이며 입/출력 위상은 동상이다.

03 다음 중 정류회로의 구성 요소와 거리가 먼 것은?

① 전원 변압기　② 평활 회로
③ 안정화 회로　④ 궤환 회로

해설 정류회로 : 전원변압기 ⇨ 정류부 ⇨ 평활회로 ⇨ 전압안정화 회로 ⇨ 부하

04 RC결합 증폭회로의 이득이 높은 주파수에서 감소되는 이유는?

① 증폭 소자의 특성이 변하기 때문에
② 부성 저항이 생기기 때문에
③ 결합 커패시턴스 때문에
④ 출력회로의 병렬 커패시턴스 때문에

해설 (1) 저주파 증폭기에서 주파수 특성은 증폭시의 입력에 같은 레벨의 여러 가지 전압을 가하여 출력측에 나타나는 전압을 측정해 그 이득의 균등성을 관찰하는 것이다.
(2) 저주파 증폭기의 주파수 특성 곡선을 보면 주파수가 높은 부분과 낮은 부분에서 이득이 떨어진다.
(3) RC 결합 증폭기의 이득이 높은 주파수에서 감소하는 이유는 출력회로 내에 병렬 용량이 있기 때문이다.
　(cf) RC결합 증폭기에서 낮은 주파수에서 이득이 감소하는 이유는 결합 콘덴서의 영향 때문이다.

※ RC 결합 증폭기의 주파수 특성
(1) 고주파대역에서 이득이 감소하는 이유
　① 출력 회로내의 병렬용량 때문이다.
　② 트랜지스터의 자체특성 및 회로용량 때문이다.
(2) 저주파대역에서 이득이 감소하는 이유
　⇒ 결합콘덴서 및 측로콘덴서의 임피던스가 증가되기 때문이다.

정답　01.④　02.②　03.④　04.④

05 다음 중 펄스파가 상승해 가는 기간의 10[%]에서 90[%]까지 걸리는 시간을 무엇이라 하는가?

① 지연시간   ② 하강시간
③ 축적시간   ④ 상승시간

해설 상승시간(rise time)이란 최대값의 10[%]에서 최대값의 90[%]에 이르는데 걸리는 시간이고, 하강시간(fall time)이란 최대값의 90[%]에서 최대값의 10[%]에 이르는데 걸리는 시간을 말한다.

06 이미터 접지일 때 전류증폭율이 각각 hFE1. hFE2 인 두개의 트랜지스터 Q1과 Q2를 그림과 같이 접속하였을 때의 컬렉터 전류 IC는?

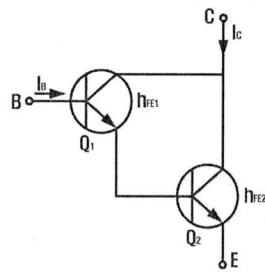

① IC = hFE1 · hFE2 · IB
② IC = (hFE1 / hFE2) · IB
③ IC = hFE2(hFE2+1)IB
④ IC = hFE1 · IB + hFE2(hFE2+1) · IB

해설 달링턴 접속회로(Darlington Connection)
(1) 전체 전류증폭률
$h_{FE} = h_{FE1} \times h_{FE2}$
(2) 전체전류 $I_c = I_{c1} + I_{c2}$ 이다.
$I_{c1} = h_{FE1} \cdot I_B$, $I_{c2} = h_{FE1} \cdot I_B = (1+h_{FE2})I_B$
∴ $I_c = h_{FE1} \cdot I_B + h_{FE2}(1+h_{FE1})$

07 하틀레이(Hartley) 발진기에서 궤환(feed back) 요소는?

① 콘덴서   ② 코일
③ 트랜스   ④ 저항

해설 하틀레이 발진 회로(Hartley Oscillator)
(1) 동조 회로의 L_1과 L_2사이에는 상호 인덕턴스(M)가 작용하므로 발진 주파수
$$f = \frac{1}{2\pi\sqrt{(L_1+L_2+2M)C}} [Hz]$$
(2) 발진을 지속하기 위한 트랜지스터의 최소 전류 증폭률
$(h_{fe}) f_{fe} \geq \frac{L_1+M}{L_2+M} \fallingdotseq \frac{L_1}{L_2}$
(3) 하틀레이 발진기의 궤환요소는 코일(유도성)이며, 콜피츠 발진기는 콘덴서(용량성)이다.

08 다음과 같은 회로가 수행할 수 있는 논리 동작은?(단, 부논리이며 A, B는 입력단자이다.)

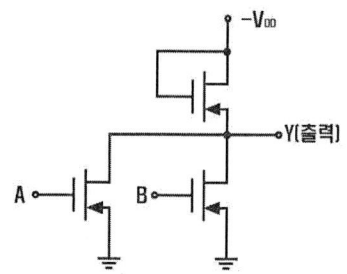

① $Y = \overline{AB}$ ② $Y = AB$
③ $Y = A+B$ ④ $Y = \overline{A+B}$

해설 MOS를 이용한 NOR 회로

A	B	Y(출력)
0	0	$-V_{DD}(1)$
0	1	0
1	0	0
1	1	0

$Y = \overline{A+B}$

09 다음 카르노 맵을 간략화한 결과는?

X1\X2		0	1
		0	1
1		1	1
0		1	0

정답 05.④ 06.④ 07.② 08.④

① $X_1 + \overline{X_1} \cdot X_2$ ② $X_1 + X_2$
③ $\overline{X_1} + X_1 \cdot \overline{X_2}$ ④ $\overline{X_1} + \overline{X_2}$

10 그림(a)의 회로망에 그림(b)의 입력파를 인가 시 출력파형으로 옳은 것은?

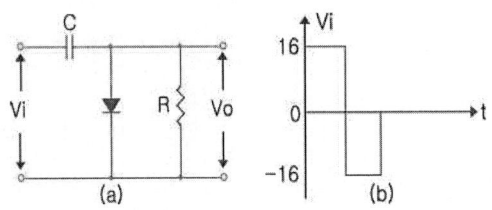

① 0[V]와 +16[V]에 클램프 된다.
② 0[V]와 -16[V]에 클램프 된다.
③ 0[V]와 +32[V]에 클램프 된다.
④ 0[V]와 -32[V]에 클램프 된다.

해설 클램프(clamp)회로
(1) 입력파형을 특정 레벨에 고정시키는 목적의 회로를 클램프회로라 한다. 이 동작은 직류분을 가하는 데 따라 일어나므로 직류분 재생이라고도 한다.
(2) 문제의 회로는, 입력파형의 아래 부분을 0[V]로 고정시키는 회로로 부(-)클램프 회로라 한다.

11 다음 중 트랜지스터 회로의 바이어스 안정도(S)가 가장 좋은 것은?

① S = 1   ② S = π
③ S = 50   ④ S = ∞

해설 바이어스 회로의 안정 계수
(1) $\Delta I_c = \dfrac{\varphi I_c}{\varphi I_{co}} \Delta I_{co} + \dfrac{\varphi I_c}{\varphi V_{BE}} \Delta V_{BE} + \dfrac{\varphi I_c}{\varphi \beta} \Delta \beta = S \Delta I_{co} + S' \Delta V_{BE} + S'' \Delta$

(2) S, S', S'' 를 안정계수라 하며, 이 값이 크면 그만큼 회로가 불안정해진다.
∴ S의 값은 작을수록 좋다.

12 다음 중 주로 고주파 증폭기에 사용되는 것은?

① A급   ② B급
③ C급   ④ AB급

해설 C급 증폭회로
(1) C급은 반 사이클의 시간보다 더 짧은 시간만 전류가 흐르므로 출력파형은 큰 왜곡을 동반하고 효율이 높아 보통 고주파 전력 증폭에 널리 사용된다.
(2) C급 증폭기의 특징
  ① C급 증폭 회로는 반주기 동안에만 동작하며, 동작점은 역활성 영역이다.
  ② 일그러짐이 매우 크다.
  ③ 효율은 78.5% 이상이다.
  ④ 무선 송신기의 출력단에서 주로 사용한다.

13 다음은 리플 카운터(ripple counter)이다. 초기상태 A=0, B=0, C=0 이었다면 클럭 펄스가 12개 인가된 후의 상태는?

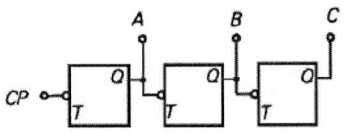

① A=0, B=0, C=1   ② A=0, B=1, C=1
③ A=1, B=1, C=0   ④ A=1, B=0, C=0

해설 리플 계수(Ripple counter)
(1) 리플 카운터는 대표적인 비동기식 counter이다.
(2) 3단 리플 카운터의 계수표

계수	C	B	A
0	0	0	0
1	0	0	1
2	0	1	0
3	0	1	1
⋮	⋮	⋮	⋮
11	0	1	1
12	1	0	0
13	1	0	1
⋮	⋮	⋮	⋮

정답 09.④ 10.④ 11.① 12.③ 13.①

14 다음 논리회로의 출력 C를 진리표 내에서 바르게 나타낸 것은?

입력		출력 C			
A	B	가	나	다	라
0	0	1	0	0	0
0	1	0	1	1	0
1	0	1	1	1	0
1	1	0	1	0	1

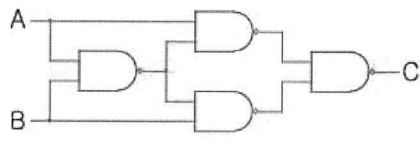

① 가 ② 나
③ 다 ④ 라

해설 출력 : $C=\overline{A}B+A\overline{B}$

15 다음과 같은 RC 필터회로에서 리플 함유율을 줄이려면 어느 방법이 옳은가?

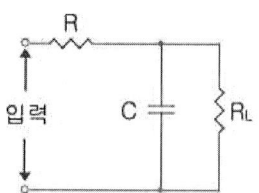

① R, C를 작게 한다. ② R_L, C를 작게 한다.
③ R, C를 크게 한다. ④ R_L, C를 크게 한다.

해설 RC 필터회로
(1) ripple이란 직류 성분을 중심으로 변화하는 파형이다.
(2) 충전과 방전으로 인한 출력 전압의 변동을 ripple이라 한다.
(3) ripple이 적으면 적을수록 필터 작용이 더 효율적이다.
∴ RC회로의 시정수, $\tau=RC$가 커지면 커패시터 방전은 훨씬 적어질 것이므로, 리플 함유율이 작아진다.

16 다음 중 동기식 카운터(synchronous counter)의 설명으로 옳지 않은 것은?

① 비동기식보다 최종 플립플롭의 변화 지연시간을 단축시킬 수 있다.
② 입력펄스가 플립플롭의 모든 클록에 동시에 가해지는 구조이다.
③ 저속의 카운터가 되지만 플립플롭의 회로가 간단하다.
④ 모든 플립플롭이 동시에 동작한다.

해설 (1) 카운터는 각 플립플롭을 동작시키는 방법에 의해서 동기식 카운터와 비동기식 카운터로 나눈다.
(2) 동기식 카운터(counter)
① 병렬식 counter라고도 하며 각 플립플롭에 동시에 클록펄스가 인가되는 회로를 말한다.
② 각 플립플롭의 출력 단자로부터 계수할 때, 출력의 위상차가 거의 없어 일그러짐이 매우 적기 때문에 현재의 계산기에서 널리 사용되는 방식이다.
③ 여러 단이 동시에 동작되므로 고속으로 동작하는 회로에 널리 사용된다.
(3) 비동기식 카운터
① 리플 카운터라고도 하며, 전단의 플립플롭의 출력을 받아 순서 대로 플립플롭이 동작되도록 연결되어 있다.
② 전단의 출력이 후단에 전해지도록 되어 있으므로 캐리타임이 문제가 된다.

17 다음 중 10진수 12를 그레이 코드(gray code)로 변환한 것으로 옳은 것은?

① 1110 ② 1010
③ 1011 ④ 1111

해설 Gray code
(1) Gray code는 일반적으로 이웃하고 있는 비트가 오지 한 비트가 차이가 나는 코드로 아날로그 정보를 디지털 정보로 표현하는 데 널리 사용되는 코드이며 전동기 등의 회전축의 회전각 제어에 주로 사용되는 코드이다.
(2) Weight가 없는 코드이므로 연산에는 부적당하지만 A/D converter나 입출력 장치의 제어 코드로 주로 사용된다.

정답 14.③ 15.③ 16.③ 17.②

(3) 여기서 2진수에서 Gray code로의 변환 관계와 그 역변환은 다음에 구해진다.

① Gray code→2진수 변환
```
   1 0 1 1 : Gray code
   ① ② ③ ④
   ↓ ↙ ↓ ↙ ↓ ↙ ↓
   1 1 0 1 : 2진수
```

② 2진수→Gray code 변환
```
   1 1 0 1 : 2진수
   ① ② ③ ④
   ↓ ⌐ ↓ ⌐ ↓ ⌐ ↓
   1 0 1 0 : Gray code
```

18 부동 소수점 수의 표현 구조로 적합한 것은?

① 부호 + 지수 + 소수점
② 부호 + 가수 + 소수점
③ 부호 + 지수 + 가수
④ 부호 + 지수 + 소수점 + 가수

해설 부동 소수점의 구성

구분	부호부	지수부	가수부
Bit 번호	0	1~7	8~31

19 다음과 같이 JK플립플롭을 결선하면 이는 어떤 플립플롭처럼 동작하는가?

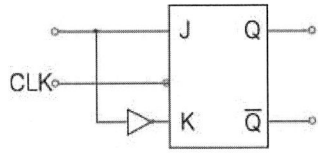

① T ② D
③ RS ④ M/S-JK

해설 D(Delay)형 Flip Flop
 (1) D 플립플롭은 데이터 전송을 1clock pulse 동안 지연시킬 수 있다는 의미에서 D F/F라 한다.
 (2) J-K 플립플롭을 이용하여 J와 K입력 사이를 NOT gate로 연결하면 D F/F이 된다.

20 다음 회로에서 출력 V_0가 옳은 것은?

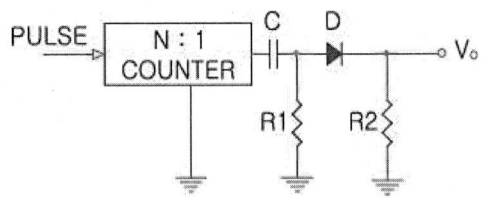

① 양(+)의 펄스 ② 음(-)의 펄스
③ 대칭 펄스 ④ 반파 대칭 펄스

해설 (1) 시정수 R, C가 출력 구형파의 주기(T)보다 극히 작다면 R_1양단의 전압은 음과 양의 일련의 펄스가 된다.
 (2) R_2의 전압은 간격이 T인 일련의 양(+)의 펄스로 변환된다.

21 다음 중 크로스오버왜곡(crossover distortion)이 생기는 증폭기는?

① A급 BJT(bipolar junction transistor) 증폭기
② B급 푸시-풀(push-pull) 증폭기
③ 이미터 공통(common-emitter) 증폭기
④ 컬렉터 공통(common-collector) 증폭기

해설 B급 push-pull 회로
 (1) 특징
  ① B급 동작이므로 직류 바이어스 전류가 매우 작아도 된다.
  ② 입력이 없을 때 컬렉터 손실이 작으며 큰 출력을 낼 수 있다.
  ③ 짝수 고조파 성분은 서로 상쇄되어 일그러짐 없는 출력단에 적합하다.
  ④ B급 증폭기 특유의 crossover 일그러짐이 있다.
 (2) 비직선 일그러짐을 crossover 일그러짐이라 하며, 이 일그러짐을 최소로 하려면, cut-in 전압 근처에 바이어스 전압을 걸어 무신호 상태에서도 약간의 base-bias 전류가 흐르도록 할 필요가 있다.

22 다음 중 ECL(Emitter Coupled Logic) 회로의 특성이 아닌 것은?

정답 18.③ 19.② 20.① 21.② 22.④

① TTL보다 소비전력이 크다.
② 트랜지스터를 포화시키지 않고 사용할 수 있다.
③ CMOS보다 동작 속도가 빠르다.
④ 기본적으로 NOT또는 NOR 게이트의 출력단자를 갖는다.

> **해설** 이미터 결합 논리(ECL : Emitter Coupled Logic)회로
> (1) ECL은 기본적으로 OR, NOR기능을 갖는다.
> (2) 차동 증폭기로 구성되어 있어 0.1[V]의 차이만 생겨도 동작을 한다.
> (3) 동작 속도는 매우 빠르지만 소비 전력은 크다.
> (4) 잡음 여유도가 적고, 상보(complementary) 출력을 얻는다.

23 다음 중 PLL(위상동기루프)을 구성하는 요소와 관련 없는 것은?

① 위상 비교기 ② LPF
③ 인코더   ④ VCO

> **해설** PLL은 위상비교기(검출기), VCO(전압제어 발진기 : Voltage Contolled Oscillator), loop filter(LPF임)로 구성되는 부궤환 회로로 FM 및 FSK 복조 등에 널리 사용된다.

24 다음 중 Wien Bridge 발진기의 정궤환 요소는?

① RL 회로망
② LC 회로망
③ 전압분배기(voltage divider)망
④ 선행-지연회로망(lead-lag network)

> **해설** Wien Bridge 발진기의 정궤환 요소는 R, C에 의해서 발진한다.
> R, C를 이용한 회로를 선행-지연회로망(lead-lag network)라 함.

25 상보대칭 SEPP(Complementary Symmetric Single Ended Push-pull) 회로의 설명으로 옳지 않은 것은?

① 출력 변성기를 사용하지 않아도 된다.
② 전기적 특성이 똑같은 NPN과 PNP 트랜지스터를 사용한다.
③ 입력측에 위상반전회로가 필요 없다.
④ 두 개의 트랜지스터가 부하에 대해서 직렬로 연결된 회로이다.

> **해설** 상보대칭 SEPP(Complementary Symmetric Single Ended Push-pull) 푸시풀 회로
> (1) Q_1은 입력신호 (+)반주기 동안 ON 상태하에서 반파전류 i_{c1}이 흐르며 (-)반주기 동안 i_{c2}가 흐른다.
> (2) 2개의 트랜지스터가 부하에 대해서는 병렬로, 전원에 대해서는 직렬로 동작하는 푸시풀 증폭기이다.
> (3) 낮은 임피던스 부하에 출력을 연결하는 데 적합하다.
> (4) Cross-over 일그러짐이 있다. 푸시풀(push-pull) 증폭기에서 베이스 바이어스가 적당하지 못하기 때문에 크로스오버(crossover) 일그러짐이 발생한다.

정답 23.③ 24.④ 25.④

7회 전자회로 실전 모의고사

01 그림과 같은 궤환 증폭기에 관한 설명 중 틀린 것은?

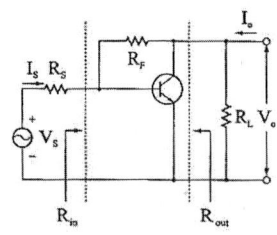

① 궤환으로 인하여 입력임피이던스 Rin은 감소한다.
② 궤환으로 인하여 출력임피이던스 Rout는 감소한다.
③ 궤환으로 인하여 전류이득 Io/Is는 감소된다.
④ Rf가 작을수록 Vo는 커진다.

해설 병렬 전압 부궤환 회로
(1) 입출력 임피던스가 감소되어 전류이득은 적어지며 R_1는 감소한다.
(2) R_f가 작을수록 궤환율은 커지고 출력전압 V_0는 작아진다. ($V_0 = R_f I_f$ 이므로)

02 다음 중 C급 전력증폭기에 관한 설명으로 틀린 것은?

① 입력신호의 전주기 동안에 컬렉터 전류가 흐르기 때문에 소비 전력이 매우 크다.
② B급 증폭기보다 효율이 높다.
③ C급 증폭기의 컬렉터에 저항부하를 연결하면 펄스 형태에 가까운 출력이 나타난다.
④ 컬렉터에 연결한 저항대신 LC 병렬공진 회로를 사용하면 공진주파수의 전압 파형을 정현파로 만들 수 있다.

해설 동작상태(동작점)에 의한 분류

	A급 증폭기	B급 증폭기	C급 증폭기
유통각	360°(전 주기)	180°(반 주기)	180°이하(반 주기 이하)
일그러짐	매우 적다.	특유의 크로스오버 일그러짐 발생	고차 일그러짐 발생
효율	직렬 부하 최대 25[%] 병렬 부하 최대 50[%]	최대 78.5[%]	78.5[%]이상
동작점	부하선의 중앙	부하선상의 차단점	부하선상의 차단점 이하
용도	완충 증폭기(Buffer)	저주파 전력증폭기	고주파 증폭기 및 주파수 채배기

03 다음 연산증폭기의 역할은?(단, R = R'이고 다이오드는 이상적이다.)

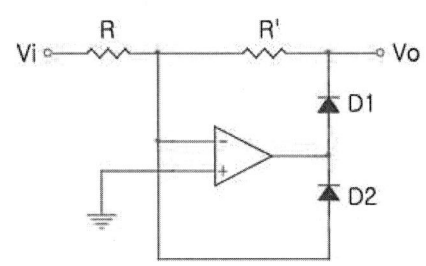

① 발진회로   ② 클램프회로
③ 전파정류기 ④ 반파정류기

해설 반파 정류 회로(half-wave rectifier)
(1) $V_i < 0$인 경우 D_1(ON), D_2(OFF) 이므로
$$V_o = -\frac{R}{R}V_i$$
(2) $V_i > 0$인 경우 D_1(OFF), D_2(ON) 이므로 $V_0 = 0$
∴ 반파정류 역할을 수행한다.

정답 01.④ 02.① 03.④

04 다음 중 프리엠퍼시스(pre-emphasis) 회로와 관련 있는 것은?

① 저역통과필터 ② 고역통과필터
③ 대역통과필터 ④ 대역저지필터

해설 Pre-emphasis 회로
(1) FM이 잡음에 강하지만 높은 주파수 성분은 잡음에 취약한 특성을 가진다. 그러므로 FM에서는 고역 S/N비를 개선하기 위하여 송신단에서 프리 엠파시스회로를 사용한다.
  ※ pre-emphasis회로는 고주파 성분을 강조하는 역할을 수행한다.
(2) Pre-emphasis 회로는 미분회로의 일종으로 고역통과 필터와 등가이다.
(3) 수신측에서는 de-emphasis회로를 사용하는데, 이는 pre-emphasis회로의 반대 역할을 하며 저역통과 필터와 등가이다.

05 트랜지스터 증폭기에서 바이어스(bias)에 대한 설명 중 가장 적합한 것은?

① 희망하는 동작모드를 만들기 위해 트랜지스터 또는 소자에 직류전압을 인가하는 것을 말한다.
② 전류 캐리어로 자유전자와 정공에 의해 특성화 되는 것을 말한다.
③ 베이스와 컬렉터 사이의 전류이득을 말한다.
④ 트랜지스터가 도통되지 않았을 때의 상태를 말한다.

해설 Bias(바이어스)
(1) 진공관이나 트랜지스터 등을 동작시킬 때 목적한 동작 상태로 하기 위해 전압 또는 전류를 가하는데 이것을 바이어스를 건다고 하며, 또한 이들 전압이나 전류를 바이어스 전압 또는 바이어스 전류라고 한다.
(2) 일반적으로 바이어스는 직류이다.

06 필터법을 이용하여 DSB 파에서 SSB 파를 얻어내려면 어떤 종류의 필터를 사용해야 하는가?

① 저역필터(LPF)   ② 전대역필터(APF)
③ 고역필터(HPF)   ④ 대역필터(BPF)

해설 SSB(Single Sideband)통신
(1) 상측파대(Upper Sideband)또는 하측파대(Lower Sideband) 중 한쪽 측파대만을 가지고 통신하는 방식이다.
(2) AM파에서 반송파와 여분의 측파대를 filter로 제거하면 SSB 신호를 만들 수 있다. 즉, 평형변조기의 출력으로부터 한쪽의 측파대를 제거하여 SSB 신호를 얻는다. 이때 사용하는 필터는 BPF(Band pass filter)이다.

07 다음 중 대수증폭기(logarithm Amp)로 적합한 것은?

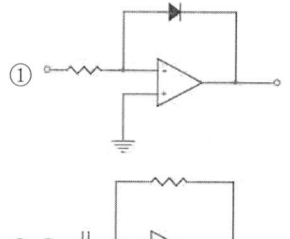

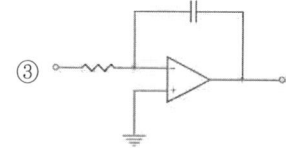

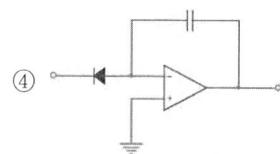

해설 (1) PN 접합의 대수 특성을 이요하면 연산 증폭기를 사용하여 비선형 입력에 대해여 축력이 선형이 되도록 하는 비선형 특성을 갖는 회로를 설계할 수 있다.
(2) 진폭의 차가 큰 입력 신호를 포호되지 않도록 증폭하는 증폭기이며, 입력과 출력은 대수관계가 되고 파형의 일그러짐이 적다.

08 다음 중 시미트(Shmitt)트리거 회로의 응용이 아닌 것은?

정답 04.② 05.① 06.④ 07.①

① 구형파회로   ② 증폭회로
③ 쌍안정회로   ④ 전압비교회로

해설 슈미트 트리거(Schmitt trigger)
(1) 히스테리시스 특성을 갖도록 한 비교기이다.
① 비교기는 하나의 전압을 다른 기준 전압과 비교하기 위한 것인데, 비교기의 입력측에 나타나는 잡음전압은 출력측에 오차를 유발하기 때문에 비교기가 잡음에 둔감하게 작용하도록 히스테리시스정궤환법을 사용한다.
② 히스테리시스는 입력전압이 높은 값에서 낮은 값으로 갈 때보다 낮은 값에서 높은 값으로 갈 때 높은 레벨이 되므로, 2개의 트리거 레벨이 절체 동작에서 오프셋 또는 지연되는 특성을 이용하여 입력에 포함된 약간의 잡음은 출력에 영향을 미치지 못하도록 한 것이다.
(2) 슈미트 트리거는 정현파와 같은 완만한 변화 입력으로 날카로운 구형 펄스를 만드는 데 적합한 쌍안정 멀티바이브레이터의 일종이다.
(3) 슈미트 트리거 회로의 응용 : 전압 비교회로, 쌍안정 회로, 방형파(구형파) 발생회로 등

09 다음 전파정류회로에서 전류 I = 2 sin a[A], 부하저항 R_L=5[Ω], 다이오드 D_1, D_2의 정저항 R_f=0일 때 다이오드의 최대역전압은?

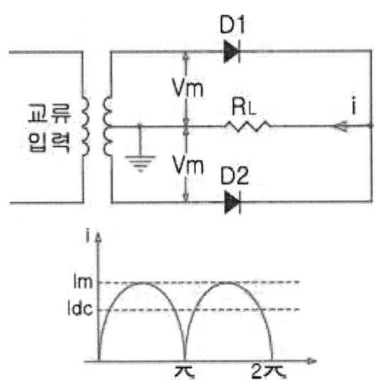

① 5[V]   ② 10[V]
③ 15[V]   ④ 20[V]

해설 정류회로의 최대역전압
(1) 단상 반파정류회로 : PIV = V_m

(2) 단상 전파정류회로 : PIV = $2V_m$
∴ PIV = $2V_m$ = $2(I_m \times R_L)$ = 2(2*5) = 20[V]

10 시프트 레지스터에서 4로 나누려면 몇 비트 이동해야 하는가?

① 오른쪽으로 2비트   ② 왼쪽으로 2비트
③ 오른쪽으로 4비트   ④ 왼쪽으로 4비트

해설 산술적 shift : 산술적 이동에는 좌측이동과 우측이동이 있는데 이것은 수를 나타낼 모든 비트를 지정된 방향에 따라 각각 서로 이웃한 자리로 한 자리씩 움직이는 것을 말한다.
(1) 우측 이동
 - 나눗셈의 결과를 얻는다. (한 비트 이동하면 ÷2)
 - LSB가 1이면, 이동하기 전의 값이 홀수이므로 정확한 값을 얻지 못한다.
(2) 좌측 이동
 - 곱셈의 결과를 얻는다. (한 비트 이동하면 ×2)
∴ 산술적 shift는 곱셈과 나눗셈의 보조 역할을 담당한다.

11 그림과 같은 등가회로로 표시되는 발진회로의 발진 주파수는?

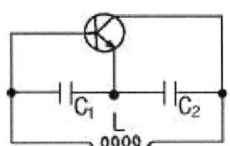

① $\dfrac{1}{2\pi\sqrt{\dfrac{1}{L}(\dfrac{1}{C_1}+\dfrac{1}{C_2})}}$ ② $\dfrac{1}{2\pi\sqrt{L(\dfrac{1}{C_1}+\dfrac{1}{C_2})}}$

③ $\dfrac{1}{2\pi\sqrt{\dfrac{1}{L}(C_1+C_2)}}$ ④ $\dfrac{1}{2\pi\sqrt{\dfrac{LC_1C_2}{C_1+C_2}}}$

해설 콜피츠(Colpitts) 발진회로
(1) 출력의 일부를 콘덴서에서 뽑아내어 입력으로 되돌리는 발진회로이다.
(2) 동조회로는 C_1과 C_2의 직렬합성과 L로 구성되므로 발진주파수는 다음과 같다.

정답 08.②   09.④   10.①   11.④

$$f_0 = \frac{1}{2\pi\sqrt{LC_0}} = \frac{1}{2\pi}\sqrt{\frac{1}{L}(\frac{1}{C_1}+\frac{1}{C_2})}$$
$$= 2\pi \frac{1}{\sqrt{L(\frac{C_1C_2}{C_1+C_2})}}$$

(3) 콜피츠 회로는 하틀리 회로보다 높은 주파수를 얻을 수 있으므로 VHF대나 UHF 대에서 많이 사용 된다.

12 다음 카르노 맵의 함수를 간략화한 것은?

X_1X_2 \ X_3X_4	00	01	11	10
00	1			1
01		1	1	
11		1	1	
10	1			1

① $F = \overline{x_1}x_2 + x_2x_4 + x_1\overline{x_2}$
② $F = \overline{x_1x_4} + \overline{x_2}x_4$
③ $F = \overline{x_2x_4} + x_2x_4$
④ $F = \overline{x_3x_4} + x_1x_2$

해설

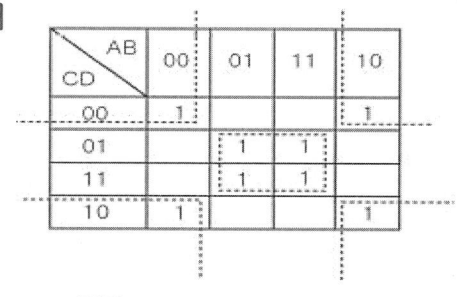

$\therefore F = \overline{x_2x_4} + x_2x_4$

13 그림과 같은 회로에서 Zenner 다이오드의 파괴전압은 50[V] 이며, 그 전류 범위는 5∼40[mA]이다. 부하저항 RL에 흐르는 전류 IL의 최대값은 얼마인가?

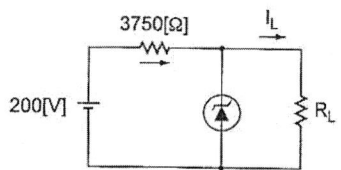

① 45[mA]   ② 35[mA]
③ 25[mA]   ④ 15[mA]

해설 간단히 제너 전압 조절기
(1) Zener 다이오드는 부하저항 R_L및 조절되지 않는 전압 $V_s > V_z$의 변동에 관계없이 일정한 출력전압 $V_0 > V_z$을 유지하는 데 사용한다. 여기서 V_s는 전원전압이며, V_z은 항복전압이다.
(2) Zener Diode에 흐르는 전류를 I_z라 하면
$$I_s = I - I_L = \frac{V_s - V_Z}{R_s} - \frac{V_Z}{R_L}$$에서 V_s=150[V].

I_s=40[mA]이므로 I_L의 최대전류는
40mA−5[mA]=35[mA]이다.
부하의 변화에 따라 I_z는 변하지만, 출력전압은 V_z로 일정하게 유지된다. 또한 I_z의 범위는 높은 전류 및 낮은 전류값 두 가지 모두에서 제한받는다.

14 RC 회로의 스텝전압 입력 시 발생파형의 상승시간(rise time) t_r와 관계없는 것은?(단, f_H : 상측 3dB 주파수, B : 대역폭, τ : 시정수)

① $t_r = 2.2RC$ ② $t_r = \frac{0.35}{f_H}$
③ $t_r = \frac{1}{B}$ ④ $t_r = 1.1\tau$

해설 (1) 상승시간 : t_r=2.2RC
(2) 시정수 : τ = RC
(3) $t_r = \frac{0.35}{f_H}$, $f_H = \frac{0.35}{t_r}$

15 그림과 같은 회로의 명칭이 옳은 것은?

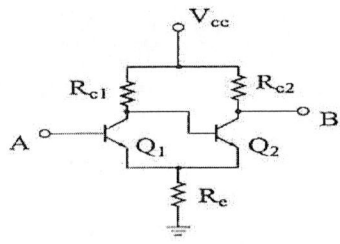

① 시미트 트리거 회로 ② 차동 증폭회로
③ 푸시풀 증폭회로 ④ 부트스트랩회로

해설 슈미트 트리거 회로는 입력 전압이 일정 값 이상이 되면 상승 펄스파를, 일정 값 이하가 되면 하강 펄스파를 만들어 낸다. 따라서 정현파를 이용해서 구형파를 얻을 때 사용하며, A/D 변환기 또는 비교 회로 등에 응용되고 있다.

16 신호파의 최고 주파수가 15[kHz]이다. PCM 검파에서 원래의 신호파로 복원하기 위한 표본화 펄스의 최소 주파수로 옳은 것은?

① 45[kHz] ② 30[kHz]
③ 20[kHz] ④ 15[kHz]

해설 나이퀴스트 조건 : $f_s \geq 2f_m$를 만족해야 한다.
따라서 f_s=15[kHz]×2=30[kHz]

17 다음 중 2진 비교기의 구성요소를 맞게 설명한 것은?

A B	A = B	A > B	A < B
0 0	1	0	0
0 1	0	0	1
1 0	0	1	0
1 1	1	0	0

① 인버터 2개, NOR 게이트 2개, NOR 게이트 1개
② 인버터 2개, AND 게이트 1개, NOR 게이트 2개
③ 인버터 2개, AND 게이트 2개, EX-NOR 게이트 1개
④ 인버터 2개, NAND 게이트 2개, EX-OR 게이트 1개

해설 비교회로(comparator)
(1) 2개의 입력에 그 대소를 비교함으로써 3개의 출력이 나오는 회로이다.
(2) 각각의 경우 출력이 1인 경우를 논리식으로 구성한다.

18 듀티 사이클(duty cycle)이 0.1이고 주기가 30[μs]인 펄스의 폭은 얼마인가?

① 10[μs] ② 6[μs]
③ 3[μs] ④ 1[μs]

해설 충격계수(duty factor)
(1) 펄스의 점유율, 충격율, 충격 계수라 한다.
(2) 충격계수는 펄스파의 예리한 정도를 나타내는 수치이다.
(3) 충격계수$(D) = \dfrac{\tau}{T} = \dfrac{펄스폭}{펄스의 반복주기}$

$\therefore \tau = 0.1 \times 30[\mu s] = 3[\mu s]$

19 다음 중 JK플립플롭의 논리식으로 옳은 것은?(단, Q_n은 시간(t)에서의 출력 상태이고 Q_{n+1}은 시간 (t+1)에서의 출력 상태임)

① $JQ_n + KQ_n$ ② $\overline{J}Q_n + K\overline{Q_n}$
③ $J\overline{Q_n} + \overline{K}Q_n$ ④ $JQ_n + K\overline{Q_n}$

해설 진리표

QN	J	K	QN+1
0	0	0	0
0	0	1	0
0	1	0	1
0	1	1	1
1	0	0	1
1	0	1	0
1	1	0	1
1	1	1	0

정답 15.① 16.② 17.③ 18.③ 19.③

카르노도

QN\JK	00	01	11	10
0			1	1
1	1			1

논리식 = $JQ_n + \overline{K}Q_n$

20 트랜지스터 h 파라미터의 물리적 의미가 틀린 것은?

① h_i : 출력단락 입력 임피던스
② h_r : 입력개방 전류 증폭율
③ h_f : 출력단락 전류 증폭율
④ h_0 : 입력개방 출력 어드미턴스

해설 (1) $h_i = \frac{v_1}{i_1}|_{v_2=0}$: 출력단락 입력 임피던스

(2) $h_r = \frac{v_1}{v_2}|_{i_1=0}$: 입력개방 역전압 증폭율

(3) $h_f = \frac{i_2}{i_1}|_{v_2=0}$: 출력단락 전류 증폭률

(4) $h_o = \frac{i_2}{v_2}|_{i_1=0}$: 입력개방 출력 어드미턴스

21 다음 FET 회로의 전압이득은 약 얼마인가?(단, gm=10[m℧], r_d=50[kΩ])

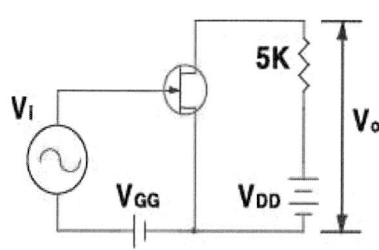

① −15.5 ② −23.8
③ −33.3 ④ −45.5

해설 $A_V = -g_m(\frac{R_d \times r_d}{R_d + r_d}) = -45.5$

22 다음은 반가산기(Half Adder)의 블록도이③ 출력단자 S(sum) 및 C(carry)에 나타나는 논리식은?

① $S=XY+\overline{X}Y, C=XY$ ② $S=XY+\overline{X}Y, C=\overline{X}Y$
③ $S=\overline{X}Y+X\overline{Y}, C=XY$ ④ $S=XY+X\overline{Y}, C=X\overline{Y}$

해설 반가산기
(1) 반가산기는 1자리의 2진수 2개를 더하는 회로이다.
(2) 합(sum)과 자리 올림(carry)을 얻는다.
$S = X \oplus Y = \overline{X}Y + X\overline{Y}, C = XY$
(3) 배타적 논리합(EOR) 회로와 논리곱(AND) 회로로 구성된다.

23 하나의 논리 게이트 출력이 정상적인 동작 상태를 유지하면서 구동할 수 있는 표준 부하의 수를 의미하는 것은?

① 팬 아웃(fan-out)
② 전력소모(power dissipation)
③ 전파지연시간(propagation delay time)
④ 잡음 여유도(nosie margin)

해설 − fan-in
논리 회로에서 한 게이트에 들어가는 입력선의 개수 수학적으로 2진 함수는 입력 변수의 개수에 제한이 없으나 실제로는 8~10개가 한계이다
− fan-out
(1) 전자 회로에서 한 게이트의 출력을 다른 곳으로 배분하여 연결한 출력선의 수는 그 게이트가 감당할 수 있는 출력 전력과 관계있다.
(2) 구조적 시스템 설계에서 한 모듈이 직접 호출하는 하위 모듈의 수 구조적 설계에서는 이것이 7을 넘지 않을 것을 요구하고 있다

24 다음 중 불 대수식을 간략화 하면?

$$RST + RS(\overline{T} + V)$$

① $RS\overline{T}$ ② RSV
③ RST ④ RS

정답 20.② 21.④ 22.③ 23.① 24.④

해설

$RST + RS(\overline{T} + V) = RS(T + \overline{T}) + RSV = RS(1 + V) = RS$

25 다음 중 그 값이 작을수록 좋은 것은?

① 증폭기 바이어스 회로의 안정계수
② 차동 증폭기의 동상신호 제거비(CMRR)
③ 증폭기의 신호 대 잡음비
④ 정류기의 정류효율

정답 25.①

8회 전자회로 실전 모의고사

01 다음 중 B급 푸시풀 전력 증폭기는 어느 것이 제거 되는가?

① 기본파
② 우수 고조파
③ 기수 고조파
④ 모든 고조파

해설 B급 push-pull 회로의 특징
(1) B급 동작이므로 직류 바이어스 전류가 매우 작아도 된다.
(2) 입력이 없을 때 컬렉터 손실이 작으며 큰 출력을 낼 수 있다.
(3) 짝수(우수) 고조파 성분은 서로 상쇄되어 일그러짐 없는 출력단에 적합하다.
(4) B급 증폭기 특유의 crossover 일그러짐이 있다.

02 다음 연산 증폭기에서 입출력 전압 관계식은?

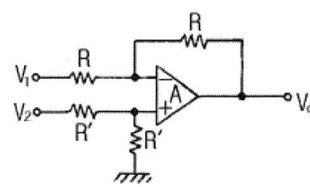

① $V_o = V_2 - V_1$
② $V_o = V_1 + V_2$
③ $V_o = \dfrac{R'}{R}(V_1 - V_2)$
④ $V_o = \dfrac{R}{R'}(V_1 - V_2)$

해설 감산기 : $V_o = \dfrac{R}{R}(V_2 - V_1) = V_2 - V_1$

03 다음 논리식 중 서로 관계가 틀린 것은?

① $(A+B)(\overline{A}+\overline{B}) = A\overline{B}+\overline{A}B$
② $AB = \overline{A}+\overline{B}$
③ $(A+B)\overline{AB} = A\overline{B}+\overline{A}B$
④ $A \oplus B = A\overline{B}+\overline{A}B$

해설 $AB = \overline{(\overline{A}+\overline{B})}$ 이다.

04 진폭 변조시 피변조파의 최대진폭이 A, 최소진폭이 B일 경우 변조율(m)은?

① $m = \dfrac{A}{B} \times 100[\%]$
② $m = \dfrac{B}{A} \times 100[\%]$
③ $m = \dfrac{A+B}{A-B} \times 100[\%]$
④ $m = \dfrac{A-B}{A+B} \times 100[\%]$

해설 변조도 m은
$m = \dfrac{최대진폭 - 최소진폭}{최대진폭 + 최소진폭} \times 100(\%) = \dfrac{A-B}{A+B} \times 100(\%)$

05 다음 중 C급 증폭기의 일반적인 특징이 아닌 것은?

① 효율이 높다.
② 출력단에 공진회로가 필요하다.
③ 직진성이 좋다.
④ 고출력용으로 많이 사용된다.

해설 C급 증폭회로
(1) C급은 반 사이클의 시간보다 더 짧은 시간만 전류가 흐르므로 출력파형은 큰 왜곡을 동반하고 효율이 높아 보통 고주파 전력 증폭에 널리 사용된다.
(2) C급 증폭기의 특징
① C급 증폭 회로는 반주기 동안에만 동작하며, 동작점은 역활성 영역이다.
② 일그러짐이 매우 크다.
③ 효율은 78.5% 이상이다.
④ 무선 송신기의 출력단에서 주로 사용한다.

06 피변조파 $I = I_c(1+m \sin W_s t)\sin W_c t$로 표시되는 전류가 부하저항 R에 흐르면 이 때 상측파대의 전력은?

정답 01.② 02.① 03.② 04.④ 05.③

① $\dfrac{m^2 I_c^2 R}{8}$ ② $\dfrac{m^2 I_c^2 R}{4}$

③ $\dfrac{m^2 I_c^2 R}{2}$ ④ $m^2 I_c^2 R$

해설
P_m = 반송파의 전력(P_c)+상측파대의 전력(P_U)+하측파대의 전력(P_L)
$= \dfrac{1}{2}I_{cm}^2 R + \dfrac{1}{8}m^2 I_{cm}^2 R + \dfrac{1}{8}m^2 I_{cm}^2 R \;(\dfrac{1}{2}I_{cm}^2 R = P_c)$
$= P_c(1+\dfrac{m^2}{2})$

07 다음 중 궤환발진기의 바크하우젠(Barkhausen)의 발진 조건에서 βA의 크기는?

① 0   ② 1
③ 10   ④ 100

해설 바크하우젠(Barkhausen) 자력 발진조건 : $A\beta=1$

08 다음 중 그림과 등가인 Gate 회로는?

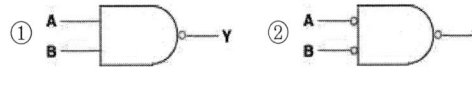

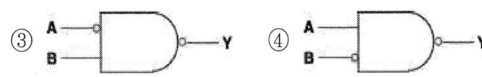

해설 출력 $Y=\overline{A}+B$이다.

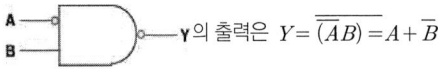
Y의 출력은 $Y=\overline{(AB)}=\overline{A}+\overline{B}$

09 달링턴(Darlington) 회로의 설명으로 틀린 것은?

① 전압 이득이 1보다 작다.
② 전류 이득이 크다.
③ 입력 저항이 적다.
④ 출력 저항이 적다.

해설 적은 부하저항을 이용해서 큰 입력저항을 얻고자 고안된 회로가 달링톤(Darlington)회로이며, 다음과 같은 특징을 갖는다.
(1) 전류이득이 높아진다. (2) 입력저항이 높아진다.
(3) 출력저항이 낮아진다. (4) 전압이득은 1보다 작다.

10 다음과 같은 검파회로에서 시정수 (τ = CR)를 반송파 주기의 10배로 하고자 할 때 C[pF]를 얼마로 해야 하는가?(단, 입력측 반송파 주파수는 100[MHz], R은 10[kΩ])

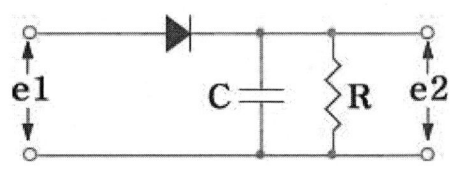

① 0.1   ② 1
③ 10   ④ 100

해설 ▶ RC 회로의 시정수, $\tau=RC[\sec]$
$RC = \dfrac{1}{f} = \dfrac{1}{100\times 10^6} = 10^{-8}[\sec]$이다.

따라서 반송파 주기의 10배로 하면
$\tau=RC[\sec]=10^{-7}[\sec]$가 된다.
$10\times 10^3 \times C = 10^{-7}$ 이므로 $C=10[PF]$이 된다.

11 그림에서 $V_i=V_m \sin a$[V]일 때 부하 저항 R_L 양단에 나타나는 직류 평균 출력전압[V]은?(단, $I_m = \dfrac{V_m}{R_f+R_L}$, R_f, R_f는 다이오드의 순방향 저항)

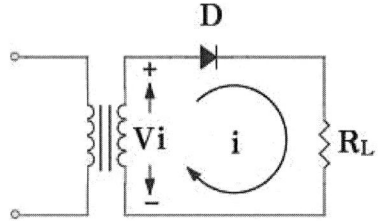

① $\dfrac{I_m R_L}{\sqrt{2}}$ ② $I_m R_L$

③ $\dfrac{2 I_m R_L}{\pi}$ ④ $\dfrac{I_m R_L}{\pi}$

정답 06.① 07.② 08.③ 09.③ 10.③ 11.④

해설 단상반파 정류회로

(1) 직류(평균값) 전류 : $I_{dc} = \dfrac{I_m}{\pi}$ ∴ $V_{dc} = \dfrac{I_m}{\pi} R_L$

(2) 직류출력 전력 $P_{dc} = I_{dc}^2 R_L = \dfrac{V_i^2}{\pi^2 R_L}$

12 그림의 회로에서 V1=3V, Rf=450kΩ, R1=150kΩ 일 때, 출력전압 Vo은?

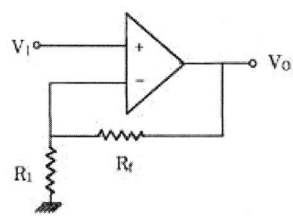

① 1[V]   ② 12[V]
③ 15[V] ④ 18[V]

해설 $V_o = (\dfrac{R_1 + R_f}{R_1}) V_1 = \dfrac{600K}{150K} \times 3 [V]$

13 JK 플립플롭의 동작에 관한 설명으로 옳지 않은 것은?

① J=0, K=0일 때는 변하지 않는다.
② J=0, K=1일 때는 Q가 0으로 된다.
③ J=1, K=0일 때는 Q가 1로 된다.
④ J=1, K=1일 때는 반전되지 않는다.

해설 J – K Flip Flop

(1) J = K = 1일 때 clock pulse가 1이면 현 상태에서 반전되어 나온다.
(2) J = K = 1을 계속 유지하고 Clock pulse가 계속 들어오면 출력은 0과 1을 반복하게 되는데 이것을 Toggling라 한다.

J_n	K_n	Q_{n+1}
0	0	Q_n(불변)
0	1	0(Clear)
1	0	1(Set)
1	1	$\overline{Q_n}$(반전,Toggle)

14 비동기식 계수기(counter)와 관계가 없는 것은?

① 리플 카운터라고도 한다.
② 동작속도가 동기식보다 비교적 느리다.
③ 전단의 출력이 다음 단의 입력이 된다.
④ 동작속도가 동기식보다 고속이다.

해설 (1) 비동기형 계수회로비동기식 카운터는 리플(ripple)카운터라고도 하며, 이 카운터는 전단에 있는 플립플롭의 출력을 받아 순서대로 플립플롭을 동작시키도록 연결되어 있다는 것이다.
① 회로가 단순하므로 설계가 쉽다.
(2) 동기형 계수회로
① 병렬식 counter라고도 하며, 각 단이 동시에 클록펄스 인가되는 회로를 말한다.
② 동시에 trigger 입력이 인가되기 때문에 여러 단이 동시에 동작되므로 고속으로 동작되는 회로에 널리 이용되고 있다.

15 완충증폭기(buffer amp)에 관한 설명에서 가장 관계가 먼 것은?

① 발진기 출력과 부하 사이에 접속한다.
② 주로 A급 증폭기를 이용한다.
③ 부하의 변동이 발진회로에 영향을 미치지 않도록 한다.
④ 회로 구성은 이미터 접지 증폭회로로 되어있다.

해설 완충 증폭기(Buffer amplifier)

(1) 부하의 변동이 발진회로에 영향을 끼치지 않도록 발진기와 부하 사이에 넣어주는 증폭기이다.
(2) 송신기의 완충 증폭기는 A급을 사용한다.
(3) 회로구성은 콜렉터 접지 증폭회로로 되어있다.

16 다음 중 전력 증폭기의 종류에 속하지 않는 것은?

① A급 증폭기   ② B급 증폭기
③ AB급 증폭기 ④ AC급 증폭기

해설 AC급 증폭기는 사용하지 않는다.

정답 12.② 13.④ 14.④ 15.④ 16.④

17 다음의 자기 바이어스회로(self-bias)에서 Ic의 Ico에 대한 안정계수 S의 이론적 최소치는 어느 때인가?(단, 1+β ≫ RB/RE, RB = R1//R2 이다.)

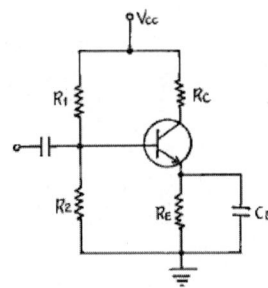

① RB/RE → 100일때 ② RB/RE → 0일때
③ RB/RE → → 일때   ④ RB/RE → 1+β일때

해설 안정도 S는

$$S = \frac{1+\beta}{1+\dfrac{\beta R_E}{R_B+R_E}} = \frac{(R_B+R_E(1+\beta))}{R_B+R_E\beta R_E}$$

분모 분자를 R_E로 나누면 $S = \dfrac{(\dfrac{R_B}{R_B}+1)(1+\beta)}{\dfrac{R_B}{R_E}+1+\beta}$ 이다.

따라서 $\dfrac{R_B}{R_E}$가 0에 가까우면 $S = \dfrac{1(1+\beta)}{1+\beta} = 1$이 되어 안정계수 S가 이론적으로 1이 됨으로써 가장 안정해진다.

18 진폭변조에서 신호전압을 $e_s = E_s\sin\omega_s t$, 반송파 전압을 $e_c = E_c\sin\omega_c t$라 할 때 피변조 반송파 전압 e(t)를 표시하는 식은?

① $e(t) = (E_c + E_s)\sin\omega_s t$
② $e(t) = (E_c + E_s)\sin\omega_c t$
③ $e(t) = (E_c + E_s\sin\omega_s t)\sin\omega_c t$
④ $e(t) = (E_s + E_c\sin\omega_c t)\sin\omega_s t$

해설 AM파
(1) 신호(변조)파 : $e_s = E_s\sin\omega_c t$
반송파 : $e_c = E_c\sin\omega_c t$
(2) 피변조파(AM파)

$e(t) = (E_c + E_s\sin\omega_s t)\sin\omega_c t = E_c\sin\omega_c t + E_s\sin\omega_c t \cdot \sin\omega_s t$
$= E_c\sin\omega_c t + \dfrac{E_s}{2}\cos 2\pi(f_c - f_s) - \dfrac{E_s}{2}\cos 2\pi(f_c + f_s)t$

19 B급 푸시풀 증폭기의 출력 파형에 포함된 고조파는?

① 기수 고조파
② 우수 고조파
③ 제2, 제3 고조파
④ 기수와 우수의 모든 고조파

해설 B급 푸시풀 증폭 회로의 특징
(1) 특징
① B급 동작이므로 직류 바이어스 전류가 매우 작아도 된다.
② 입력이 없을 때 컬렉터 손실이 작으며 큰 출력을 낼 수 있다.
③ 짝수 고조파 성분은 서로 상쇄되어 일그러짐 없는 출력단에 적합하다.
④ B급 증폭기 특유의 crossover 일그러짐이 있다.
(2) 비직선 일그러짐을 crossover 일그러짐이라 하며, 이 일그러짐을 최소로 하려면, cut-in 전압 근처에 바이어스 전압을 걸어 무신호 상태에서도 약간의 base-bias 전류가 흐르도록 할 필요가 있다.

20 그림과 같은 전력증폭기에서 부하 Z_L의 크기는?(단, 권선 비는 N : 1의 이상변압기이다.)

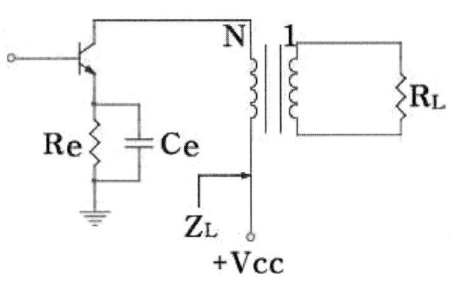

① R_L ② $1/R_L$
③ $R_L + R_e$ ④ $N^2 R_L$

정답 17.② 18.③ 19.① 20.④

해설 교류겉보기(등가저항)

$$R_L = \frac{n_1}{n_2 I_2} \times \frac{n_1 V_2}{n_2} = (\frac{n_1}{n_2})^2 (\frac{V_2}{I_2}) = (\frac{n_1}{n_2})^2 R_L$$

따라서 $Z_L = N^2 R_L$ 이다.

21 다음 연산증폭기 회로에서 입출력 특성은?(단, 연산증폭기 A1, A2와 다이오드 D1, D2는 이상적이다.)

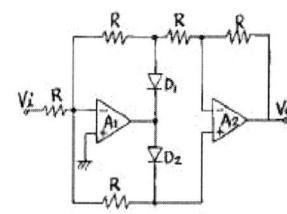

① 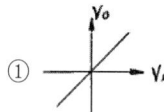 ②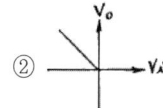

③ 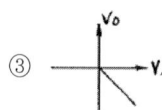 ④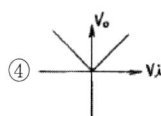

해설 전파 정류 회로
(1) $V_i > 0$인 경우

  D_1(ON), D_2(OFF) 이므로 $v_0 = \frac{R}{R} v_i$

(2) $V_i < 0$인 경우

  D_1(OFF), D_2(ON) 이므로 $v_o = -\frac{R}{R} v_i$

22 다음 중 단일 측파대 통신방식에서 사용되는 변조회로는?

① 베이스 변조   ② 컬렉터 변조
③ 제곱 변조   ④ 링 변조

해설 ring 변조기는 chopper 또는 switching 변조기라 하며 그 특징은 다음과 같다.
(1) 능동 소자를 사용하지 않으므로 입력보다 출력이 작게 되며 따라서 뒷단에서 증폭을 해야 한다.
(2) 능동 소자를 포함하지 않는 수동 회로망이므로 역방향으로 동작시키는 것이 가능하여 DSB-SC 복조기나 SSB복조기로 사용할 수 있다.
(3) 정류 회로로도 사용할 수 있다.
(4) 반송파 또는 변조 신호 어느 하나만 인가하면 출력에는 아무것도 나타나지 않는다.
(5) 변조기 출력에는(반송파와 변조 신호가 모두 인가된 경우) 반송파는 제거되고 상, 하측파대만 나온다.

23 논리식 $\overline{A}BC + A\overline{B}C + AB\overline{C} + ABC$ 를 간단히 하면?

① B(A + C)   ② AB + BC + AC
③ C(A + B)   ④ A + B + C

해설 Karnaugh Map

A\BC	00	01	11	10
0			1	
1	1	1	1	1

Y = AB + BC + AC

24 전압직렬(Voltage Series) 궤환증폭기의 일반적인 특성이 아닌 것은?

① 주파수 대역폭이 증가한다.
② 비직선 일그러짐이 감소한다.
③ 입력저항이 감소한다.
④ 출력저항이 감소한다.

해설 부궤환 증폭기의 특성
(1) 주파수 특성이 개선된다.
(2) 비직선 일그러짐이 감소된다.
(3) 잡음이 감소한다.
(4) 이득이 감소한다.
(5) 대역폭이 증대된다.
(6) 입력 및 출력 저항이 변환한다.
(7) 주파수 특성이 개선된다.

구성형태 구분	직류전류	직렬전압	병렬전류	병렬전압
입력 저항	증가	증가	감소	감소
출력 저항	증가	감소	증가	감소

정답 21.④ 22.④ 23.② 24.③

25
다음과 같은 다이오드 회로에서 전달특성으로 적합한 것은?(단, V_Z는 ZD_1과 ZD_2의 항복 전압이다.)

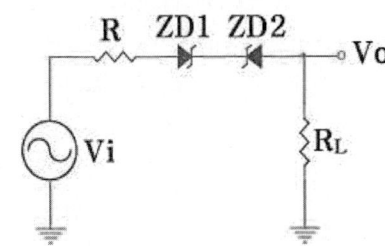

①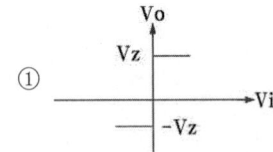

②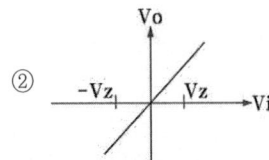

③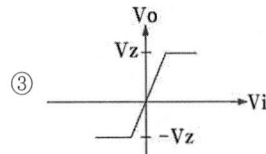

④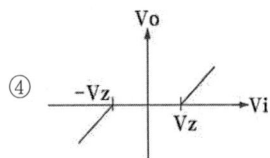

해설 (1) $V_i > V_{z2}$ 일 때 D_1, D_2는 ON
$$\therefore V_o = \frac{R_2}{R_1 + R_2}(V_i - V_{z2})$$

(2) $V_i > V_{z1}$ 일 때 D_1, D_2는 ON
$$\therefore V_o = \frac{R_2}{R_1 + R_2}(V_i - V_{z1})$$

(3) $V_{z1} < V_i < V_{z2}$ 일 때 D_1, D_2는 OFF
$$\therefore V_0 = 0$$

정답 25.④

9회 전자회로 실전 모의고사

01 수정진동자의 지지기(holder)가 갖추어야 할 조건으로 적합하지 않은 것은?

① 진동 에너지에 손실을 주지 않을 것
② 지지기 및 전극과 수정면 사이의 상대위치 변화가 원활할 것
③ 외부로부터 기계적 진동이나 충격에 의해서 발진에 지장이 생기지 않을 것
④ 온도 및 습도의 영향을 받지 않는 구조일 것

해설 지지계 및 전주와 수정편 사이에 상대 위치의 변화가 발생하지 않아야 한다.

02 다음 중 RC 발진기의 설명으로 옳은 것은?

① 부성저항 특성을 이용한 발진기이다.
② R 및 C로써 정궤환에 의한 발진기이다.
③ 압전효과에 의한 발진기이다.
④ 부궤환에 의한 비정현파 발진기이다.

해설 CR 발진회로
(1) 저항(R)과 콘덴서(C)의 조합으로 위상을 이동시켜 정(+)궤환 회로를 구성하는 발진호로를 CR발진회로라 한다.
(2) CR 발진회로에는 이상(phase shift)형과 빈브리지(Wein bridge)형이 있다.
(3) 발진주파수는 RC의 시정수에 의해 결정되며, $10^{-2} \sim 10^{-6}$[Hz]의 가변 주파수로 가능하다.

03 다음 그림의 다이오드 회로와 등가인 논리 게이트는?(단, 정논리회로이다.)

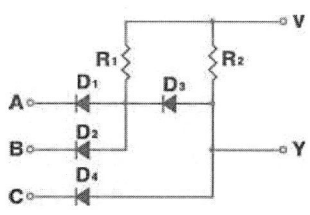

① AND ② OR ③ AND ④ OR (게이트 기호)

해설 AND회로
① 2개 혹은 그 이상의 입력이 모두 1일 때만 출력이 1의 상태가 되고 그 이외의 경우는 0으로 되는 회로이다.
② 문제의 회로는 2개의 AND 회로가 직렬로 연결되어 있다.

04 권선비 ($\frac{n_2}{n_1}$)가 3인 전원 변압기를 통하여 실효치 200[V]의 교류입력이 전파 정류되면 평균치는 몇 [V]인가?

① $\frac{2}{\pi} \times 600$
② $\frac{2\sqrt{2}}{\pi} \times 600$
③ $\frac{\pi}{\sqrt{2}} \times 600$
④ $\frac{\pi}{2\sqrt{2}} \times 600$

해설 (1) 1:3의 변압기에 200[V]의 입력이 가해지면 2차측의 전압은 600[V]이다.
(2) 2차측 전압의 최대값 : $E_m = \sqrt{2} \cdot 600$
(3) 평균값 : $E_{av} = \frac{2}{\pi} \cdot E_m$

05 저항 부하에서 A급 전력 증폭기의 최대 효율은?

① 20[%] ② 25[%]
③ 40[%] ④ 60[%]

해설 (1) A급 전력 증폭기의 최대 효율 : 25[%], 50[%]
(2) B급 전력 증폭기의 최대 효율 : 78.5[%]
(3) C급 전력 증폭기의 최대 효율 : 78.5[%] 이상

정답 01.② 02.② 03.③ 04.② 05.②

06 다음 그림과 같은 연산회로의 명칭은?

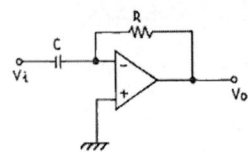

① 이상기　　② 미분기
③ 적분기　　④ 감산기

해설　미분회로
(1) 출력전압이 입력전압의 미분값에 비례한다.
(2) 출력전압 $V_o = -CR\dfrac{d}{dt}V_i$

07 다음 회로의 게이트는?(단, A, B는 입력이고 Y는 출력)

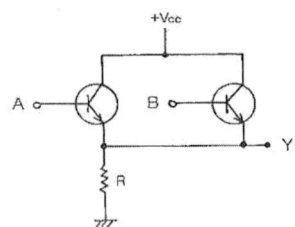

① AND　　② OR
③ NAND　　④ NOR

해설　트랜지스터를 이용한 OR 회로
(1) 회로에서 입력 A또는 B중 적어도 어느 한쪽에 +5[V]의 전압이 주어지면 전원 Vcc로부터 해당 트랜지스터를 통하여 전류가 흘러 출력단자Y에 +5[V]의 전압이 얻어진다.
(2) 회로에서 입력 A, B 모두가 0[V]인 경우에는 출력은 나타나지 않는다.
(3) OR 논리이다.
∴ Y = A + B

08 반송파 vc = Vc sin ωct 를 Vm = Vm sin pt 로 진폭 변조했을 때 피변조파 v(t)의 식은?

① v(t) = (Vc + Vm)sin pt
② v(t) = (Vc + Vm sin pt)sin ωct
③ v(t) = (Vc + Vm)sin ωct
④ v(t) = (Vc sin ωct + Vm)sin pt

해설　진폭 변조(AM)
$v(t) = (V_c + V_m \sin pt)\sin\omega_c t = V_c(1+\dfrac{V_m}{V_c}\sin pt)\sin\omega_c t$
　　　$= V_c(1+m\sin pt)win\omega_c t$

09 다음 카르노도의 논리함수를 간략화랄 때 옳은 것은?

	$\overline{CD}$	$\overline{C}D$	CD	$C\overline{D}$
$\overline{AB}$	0	0	0	0
$\overline{A}B$	0	0	0	0
AB	1	1	1	1
$A\overline{B}$	1	1	1	1

① $Y = B + \overline{A}B\overline{C}D$　　② $Y = B + A\overline{C}D$
③ $Y = A + \overline{A}B\overline{C}$　　④ $Y = A$

해설

CD\AB	00	01	11	10
00			1	1
01			1	1
11			1	1
10			1	1

10 그림과 같은 증폭회로의 전압이득(Vo/Vi)은 약 얼마인가?(단, gm = 10m℧, rd = 100kΩ)

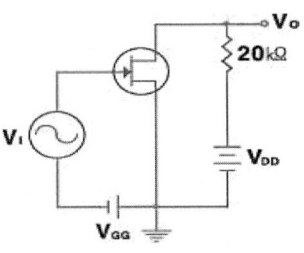

① -124　　② -155
③ -167　　④ -349

해설 $A_V = -g_m \left(\dfrac{R_d \times r_d}{R_d + r_d}\right) = -167$

11 그림의 회로에서 스위치가 A가 1의 위치에 있을 때, 콘덴서 C 양단의 전압이 V로 충전되었고 이때의 전류는 0 이다. 만일 t=0에서 스위치 A를 위치 2로 전환한다면 t≥0에서 전류 I(t)는?

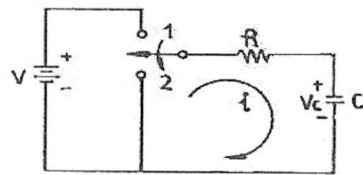

① $i = -\dfrac{V_c}{R} e^{-\frac{t}{RC}}$
② $i = \dfrac{V_c}{R} e^{-\frac{t}{RC}}$
③ $i = -\dfrac{V_c}{R} e^{-\frac{C}{R}t}$
④ $i = \dfrac{V_c}{R} e^{-\frac{R}{C}t}$

해설 $R-C$ 직렬회로의 펄스 응답
(1) C에 V_c로 충전된 후 스위치를 2의 위치로 옮기면 V_c에 의해 (방전)전류가 흐르게 되는데, 이때 흐르는 전류는 V_c의 극성에 따라 주어진 전류와 반대방향의 전류가 흐른다.
(2) $R-C$ 회로의 시정수 τ는 RC이다.
① $V_c = Ve^{-\frac{1}{CR}}$ [V] ② $i(t) = -\dfrac{V_c}{R} e^{-\frac{t}{RC}}$ [A]
③ $V_R = Ri(t) = V_c e^{-\frac{t}{CR}}$ [V]

12 다음 중 외부로부터 트리거(trigger) 신호 없이 스스로 준안정 상태에서 다른 준안정 상태로 변화를 되풀이 하는 것은?

① 비안정 멀티바이브레이터
② 쌍안정 멀티바이브레이터
③ 단안정 멀티바이브레이터
④ 시미트 트리거

해설 비안정 멀티바이브레이터(Astable Multivibrator)
(1) 비안정 멀티바이브레이터는 안정 상태를 가지지 못하면 2개의 준안정 상태를 가진 것이다.
(2) 일정한 기간을 두고 스스로 한 준안정 상태에서 다른 준안정 상태로의 전이를 계속한다.
(3) 출력 파형의 반복주기 $T = 0.69 C_1 R_1 + 0.69 C_2 R_2$, $C_1 = C_2 = C_3$, $R_1 = R_2 = R_3$ 라면 $T ≒ 1.4 RC$
(4) 구형파를 발생한다.

13 EX-OR 게이트 (2입력 1출력)를 사용하여 8비트 패리티 검사를 할 때 최소로 필요한 EX-OR 게이트의 수는?

① 9개 ② 8개
③ 7개 ④ 6개

해설 최소한 7기의 EX-OR 게이트가 필요하다.

14 다음 그림과 같은 회로에서 V1 = V2 = 20[V]이면 V0[V]는?(단, 다이오드는 이상적이다.)

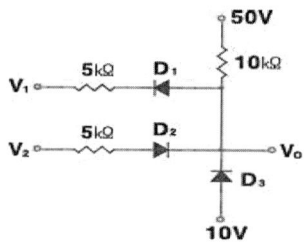

① 50 ② 40
③ 30 ④ 20

해설 $V_{cc} = 50$[V] 이므로 $V_0 = 10 + 20 + 30$[V]

15 다음 회로에서 출력 파형으로 가장 적합한 것은?(단, 펄스의 폭 $\tau \gg RC$ 이다.)

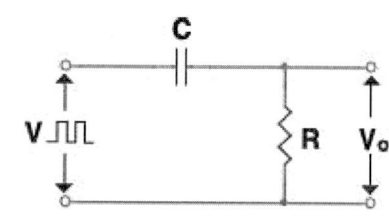

①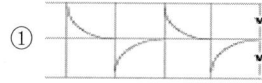

정답 11.① 12.① 13.③ 14.③ 15.①

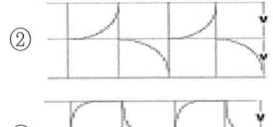

해설 미분회로
(1) RC 직렬회로를 이용한 미분회로는 입력이 변화할 때에만 출력이 나온다.
(2) 출력 전압의 파형은 시정수, t=CR과 입력의 펄스폭 τ 의 관계에 따라 출력파형이 조금 달라진다.

16 이미터접지 트랜지스터에서 Vce를 일정하게 하고 Ib를 20[μA], 50[μA]로 했을 때 Ic가 각 각 5[mA], 9.5[mA]였다면 전류증폭율 hfe는?

① 130
② 140
③ 150
④ 160

해설 전류증폭율 $hfe = \dfrac{I_c}{I_b}$ 이므로 $\dfrac{(9.5-5) \times 10^{-3}}{(50-20) \times 10^{-6}} = 150$

17 그림과 같은 이상적인 연산 증폭기에서 출력전압은?(단, 입력전압: ei , 출력전압 : eo)

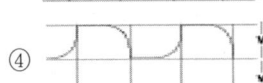

① $e_o = -\dfrac{Z_1}{Z_2} e_i$
② $e_o = \dfrac{Z_1}{Z_2} e_i$
③ $e_o = -\dfrac{Z_2}{Z_1} e_i$
④ $e_o = \dfrac{Z_2}{Z_1} e_i$

해설 회로는 반전 연산 증폭기이다

18 다음 중 불 함수 (A+B)(A+C)와 같은 것은?

① A+BC
② B+C
③ A+B+C
④ A+B

19 진폭변조에서 반송파전력(Pc)과 피변조파전력(P)의 관계가 옳은 것은?

① $P_c = \dfrac{1}{3} P$
② $P_c = \dfrac{2}{3} P$
③ $P_c = \dfrac{1}{4} P$
④ $P_c = \dfrac{3}{4} P$

해설 $P = \dfrac{3}{2} P_c$ 이다. 따라서 $P_c = \dfrac{2}{3} P$

20 그림과 같은 이상적인 연산 증폭회로의 증폭도(Vo/Vi)는?(단, R1=2kΩ, R2=15kΩ, R3=10kΩ, Vi=1V이다.)

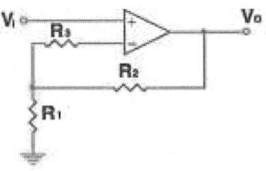

① 2.5
② 7.5
③ 8.5
④ 12.5

해설 $V_o = (1 + \dfrac{R_2}{R_1}) V_i = 8.5 [V]$

21 그림과 같은 AM 변조회로는 어떤 변조방식인가?

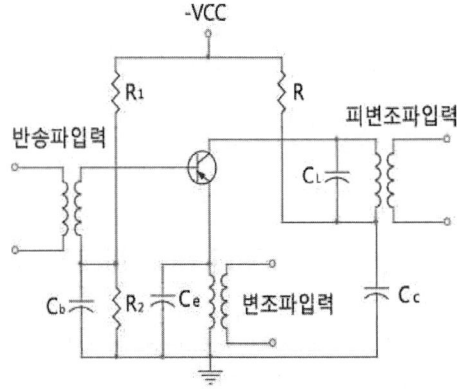

정답 16.③ 17.③ 18.① 19.② 20.③

① 에미터 변조 ② 베이스 변조
③ 콜렉터 변조 ④ 에미터-베이스 변조

해설 에미터 변조회로는 반송파는 베이스에 인가하고, 신호파는 에미터에 입력시켜 신호파에 따라 콜렉터의 반송파의 전류를 변화시켜 동조회로에서 그 AM파를 얻어낸다.

22 다음 병렬공진회로에서 공진 주파수 fo의 관계식으로 옳은 것은?

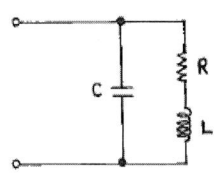

① $2\pi fo = \dfrac{1}{LC}$ ② $2\pi fo = \sqrt{\dfrac{1}{LC}}$

③ $2\pi fo = \sqrt{\dfrac{1}{LC} - \left(\dfrac{R}{L}\right)^2}$ ④ $2\pi fo = \sqrt{\dfrac{1}{LC} - \left(\dfrac{R}{C}\right)^2}$

해설 (1) 주어진 회로의 어드미턴스(Admittance)는

$$Y = \dfrac{1}{R+j\omega L} + j\omega c = \dfrac{R}{R^2+\omega^2 L^2} - j\left(\dfrac{\omega L}{R^2+\omega^2 L^2} - \omega C\right)$$

(2) 허수부가 0일 때 Admittance가 최소가 되며 이 상태를 공진(resonance)이라 하며, 이 때의 주파수를 공진주파수라 한다.

$$\therefore \omega_0 C = \dfrac{\omega L}{R^2+\omega^2 L^2} = \sqrt{\dfrac{1}{LC} - \left(\dfrac{R}{L}\right)^2}$$

또는 $f_0 = \dfrac{1}{2\pi} \sqrt{\dfrac{1}{LC} - \left(\dfrac{R}{L}\right)^2}$ [Hz]

23 다음 회로의 발진기는?

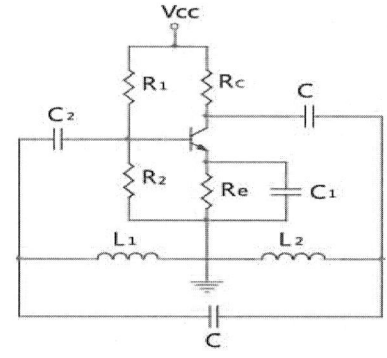

① Colpitts ② Hartley
③ Wien-Bridge ④ Crystal

해설 하틀리 발진기 : 일반적인 3소자 발진기에서 소자 Z_1과 Z_2가 인덕터이며 나머지 Z_3가 커패시터인 발진기를 말한다.

24 다음 중 그림의 바이어스 회로에서 안정도(Stability)를 좋게 하려면 어떻게 하여야 하는가?

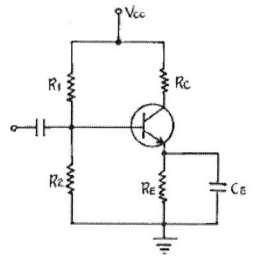

① R_e를 적게 하고 R_1을 크게 한다.
② R_c를 크게 하고 Vcc를 높게 한다.
③ R_1과 R_2를 크게 하고 R_e를 적게 한다.
④ R_e를 크게 하고 R_1과 R_2를 적게 한다.

해설 (1) R_e가 클수록 입력 임피던스(R_i)가 커진다.
(2) R_e가 클수록 안정계수(S)가 1에 가까워진다.
(3) R_e가 클수록 전압이득(A_v)은 감소한다.
(4) R_e가 클수록 전류이득(A_i)은 그다지 변하지 않는다.

25 다음 중 환형 계수기(ring counter)와 같은 것은?

① BCD 계수기 ② 가역 계수기
③ 시프트 레지스터 ④ 순환 시프트 레지스터

해설 Ring Counter
(1) 첫단 플립플롭의 출력은 2단으로, 2단 플립플롭의 출력은 3단으로 연결되어 마지막단 플립플롭의 출력이 첫단으로 되돌아가도록 연결한 카운터이다.
(2) 디지털 시스템에서 순차제어 파형을 만드는 데 사용되며 이들의 출력은 디지털 출력 레벨의 반복되는 순서를 공급한다.
(3) 이들 시프트 카운터는 디지털 시스템에서 순차결과를 제어하는 데 사용된다.

정답 21.① 22.③ 23.② 24.④ 25.④

10회 전자회로 실전 모의고사

01 2^N개의 입력신호 중 1개를 선택하여 출력하는 기능을 갖는 것은?

① Encoder ② Decoder
③ Mux ④ Latch

해설 멀티플렉서(Multiplexer)
(1) 멀티플렉서 (MUX)는 N(=2^n)개의 입력 데이터원에서 하나를 선택하여 그 데이터를 단일 채널로 전송한다.
(2) 멀티플렉서는 2^n개의 입력선과 n개의 선택선(S) 그리고 한 개의 출력을 갖는다.

02 다음 그림의 회로는?

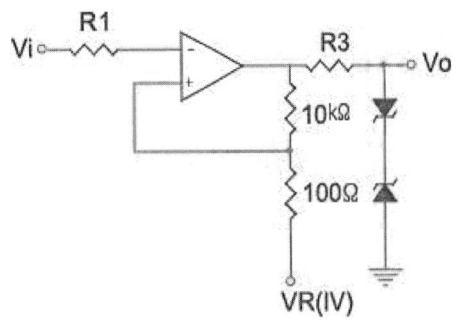

① 클램프 회로 ② 차동증폭 회로
③ 슬라이서 회로 ④ 시미트트리거 회로

해설 슈미트 트리거 회로
(1) 슈미트 트리거 회로는 이미터 결합 쌍안정 회로의 일종이다.
(2) 슈미트 트리거 회로는 입력 전압이 일정 값 이상이 되면 상승 펄스파를, 일정 값 이하가 되면 하강 펄스파를 만들어 낸다. 따라서 정현파를 이용해서 구형파를 얻을 때 사용되며, A-D 변환기 또는 비교 회로 등에 응용되고 있다.
(3) 슈미트 트리거는 정현파와 같은 완만한 변화 입력으로 날카로운 구형 펄스를 만드는 데 적합한 쌍안정 멀티바이브레이터의 일종이다.

슈미트 트리거 회로의 응용 분야
(1) 전압비교회로(comparator)
(2) 구형파 발생회로
(3) 펄스발생회로
(4) A/D 변환기

03 부궤환회로 사용 시 얻을 수 있는 내용이 아닌 것은?

① 입·출력 임피던스를 변화 시킬 수 있다.
② 증폭기의 전달이득(Avf)이 h정수의 변화에 민감하다.
③ 주파수 특성이 좋아진다.
④ 동작에 있어서 선형성이 좋아진다.

해설 부궤환 회로를 사용하면 다음과 같은 장점이 있다.
(1) 이득은 감소하나 증폭도가 안정된다.
(2) 비직선 일그러짐이 감소한다.
(3) 잡음이 감소한다.
(4) 주파수 특성이 개선된다.
(5) 궤환회로의 β에 의해서만 결정되고, 증폭회로를 구성하는 소자의 경년변화, 전압변동, 온도변동에 관계하지 않는다.

04 다음 중 두 입력이 같을 때에만 1을 출력하는 게이트는?

① AND 게이트
② OR 게이트
③ Exclusive OR 게이트
④ Exclusive NOR 게이트

해설 Exclusive NOR Gate

정답 01.③ 02.④ 03.② 04.④

A	B	Y
0	0	1
0	1	0
1	0	0
1	1	1

∴ Exclusive NOR Gate는 두 입력이 같은 경우에 1을 출력한다.

05 그림에 표시한 회로에서 출력전압 V_o는 입력전압 V_s와 어떤 관계가 있는가?

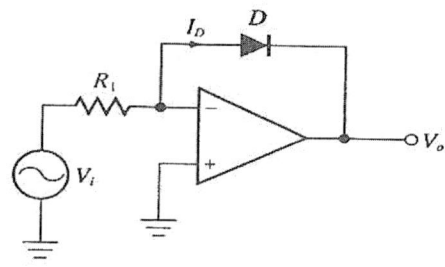

① V_0는 V_s의 R배로 증폭된다.
② V_0는 V_s의 지수로 나타난다.
③ V_0는 V_s의 역수에 비례한다.
④ V_0는 V_s의 자연대수 ($\log_2$)에 비례한다.

해설 Logarithm Amplifier
(1) 넓은 범위로 변화하는 양을 표현하는 방법으로서 신호 레벨 단위로는 [dBm]을 사용하며 이득이나 감쇠량의 단위로 [dB]를 사용한다.
(2) V_0는 V_s의 자연대수로 표시된다.

06 다음 카르노(Karnaugh)도의 논리식은?

AB\CD	00	01	11	10
00	0	1	1	1
01	0	0	0	1
11	1	1	0	1
10	1	1	0	1

① $\overline{A}BD+AC+\overline{CD}$
② $\overline{A}BD+A\overline{C}+CD$
③ $\overline{A}BD+A\overline{C}+\overline{CD}$
④ $\overline{A}BD+AC+CD$

해설 카르노도를 이용한 간략화

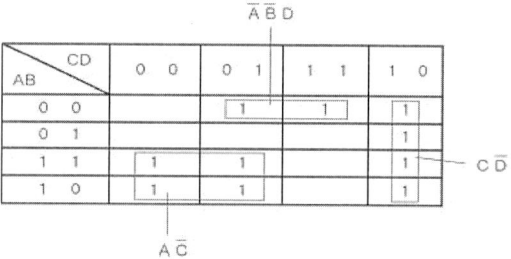

07 저주파 증폭기의 출력에서 기본파 전압 성분이 50[V], 제 2고조파 전압 성분이 4[V], 제3고조파 전압 성분이 3[V]일 경우 이 증폭기의 왜율은?

① 50[%]   ② 10[%]
③ 15[%]   ④ 20[%]

해설
$$\frac{\sqrt{(제2고조파진폭)^2+(제3고조파진폭)^2}}{기본파진폭}\times100(\%)$$
$$=\frac{\sqrt{4^2+3^2}}{50}\times100(\%)=10[\%]$$

08 다음 중 평형변조 회로를 사용하는 주 목적은?
① 변조도를 크게 하기 위해서
② 직선성을 개선하고 변조 일그러짐을 없애기 위해서
③ SSB파를 얻기 위해서
④ 변조 전력을 줄이기 위해서

해설 평형변조기(Balanced Modulator)
(1) 평형변조기(Balanced Modulator)는 AM변조에서 반송파를 제외한 상·하측파대의 출력을 얻은 변조기이다.
(2) 평형변조기는 AM방식의 일종인 SSB파를 만드는 경우에 사용되며, 변조과정에서 출력측에 반송파가 나타나지 않도록 하는 장치이다.

09 개루프 전압이득이 40[dB]인 저주파 증폭기에서 비직선 일그러짐이 10[%]일 때, 이것을 1[%]로 개선하기 위한 전압궤환율 β는?

정답 05.④ 06.③ 07.② 08.③

① 1/40   ② 9/100
③ 9/1000 ④ 11/1000

해설 부궤환 증폭기
(1) 부궤환을 걸어주면 이득이 감소하므로 출력이 작아진다.
(2) $k_f = \dfrac{K}{1-\beta A}$ 에서 $1 = \dfrac{10}{1-\beta(100)}$
여기서 : 궤환을 걸었을 때 일그러짐율
$\therefore \beta = \dfrac{9}{100}$

10 다음과 같은 회로의 출력 임피던스는 약 얼마인가?(단, 드레인 저항 rd=10[kΩ], μ=50 이라고 함)

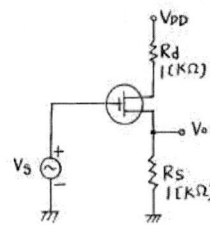

① 370[Ω]   ② 216[Ω]
③ 75[Ω]   ④ 50[Ω]

해설 드레인 접지 증폭기(source follower)이다.
출력 저항 $R_o = \dfrac{1}{g_m + 1/r_d} \fallingdotseq \dfrac{1}{g_m}$

11 다음 논리회로의 논리식이 옳은 것은? (단, 정논리이다.)

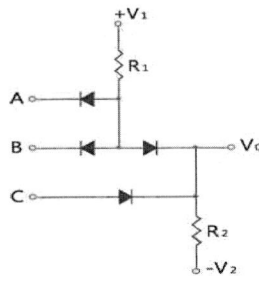

① Vo = (A + B)C   ② Vo = AB + C
③ Vo = A + B + C   ④ Vo = A + BC

해설 Vo = AB + C

12 다음 회로에서 그림과 같은 입력에 대해 출력파형은?(단, 다이오드 D1, D2와 연산증폭기는 이상적이다.)

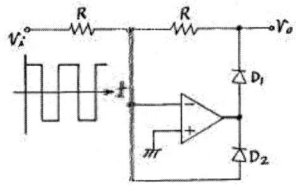

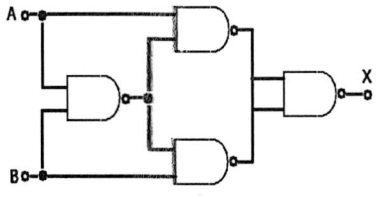

해설 반파 정류 회로(half-wave rectifier)
(1) $V_i < 0$인 경우 $D_1(ON), D_2(OFF)$이므로
$V_o = -\dfrac{R}{R}V_i$
(2) $V_i > 0$인 경우 $D_1(OFF), D_2(ON)$이므로
$V_o = 0$
$\therefore$ 반파정류 역할을 수행한다.

13 다음 NAND 게이트로 구성된 논리회로의 입력 (A, B)에 대한 출력(Y)은?

① $(A+B)(\overline{A}+\overline{B})$ ② $AB \cdot \overline{AB}$
③ $\overline{AB}(A+B)$ ④ AB

해설
$X = \overline{AB} \cdot A + \overline{AB} \cdot B = (\overline{A}+\overline{B}) \cdot A + (\overline{A}+\overline{B}) \cdot B = (A+B)(\overline{A}+\overline{B})$
$= \overline{A}A + A\overline{B} + \overline{A}B + B\overline{B} = 0 + A\overline{B} + \overline{A}B + 0 = A\overline{B} + \overline{A}B$

정답 09.② 10.② 11.② 12.④ 13.①

즉 배타적 OR 게이트와 등가 회로이다.

14 A급 증폭기에서 입력신호전압이 정현파일 때 출력전력은?

① 입력 신호전압의 크기에 비례한다.
② 입력 신호전압의 제곱에 비례한다.
③ 입력 신호전압의 주파수에 비례한다.
④ 입력 신호전압의 주파수에 반비례한다.

해설 최대출력 전력 : $P_o = Vcc^2/2R_L$

15 그림의 연산증폭기의 전달함수 $G(s) = (\dfrac{V_o}{V_s})$은?

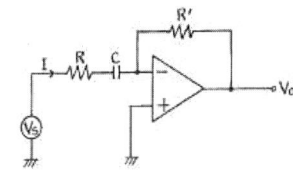

① $\dfrac{-1}{1+RCS}$
② $\dfrac{-RCS}{1+RCS}$
③ $\dfrac{RC}{1+RCS}$
④ $\dfrac{S}{1+RCS}$

해설

$R + \dfrac{1}{CS} = \dfrac{1+RCS}{CS}$

$\dfrac{V_o}{V_s} = -R'/((1+RCS)/CS) = -R'\dfrac{CS}{(1+RCS)} = -\dfrac{R'}{R}(\dfrac{S}{S+\dfrac{1}{RC}})$

16 트랜지스터의 활성영역에서 베이스 접지시 전류증폭률 α가 0.98, 역포화 전류 Ico가 100[μA], 베이스 전류가 IB=10[mA] 일 때, 컬렉터 전류 I_c는 얼마인가?

① 495[mA]
② 49[mA]
③ 5[μA]
④ 0.5[μA]

해설 콜렉터전류 $I_c = \alpha I_B + I_{co} = \beta I_\beta + (1+\beta)I_{co}$

(1) 이미터 접지 전류 증폭률 $\beta = \dfrac{\alpha}{1-\alpha}$

(2) 베이스 접지 전류 증폭률 $\alpha = \dfrac{\beta}{1+\beta}$

17 다음 회로에서 RB 의 값과 관계없는 것은?

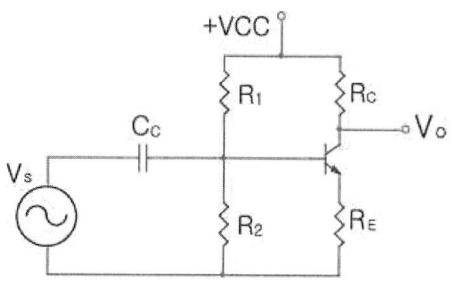

① Re가 크면 클수록 입력 임피던스는 커진다.
② Re가 크면 클수록 안정계수 S는 적어진다.
③ Re가 크면 클수록 증폭된 컬렉터 전류는 적어진다.
④ Re가 크면 클수록 전압증폭도는 커진다.

해설 (1) 안정도 $S = \dfrac{1+\beta}{1+\dfrac{\beta R_E}{R_B+R_E}} = \dfrac{(R_B+R_E)(1+\beta)}{R_B+R_E\beta R_E}$

분모 분자를 R_E로 나누면 $S = \dfrac{(\dfrac{R_B}{R_E}+1)(1+\beta)}{\dfrac{R_B}{R_E}+1+\beta}$

따라서 $\dfrac{R_B}{R_E}$ 가 0에 가까우면 $S = \dfrac{1(1+\beta)}{1+\beta} = 1$이 되어 안정계수 S가 이론적으로 1이 됨으로써 가장 안정해진다.

(2) $R_i = h_{ie} + (1+h_{fe})R_E$로 입력임피던스는 증가한다.
(3) I_c는 증가한다.
(4) A_V는 감소한다.

18 R과 C에 의하여 발진주파수가 결정되는 발진회로에서 시정수를 작 하면 발진은 어떤 변화가 생기는가?

① 발진주파수가 낮아진다.

정답 14.② 15.② 16.① 17.④ 18.②

② 발진주파수가 높아진다.
③ 발진주파수의 영향이 없다.
④ 발진기 이득이 커진다.

해설 RC 발진 회로
(1) 저항 R과 콘덴서 C로 되는 회로의 주파수 선택을 이용한 회로이다.
(2) R-C 발진회로에는 이상형, 브리지형, 플레이트 동조형이 있다.
(3) 발진주파수는 R-C값에 의해서 결정된다.
(4) $\tau = RC = \frac{1}{f}$ 이다. 즉, 시정수와 발진주파수는 반비례한다.

19 그림의 논리회로에서 출력X의 논리식은?

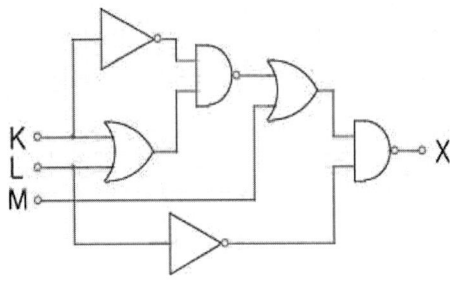

① $X = \overline{L}M$
② $X = LK + \overline{KM}$
③ $X = M + \overline{L} + K$
④ $X = \overline{K}(K+L) + \overline{L}$

20 다음의 연산회로는 어느 회로인가?

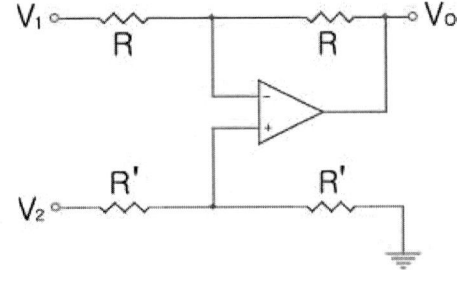

① 부호변환회로
② 미분회로
③ 적분회로
④ 감산회로

해설
$V_o = (\frac{R_4}{R_1} \cdot \frac{R_1 + R_2}{R_3 + R_4} V_2 - \frac{R_2}{R_1} V_1) = (\frac{R_2}{R_1} \cdot \frac{R_1 + R_2}{R_1 + R_2} V_2 - \frac{R_2}{R_1} V_1)$
$= \frac{R_2}{R_1}(V_2 - V_1)$

∴ $R_1 = R_2$ 이며 감산 연산을 수행한다.

21 그림과 같은 RC 필터회로에 관한 설명 중 틀린 것은?

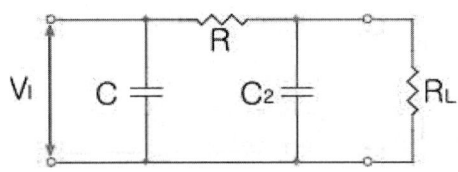

① RC 필터를 첨가함으로써 직류출력 전압이 다소 감소된다.
② 부하에 나타나는 리플을 크게 감소시킬 수 있다.
③ C_1에 나타나는 전압 중 직류성분이 필터에 의해 차단되고 부하에는 교류전압만 나타난다.
④ 리플의 교류성분을 감소시키기 위한 회로이다.

해설 (1) 직류출력 전압은 다소 감소한다.
(2) 리플율은 감소시킬 수 있다.
(3) 직류전압이 나타난다.
RC 필터회로도는 쵸크입력형 평활회로에 있어 리플 함유율을 줄이려면 R과 C를(RC필터회로에서) 또는 L과 C를 (쵸크 입력형 평활회로에서) 크게 해야 한다.

22 Q다음 그림의 회로도에 해당되는 것은?

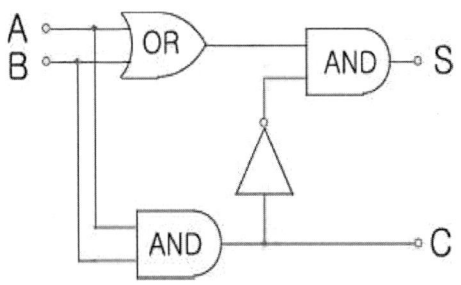

① 반가산기
② 전가산기

정답 19.① 20.④ 21.③ 22.①

③ 반감산기　　　　④ 전감산기

해설 반가산기회로(Half adder circuit)
(1) 반가산기는 2개의 이진수와 A와 B를 더한 합(sum)과 자리올림(carry)을 얻는 회로이다.
S=A⊕B, C=AB
(2) 배타적 논리합(Exclusive-OR)회로와 논리곱(AND)회로로 구성된다.

23 다음 그림과 같은 회로의 시정수(time constant)는?

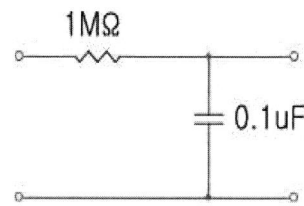

① 0.1초　　　　② 0.22초
③ 0.42초　　　　④ 0.62초

해설 $\tau = RC = \dfrac{1}{f}$ 이다.

24 다음 중 고주파 증폭회로에서 중화회로를 사용하는 주목적은?

① 이득의 증가　　　② 주파수의 체배
③ 자기발진의 방지　④ 전력 효율의 증대

해설 기생진동은 spurious의 하나로 회로 내의 L이나 C등에 의해 원지지 않는 발진회로가 형성되어 발생하는 발진을 말한다.
기생진동(자기발진)을 방지하려면 증폭단의 차폐를 완전히 하거나, 회로의 배선을 짧게 하여야 하며, 그 외에도 중화회로를 사용하거나 회로에 damping 저항 등을 넣어 중화를 실시하여야 하며 부품 등의 접지를 확실히 하여야 한다.

25 전가산기(full adder)의 입·출력 구조는?

① 입력 2개, 출력 2개　② 입력 3개, 출력 2개
③ 입력 2개, 출력 3개　④ 입력 3개, 출력 3개

정답　23.①　24.③　25.②

11회 전자회로 실전 모의고사

01 전류직렬 부궤환회로에서 부궤환을 걸지 않았을 때 보다 증가되지 않는 것은?

① 출력임피던스 ② 입력임피던스
③ 비직선 왜곡 ④ 대역폭

해설 직렬 전류궤환회로
출력전압의 일부가 궤환되므로 직렬궤환이고, 궤환 전압이 출력전류에 비례하므로 전류궤환이다. 입력임피던스 및 출력임피던스는 증가한다.
※ 부궤환 증폭 회로의 사용목적
(1) 이득의 감소
(2) 주파수 특성 개선
(3) 비직선 일그러짐의 감소
(4) 잡음 감소
(5) 안정도 향상
(6) 입·출력 임피던스의 변화

02 그림과 같은 회로의 입력에서 정현파(V_i)를 인가했을 때의 전달특성은?(단, 다이오드의 동작시 저항성분은 R_f이며, $R_f < R$)

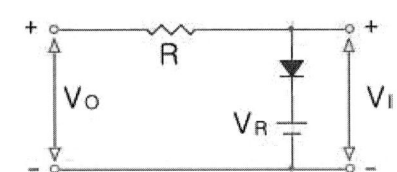

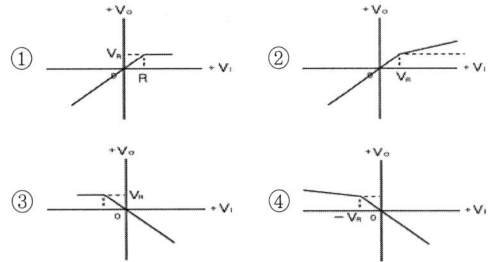

해설 클리퍼(clipper)
(1) 교류입력 파형에서 어느 경계 값을 기준으로 한 부분을 잘라내면서 다른 부분은 왜곡 없이 출력한다.
(2) 동작설명
① $V_i < V_R$인 경우 D(off)이므로 $V_0 = V_i$
② $V_i > V_R$인 경우 D(on)이므로 $V_0 = V_R$

03 저역통과 RC 화로에 양의 스텝(step) 전압 입력을 공급할 때 출력 파형에 가까운 것은?

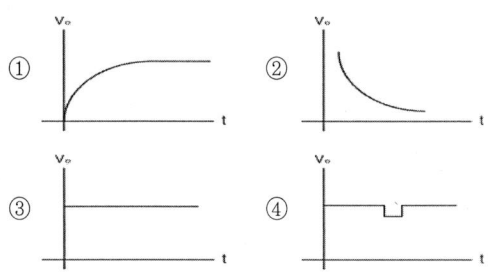

해설 미·적분회로
① 저역통과 RC회로 : 적분회로로 사용한다.
② 고역통과 RC회로 : 미분회로로 사용한다.

04 CR 발진기의 설명으로 가장 적합한 것은?
① C 및 R을 사용하여, 정궤환에 의하여 발진한다.
② 부성저항을 이용한 발진기이다.
③ C 및 R로서 부궤환에 의하여 발진한다.
④ 압전기 효과를 이용한 발진기이다.

해설 CR 발진회로
(1) 저항(R)과 콘덴서(C)의 조합으로 위상을 이동시켜 정(+) 궤환 회로를 구성하는 발진호로를 CR발진회로라 한다.
(2) CR 발진회로에는 이상(phase shift)형과 빈브리지(Wein bridge)형이 있다.
(3) 발진주파수는 RC의 시정수에 의해 결정되며, $10^{-2} \sim 10^6$[Hz]의 가변 주파구로 가능하다.

정답 01.③ 02.② 03.① 04.①

05 다음 중 비동기식 카운터와 관계없는 것은?

① 고속계수 회로에 적합하다.
② 리플 카운터라고도 한다.
③ 회로 설계가 동기식보다 비교적 용이하다.
④ 전단의 출력이 다음 단의 트리거 입력이 된다.

해설 (1) 비동기형 계수회로비동기식 카운터는 리플(ripple)카운터라고도 하며, 이 카운터는 전단에 있는 플립플롭의 출력을 받아 순서대로 플립플롭을 동작시키도록 연결되어 있다는 것이다.
회로가 단순하므로 설계가 쉽다.
(2) 동기형 계수회로
① 병렬식 counter라고도 하며, 각 단이 동시에 클록펄스 인가되는 회로를 말한다.
② 동시에 trigger 입력이 인가되기 때문에 여러 단이 동시에 동작되므로 고속으로 동작되는 회로에 널리 이용되고 있다.

※ 비동기식 카운터
- 리플 카운터라고도 하며, 전단의 플립플롭의 출력을 받아 순서대로 플립플롭이 동작되도록 연결되어 있다.
- 전단의 출력이 후단에 전해지도록 되어 있으므로 캐리 타임이 문제가 된다.

06 FM의 변조지수가 7.5일 때 10[kHz]의 신호를 FM으로 변조하면, 이 경우 대역폭은 몇[kHz]인가?

① 75 ② 170
③ 320 ④ 150

해설 FM의 대역폭은
$B = 2f_m + 2\Delta f = 2 \times 7.5[kHz] + 2 \times 10[kHz]$
$= 170[kHz]$이다.

07 다음 중 주파수 변조방식의 특징이 아닌 것은?

① 진폭변조보다 레벨변동 및 잡음에 강하다.
② 평형 변조기를 사용한다.
③ AFC 회로가 필요하다.
④ 변별기를 이용하여 복조한다.

해설 주파수 변조(FM) 방식
(1) 주파수 변조는 반송파의 주파수를 신호파의 진폭에 비례시키는 변조 방식이다.

(2) 평형변조기(Balanced Modulator)는 AM변조에서 반송파를 제외한 상·하측대파의 출력을 얻는 변조기이다.

08 TTL NAND gate에서 totem-pole형 출력 TR이 사용되는 주된 이유는?

① 팬-아웃(Fan-out) 수를 늘리기 위해서이다.
② 잡음 여유를 크게 하기 위함이다.
③ 오동작을 방지하기 위함이다.
④ 고속 스위칭 동작을 시키기 위해서이다.

해설 TTL(Transistor Transistor Logic)
(1) 트랜지스터를 조합해서 만든 회로를 TTL이라고 말하며 NAND gate에 주로 사용된다.
(2) 특징
① Fan-out 수는 50개 정도이다.
② 잡음특성이 양호하다.
③ 고속 동작이 가능하다.(10ns : 동작지연)
④ DTL과 호환성이 있다.
⑤ 집적도가 높다.
⑥ 가장 많이 사용되고 있는 논리게이트중 하나이다.

09 다음 중 논리식 AB+AC+$\overline{B}$C을 간단히 하면?

① AC+$\overline{B}$C ② AB+$\overline{B}$C
③ AC+B ④ AB+C

해설 논리식의 간소화

A\BC	00	01	11	10
0				1
1		1	1	1

∴ $AC + \overline{B}C$

10 다음 중 불 대수식 A+BC와 등가인 것은?

① AB(A+C) ② (A+B)(A+C)
③ (A+B)AC ④ (A+B)$\overline{(A+C)}$

해설

A\BC	00	01	11	10
0			1	
1	1	1	1	1

∴ $A + BC$

정답 05.① 06.② 07.② 08.④ 09.① 10.②

전자회로 기출문제

11 여러 개의 입력 신호 가운데 하나를 선택하여 출력하는 동작을 하는 것은?

① 디멀티플렉서 ② 멀티플렉서
③ 레지스터 ④ 디코더

해설 멀티플렉서(Multiplexer)
(1) 멀티플렉서(MUX)는 $N=2^n$개의 입력 데이터원에서 하나를 선택하여 그 데이터를 단일채널로 전송한다.
(2) 멀티플렉서는 2^n개의 입력성과 n개의 선택서(S) 그리고 한 개의 출력을 갖는다.

12 증폭기의 입력 임피던스를 증가시키고 출력 임피던스를 감소시키기 위해서는 어떤 방법의 부궤환이 적합한가?

① 출력 전압을 샘플링해서 입력 신호와 직렬로 가한다.
② 출력 전류를 샘플링해서 입력 신호와 직렬로 가한다.
③ 출력 전압을 샘플링해서 입력 신호와 병렬로 가한다.
④ 출력 전류를 샘플링해서 입력 신호와 병렬로 가한다.

해설 직렬전압 부궤환증폭회로

입력 임피던스	출력 임피던스
직렬 ⇒ 증가	전압 ⇒ 감소
병렬 ⇒ 증가	전류 ⇒ 증가

13 전압 이득이 60[dB]인 저주파 전압 증폭기가 10[%]의 왜율을 가지고 있을 때 이것을 0.1[%] 정도로 개선하는 방법은?

① 궤환율이 약 20[dB]인 부궤환을 걸어준다.
② 궤환율이 약 20[dB]인 정궤환을 걸어준다.
③ 증폭도를 10[dB] 낮게 한다.
④ 전압 변동율을 1/10로 낮게 한다.

해설 부궤환 증폭기
(1) 부궤환을 걸어주면 이득이 감소하므로 출력이 작아진다.

(2) $k_f = \dfrac{K}{1-\beta A}$ 에서 $0.1 = \dfrac{10}{1-\beta(1000)}$

여기서 : 궤환을 걸었을 때 일그러짐율

$\therefore \beta = \dfrac{9.9}{100} = 0.1$

$\therefore 20\log_{10}\beta = -20[dB]$

약 20[dB]의 부궤환을 걸어준다.

14 다음 중 트랜지스터 접지 방식에서 전류 이득과 전압 이득이 모두 큰 것은?

① 이미터 접지 ② 베이스 접지
③ 컬렉터 접지 ④ 이미터 플로워

해설 이미터(CE)회로의 특징
(1) 입력 임피던스와 출력 임피던스는 중간
(2) 전류 증폭도 및 전압 증폭도는 1보다 크다.
(3) 전압 증폭도는 크며, 전력 증폭도는 낮다.
(4) 전력 증폭용으로 사용된다.

해설 (1) CE 증폭회로 : CE 증폭회로만이 전압이득과 전류이득의 절대 값이 모두1보다 큰 값이다. 그러므로 3가지 회로 중 가장 많이 사용되는 회로이다. 입력저항과 출력저항은 CB 및 CC회로의 중간 정도의 크기를 갖는다. 전압이득은 크고 위상이 180°이므로 출력전압은 반전된다.
(2) CB 증폭회로 : CB 증폭회로는 A_I가 1보다 작고, A_V의 절대치는 CE의 A_V와 같고 입출력이 같은 위상이 된다. 입력저항은 3가지 회로중 가장 작고 출력저항은 가장 크다. 이 회로는 낮은 임피던스 신호원과 높은 임피던스 부하에 임피던스 정합을 시키거나 비반전 전압 증폭이 필요한 곳에 사용될 정도로 그다지 많이 이용되지는 않는다.
(3) CC 증폭회로 : CC 증폭회로는 A_I는 크지만 A_V는 1보다 작다. (1에 거의 가깝다.) 입력저항은 3가지 회로중 가장 크고, 출력저항은 3가지 회로중 가장 작다. 이 회로는 고 임피던스 신호원과 저 임피던스 부하사이에 완충 증폭기로 대단히 유용하게 사용된다.

15 그림과 같이 해독기에 BCD 입력이 가해지고 있다. 해독기는 BCD 입력이 1001(ABCD)인 때만 출력이 1을 나타낸다고 할경우 다음 중 출력 Y를 불대수식으로 표현하면?

정답 11.② 12.① 13.① 14.①

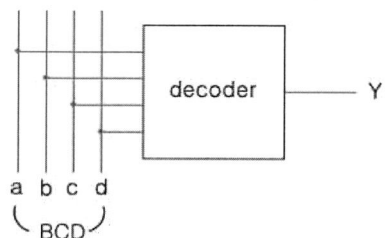

① AD
② AB
③ AC
④ BCD

해설 Decoder회로
(1) decoder회로는 2진수로 표시된 입력조합에 따라 BCD Code를 0에서부터 9까지 동작할 수 있게 한 회로이다.
(2) 4개로 된 BCD Code를 4입력 AND회로와 NAND회로에 연결하여 출력이 1또는 0이 되도록 한다.
(3) (ABCD)=(1001)이 입력될 때 출력은 9이며 부울대수식으로 표현하면 ∴ Y=AD

16 $I=I_c(1+m \cdot \sin\omega_s t)\sin\omega_c t$인 피변조파의 전류가 임피던스 값이 R인 회로에 흐를 때 상측대파의 평균 전력은?(단, m은 변조도이다.)

① $\dfrac{m^2 I_c^2 R}{8}$
② $\dfrac{m^2 I_c^2 R}{6}$
③ $\dfrac{m^2 I_c^2 R}{4}$
④ $\dfrac{m^2 I_c^2 R}{2}$

해설 피변조파 전력 $P_m = \dfrac{m^2}{4} P_c = P_c + P_U + P_L$ 이다.

따라서 상측대파의 평균전력은 $\dfrac{m^2 I_c^2 R}{8}$ 이다.

(여기서 P_c는 반송파 전력)

17 다음 논리 회로의 출력(X)이 옳은 것은?

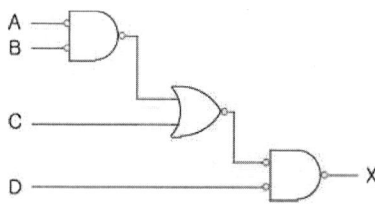

① $(AB+C)\overline{D}$
② $A+B+C+\overline{D}$
③ $(A+B+C)\overline{D}$
④ $(AB+C\overline{D})$

해설 $X=(A+B+C)\overline{D}$

18 NOR 게이트로 구성된 RS 플립플롭에서 이전의 상태를 유지하기 위해서는 RS가 어떤 경우일 때인가?

① RS = 01
② RS = 11
③ RS = 10
④ RS = 00

해설 R-S Flip Flop
(1) RS플립플롭은 두 개의 입력(S, R)과 두 개의 출력(Q,) 을 갖는다.
(2) R, S가 다같이 0일 때 출력은 변하지 않는다.
(3) S에 1이 들어오면 출력 Q는 1로 set된다.
(4) R에 1이 들어오면 출력 Q는 0으로 set된다.
(5) R과 S가 동시에 1로 되는 경우에는 출력 상태가 되지 못하므로 이러한 입력은 피해야 한다.
(6) RS F/F의 진리표

S_n	R_n	Q_{n+1}
0	0	Q_n(전상태)
0	1	0
1	0	1
1	1	?

19 다음 3변수 카르노도가 나타내는 함수로 옳은 것은?

AB\C	0	1
00	0	0
01	0	0
11	1	1
10	1	0

정답 15.① 16.① 17.③ 18.④

① $\overline{AB}C$ ② $AB+A\overline{C}$
③ $AB+A\overline{C}+C$ ④ $\overline{A}+A\overline{B}C$

해설 Karnaugh Map

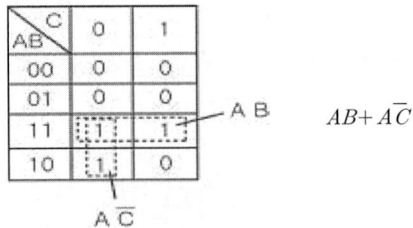

$AB+A\overline{C}$

20 다음 그림의 연산 증폭기 회로에서 출력 Vo가 옳은 것은?

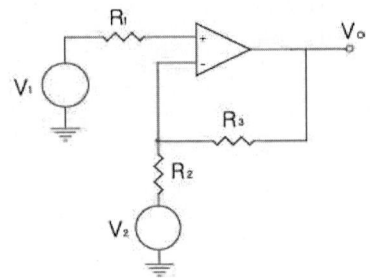

① $V_2\dfrac{R_2}{R_3}+V_1(1+\dfrac{R_2}{R_3})$ ② $-V_2\dfrac{R_2}{R_3}+V_1(1+\dfrac{R_2}{R_3})$
③ $V_2\dfrac{R_3}{R_2}+V_1(1+\dfrac{R_2}{R_3})$ ④ $-V_2\dfrac{R_3}{R_2}+V_1(1+\dfrac{R_3}{R_2})$

해설 $V_o=-V_2\dfrac{R_3}{R_2}+V_1(1+\dfrac{R_3}{R_2})$ 이다.

21 다이오드 직선 검파회로에서 변조도 50[%], 진폭 $10\sqrt{2}$[V]인 AM 피변조파가 인가되었을 때 부하저항 RL에 나타나는 출력 전압의 실효치는 몇 [V]인가?(단, 검파 효율은 80[%]라고 한다.)

① 10 ② 8
③ 6 ④ 4

해설 효율 $\eta=\dfrac{V_o}{V_i}=\dfrac{V_o}{mV_c}$ 관계에서 $0.8=\dfrac{\sqrt{2}\times x}{0.5\times 10\sqrt{2}}$

따라서 출력전압의 실효치 V_o는 4[V]이다. (여기서 m은 변조도)

22 그림 (a)의 회로에 그림 (b)와 같은 전압이 인가될 때 정상 상태에서의 Vo는?

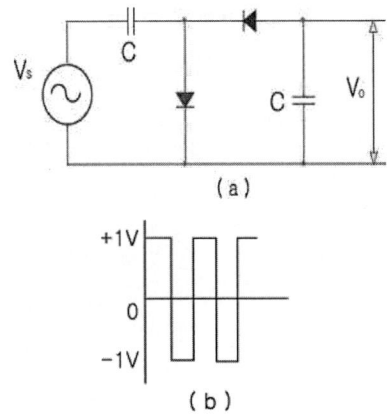

① 1[V]의 진폭을 갖는 양의 펄스
② 1[V]의 진폭을 갖는 음의 펄스
③ +1[V]의 일정한 DC 전압
④ -2[V]의 일정한 DC 전압

해설 반파 2배 전압기
 (1) V_i의 (+)반주기
  D_1 : 순방향 바이어스이므로 ON, D_2 : 역방향 바이어스이므로 OFF
  * C_1은 최대치(1V) 충전
 (2) V_i의 (−) 반주기
  D_1 : 순방향 바이어스이므로 ON, D_2 : 역방향 바이어스이므로 OFF
  * C_1과 입력전압 V_m의 합인 $2V_m$(2V)이 C_2에 충전됨.

23 다음 중 그림과 같은 정류 회로에서 부하저항 RL의 소비전력[W]은 약 얼마인가?(단, 입력전압 120V, 부하저항 240Ω, 다이오드는 이상적이고, 권선비는 1차측 : 2차측 = 2 : 1 이다)

정답 19.② 20.④ 21.④ 22.④

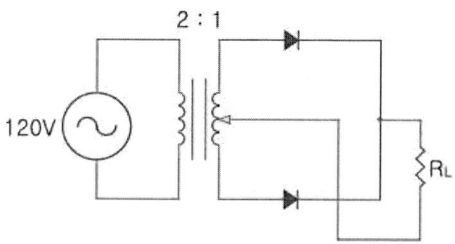

① 0.52   ② 1.74
③ 3.04   ④ 9.55

24 전압 증폭회로에서 대역폭을 4배로 하려면 증폭 이득을 약 몇 [dB] 감소시켜야 하는가?

① 0.25[dB]   ② 4[dB]
③ 6[dB]   ④ 12[dB]

해설 (1) 증폭기의 기본적인 파라미터인 이득-대역폭적은[GB]로 표시하며 접속방식에 관계없이 일정하다.

(2) 대역폭은 4배로 하려면 이득은 $\frac{1}{4}$로 감소시켜야 한다.

$$\therefore 20\log\left(\frac{1}{4}\right) = -12[\text{dB}]$$

25 그림과 같이 T형 플립플롭을 접속하고 첫 번째 플립플롭에 1000[Hz]의 구형파를 입력하면 최종 플립플롭에서 출력단의 주파수 [Hz]는?

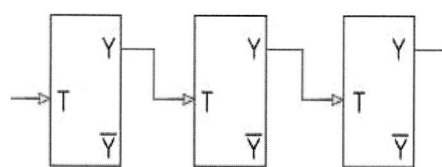

① 1000   ② 500
③ 250   ④ 125

해설 플립플롭 3개가 직렬로 연결되어 있으므로 8분주 회로이다.

$\therefore$ 출력 주파수 = 입력 주파수 $\div 2^3$ = 1000 $\div$ 8
         = 125[Hz]

정답 23.③   24.④   25.④

12회 전자회로 실전 모의고사

01 다음 이상 발진기의 발진 주파수는 약 몇 [kHz]인가?(단, R=4[KΩ], C=0.01[μF])

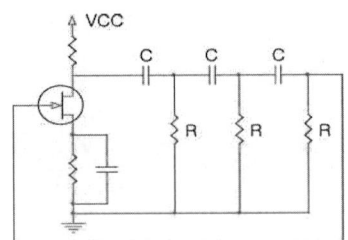

① 1.6　　　② 2.3
③ 3.4　　　④ 4.2

해설 문제의 그림은 병렬 저항 이상형 CR 발진기로 발진 주파수는

$$f = \frac{1}{2\pi\sqrt{6}\,CR} = \frac{1}{2\pi\sqrt{6}\times 0.01\times 10^{-6}\times 4000} = 1.6[kHz]$$

02 다음 중 그림의 회로에서 입력전압 Vi와 출력전압 Vo의 전달 특성은?

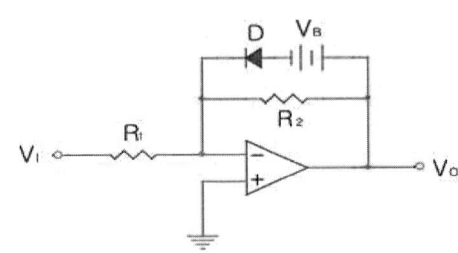

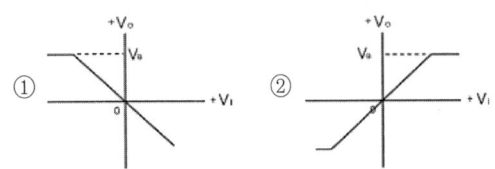

해설 $-V_i < V_B$인 경우 다이오드가 ON 되므로 $V_0 = V_B$가 된다.

03 MS 플립플롭의 진리표에서 Jn=1, Kn=0 에서 클럭펄스를 인가 할 때 출력 Qn+1 의 값은?

① Qn　　　② 0
③ 1　　　④ 부정

해설 J-K Flip Flop 진리표

J_n	K_n	Q_{n+1}
0	0	Q_n
0	1	0
1	0	1
1	1	Toggle

04 그림과 같은 비안정 멀티바이브레이터의 설명으로 틀린 것은?

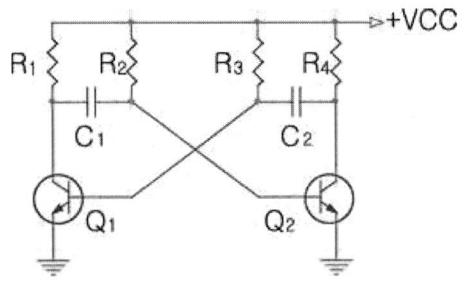

① Q1이 OFF일 때, Q2는 포화상태이다.
② Q1이 포화일 때, Q2도 포화를 유지한다.

정답　01.①　02.①　03.③　04.②

③ 구형파를 발생하는 회로이다.
④ C1 및 C2의 크기에 따라 주파수가 결정된다.

> **해설** 비안정 멀티바이브레이터(Astable Multivibrator)
> (1) 비안정 멀티바이브레이터는 안정 상태를 가지지 못하면 2개의 준안정 상태를 가진 것이다.
> (2) 일정한 기간을 두고 스스로 한 준안정 상태에서 다른 준안정 상태로의 전이를 계속한다.
> (3) 출력 파형의 반복주기, $T=0.69C_1R_1+0.69C_2R_2$, $C_1=C_2=C$, $R_1=R_2=R$ 이라면 $T≒1.4RC$
> (4) 구형파를 발생한다.

05 RC 결합 CE 증폭기의 저주파 응답에서 결합 콘덴서의 역할에 대한 설명으로 가장 적합한 것은?

① 결합 콘덴서의 용량은 소신호에 대해 거의 단락 상태가 되도록 커야 한다.
② 결합콘덴서는 입력의 직류 성분만을 통과시켜야 한다.
③ 입력 신호의 진폭이 커짐에 따라 콘덴서의 용량도 증가하여야 한다.
④ 입력주파수가 작아짐에 따라 콘덴서의 용량도 감소해야 한다.

> **해설** (1) 저주파 증폭기에서 주파수 특성은 증폭시의 입력에 같은 레벨의 여러 가지 전압을 가하여 출력 측에 나타나는 전압을 측정해 그 이득의 균등성을 관찰하는 것이다.
> (2) 저주파 증폭기의 주파수 특성 곡선을 보면 주파수가 높은 부분과 낮은 부분에서 이득이 떨어진다.
> (3) RC 결합 증폭기의 이득이 높은 주파수에서 감소하는 이유는 출력회로 내에 병렬 용량이 있기 때문이다.
> (cf) RC결합 증폭기에서 낮은 주파수에서 이득이 감소하는 이유는 결합 콘덴서의 영향 때문이다.
>
> ※ RC 결합 증폭기의 주파수 특성
> (1) 고주파대역에서 이득이 감소하는 이유
> ① 출력 회로내의 병렬용량 때문이다.
> ② 트랜지스터의 자체특성 및 회로용량 때문이다.
> (2) 저주파대역에서 이득이 감소하는 이유
> ⇒ 결합콘덴서 및 측로콘덴서의 임피던스가 증가되기 때문이다.

06 다이오드를 사용하여 그림과 같은 회로를 구성하고 입력전압(Vi)을 −6[V]에서 6[V]까지 변화시킬 때 출력전압(Vo)의 변화는? (단, 다이오드의 Cutin 전압은 0.6[V]이다.)

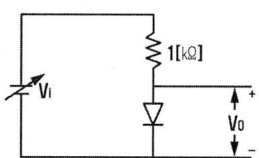

① 0.6[V] ~ 6[V]   ② −6[V] ~ 6[V]
③ −6[V] ~ 0[V]   ④ −6[V] ~ 0.6[V]

> **해설** 다이오드(Diode)
> (1) 다이오드는 순방향 바이어스(forward bias)된 경우에는 ON 되어 전류가 잘 흐르고, 항복전압보다 낮은 전압으로 역방향 바이어스(reverse bias)된 경우에는 OFF 되어 전류가 흐르지 않는 switch 역할을 한다.
> (2) 입력전압(Vin)이 −6[V] ~ +6[V]가 가해지는 경우
> ① −6 ≤ V_{in} ≤ 0.6[V]인 경우 Diode는 역방향 바이어스이므로 Diode는 OFF되어 입력전압이 Diode 양단에 걸린다. 즉, $V_o=V_{in}$
> ② 0.6 ≤ V_{in} ≤ 6[V]인 경우 Diode는 순방향 바이어스이므로 ON 되어 $V_o=0.6$[V]

07 그림과 같은 연산 증폭기에서 V1=0.2, V2=0.2[V], V3=0.3[V]일 때 출력전압 Vo[V]는?

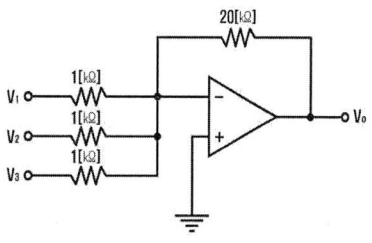

① −2   ② −6
③ −12   ④ −18

> **해설** 덧셈연산증폭기(가산기, Adder)
> 출력전압은 입력전압의 합으로 표시된다.
> $V_o = -(\dfrac{R_f}{R_1}V_1 + \dfrac{R_f}{R_2}V_2 + \dfrac{R_f}{R_3}V_3)$,

정답 05.① 06.④ 07.③

여기서 $R=R_1=R_2=R_3$ 이면

$$V_o = -\frac{R_f}{R}(V_1+V_2+V_3)$$

$$= -\frac{20[K\Omega]}{1[K\Omega]}(0.1+0.2+0.3) = -12[V]$$

08 이미터 접지일 때 전류 증폭율이 각각 hFE1, hFE2인 두개의 트랜지스터 Q1과 Q2를 그림과 같이 접속하였을 때의 컬렉터전류 IC 는?

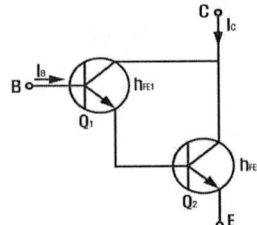

① IC = hFE1 · hFE2 · IB
② IC = (hFE1 / hFE2) · IB
③ IC = hFE2(hFE2+1)IB
④ IC = hFE1 · IB + hFE2(hFE2+1) · IB

[해설] 달링턴 접속회로(Darlington Connection)
(1) 전체 전류증폭률
$$h_{FE} = h_{FE1} \times h_{FE2}$$
(2) 전체전류 $I_c = I_{c1}+I_{c2}$ 이다.
$$I_{c1}=h_{FE1} \cdot I_B, \ I_{c2}=h_{FE2} \cdot I_B = (1+h_{FE2})I_B$$
$$\therefore I_c = h_{FE1} \cdot I_B + h_{FE2}(1+h_{FE1})I_B$$

09 그림과 같은 논리회로의 출력 D는?

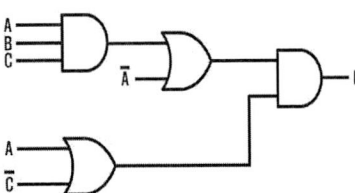

① $B+\overline{C}$
② ABC
③ $AB+BC$
④ $ABC+\overline{A}\,\overline{C}$

[해설] $D=(ABC+\overline{A}) \cdot (A+\overline{C})$

$= ABC \cdot A + ABC \cdot \overline{C} + \overline{A} + \overline{A}\,\overline{C}$

여기서 $X \cdot X = X$, $X \cdot \overline{X}=0$, 을 이용하면

$\therefore D = ABC + \overline{A}\,\overline{C}$

10 전파정류기의 DC 출력 전력[W]은 반파정류기 전력의 몇 배가 되는가?

① 2 ② 4
③ 8 ④ 16

[해설] 정류회로의 직류 출력전력
(1) 정류회로의 직류 출력전력은 다음으로 구해진다.
$$P_{dc}=I_{dc}^2 R_L, \ \text{여기서} \ I_{dc}=\frac{1}{2\pi}\int_0^{2\pi} id(\omega t) \text{로서}$$
전류파형의 직류성분(평균값)이다.
(2) 단상 반파정류회로
$$I_{dc}=\frac{I_m}{\pi} \text{이므로,} \ P_{dc}(\text{반파})=(\frac{I_m}{\pi})^2 \cdot R_L$$
(3) 단상 전파정류회로
$$I_{dc}=\frac{2I_m}{\pi} \text{이므로,}$$
$$P_{dc}(\text{전파})=(\frac{2I}{\pi})^2 \cdot R_L = 4 \cdot P_{dc}(\text{반파})$$

11 다음과 같은 회로가 수행할 수 있는 논리 동작은?(단, 부논리이며 A, B는 입력단자이다.)

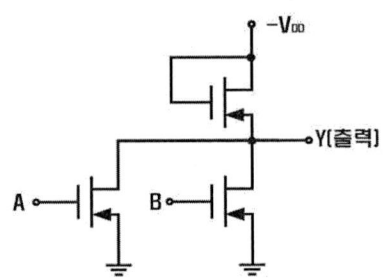

① $Y=\overline{AB}$
② $Y=AB$
③ $Y=A+B$
④ $Y=\overline{A+B}$

[해설] MOS를 이용한 NOR 회로

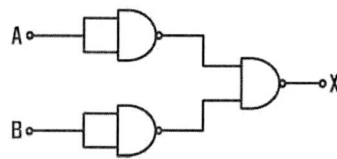

A	B	Y(출력)
0	0	$-V_{DD}(1)$
0	1	0
1	0	0
1	1	0

$\therefore Y = \overline{A+B}$

12 다음 그림과 같이 NAND 게이트가 연결되어 있다. 이 회로와 등가인 게이트는?

① OR 게이트 ② AND 게이트
③ NOR 게이트 ④ NAND 게이트

해설 $X = \overline{(\overline{A \cdot B})} = \overline{\overline{A} + \overline{B}} = A + B$

13 FM 방식에서 변조를 깊게 하여 최대 주파수 편이가 Δf라고 했을 때 주파수 대역폭 B는?

① $B = \Delta f$ ② $B = 2 \cdot \Delta f$
③ $B = 3 \cdot \Delta f$ ④ $B = 4 \cdot \Delta f$

해설 FM 변조파의 대역폭
(1) FM 신호의 대역폭은 AM처럼 정확히 계산되지는 않지만 Carson의 법칙에 의하여 근사적으로 표현된다.
$B[Hz] = 2(\Delta f + f_s) = 2(m_f + 1)f_s$
여기서 최대 주파수 편이(Δf), 변조주파수(f_s), 변조지수 ($m_f = \Delta f / f_s$)
▶ 대역폭(B)은 변조지수(m_f)의 크기에 비례한다.
(2) FM 방식에서 변조를 깊게 한다는 것은 주파수편이 (Δf)가 크다는 것을 의미한다.
$\therefore \Delta f$가 크면 $B = 2(\Delta f + f_s) \fallingdotseq 2\Delta f$,
즉 B는 최대 주파수편이의 2배로 나타난다.

14 JK 플립플롭을 사용하여 D형 플립플롭을 만들려면 외부결선은 어떻게 하는 것이 옳은가?

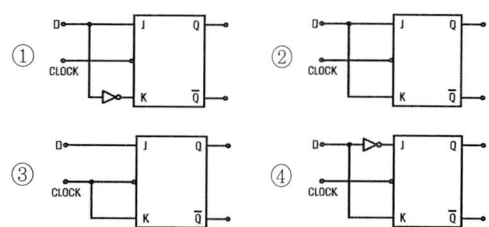

해설 D Flip-Flop
(1) JK F/F를 변형한 D F/F은 입력 단자(D)가 하나 있고 출력 Q는 입력보다 1 clock 늦게 나오는 회로로 data 전송에 있어서 시간 지연을 만드는 회로이다.
(2) JK Flip-Flop에서 2개의 입력 J와 K가 동시에 1인 경우에서 불확실한 출력상태가 되지 않도록 하기 위하여 인버터(inverter) 하나를 입력 양단에 부가한 회로이다.
$\therefore$ J-K F/F의 J와 K 사이를 NOT-gate로 연결하면 D F/F가 된다.
(3) 정보를 일시 기억하는 래치(latch) 회로나 shift register 등에 쓰인다.

15 다음 회로에서 저항 R_e의 역할로 옳은 것은?

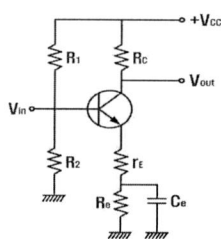

① 전압이득과 왜율을 모두 감소시킨다.
② 전압이득을 증가시킨다.
③ 전압이득은 증가시키고 왜율은 감소시킨다.
④ 전압이득은 감소시키고 왜율은 증가시킨다.

해설 스왐핑된 증폭기(Swamped amplifier)
(1) 이미터에 직렬저항 r_E를 삽입하면, r_E를 통해서 흐르는 이미터 교류전류가 이미터에서 교류전압을 나타내기 때문에 이미터는 더 이상 교류접지가 아니다.
(2) 교류 이미터 전류(i_e)와 전압이득(A)
$i_e = \dfrac{V_{in}}{r_E + r_e'}$, $A = \dfrac{R_e}{r_E + r_e'}$
$\therefore$ 스왐핑 저항(r_E)은 전압이득을 감소시킨다.

정답 12.① 13.② 14.① 15.①

(3) 또한 스왑핑된 이미터 다이오드는 스왑핑 저항 양단에 대부분의 교류신호가 나타나기 때문에 이미터 다이오드에 의해서 발생되어지는 왜곡을 크게 감소시킬 수 있다.

16 다음은 수정편의 리액턴스 특성이다. 발진에 이용되는 주파수 범위는?

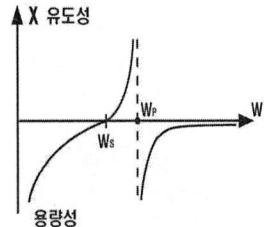

① $\omega_s < \omega < \omega_P$
② $\omega_P < \omega$
③ $\omega_s > \omega$
④ $\omega_s = \omega$

해설 수정발진회로
(1) L_0, C_0에 의한 직렬 공진 각 주파수
$$\omega_s = \frac{1}{2\pi\sqrt{L_o C_o}} \text{[rad/s]}$$
(2) C를 포함해 병렬 공진 각 주파수
$$f_p = \omega_p = \frac{1}{2\pi\sqrt{L_o(1/C_o + 1/C)}} \text{[rad/s]}$$
∴ X-tal(수정편)은 유도성으로 동작시키는데 이것은 수정 발진기의 발진 주파수가 매우 안정하기 때문이다. X-tal이 유도성으로 되는 주파수 범위는 $\omega_s < \omega < \omega_P$이다.

17 다음 콜피츠 발진회로의 발진주파수를 나타내는 식은?

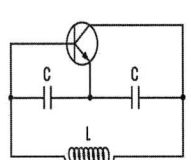

① $f_o = \dfrac{1}{2\pi\sqrt{LC}}$
② $f_o = \dfrac{1}{2\pi\sqrt{6LC}}$
③ $f_o = \dfrac{2\pi}{\sqrt{LC}}$
④ $f_o = \dfrac{\sqrt{6}}{2\pi LC}$

해설 콜피츠(Colpitts) 발진회로
(1) 출력의 일부를 콘덴서에서 뽑아내어 입력으로 되돌리는 발진회로이다.
(2) 동조회로는 C_1과 C_2의 직렬합성과 L로 구성되므로 발진주파수는 다음과 같다.
$$f_o = \frac{1}{2\pi\sqrt{LC_o}} = \frac{1}{2\pi}\sqrt{\frac{1}{L}\left(\frac{1}{C_1}+\frac{1}{C_2}\right)}$$
$$= \frac{1}{2\pi\sqrt{L\left(\dfrac{C_1 C_2}{C_1 + C_2}\right)}} \text{[Hz]}$$
(3) 콜피츠 회로는 하틀리 회로보다 높은 주파수를 얻을 수 있으므로 VHF대나 UHF 대에서 많이 사용 된다.

18 그림과 같은 회로에서 기전력 E를 가하고 SW를 ON 하였을 때 저항 양단의 전압 VR은 t초 후에 어떻게 되는가?

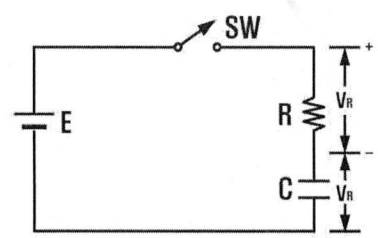

① $Ee^{-\frac{1}{CR}}$
② $E(1-e^{-\frac{1}{CR}})$
③ $-Ee^{-\frac{Ct}{R}}$
④ $\dfrac{E}{e}$

해설 RC직렬회로
(1) 전류 $i(t) = \dfrac{E}{R}e^{-\frac{1}{RC}t}$ [A]
(2) R 단자 전압, $v_R = i(t) \cdot R = Ee^{-\frac{1}{RC}t}$ [V]
(3) C 단자 전압, $v_c = E - v_R = E(1-e^{-\frac{1}{CR}t})$ [V]
▶ RC 회로의 시정수 $\tau = RC$[sec]

19 1[kHz] 신호파로 710[kHz] 반송파를 진폭 변조했을 때 피변조파에 포함되지 않는 주파수[kHz]는?

① 700
② 709
③ 710
④ 711

정답 16.① 17.① 18.① 19.①

해설 AM 피변조파 신호 $e(t)$

(1) $e(t) = E_c + E_s\cos\omega_s t)\cos(\omega_c t)$ 에서

$$e(t) = E_c\cos 2\pi f_c + \frac{m_a}{2}E_c\cos 2\pi(f_c+f_s)$$
$$+ \frac{m_a}{2}E_c\cos 2\pi(f_c-f_s)t$$

= 반송파+상측파+하측파

(2) f_c : 반송파 주파수, f_s : 신호파 주파수라 하면,

∴ $f_c = 710[\text{kHz}]$, $f_c+f_s = 711[\text{kHz}]$, f_c-f_s

$f_c-f_s = 709[\text{kHz}]$

20 트랜지스터를 증폭작용에 이용할 경우의 동작상태는?

① 포화상태 ② 활성상태
③ 차단상태 ④ 역할성상태

해설 트랜지스터의 동작영역

(1) 포화영역(saturation region)
   입력전압을 아주 높게 해도 I_c가 증가하지 않는 영역
(2) 활성영역(active region)
   입력전압의 크기에 따라 I_c가 비례적으로 증가하는 영역
(3) 차단영역(cutoff region)
   입력전압을 낮게 해서 I_c가 흐르지 않게 한 영역

V_{BE}	V_{CB}	상 태	응 용
순방향	역방향	활성(Active) 상태	증폭 작용
역방향	역방향	차단(Cutoff) 상태	스위칭 작용
순방향	순방향	포화(Saturation) 상태	스위칭 작용

21 RC 결합 저주파 증폭회로에서 낮은 주파수의 이득이 감소되는 주원인은?

① 병렬 커패시턴스 때문에
② 이미터의 저항 때문에
③ 컬렉터의 저항 때문에
④ 결합 커패시턴스의 영향 때문에

해설 RC 결합 증폭기의 주파수 특성

(1) 저주파수 대역에서 이득이 감소하는 이유
   결합 콘덴서 및 측로 콘덴서의 임피던스가 증가되기 때문이다.
(2) 고주파수 대역에서 이득이 감소하는 경우

트랜지스터 자체의 특성 및 증폭회로 내의 병렬 커패시턴스의 영향으로 이득이 떨어진다.

22 다음 중 DC 결합과 AC 결합이 함께 사용되는 발진기는?

① 비안정 멀티바이브레이터
② 단안정 멀티바이브레이터
③ 쌍안정 멀티바이브레이터
④ 블로킹 발진기

해설 멀티바이브레이터(Multivibrator) : 멀티 바이브레이터는 결합 회로의 임피던스 Z_1, Z_2의 성질에 따라 비안정, 단안정, 쌍안정 멀티바이브레이터로 구분한다.

23 두 입력을 비교하여 A>B 이면 출력이 1이고, A≤B 이면 출력이 0 이 되는 논리회로를 설계하고자 한다. 이 조건을 만족하는 논리식은?

① $A\overline{B}$ ② AB
③ $A+B$ ④ $A+\overline{B}$

해설 논리회로 설계

(1) 조건에 맞는 진리표를 작성한다.

A	B	Y(출력)
0	0	0
0	1	0
1	0	1
1	1	0

(2) 진리표를 이용하여 논리식을 작성하면 $Y=A\overline{B}$가 된다.

24 다음 그림에서 합(s)에 대한 논리식이 옳은 것은?

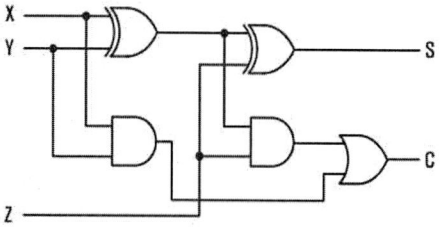

정답 20.② 21.④ 22.② 23.①

① $(X+Y)\oplus Z$ ② $(X\oplus Y)\oplus Z$
③ $XZ+Y$ ④ $S=(X\oplus Y)\oplus Z$

해설 논리식 $S=(X\oplus Y)\oplus Z$ 여기서 ⊕는 Exclusive-OR gate 이다.

25 다음 중 소비전력이 가장 적은 소자는?

① TTL   ② ECL
③ RTL   ④ CMOS

해설 MOS형 IC의 특징
(1) 입력 임피던스가 높다.
(2) Tr보다 동작속도가 느리므로 저속 디지털 시스템에 사용된다.
(3) 소비전력이 적으며 소형이고 값이 싸다.
(4) 잡음 여유도가 크다.
(5) 비교
　① 소비전력 : ECL 〉 HTL 〉 TTL 〉 RTL = DTL 〉 C-MOS
　② 동작여유 : ECL 〉 TTL = RTL 〉 DTL 〉 C-MOS 〉 HTL
　③ 잡음 여유도 : HTL 〉 C-MOS 〉 TTL = DTL 〉 RTL = ETL

정답 24.② 25.④

13회 전자회로 실전 모의고사

01 다음 중 연산증폭기를 이용한 아날로그 컴퓨터 (analog computer)의 구성요소로 가장 적합하지 않은 것은?

① 적분기 ② 미분기
③ 합산기 ④ 비반전증폭기

해설 아날로그 계산기의 응용에서 적분기는 거의 언제나 미분기보다 우선적으로 쓰이고 있으며, 그 이유는 다음과 같다.
(1) 적분기의 이득은 주파수에 따라서 감소하나, 미분기의 이득은 주파수에 따라 보통 직선적으로 증가하므로 기생발진에 대비해서 안정시키는 적분기의 경우가 쉽기 때문이다.
(2) 적분기는 대역폭이 제한되기 때문에 미분기에 비해 잡음 전압에 덜 민감하다.
(3) 입력 파형이 급격히 변화할 때 미분기의 증폭기는 과부하 상태로 될 수 있다.

02 다음 그림은 어떤 유형의 플립플롭(FF)인가?

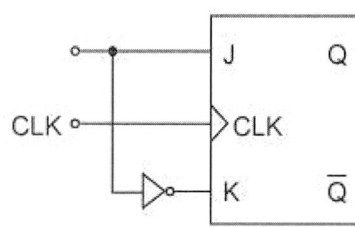

① M/S FF ② RS FF
③ JK FF   ④ D FF

해설 (1) D 플립플롭은 데이터 전송을 1clock pulse 동안 지연시킬 수 있다는 의미에서 d F/F이라 한다.
(2) J-K 플립플롭을 이용하여 j와 L 입력 사이를 NOT gate 로 연결하면 D F/F이 된다.
(3) 정보를 일시 유지하는 래치회로나 시프트 레지스터 등에 쓰인다.

03 출력전압이 40[V]인 증폭기가 $2-j2\sqrt{3}$ [V]를 궤환시켰다면 궤환율 β는?

① $\frac{2}{5} \angle -30°$ ② $\frac{1}{5} \angle -30°$
③ $\frac{1}{10} \angle -60°$ ④ $\frac{2}{5} \angle -60°$

해설 (1) $|\beta| = \frac{\sqrt{2^2 + (2\sqrt{3})^2}}{40} = \frac{1}{10}$

(2) $\angle \beta = \tan^{-1}\frac{-2\sqrt{3}}{2} = -\tan^{-1}\sqrt{3} = -60°$

04 이상적인 연산 증폭기의 구비 조건이 아닌 것은?

① 입력임피던스가 무한대이어야 한다.
② 출력임피던스가 0 이어야 한다.
③ CMRR = 1 이어야 한다.
④ 전압이득이 무한대이어야 한다.

해설 (1) 연산증폭기는 아날로그량의 가감산, 적분, 미분 등의 입력과 출력사이에 일정한 함수 관계를 가지는 연산을 행할 수 있도록 한 것으로 OP 엠프라고도 한다.
(2) 이상적인 연산증폭기가 가져야할 특성
 ① 전압 이득, AV가 무한대이다.(AV=∞)
 ② 입력 저항 Ri이 무한대이다.(Ri=∞)
 ③ 출력저항 R0가 0이다.(R0=0)
 ④ 대역폭이 무한대이고 (BW=∞) 지연응답(delay response)은 0이다.
 ⑤ 오프셋(offset)이 0이다.
 ⑥ 높은 CMRR을 갖는다.
 ⑦ 드리프트 현상이 없다.

05 드레인 접지형 FET증폭기의 특성을 설명한 것 중 옳지 않은 것은?

정답 01.② 02.④ 03.③

① 완충증폭기로 적합하다.
② 전압이득은 약 1 이다.
③ 입력신호의 전압과 출력전압은 동상이다.
④ 입력저항이 매우 작다.

해설 (1) 공통 트레인 증폭기는 소스 전압이 입력 게이트 전압과 위상이 같기 때문에 흔히 Source follower라 부른다.
(2) Source follower는 임피던스 회로의 정합에 적합하다.
　① 입력 정항이 높다.
　② 출력 저항이 낮다.
　③ 전압 이득(Av) ≤ 1
(3) Source follower는 임피던스 회로의 정합에 적합하다.

06 그림과 같은 윈 브리지(Wein bridge) 발진회로의 발진주파수를 구하는 식은?

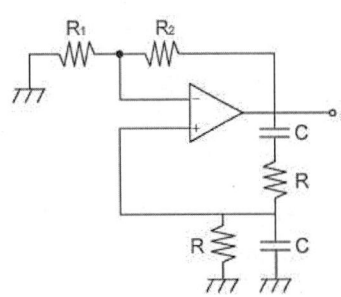

① $\dfrac{1}{2\pi R_1 C}$　　② $\dfrac{1}{RC}$

③ $\dfrac{1}{2\pi RC}$　　④ $\dfrac{1}{2\pi R_2 C}$

해설 (1) 빈브리지 CR 발진기는 터먼형 발진기로 널리 알려저 있으며 브리지(bridge)의 평형을 이용한 것이다.
(2) 빈 브리지 발진회로의 특징
　① 발진주파수가 안정하다.
　② 출력파형이 양호하다.
　③ 주파수 변경이 용이하다.
(3) 발진주파수 : $f = \dfrac{1}{2\pi\sqrt{R_1 R_2 C_1 C_2}}$

만일 $R_1=R_2=R$, $C_1=C_2=C$ 이면 $\dfrac{1}{2\pi RC}$[Hz] 이다.

07 다음 중 L, C, R 직렬공진 회로의 Q는?(단, $\omega\gamma$는 공진 각속도)

① $\dfrac{L}{CR}$　　② $\dfrac{\omega_r L}{R}$

③ $\dfrac{R}{\omega_r C}$　　④ $\dfrac{1}{R}\sqrt{\dfrac{C}{L}}$

해설 (1) 입력 임피던스 : $Z(\omega) = R + j(\omega L - \dfrac{1}{\omega C})$
(2) 공진조건 : $\omega L = \dfrac{1}{\omega C}$
(3) 공진회로의 선택도(selectivity), 즉 peak 값의 첨예도를 나타내는 척도로서 양호도(Quality factor) Q를 사용한다.

08 다음 이상적인 연산증폭 회로의 출력전압은?

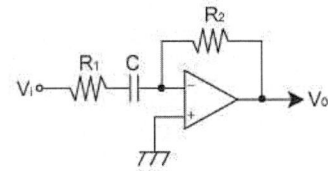

① $V_o = -R_1 C \dfrac{dV_j}{dt}$　　② $V_o = -\dfrac{R_2}{R_1} C \int V_i dt$

③ $V_o = \dfrac{-j\omega CR_2 V_i}{1+j\omega CR_1}$　　④ $V_o = \dfrac{-j\omega CR_1 V_i}{1+j\omega CR_2}$

해설 (1) 고주파 이득을 줄이기 위해서 입력측에 있는 콘덴서(C)와 직렬로 저항 R_1을 연결하면 고주파 이득은 R_2/R_1으로 줄어든다.
(2) $Z = R_1 + \dfrac{1}{j\omega C}$ 이라면 출력 전압 V_0는 다음과 같다.

$V_o = -\dfrac{R_2}{Z}V_i = -\dfrac{R_2}{(R_1 + \dfrac{1}{j\omega C})}V_i = \dfrac{-j\omega CR_2}{1+j\omega CR_1}V_i$

09 저주파 전력 증폭기의 출력측 기본파 전압이 50[V]이고 제2 및 제3 고조파 전압이 각각 6[V]와 8[V]일 때 전체 왜율은?

① 5[%]　　② 10[%]
③ 20[%]　　④ 25[%]

해설 (1) 증폭기의 전달 특성이 비직선적인데서 일어나는 일그러짐이며, 진폭 일그러짐이라고도 한다.

(2) 왜율(일그러짐률)

$$K = \frac{\text{고조파 실효값}}{\text{기본파 실효값}} = \frac{\sqrt{V_2^2 + V_3^2 + \cdots}}{V_1} \times 100$$

$$= \frac{\sqrt{6^2 + 8^2}}{50} \times 100 = 20$$

10 다음 중 평형 변조회로의 주 목적은?

① 변조도를 크게 하기 위함
② 직선성 개선하기 위함
③ SSB파를 얻기 위함
④ 복조시 포락선 검파를 하기 위함

해설 (1) 평형변조기(Balanced Modulator)는 AM 변조에서 반송파를 제외한 상하측대파의 출력을 얻는 변조기이다.

(2) AM방식은 반송파와 상하 양측대파를 동시에 송출하게 되면 피변조파 전력의 대부분을 반송파가 차지하여 전력이 소비된다. 따라서 한쪽 측대파를 제거하고 나머지 한쪽 측대파를 사용하는 SBS 방식에서는 링(ring) 변조기나 평형변조기를 사용하여 반송파를 제거하고 대역 여파기로 한쪽 측대파만을 꺼내어 SSB통신을 하게 된다.

※ SSB(single Sideband 통신은 상측대파(Uper Sideband) 또는 하측대파(Lower Sideband) 중 한쪽 측파대만을 가지고 통신하는 방식이다.

11 다음 그림은 무슨 회로인가?

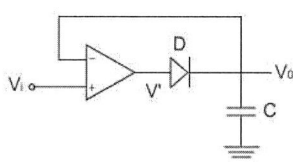

① Voltage follower ② Log amplifier
③ Peak detector   ④ Integrator

해설 (1) 그림과 같이 회뢰를 연결하면 첨두치 검출회로(Peak Detector)가 된다.

(2) 회뢰의 C는 시간 t'까지 가해지는 입력 파형 중에서 가장 큰 양(+)의 전압을 충전하고, t>t'에서 출력 전압은 충전된 값을 그대로 유지한다.

12 다음 중 그림과 같은 구형파를 미분회로에 통과시킬 경우 출력 파형에 가장 가까운 것은?

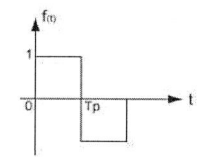

① 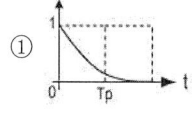   ②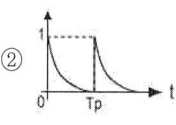

③ 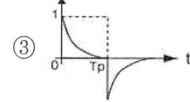   ④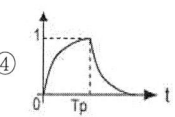

해설 (1) 출력전압이 입력전하의 미분 값에 비례한다.

$$V_o = -RC\frac{d}{dt}f(t)$$

(2) 문제 ③ : 미분 회로의 출력 파형이다.
문제 ④ : 적분 회로의 출력 파형이다.

13 그림은 진폭 Vp가 3[V], 펄스폭 λ가 0.25[ms], 주파수가 1[KHz]의 펄스파이다. 평균치를 지시하는 계기로 측정하면 몇 [V]가 되는가?

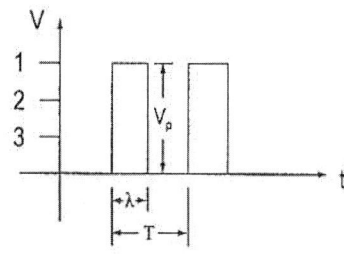

① 0.75   ② 1.5
③ 2.2   ④ 3.5

해설 $V_{av} = \frac{1}{T}\int_0^T V_p dt = \frac{1}{T}\int_\lambda 3 dt$

$= (1 \times 10^3) \times (0.25 \times 10^{-3}) = 0.75$

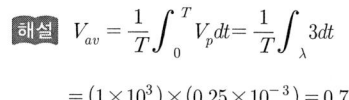

14 다음 중 시미트 트리거 회로의 응용이 아닌 것은?

① 전압비교 회로 ② 구형파 발생
③ 쌍안정 회로 ④ 삼각파 발생

해설 (1) 시미트 트리거는 정현파와 같은 완만한 변화 입력으로 날카로운 구형 펄스를 만드는데 적합한 쌍안정 멀티 바이브레이터의 일종이다.
(2) 시미트 트리거 회로의 특징 및 응용회로

특징	· 쌍안정 멀티 바이브레이터의 일종이다. · 입력 파형에 관계없이 출력은 항상 구형파이다. · 입력 전압의 크기로서 회로의 개폐(ON, OFF)를 결정해준다. · 귀환 효과는 공통 이미터 저항을 통하여 이루어진다.
응용회로	· 전압비교 회로(comparator) · 쌍안정 회로 · 펄스파(구형파) 발생회로 · A/D 변환기

15 다음 그림과 같은 회로의 전달 특성은?(단, VR1 < VR2)

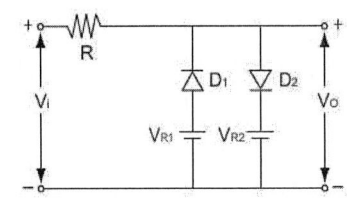

① 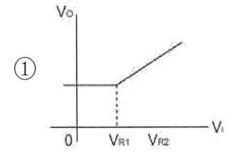 ②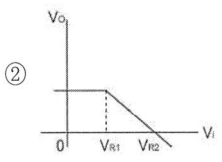

③ 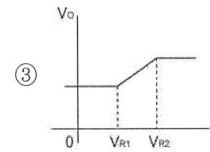 ④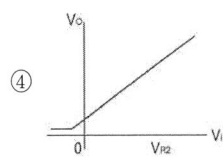

해설 특정한 레벨로 파형을 상하부분을 잘라내는 회로를 슬라이서 회로라 한다.
(1) $V_{R1} < V_i < V_{R2}$인 경우 $D_1(OFF)$, $D_2(OFF)$ ∴ $V_0 = V_i$
(2) $V_i < V_{R1}$인 경우 $D_1(ON)$, $D_2(OFF)$ ∴ $V_0 = V_{R1}$
(3) $V_i < V_{R2}$인 경우 $D_1(OFF)$, $D_2(ON)$ ∴ $V_0 = V_{R2}$

16 1[MHz]을 입력으로 하는 분주 회로에서 출력을 250[KHz]로 만들려면 몇 개의 T 플리플롭이 필요한가?

① 1 ② 2
③ 3 ④ 4

해설 (1) T형 플립플롭(F/F)은 계수 회로 또는 분주 회로에 많이 쓰이는 플립플롭으로, T형 플립플롭 1개는 2진 카운터의 역할을 수행한다. 즉 T형 플립플롭 1개는 $\frac{1}{2}$ 분주 회로이다.
(2) 1[MHz]를 250[kHz]로 만들기 위해서는 2개의 T형 플립플롭이 필요하다.

17 다음 회로의 기능으로 옳은 것은?(단, A, B는 입력이고 X는 출력)

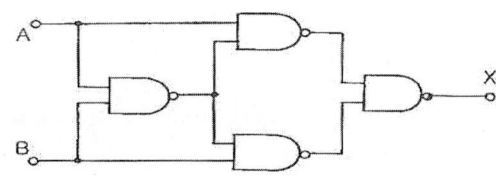

① JK 플리플롭 ② T 플립플롭
③ Ex-OR ④ 가산기

해설
$Y = \overline{\overline{AB} \cdot A \cdot \overline{AB} \cdot B} = (\overline{A} + \overline{B}) \cdot A + (\overline{A} + \overline{B}) \cdot B$
$= \overline{A}A + A\overline{B} + B\overline{A} + B\overline{B} = A\overline{B} + A\overline{B} = A \oplus B$

18 Ex-OR와 Ex-NOR에 해당하는 논리식의 상호 변환이 틀린 것은?

① $(\overline{A} + B)(A + \overline{B}) = A \oplus B$
② $\overline{A}B + A\overline{B} = A \oplus B$
③ $(\overline{A} + \overline{B})(A + B) = A \oplus B$
④ $\overline{A}\overline{B} + AB = \overline{A \oplus B}\overline{A}\overline{B} + AB = \overline{A \oplus B}$

정답 14.④ 15.③ 16.② 17.③ 18.①

(1) $A \oplus B = \overline{A}B + A\overline{B} = \overline{A}A + A\overline{B} + B\overline{A} + B\overline{B}$
$= (\overline{A} + \overline{B}) \cdot A + (\overline{A} + \overline{B}) \cdot B = (A + B)(\overline{A} + \overline{B})$

(2) Exclusive NOR $\overline{A \oplus B} = \overline{AB} + AB$

19 다음 중 플립플롭회로를 활용할 수 없는 것은?

① 주파수분할기 ② 주파수체배기
③ 2진계수기 ④ 기억소자

 (1) 플립플롭은 외부에서 입력을 가하지 않는 한 1 비트의 정보를 보관, 유지할 수 있는 회로 이며 순차 회로 (Sequential circuit)의 기본 구성요소이다.
(2) 여러 개의 트랜지스터로 만들어지며 SRAM이나 하드웨어 레지스터 등을 구성하고 정보의 저장 또는 기억회로, 계수 회로 및 데이터 전송 회로 등에 많이 사용된다.
(3) 주파수 체배기 (requency multiplier)란 입력 신호 주파수의 n 배가 되는 주파수를 얻을 수 있는 장치이다.

20 다음 중 대수증폭기의 동작은 무엇에 기인하는가?

① 연산증폭기의 선형 동작
② PN 접합의 대수 특성
③ PN 접합의 역방향 항복 특성
④ RC 회로이 대수적인 충방전

 (1) PN 접합의 대수 특성을 이요하면 연산 증폭기를 사용하여 비선형 입력에 대해여 축력이 선형이 되도록 하는 비선형 특성을 갖는 회로를 설계할 수 있다.
(2) 진폭의 차가 큰 입력 신호를 포호되지 않도록 증폭하는 증폭기이며 입력과 출력은 대수관계가 되고 파형의 일그러짐이 적다.

21 다음과 같은 단상 반파 정류기회로에서 출력 전력은?

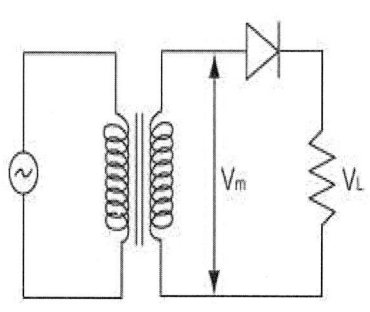

① 입력 전압의 자승에 비례
② 부하 저항의 자승에 비례
③ 다이오드 내부저항의 자승에 비례
④ 입력 전압의 자승에 반비례

해설 단상 반파 정류 회로에 흐르는 직류 전류는
$I_{dc} = \dfrac{V_m}{\pi(r_f + R_L)}$ 이고,

(여기서 V_m은 입력 전압의 최대치, R_L은 부하저항 r_f는 다이오드의 순방향 내부 저항)

출력 전력
$P_{dc} = I_{dc}^2 \cdot R_L = \left(\dfrac{V_m}{\pi(r_f + R_L)}\right)^2 \cdot \left(\dfrac{\sqrt{2}\,V_i}{\pi(r_f + R_L)}\right)^2 \cdot R_L$

이다.
따라서 출력 전력은 입력 전압의 자승에 비례한다.

22 8진수 $(1234)_8$을 10진수로 변환한 후, 다시 8421 코드로 변환하면?

① 0110 0111 1001 ② 0110 0111 1000
③ 0110 0110 0010 ④ 0110 0110 1000

해설 8진수와 8421코드의 변환
(1) 8진수 → 10진수
$(1234)_8 = 1 \times 8^3 + 2 \times 8^2 + 4 \times 8^0 = (668)_{10}$
(2) 10진수 → 8421 코드
$(6)_{10} = (0110)_2$, $(8)_{10} = (1000)_2$ 이므로
$(668)_{10} = (0110\ 0110\ 1000)_{8421}$

23 1[kHz]의 주파수를 500[Hz]로 변환하여 사용하고자 할 때 사용되는 Flip-Flop 회로는?

① RS F-F ② JK F-F
③ T F-F ④ D F-F

해설 T형 Flip-Flop
(1) T Flip-Flop은 JK-플립플롭에서 입력 J와 K를 하나로 묶어 T(toggle)로 표시하며, 토글(toggle) 플립플롭 또는 트리거(trigger) 플립플롭이라고도 한다.
(2) T형 플립플롭은 계수 회로 또는 분주 회로에 많이 쓰이는 플립플롭으로, T형 플립플롭 한개는 2진 카운터의 역할을 한다.

정답 19.② 20.② 21.① 22.④ 23.③

(3) 1[kHz]를 500[Hz]로 변환하려면 T형 F/F 1개를 사용한다.

24 다음 중 그 값이 작을수록 좋은 것은?
① 증폭기 바이어스 회로의 안정계수
② 차동 증폭기의 동상신호 제거비(CMRR)
③ 증폭기의 신호 대 잡음비
④ 정류기의 정류효율

해설 바이어스 회로의 안정 계수

(1) $\Delta I_c = \dfrac{aI_c}{aI_{co}}\Delta I_{co} + \dfrac{aI_c}{aV_{BE}}\Delta V_{BE} + \dfrac{aI_c}{a\beta}\Delta\beta$

  $= S\Delta I_{co} + S'\Delta V_{BE} + S''\Delta\beta$

(2) S, S', S''를 안정계수라 하며, 이 값이 크면 그만큼 회로가 불안정해진다.
  ∴ S의 값은 작을수록 좋다.

25 전가산기(full adder)의 입·출력 구조는?
① 입력 2개, 출력 2개   ② 입력 3개, 출력 2개
③ 입력 2개, 출력 3개   ④ 입력 3개, 출력 3개

해설 전가산기(Full adder)
(1) 전가산기는 2진수 입력(X_n, Y_n) 전단의 자리올림수(C_{n-1})까지 가산하여 출력으로 합(Sum)과 자리올림수(Carry)로 표시한다.
  $S_n = (X_n \oplus Y_n) \oplus C_{n-1}$, $C_n = (X_n \oplus Y_n) \oplus C_{n-1} + X_n Y_n$
(2) 전가산기는 2개의 반가산기(Half adder)와 1개의 OR-gate로 구성된다.
(3) 전가산기는 3개의 입력과 2개의 출력을 갖는다.

정답 24.① 25.②

군무원 공무원 공기업
전자회로 기출문제

초판 1쇄 발행 2022년 01월 20일
초판 2쇄 발행 2023년 01월 20일
초판 3쇄 발행 2024년 04월 20일
초판 4쇄 발행 2025년 03월 20일

지은이 | 허준호
펴낸이 | 이주연
펴낸곳 | 명인북스
등   록 | 제 409-2021-000031호

주   소 | 인천시 서구 완정로65번안길 10, 114동 605호
전   화 | 032-565-7338
팩   스 | 032-565-7348
E-mail | phy4029@naver.com
정   가 | 24,000원

ISBN 979-11-89757-50-2(13550)

이 책에서 내용의 일부 또는 도해를 다음과 같은 행위자들이 사전 승인없이 인용할 경우에는
저작권법 제93조 「손해배상청구권」에 적용 받습니다.
  ① 단순히 공부할 목적으로 부분 또는 전체를 복제하여 사용하는 학생 또는 복사업자
  ② 공공기관 및 사설교육기관(학원, 인정직업학교), 단체 등에서 영리를 목적으로 복제·배포하는 대표, 또는 당해 교육자
  ③ 디스크 복사 및 기타 정보 재생 시스템을 이용하여 사용하는 자

※ 파본은 구입하신 서점에서 교환해 드립니다.